Die Bildung offener Rücklagen in der Personenhandelsgesellschaft und im personengesellschaftsrechtlichen Konzern

Europäische Hochschulschriften

European University Studies

Publications Universitaires Européennes

Reihe II **Rechtswissenschaft**

Series II Law

Série II Droit

Band/Volume **5865**

Leona Schefzig

Die Bildung offener Rücklagen in der Personenhandelsgesellschaft und im personengesellschaftsrechtlichen Konzern

PL ACADEMIC RESEARCH

Bibliografische Information der Deutschen Nationalbibliothek
Die Deutsche Nationalbibliothek verzeichnet diese Publikation in der Deutschen Nationalbibliografie; detaillierte bibliografische Daten sind im Internet über http://dnb.d-nb.de abrufbar.

Zugl.: Bonn, Univ., Diss., 2015

Gedruckt auf alterungsbeständigem,
säurefreiem Papier.

D 5
ISSN 0531-7312
ISBN 978-3-631-67667-7 (Print)
E-ISBN 978-3-653-07089-7 (E-Book)
DOI 10.3726/978-3-653-07089-7

PL Academic Research ist ein Imprint der Peter Lang GmbH.
Peter Lang – Frankfurt am Main · Bern · Bruxelles · New York · Oxford · Warszawa · Wien

Diese Publikation wurde begutachtet.

www.peterlang.com

Vorwort

Die vorliegende Arbeit wurde im Dezember 2015 von der juristischen Fakultät der Rheinischen Friedrich-Wilhelms-Universität Bonn als Dissertation angenommen. Die zitierte Literatur wurde für die Veröffentlichung auf den Stand März 2016 gebracht.

Mein besonderer Dank gilt meinem Doktorvater, Herrn Professor Dr. Rainer Hüttemann, für seine freundliche Betreuung bei der Entstehung dieser Arbeit, insbesondere während meiner Zeit an seinem Lehrstuhl, sowie für die schnelle Erstellung des Erstgutachtens. Auch bei Herrn Professor Dr. Michael Hoffmann-Becking möchte ich mich für die Unterstützung und die zügige Erstellung des Zweitgutachtens bedanken. Mein Dank gilt außerdem meiner Schwester Dr. Antonia Terner, die mir stets mit Rat und Tat zur Seite stand.

Gewidmet ist diese Arbeit meinen Eltern, Dres. Barbara und Bodo Grundmann.

Leona Schefzig

Hamburg, im April 2016

Übersicht

Inhaltsverzeichnis

Einleitung

Gewinnermittlung, Gewinnverteilung und Gewinnverwendung sind für die Gesellschafter einer Personenhandelsgesellschaft, die sich in der Regel zum Zwecke der gemeinsamen Gewinnerzielung verbunden haben, von hoher Bedeutung und bilden häufig Schwerpunkte der kautelarjuristischen Vertragsgestaltung. Aufgrund der weitreichenden Vertragsfreiheit im Personengesellschaftsrecht bergen diese Themen erhebliches Konfliktpotential. Die Gesellschafter müssen sich insbesondere darüber einigen, ob sie den Gewinn der Gesellschaft ausschütten oder einen Teil davon als Gewinnrücklage zurückbehalten. Wichtige Entscheidungen wie diese werden in Personengesellschaften nach der Grundkonzeption des Gesetzes einstimmig getroffen. Auch hier ist aber die individuelle Vereinbarung, z.B. durch Verankerung des Mehrheitsprinzips im Gesellschaftsvertrag, vorrangig. Zu beiden Themen – Mehrheitsbeschlüsse im Allgemeinen und Gewinnverwendungsentscheidungen im Speziellen – gibt es zahlreiche höchstrichterliche Entscheidungen. Eine der jüngeren ist die Otto-Entscheidung des II. Zivilsenats des Bundesgerichtshofs (BGH) vom 15.01.2007[1], die Anlass dieser Untersuchung ist und der der folgende Sachverhalt zugrunde lag:

Die Klägerin war ebenso wie die Beklagten zu 1 bis 3 Kommanditistin der Otto GmbH & Co. KG, Beklagte zu 4 war die Komplementär-GmbH[2]. Sie begehrte die Feststellung der Unwirksamkeit zweier Gesellschafterbeschlüsse. Der erste Gesellschafterbeschluss betraf den Jahresabschluss, den die Gesellschafter gegen die Stimmen der Klägerin mit einer der gesellschaftsvertraglichen Mehrheitsklausel[3] entsprechenden Mehrheit von 75 % festgestellt hatten. Die Klägerin war der Ansicht, es handele sich bei der Feststellung des Jahresabschlusses um ein sogenanntes Grundlagengeschäft, das nicht von der Mehrheitsklausel erfasst sei und daher nur einstimmig hätte beschlossen werden können. Der

1 BGHZ 170, 283 = ZIP 2007, 475 = DStR 2007, 495.

2 Vom Kommanditkapital der Otto GmbH & Co. KG hielten die Klägerin 25 % und die Beklagten zu 1 bis 3 zusammen 75 %. An der Komplementär-GmbH waren die Beteiligten quotenidentisch beteiligt. Das Stimmrecht in der KG war in Abweichung von § 119 Abs. 2 HGB nicht nach Köpfen, sondern nach den festen Kapitalanteilen der Gesellschafter verteilt. Näheres zum Sachverhalt in BGHZ 170, 283, 284.

3 Laut Bestimmung des Gesellschaftsvertrages wurden „Gesellschafterbeschlüsse mit einfacher Mehrheit der auf das Kommanditkapital entfallenden Stimmen gefasst, soweit nicht einzelne Bestimmungen dieses Gesellschaftsvertrages oder sonstige Vereinbarungen der Gesellschafter etwas anderes vorschreiben".

Gesellschaftsvertrag sah außerdem vor, dass ohne weitere Beschlussfassung jährlich 20 % des Jahresüberschusses in offene Rücklagen eingestellt werden sollten, eine darüber hinausgehende Gewinnthesaurierung jedoch einer qualifizierten Mehrheit von 76 % der Stimmen bedürfe. Der Jahresabschluss der Otto-KG, der im Wesentlichen aus den Gewinnen der Tochter- und Enkelgesellschaften gespeist war, wies einen Überschuss von ca. 131 Mio. € aus, von denen die Gesellschafter ca. 25 Mio. € als Gewinnrücklage einbehielten, damit also im Bezug auf den Jahresüberschuss hinter der 20 %-Quote zurückblieben. Die Klägerin hielt auch diesen Beschluss für unwirksam. Sie behauptete, dass die in das Jahresergebnis der Otto-KG eingeflossenen Gewinne ihrerseits bereits durch Thesaurierungen in der jeweiligen Gesellschaft gekürzt worden seien, so dass im Bezug auf den Konzernabschluss insgesamt weit mehr als 20 % der konzernweiten Gewinne thesauriert worden seien. Der entsprechende Gesellschafterbeschluss habe daher einer qualifizierten Mehrheit, d.h. ihrer Zustimmung bedurft und sei mangels selbiger unwirksam.

Der Fall gab dem BGH die Gelegenheit, sich mit teilweise „altbekannten" Problemen des Personengesellschaftsrechts zu befassen. Schon lange umstritten ist die Frage, unter welchen Voraussetzungen die Gesellschafter vom Einstimmigkeitsprinzip des § 119 Abs. 1 HGB abweichen können und welchen Anforderungen eine gesellschaftsvertragliche Mehrheitsklausel nach den von Rechtsprechung und Lehre entwickelten Kriterien, insbesondere dem Bestimmtheitsgrundsatz und der Kernbereichslehre, genügen muss. Konkret ging es im Fall der Otto-Entscheidung zunächst um die Frage, ob eine einfache, das heißt allgemein formulierte Mehrheitsklausel auch die mehrheitliche Feststellung des Jahresabschlusses zulasse. Der handelsrechtliche Jahresabschluss ist die Grundlage für die Berechnung des Jahresergebnisses der Gesellschaft und somit auch maßgeblich für die Höhe des an die Gesellschafter ausschüttungsfähigen Gewinns. Es ist daher evident, dass sämtliche Gesellschafter ein hohes Interesse an der Mitwirkung bei der Erstellung des Jahresabschlusses haben, wobei die Interessenlage dabei aber durchaus unterschiedlich sein kann.[4] Wegen dieser Bedeutung entsprach es der früheren wohl herrschenden Meinung, dass der Jahresabschluss ein Grundlagengeschäft sei, über welches mangels ausdrücklicher anderslautender Vereinbarung nur einstimmig entschieden werden könne. Auch der BGH entschied noch im Portland-Zementwerk-Urteil aus dem Jahr 1996[5],

---

4 So haben die nicht in der Gesellschaft tätigen Gesellschafter häufig Interesse an einer besonders hohen Ausschüttung, während die geschäftsführenden Gesellschafter gegebenenfalls eher die Belange der Gesellschaft im Blick haben.

5 BGHZ 132, 263, 266.

dass eine allgemeine Mehrheitsklausel nicht ausreiche, die Jahresabschlussfeststellung hierin vielmehr nach den Vorgaben des Bestimmtheitsgrundsatzes in eindeutiger Weise benannt werden müsse. Von dieser bis dahin ständigen Rechtsprechung wich das Gericht in der Otto-Entscheidung ab und stellte zunächst fest, dass die Feststellung des Jahresabschlusses zwar im Gegensatz zu dessen Aufstellung keine bloße Geschäftsführungsmaßnahme sei, es sich dabei aber dennoch um ein – den Gesellschaftern obliegendes – Geschäft der laufenden Verwaltung handele. Als periodisch wiederkehrende Angelegenheit sei es nicht ungewöhnlich und daher regelmäßig von einer allgemeinen Mehrheitsklausel im Gesellschaftsvertrag gedeckt.[6]

Der Sachverhalt warf außerdem das – für die Gesellschafter bedeutsamere – Problem der Gewinnthesaurierung auf. Das Handelsgesetzbuch sieht die Bildung von Rücklagen, die in der Bilanz als solche erkennbar sind (sogenannte offene Rücklagen), für die Personenhandelsgesellschaften nicht vor. Die Vorschriften bezüglich der Ergebnisverwendung – maßgeblich die §§ 120 bis 122 HGB – sind seit Erlass des Gesetzes im Jahre 1897 unverändert und regeln den Bereich allenfalls rudimentär, weshalb ihnen inzwischen lediglich eine Auffangfunktion zukommt.[7] Diese Vernachlässigung war zum einen mit der Annahme begründet, dass Rücklagen bei den Personenhandelsgesellschaften aufgrund der unbeschränkten persönlichen Haftung der Gesellschafter für die Gesellschaftsverbindlichkeiten nicht notwendig seien, zum anderen mit der Überlegung, dass sich ein kleiner, überschaubarer Kreis von Gesellschaftern in wichtigen Finanzierungsfragen ohne besondere Vorgaben des Gesetzes einig werde. Mag dies für das Leitbild des historischen Gesetzgebers noch zutreffend gewesen sein, stellt sich die Situation in der Praxis heute anders dar. Die offene (Gewinn-)Rücklage bildet die einzig relevante Selbstfinanzierungsmöglichkeit der Personenhandelsgesellschaft. Offene Rücklagen sind – wenn auch im Gesetz nicht vorgesehen – auch bei den Personenhandelsgesellschaften unstreitig zulässig. Ohne Weiteres können die Gesellschafter durch einstimmigen Beschluss nach § 119 Abs. 1 HGB entscheiden, einen Teil oder auch den gesamten Jahresgewinn in offene Rücklagen zu stellen. Ebenso kann der Gesellschaftsvertrag vorsehen, dass in jedem Geschäftsjahr ein bestimmter Teil des Jahresgewinnes zur Rücklagenbildung

6 Vgl. BGHZ 170, 283, 2. Leitsatz.

7 Vgl. E/B/J/S/*Ehricke*, § 120 Rn. 2; MüKoHGB/*Priester*, § 120 Rn. 9; Schlegelberger/*Martens*, § 120 Rn. 1. Daneben haben sie allerdings auch eine gewisse normative Leitbildfunktion, an der sich individuelle gesellschaftsvertragliche Regelungen zu den Vermögensrechten orientieren sollen.

einbehalten wird.[8] Fraglich und umstritten ist jedoch, unter welchen Voraussetzungen die Thesaurierung eines Teils des Jahresüberschusses – oder auch des gesamten Jahresüberschusses – einem mehrheitlichen Beschluss unterworfen werden kann. Die Gewinnbeteiligung ist das zentrale Vermögensrecht eines jeden Gesellschafters, das nach herrschender Meinung zum Kernbereich der mitgliedschaftlichen Rechte gehört. Während es allgemein anerkannt ist, dass auch kernbereichsrelevante Entscheidungen einem Mehrheitsentscheid unterworfen werden können (im Einzelnen umstritten), sind die genauen Anforderungen an die vertragliche Gestaltung bisher unklar. Insbesondere stellt sich die Frage, ob und inwieweit eine Mehrheitsklausel die mögliche Thesaurierung der Höhe nach eingrenzen muss oder ob möglicherweise eine allgemeine Mehrheitsklausel ausreichend ist. In der Otto-Entscheidung musste der BGH die Frage, ob die Bildung offener Rücklagen als „bilanzrechtliches Grundlagengeschäft"[9] einer besonderen Mehrheitsermächtigung mit Begrenzung nach Ausmaß und Umfang bedarf, nicht beantworten, denn im fraglichen Gesellschaftsvertrag war über eine bestimmte Rücklagenquote bereits vorab einstimmig entschieden worden.[10] Zwar sah die Klausel darüber hinaus vor, dass eine höhere Rücklagenbildung eines Gesellschafterbeschlusses mit qualifizierter Mehrheit bedurfte. Ob dies den Anforderungen des Minderheitenschutzes genügt, musste der BGH aber nicht entscheiden, da für ihn nicht ersichtlich war, dass mehr als 20 % des Jahresüberschusses einer freien Rücklage zugeführt wurden.[11]

Für die klagende Kommanditistin sah dies anders aus: Ihrer Ansicht nach war die 20 %-Grenze überschritten, da bereits in den Untergesellschaften erwirtschaftete Gewinne thesauriert worden waren. Insgesamt seien nicht 25 Mio. €, sondern 38 Mio. € in offene Rücklagen eingestellt worden. Die Klägerin legte die gesellschaftsvertragliche Thesaurierungsklausel konzernweit aus, indem sie als Grundlage der Berechnung nicht vom Jahresergebnis der Mutter-KG ausging, sondern die Gewinne aller Konzernunternehmen sowie

---

8 So in dem für die Otto-Entscheidung maßgeblichen Gesellschaftsvertrag: „Im Verhältnis der Gesellschafter zueinander [ist] ein zu verteilender Gewinn erst vorhanden, wenn […] ein Betrag in Höhe von 20 % des Jahresüberschusses einer freien Rücklage zugeführt worden ist. […] Die Zuführung von mehr als 20 % des Jahresüberschusses in die freie Rücklagen bedarf einer Mehrheit von 76 % der auf das Kommanditkapital entfallenden Stimmen."

9 BGHZ 132, 263, 274 f.

10 Vgl. die betreffende Klausel in Fn. 8. Die Frage nach dem Erfordernis einer Begrenzung stellte sich nicht.

11 Siehe BGHZ 170, 283, 291.

sämtliche im Konzern vorgenommenen Thesaurierungen addierte. Der Jahresabschluss der Muttergesellschaft sei, da er auf überhöhten Thesaurierungen in den Tochter- und Beteiligungsgesellschaften beruhe, unrichtig. Diese Konstellation erinnert an die aktienrechtliche Problematik des § 58 Abs. 2 AktG[12]. Auch dort ist fraglich, ob man die Thesaurierungsquote in konzernrechtlichem Kontext „konzernweit" auslegen kann oder sogar muss. Im Gegensatz zu dieser Parallelproblematik ist die Diskussion im Personengesellschaftsrecht bisher nicht umfassend geführt worden. Der BGH konnte in der Otto-Entscheidung jedoch darauf verweisen, dass die Rücklagenbildung in Tochter- und Beteiligungsgesellschaften nicht Gegenstand einer Klage gegen die Jahresabschlussfeststellung und Gewinnverwendung der Muttergesellschaft sein könne, und auf Ausführungen zu der Frage, ob der Gesellschaftsvertrag so auszulegen sei, dass sich die Thesaurierungsquote auf einen „konzernweiten" Jahresüberschuss beziehe, verzichten.

Die Entscheidung des BGH wirft mehrere in gewisser Weise aufeinander aufbauende Fragen auf, die den Gang der Untersuchung vorgeben:

Der erste Teil der Arbeit behandelt die Gewinnthesaurierung in OHG und KG. Vorangestellt ist ein Grundlagenteil, in welchem die gesetzlichen Grundlagen und Grundbegriffe im Bereich der Gewinnermittlung, Gewinnverwendung und Beschlussfassung dargestellt werden. Sodann wird, da die Jahresabschlussfeststellung Voraussetzung für die Gewinnverwendung ist, auf die Frage eingegangen, auf welche Weise in der OHG und KG der Jahresabschluss festgestellt werden kann, insbesondere ob eine allgemeine Mehrheitsklausel als Grundlage eines Mehrheitsbeschlusses ausreicht. Wenn auch der BGH diese Frage im Rahmen der Otto-Entscheidung beantwortet hat, ist sie doch auf ihre Allgemeingültigkeit zu untersuchen.

Im Anschluss wird untersucht, unter welchen Voraussetzungen Gewinne in offene Rücklagen eingestellt werden können. Ausgehend von den gesetzlichen Grundlagen werden Gestaltungsalternativen dargestellt und auf ihre Wirksamkeit geprüft. Kern der Untersuchung wird die Frage sein, welchen Anforderungen eine gesellschaftsvertragliche Mehrheitsklausel genügen muss, um einen mehrheitlichen Beschluss der Gesellschafter über die Verwendung des Gewinns zu erlauben. Insbesondere soll auf die Frage eingegangen werden, ob eine absolute oder relative Begrenzung der Thesaurierungsmöglichkeit in der Mehrheitsklausel enthalten sein muss oder nicht.

12 Siehe hierzu näher Zweiter Teil § 4C.

Im zweiten Teil der Arbeit wird die Thesaurierungsproblematik auf den personengesellschaftsrechtlichen Konzern übertragen. Kern der Untersuchung wird hierbei die Möglichkeit einer „konzernweiten" Auslegung von Thesaurierungsklauseln sein.

Erster Teil – Gewinnthesaurierung in der unverbundenen Personenhandelsgesellschaft

§ 1 Grundlagen

A. Gewinnermittlung und -feststellung in der Personenhandelsgesellschaft

I. Der Jahresabschluss als Grundlage der Gewinnermittlung

Bevor die Gesellschafter einer OHG oder KG über die Verwendung des vom Gesellschaftsunternehmens erwirtschafteten Gewinns entscheiden können, muss dieser zunächst ermittelt und verbindlich festgestellt werden. In Bezug auf die Ergebnisermittlung bei OHG und KG finden sich im Handelsgesetzbuch zwei Vorschriften, § 120 Abs. 1 HGB und § 242 Abs. 1 HGB. Laut § 120 Abs. 1 HS. 1 HGB wird am Schluss eines jeden Geschäftsjahres auf Grund der Bilanz der Gewinn oder der Verlust der Gesellschaft in diesem Jahr ermittelt, was über § 167 Abs. 1 HGB ebenso für die KG gilt. Diese Vorschrift konstituiert die gesellschaftsrechtliche Pflicht zur Erstellung einer Bilanz. Neben die gesellschaftsrechtliche Bilanzierungspflicht tritt selbständig die entsprechende öffentlich-rechtliche Pflicht zur Rechnungslegung eines jeden Kaufmanns nach § 242 Abs. 1 HGB.

Die Bilanz stellt das Verhältnis des Vermögens und der Schulden der Gesellschaft am Ende eines Geschäftsjahrs dar, die Höhe des Gewinns oder des Verlustes der Gesellschaft ergibt sich aus den Veränderungen des Gesellschaftsvermögens gegenüber der Vorjahresbilanz.[13] Gemeint ist in § 120 Abs. 1 HGB nicht nur die Bilanz alleine, sondern der Jahresabschluss, der gemäß § 242 Abs. 3 HGB neben der Bilanz, welche mit Aktiv- und Passivpositionen die Vermögens- und Finanzlage darstellt, auch die Gewinn- und Verlustrechnung enthält, die mit Aufwands- und Ertragspositionen der Darstellung der Ertragslage dient.[14] Der Jahresabschluss stellt die Grundlage der Gewinnermittlung bei allen Handelsgesellschaften dar, welche sodann den Rahmen für die Gewinnverwendung

---

13 Vgl. Baumbach/Hopt/*Roth*, § 120 Rn. 7; *Schulze-Osterloh*, FS K. Schmidt, S. 1447, 1450.

14 Vgl. Baumbach/Hopt/*Roth*, § 120 Rn. 1; MüKoHGB/*Priester*, § 120 Rn. 14; bei Personengesellschaften im Sinne von § 264a Abs. 1 HGB gehört zum Jahresabschluss wie bei den Kapitalgesellschaften auch der Anhang und der Lagebericht.

vorgibt. Zum Prozedere der Gewinnermittlung im Detail schweigt das Gesetz.[15] Wie bei den Kapitalgesellschaften ist aber auch bei OHG und KG zwischen Aufstellung und Feststellung des Jahresabschlusses zu unterscheiden.[16] Beide Akte haben unterschiedliche rechtliche Bedeutung und unterliegen unterschiedlicher Zuständigkeit.[17] Nach heute herrschender Meinung ist der Jahresabschluss von den geschäftsführenden Gesellschaftern aufzustellen und grundsätzlich von der Gesellschaftergesamtheit festzustellen.[18]

II. Die Aufstellung des Jahresabschlusses

Unter Aufstellung des Jahresabschlusses bzw. der Bilanz versteht man die Übernahme des Zahlenwerkes aus der Buchhaltung und die Vorbereitung des Jahresabschlusses bis hin zu einem Bilanzentwurf.[19] Gemäß § 243 Abs. 3 HGB ist der Jahresabschluss innerhalb einer dem ordnungsgemäßen Geschäftsgang entsprechenden Zeit aufzustellen. Nach überwiegender Ansicht ist dies ein Zeitraum von maximal sechs Monaten nach Abschluss des Geschäftsjahres.[20] Unstreitig ist die Abschlussaufstellung eine Geschäftsführungsmaßnahme, für die allein die geschäftsführenden Gesellschafter zuständig sind.[21]

Die Aufstellung des Jahresabschlusses beinhaltet allerdings nicht nur das Verfassen des Jahresabschlusses unter Übernahme des Zahlenwerkes aus der Buchhaltung. Vielmehr gestalten die Geschäftsführer die Bilanz inhaltlich durch die Ausübung von Bilanzierungs- und Bewertungswahlrechten. Die Aufsteller sind dabei an die bilanzrechtlichen Vorschriften und an eventuell bestehende Vorgaben des Gesellschaftsvertrags gebunden, gleichzeitig aber können sie innerhalb dieser Befugnisse das bilanzielle Bewertungsermessen, welches die §§ 238 ff.

---

15 Im Gegensatz beispielsweise zum GmbH-Recht, vgl. § 42a GmbHG.

16 Diese Unterscheidung ist zwar dem Gesetz nicht zu entnehmen, entspricht aber der allgemeinen Ansicht (vgl. *Priester*, FS Quack, S. 373, 379; *Ulmer*, FS Hefermehl, S. 207, 211; BGHZ 132, 263, 266) und wird mittlerweile als selbstverständlich angesehen. Siehe dazu ausführlich *Heintzschel*, Die Bilanzfeststellungskompetenz in der Kommanditgesellschaft, S. 53 ff.

17 Vgl. Baumbach/Hopt/*Roth*, § 120 Rn. 1; E/B/J/S/*Ehricke*, § 120 Rn. 7; MüKoHGB/*Priester*, § 120 Rn. 45.

18 Vgl. statt aller MüKoHGB/Priester, § 120 Rn. 47, 55.

19 Vgl. MüKoHGB/*Priester*, § 120 Rn. 46.

20 Vgl. z. B. Baumbach/Hopt/*Merkt*, § 243 Rn. 10.

21 BGHZ 76, 338, 342; 132, 263, 266; Baumbach/Hopt/*Roth* § 164 Rn. 3; E/B/J/S/*Ehricke*, § 120 Rn. 9; MüKoHGB/*Priester*, § 120 Rn. 47; MünchHdbGesR/*Sangen-Emden*, § 62 Rn. 55; *Ulmer*, FS Hefermehl, S. 218 ff.; *Ernst*, BB 1961, 377.

HGB dem Bilanzierenden einräumen, ausüben sowie von den gesetzlich zulässigen Ansatz- und Bewertungswahlrechten Gebrauch machen.[22] Der Jahresabschluss enthält insofern Vorschläge für die Bilanzierung und muss beschlussreif sein.[23] Im Einzelnen ist nicht unstreitig, wie weit die Kompetenz der geschäftsführenden Gesellschafter in diesem Bereich geht. Dies wird allerdings erst bei der Frage nach einer Bindung der übrigen Gesellschafter an den Vorschlag der Geschäftsführer relevant, denn die übrigen Gesellschafter können inhaltliche Einwendungen gegen den Vorschlag erst im Rahmen des Feststellungsbeschlusses geltend machen.[24] Verzögern oder verweigern die geschäftsführenden Gesellschafter jedoch die Aufstellung an sich, so können die übrigen Gesellschafter auf Aufstellung des Jahresabschlusses und Übergabe zur Feststellung klagen.[25]

III. Die Feststellung des Jahresabschlusses

1. Der Feststellungsbeschluss

Die Feststellung des Jahresabschlusses bedeutet seine Billigung durch die Gesellschafter und damit die Verbindlicherklärung im Verhältnis der Gesellschafter untereinander sowie im Verhältnis der Gesellschaft zu Dritten, sie erfolgt durch einen Beschluss der Gesellschafter.[26] Mit der Feststellung werden die Bilanzposten festgelegt, d.h. es wird endgültig über die Ansatz- und Bewertungswahlrechte entschieden.[27] Das HGB regelt – anders als das GmbHG und das AktG für die

---

22 Vgl. MüKoHGB/*Priester*, § 120 Rn. 46; MünchHdbGesR/*Sangen-Emden*, § 62 Rn. 56; *Ulmer*, FS Lutter, S. 935, 938.

23 Vgl. MüKoHGB/*Priester*, § 120 Rn. 46.

24 Vgl. E/B/J/S/*Ehricke*, § 120 Rn. 18. Andere sind der Ansicht, gewinnverwendende Bilanzentscheidungen könnten nicht bereits bei der Aufstellung des Jahresabschlusses, sondern erst im Rahmen der Feststellung unter Mitwirkung aller Gesellschafter getroffen werden. Das Ergebnis ist dabei identisch und jedenfalls müssen die geschäftsführenden Gesellschafter nach ihrem Ermessen bei der Bilanzaufstellung einen Vorschlag zu der Bewertung machen.

25 Vgl. BGH, WM 1983, 1279.

26 Statt aller Baumbach/Hopt/*Roth*, § 164, Rn. 3.

27 Damit wird zugleich die Grundlage für die Rechnungslegung des folgenden Geschäftsjahres gelegt, denn nach § 252 Abs. 1 Nr. 1 HGB (Grundsatz der Bilanzkontinuität) müssen die Wertansätze der Eröffnungsbilanz des Geschäftsjahres mit denen der Schlussbilanz des vorhergehenden Geschäftsjahres übereinstimmen. Außerdem sollen nach § 252 Abs. 1 Nr. 6 HGB (Grundsatz der Bewertungsstetigkeit) auch die auf den vorhergehenden Jahresabschluss angewandten Bewertungsmethoden beibehalten werden.

Kapitalgesellschaften – die Jahresabschlussfeststellung nicht, was viele Einzelfragen aufgeworfen hat, von denen einige heute noch umstritten sind. Grundsätzlich erfordert die Abschlussfeststellung nach inzwischen wohl unbestrittener Meinung jedenfalls die Mitwirkung sämtlicher Gesellschafter[28], welche dazu auch verpflichtet sind.[29] Der Gesellschaftsvertrag kann sowohl einen Mehrheitsbeschluss vorsehen als auch die Entscheidungszuständigkeit auf einen Beirat oder ein vergleichbares Gremium übertragen.[30] Die Abschlussfeststellung bedarf keiner bestimmten Form, auch eine Frist ist gesetzlich nicht vorgeschrieben.

2. Die Rechtsnatur des Feststellungsbeschlusses

Darüber, dass die Feststellung des Jahresabschlusses verfahrenstechnisch durch Beschluss der Gesellschafter erfolgt, ist man sich heute einig.[31] Umstritten ist aber nach wie vor die Rechtsnatur der Jahresabschlussfeststellung. Nach einer älteren Auffassung handelt es sich hierbei um einen Vertrag zwischen den Gesellschaftern, mit dem diese den Inhalt der Bilanz anerkennen.[32] Nach einer anderen Ansicht stellt die Jahresabschlussfeststellung ein abstraktes Schuldanerkenntnis

---

28 BGHZ 44, 158, 160, BGH BB 1975, 1605, 1606; BGHZ 132, 263, 266; 170, 283, 285; MünchHdbGesR/*Sangen-Emden*, § 62 Rn. 75; i.E. ebs. *Priester*, DStR 2007, 28; *Ulmer*, FS Lutter, S. 935, 938. Früher war es herrschende Meinung, dass die Jahresabschlussfeststellung wegen § 41 HGB a.F. (heute § 245 S. 2 HGB), der eine Unterzeichnung des Jahresabschlusses (nur) durch die persönlich haftenden Gesellschafter vorsah, in die Kompetenz der geschäftsführenden Gesellschafter fiel und damit insbesondere die Kommanditisten der KG von der Feststellung des Jahresabschlusses ausgeschlossen waren. Diese Ansicht wurde zudem auf § 166 Abs. 1 HGB gestützt, der den Kommanditisten im Hinblick auf den Jahresabschluss nur ein Kontrollrecht zuweist. Nach einem Beitrag von *Ulmer* im Anschluss an einen Aufsatz von *Buchwald*, JR 1948, 65 ff., in der FS Hefermehl, S. 207 ff., setzte sich die Gegenansicht durch, die besagt, dass § 245 S. 2 HGB allein die öffentlich-rechtliche Pflicht zur Unterzeichnung des Jahresabschlusses betrifft, aber nichts über die gesellschaftsrechtliche Kompetenzverteilung aussagt. Das Kontrollrecht der Kommanditisten schließe die Mitwirkungsbefugnis nicht aus, sondern setze sie sogar voraus. Die Bilanzfeststellung entscheide darüber hinaus nicht nur über das Jahresergebnis, sondern bilde auch die Basis für die künftige Gewinnermittlung, weshalb sie ein Grundlagengeschäft aller Gesellschafter untereinander enthalte, vgl. *Ulmer*, FS Hefermehl, S. 207, 212. Dies entspricht heute der herrschenden Meinung.

29 Vgl. BGHZ 139, 299, 303 (mitgliedschaftlicher Anspruch auf Feststellung des Jahresabschlusses).

30 Vgl. BGHZ 132, 263, 267.

31 Vgl. MüKoHGB/*Priester*, § 120 Rn. 56.

32 So *Buchwald*, JR 1948, 65.

im Sinne der §§ 781 und 782 BGB dar[33], während eine heute stärker vertretene Meinung (teilweise als herrschende Meinung bezeichnet) von einem kausalen Schuldanerkenntnis ausgeht[34]. Einer neuen Ansicht zufolge ist die Jahresabschlussfeststellung jedoch kein Vertrag, sondern ein Organbeschluss. Die Gesellschafter handelten bei der Feststellung des Jahresabschlusses nicht als Vertragspartner, sondern als Organ der Gesellschaft, was dem Verbandscharakter der Personenhandelsgesellschaften eher entspreche.[35] Diese Ansicht dürfte zustimmungswürdig sein, allerdings ist die Frage nach der Rechtsnatur der Jahresabschlussfeststellung im Ergebnis ohne größere Bedeutung, weshalb die Frage an dieser Stelle nicht vertieft werden soll.[36]

3. *Die Bindung der Gesellschafter an den Entwurf des Jahresabschlusses*

a) Die Grundregel

Bereits bei der Aufstellung des Jahresabschlusses werden Entscheidungen getroffen, die Auswirkungen auf das Ergebnis haben können. Insofern stellt sich die Frage, wie weit die Entscheidungskompetenz der Geschäftsführer geht, anders ausgedrückt, inwieweit die übrigen Gesellschafter an die Vorschläge der geschäftsführenden Gesellschafter gebunden sind. Aus der kompetenzrechtlichen Unterscheidung zwischen Aufstellung und Feststellung des Jahresabschlusses ergibt sich, dass der Bilanzentwurf von der Gesellschaftergesamtheit grundsätzlich abgeändert werden kann.[37] Als Grundregel gilt jedoch: Soweit sich der Jahresabschluss im gesetzlichen und gesellschaftsvertraglich zugelassenen Rahmen hält, sind die Gesellschafter daran gebunden, d.h. sie müssen ihre Zustimmung erteilen, auch wenn sie mit einzelnen Ermessensentscheidungen nicht einverstanden sind.[38] Die Verweigerung der Zustimmung kann nur auf den Vorwurf gestützt

---

33 BGH BB 1960, 188; OLG Karlsruhe DB 1995, 264.

34 Zur Begründung wird angeführt, dass die Beteiligten keine neue Anspruchsgrundlage für Sozialverbindlichkeiten schaffen, sondern ihre Ansprüche und Verbindlichkeiten gegenüber der Gesellschaft am Bilanzstichtag festlegen und eine Rechtsgrundlage für das folgenden Geschäftsjahr schaffen wollten, vgl. Staub/*Schäfer*, § 120 Rn. 19.

35 MüKoHGB/*Priester*, § 120 Rn. 57; *Priester*, FS Hadding, S. 607, 609 ff.

36 Dazu zuletzt BGH NZG 2009, 659, 661; E/B/J/S/*Ehricke*, § 120 Rn. 36; MünchHdbGesR/*Sangen-Emden*, § 62 Rn. 81.

37 Vgl. *Crezelius*, FS 100 Jahre GmbH-Gesetz, S. 316. So ist es auch von § 173 Abs. 3 AktG ausdrücklich vorgesehen.

38 Vgl. E/B/J/S/*Ehricke*, § 120 Rn. 40; MünchHdbGesR/*Sangen-Emden*, § 62 Rn. 79; *Schulze-Osterloh*, BB 1995, 2519, 2521.

werden, ein Bilanzposten oder der gesamte Jahresabschluss sei unrichtig oder verstoße gegen Gesetz oder den Gesellschaftsvertrag, nicht aber darauf, dass eine andere Ermessensentscheidung hätte getroffen werden müssen.[39] Dies bedeutet, dass die Zustimmung nicht davon abhängig gemacht werden kann, dass die geschäftsführenden Gesellschafter ihre Ansatz- und Bewertungswahlrechte in bestimmter Weise ausüben.[40] Auf der anderen Seite besteht eine Bindung an den Bilanzentwurf nur insoweit, als die Geschäftsführer durch die Wahl der Bilanzansätze nicht schon Teile der Gewinnverwendung vorwegnehmen.[41] Die Gewinnverwendung ist von der Gewinnermittlung, die Gegenstand des § 120 Abs. 1 HGB ist, streng zu trennen. Die Verwendung des Jahresgewinns fällt nach ganz herrschender Meinung in die Zuständigkeit der Gesellschaftergesamtheit, die geschäftsführenden Gesellschafter sind dazu nicht befugt.[42]

b) Gewinnermittlung und Gewinnverwendung

Aufgrund der Zulassung von Bilanzwahlrechten ist die Abgrenzung zwischen Gewinnermittlung und Gewinnverwendung nicht immer einfach. Formell handelt es sich bei den Ansatz- und Bewertungswahlrechten um einen Teil der Gewinnermittlung, da sie zu einer Erhöhung oder Verminderung der zur Berechnung des Gesellschaftsvermögens dienenden Bilanzansätze führen.[43] Steckt jedoch hinter der Wahl der Bilanzansätze die Intention, das Eigenkapital generell zu stärken, handelt es sich faktisch um Maßnahmen der Gewinnverwendung, wodurch die geschäftsführenden Gesellschafter bereits bei der Aufstellung der Bilanz das Ergebnis sowohl in die eine als auch in die andere Richtung beeinflussen können.[44] Bezüglich dieses Problems hat der BGH im

---

39 Vgl. E/B/J/S/*Ehricke*, § 120 Rn. 40; MünchHdbGesR/*Sangen-Emden*, § 62 Rn. 79. Im Weigerungsfall kann der opponierende Gesellschafter von seinen Mitgesellschaftern auf Zustimmung verklagt werden (§ 894 ZPO), vgl. Staub/*Schäfer*, § 120 Rn. 20 f.

40 Vgl. Staub/*Schäfer*, § 120 Rn. 20.

41 Vgl. E/B/J/S/*Ehricke*, § 120 Rn. 40; MüKoHGB/*Priester*, § 120 Rn. 63; MünchHdbGesR/*Sangen-Emden*, § 62 Rn. 78; Staub/*Schäfer*, § 120 Rn. 20.

42 BGHZ 132, 263, 274; Staub/*Schäfer*, § 120 Rn. 20, 41;E/B/J/S/Ehricke, § 120 Rn. 64; MüKoHGB/Priester, § 120 Rn. 72; Baumbach/Hopt/*Roth*, § 120 Rn. 8.

43 Vgl. MüKoHGB/*Priester*, § 120 Rn. 73; Staub/*Schäfer*, § 120 Rn. 35.

44 Die Bedeutung dieser Möglichkeit ist z.B. an dem der Entscheidung BGHZ 132, 263 zugrunde liegenden Sachverhalt erkennbar: In der Handelsbilanz einer Kommanditgesellschaft hatte der Komplementär einen erheblichen Betrag in Ermessensreserven nach § 253 Abs. 4 HGB a.F. eingestellt und so einen in der Steuerbilanz ausgewiesenen Jahresgewinn von 16,8 Mio. DM in einen handelsbilanziellen Verlust von 1,1 Mio. DM umgewandelt. An die Gesellschafter wurde somit kein Gewinn ausgeschüttet, sie sahen

Portland-Zementwerk-Urteil aus dem Jahr 1996 – entsprechend den zwei Funktionen des Jahresabschlusses[45] – zwischen Maßnahmen, die der „Darstellung der Lage des Vermögens des Unternehmens“[46] dienen, und Maßnahmen, die „der Sache nach Ergebnisverwendungen“[47] sind, unterschieden.[48] Zu den Maßnahmen, die der Sache nach Gewinnverwendung sein sollen, zählte der BGH die Schaffung offener Rücklagen, die Bildung zusätzlicher Abschreibungen nach § 253 Abs. 4 HGB a.F., die Bildung von Aufwandsrückstellungen nach § 249 Abs. S. 3 HGB a.F.[49] sowie die Ausnutzung steuerlicher Sonderabschreibungen. Die Möglichkeit zur Aktivierung eines derivativ erworbenen Geschäfts- oder Firmenwerts nach § 255 Abs. 4 HGB a.F., die Bewertungswahlrechte bzgl. der Einbeziehung der Gemeinkosten bei der Bemessung der Herstellungskosten gemäß § 255 Abs. 2 S. 3 bis 5 HGB a.F. und bzgl. der Einberechnung von Fremdkapitalzinsen nach § 255 Abs. 3 HGB sowie die außerplanmäßigen Abschreibungen nach § 255 Abs. 3 und Abs. 5 HGB a.F. wurden dagegen als lediglich gewinnfeststellende Maßnahmen zu den Kompetenzen der geschäftsführenden Gesellschafter gezählt.[50]

Nach anderer Ansicht soll die Abgrenzung anhand des Sachzusammenhangs zwischen Geschäftsführungskompetenz und bilanzieller Behandlung der Geschäftsvorfälle vorgenommen werden.[51] Danach steht die Kompetenz zur Ausübung von Wahlrechten demjenigen Gesellschafterorgan (Geschäftsführer oder Gesellschaftergesamtheit) zu, das über die Durchführung der abgebildeten Maßnahmen entscheidet.[52]

---

sich aber erheblichen Steuerforderungen ausgesetzt. Siehe zum Sachverhalt auch das Urteil des Berufungsgerichts (OLG Stuttgart ZIP 1995, 126 ff.).

45 Der Jahresabschluss dient zum einen der Darstellung der Lage des Vermögens des Unternehmens und zum anderen weist er den verteilbaren Gewinn aus, vgl. *Schulze-Osterloh*, BB 1995, 2519, 2520.

46 BGHZ 132, 263, 272.

47 BGZ 132, 263 (2. Leitsatz).

48 Vgl. BGHZ 132, 263 ff.; kritisch *Binz/Mayer*, DB 2007, 1739, 1740; zustimmend aber *Hoch*, DStR 1998, 134, 140.

49 Vgl. BGHZ 132, 263, 275 f.; ebs. *Schulze-Osterloh*, BB 1995, 2519, 2522; a.A. *Schön*, FS Beisse, S. 471, 485 und *Ulmer*, FS Lutter, S. 935, 941.

50 Die ergibt sich im Umkehrschluss aus BGHZ 132, 263 ff.

51 Vgl. *Schön*, FS Beisse, S. 471 ff.; zustimmend MüKoHGB/*Priester*, § 120 Rn. 75; Staub/*Schäfer*, § 120 Rn. 37.

52 Vgl. *Schön*, FS Beisse, S. 471, 489. Danach wäre z.B. entgegen der Ansicht des BGH die Aufwandsrückstellung nach § 249 Abs. 1 S. 3, Abs. 2 HGB a.F. Sache der Geschäftsführer.

Durch das Bilanzrechtsmodernisierungsgesetz vom 29. Mai 2009 (BilMoG)[53] wurden jedoch zahlreiche Ansatz- und Bewertungsvorschriften gestrichen bzw. geändert, was die Relevanz der Diskussion deutlich verringert hat, auch wenn das Abgrenzungsproblem grundsätzlich weiterhin bestehen bleibt.[54] Insbesondere die vor dem BilMoG für die Rücklagenbildung in den Personenhandelsgesellschaften zentrale Vorschrift des § 253 Abs. 4 HGB a.F. besteht nun nicht mehr. Nach dieser Vorschrift waren Abschreibungen (über planmäßige und außerplanmäßige hinaus) auch nach vernünftiger kaufmännischer Beurteilung zulässig. Diese Abschreibungsmöglichkeit war maßgeblich für die Bildung stiller (Ermessens-)Reserven.[55] Der Kaufmann konnte sich frei (im Rahmen der vernünftigen kaufmännischen Beurteilung) für eine Unterbewertung der Vermögensgegenstände entscheiden und so stille Reserven schaffen.[56] Nach der

---

53 BGBl. I 2009, S. 1102.

54 Der Streitfall der Bildung von Aufwandsrückstellungen hat sich durch die ersatzlose Streichung des § 249 Abs. 1 S. 3, Abs. 2 HGB a.F. erledigt. Außerplanmäßige Abschreibungen sind nach § 253 Abs. 3 HGB nun nur noch vorzunehmen, wenn es sich um eine voraussichtlich dauernde Wertminderung handelt, das Abschreibungswahlrecht bei voraussichtlich nicht andauernder Wertminderung besteht nur noch bezogen auf Finanzanlagen. Gleichzeitig normiert der neue § 253 Abs. 5 S. 1 HGB ein Wertaufholungsgebot, wenn die Gründe für die außerplanmäßige Abschreibung nicht mehr bestehen. Die Vornahme außerplanmäßiger Abschreibungen bei voraussichtlich nicht dauernder Wertminderung in Verbindung mit dem Beibehaltungswahlrecht nach § 253 Abs. 5 HGB a.F. ermöglichte den geschäftsführenden Gesellschaftern die Bildung von stillen Reserven. Nach dem neuen Bilanzrecht ist dies ausgeschlossen. Auch die steuerrechtlichen Wahlrechte, die nach BGHZ 132, 263 von der Gesellschaftergesamtheit vorzunehmen waren, bestehen aufgrund der Abschaffung der umgekehrten Maßgeblichkeit nicht mehr.

55 Stille Reserven im weiteren Sinne sind die positive Differenz zwischen dem wahren Wert des Unternehmens und dem im Jahresabschluss angesetzten Buchwert. Sie entstehen durch Unterbewertung, d.h. durch den Ansatz von Aktiva zu einem niedrigerem und dem Ansatz von Passiva zu einem höheren Wert, und sind als solche in gewissem Maß unvermeidlich und auch unbedenklich. Im alten § 253 Abs. 4 HGB waren jedoch stille Reserven im engeren Sinne gemeint – auch Ermessensreserven genannt –, die durch eine bewusste bzw. willkürliche Unterbewertung entstehen.

56 Die Möglichkeit zur Bildung von in der Bilanz nicht erkennbaren Rücklagen wurde bereits vor dem BilMoG kritisiert. Ermessensreserven seien bilanzpolitisch ein gefährliches Mittel, teils wurde sogar von „Ergebnismanipulation" gesprochen. Durch sie werde die Selbstinformation des Kaufmanns verfälscht, der Gesellschafterschutz und der Gläubigerschutz würden beeinträchtigt. Ziel des BilMoG war es unter anderem, die Transparenz des handelsrechtlichen Jahresabschlusses und das Informationsniveau zu erhöhen. Hiervon war vor allem die Bildung stiller Reserven betroffen. Da sie

Entscheidung des BGH aus dem Jahr 1996[57] war eine Abschreibung nur möglich, wenn alle Gesellschafter zustimmten, denn durch die Bildung von Ermessensreserven werde das allgemeine Unternehmensrisiko abgedeckt und der Sache nach ein bereits bestehender Gewinn verwendet.[58]

Aufgrund der ersatzlosen Streichung dieser Vorschrift bleibt als wichtige Maßnahme der Gewinnverwendung, die bereits bei der Aufstellung relevant werden kann, nur die Bildung offener Rücklagen.[59] Da dies offensichtlich und unbestritten eine Maßnahme der Gewinnverwendung ist, die nur unter Mitwirkung sämtlicher Gesellschafter getroffen werden kann, ist davon auszugehen, dass die Diskussion um die Abgrenzung von gewinnfeststellenden und gewinnverwendenden Bilanzierungsmaßnahmen in der bisherigen Form nicht weitergeführt werden muss.

B. Gewinnverteilung und -verwendung in der Personenhandelsgesellschaft

I. Die Gewinnverteilung

1. Die Verteilung von Gewinn und Verlust in der OHG

Mit dem Feststellungsbeschluss der Gesellschafter ist die Phase der Gewinnermittlung abgeschlossen. Bei den Kapitalgesellschaften schließt sich daran die Gewinnverwendung an.[60] Im Personengesellschaftsrecht kennt man dagegen keine Ergebnisverwendung im Sinne einer gesonderten Entscheidung, einem konkreten Beschluss der Gesellschafter, vielmehr ist der ermittelte Gewinn gemäß § 120 Abs. 2 HGB nach den Verteilungsregeln des § 121 HGB den Kapitalkonten der

„unsichtbar" sind, können stille Reserven zu einer den tatsächlichen Verhältnissen nicht entsprechenden Darstellung der Vermögens-, Finanz- und Ertragslage des Unternehmens führen. Bisher wurde die Bildung stiller Reserven mit dem Vorsichtsprinzip und dem Gläubigerschutz rechtfertigt. Vorsichtsprinzip und Gläubigerschutz sollen zwar nach wie vor maßgeblich für den handelsrechtlichen Jahresabschluss sein, eine zutreffende Darstellung der Lage des Unternehmens entspricht jedoch viel eher den Interessen der Gläubiger als die Bildung von in der Bilanz nicht erkennbaren stillen Reserven. Siehe dazu die Erwägungsgründe der Regierung für das BilMoG, BT-Drs. 16/10067, S. 57 ff.

57 BGHZ 132, 263.

58 Vgl. BGHZ 132, 263, 275; ebenso *Schulze-Osterloh*, BB 1995, 2519, 2521; *Ulmer*, FS Lutter, S. 935, 941.

59 Auch der BGH scheint in BGHZ 170, 283 davon auszugehen, dass nur noch die Bildung offener Rücklagen eine Maßnahme der Gewinnverwendung darstellt.

60 Vgl. § 29 GmbHG und § 58 AktG.

Gesellschafter zuzuschreiben. Die Ermittlung der einzelnen Gewinnanteile trifft noch keinerlei Aussage über einen konkreten Gewinnanspruch, also ein Entnahmerecht der Gesellschafter und dessen Höhe. Der Gesellschafter hat aufgrund der Ergebnisverteilung nur einen Anspruch darauf, dass der nach § 121 HGB auf ihn entfallende Gewinnanteil nach § 120 Abs. 2 HGB seinem Kapitalanteil gutgeschrieben wird. Die Frage nach der tatsächlichen Verwendung des Gewinns regelt § 122 HGB.[61]

Der gesetzliche Verteilungsschlüssel sieht sowohl eine Kapitalverzinsung als auch eine Verteilung nach Köpfen vor. Nach § 121 Abs. 1 S. 1 HGB steht jedem Gesellschafter von dem bilanziell festgestellten Jahresgewinn vorab ein Anteil von 4 % seines Kapitalanteils bei Geschäftsjahresanfang zu, wobei es sich um einen Vorab-Gewinnanteil handelt.[62] Wenn der Gewinn dazu nicht ausreicht, wird nach § 121 Abs. 1 S. 2 HGB der Prozentsatz entsprechend gesenkt. Weist der Jahresabschluss keinen Gewinn oder sogar einen Verlust aus, so entfällt der Anspruch und wird auch nicht in späteren Jahren nachgezahlt.[63] Grundlage der Berechnung des Vorabanteils bildet der variable Kapitalanteil der Gesellschafter im Sinne von § 120 Abs. 2 HGB. Nach § 121 Abs. 1 HGB ist maßgeblich der Stand des Kapitalanteils zu Beginn des Geschäftsjahres, dessen Ergebnis verteilt werden soll; Veränderungen im Laufe des Geschäftsjahres durch Einlagen und Entnahmen sind nach Maßgabe von Abs. 2 zu berücksichtigen.[64] Die Verteilung des Restgewinns erfolgt gemäß § 121 Abs. 3 HGB nach Köpfen. Dies gilt unabhängig von der Höhe des Kapitalanteils und daher auch für Gesellschafter ohne Kapitalanteil oder solche mit negativem Kapitalanteil.

2. *Die Verteilung von Gewinn und Verlust in der KG*

Entsprechend der korrespondierenden Regelung im Recht der OHG – § 121 Abs. 1 S. 1 HGB – steht bei der KG gemäß § 168 Abs. 1 S. 1 HGB zunächst jedem Gesellschafter ein Vorab-Gewinnanteil in Höhe von 4 % des letzten Kapitalanteils zu. In der KG besteht hier die Besonderheit, dass nach der gesetzlichen Regelung die Komplementäre durch Stehenlassen ihrer Gewinnanteile aus dem

61 Vgl. Staub/*Schäfer*, § 121 Rn. 2.

62 Es ist insofern missverständlich, von Kapitalverzinsung, Vorzusgdividende oder Vorwegdividende zu sprechen, denn es handelt sich nicht um ein Entgelt für die Kapitalüberlassung, sondern um einen Vorabanteil, der entfällt, wenn kein entsprechender Gewinn erzielt wurde, vgl. MüKoHGB/*Priester*, § 121 Rn. 16; Staub/*Schäfer*, § 121 Rn. 11.

63 Vgl. Staub/*Schäfer*, § 121 Rn. 11.

64 Vgl. Staub/*Schäfer*, § 121 Rn. 10.

Vorjahr ihren Kapitalanteil anwachsen lassen können, während derjenige der Kommanditisten grundsätzlich nicht variabel ist.[65] Ebenso wie bei der OHG setzt der Vorabanteil ein positives Jahresergebnis voraus und entfällt in Geschäftsjahren, in denen die Gesellschaft keinen Gewinn erwirtschaftet. Reicht der Gewinn zur Gutschrift von je 4 % nicht aus, wird der Prozentsatz gewählt, bei dem der Gewinn erschöpft ist.[66]

Gemäß § 168 Abs. 2 HGB wird der darüber hinausgehende Gewinn der KG im Gegensatz zu § 121 Abs. 3 HGB nicht nach Köpfen, sondern nach einem „den Umständen angemessenen Verhältnis der Anteile" verteilt. Zur Bestimmung dieses angemessenen Verhältnisses sind nach der Rechtsprechung alle Umstände des jeweiligen Einzelfalls zu berücksichtigten.[67] Angemessen wird im Regelfall eine Verteilung sein, die sich nach den Beiträgen der Gesellschafter richtet.[68] Als relevante Beiträge kommen in Betracht die (geschäftsführende) Tätigkeit im Gesellschaftsunternehmen, die Finanzierung der Gesellschaft in Form von Einlagen, soweit dies nicht bereits durch den Vorabanteil abgegolten ist, und die Risikoübernahme insbesondere der Komplementäre.[69] Die Bemessung des jeweiligen Gewinnanteils soll sich danach bestimmen, was der Kommanditist im Vergleich mit den Komplementären für die Gesellschaft in Form von Beiträgen im weiteren Sinne leistet. Nach dem gesetzlichen Leitbild besteht also eine Abhängigkeit zwischen Beitragspflichten und Ergebnisbeteiligung[70] Problematisch hieran ist z.B., dass der Einsatz der Komplementäre durch die Risikoübernahme nur schwer zu bewerten ist, denn je nach Vermögenslage der Gesellschaft ist dieses Risiko höher oder geringer einzuschätzen.[71] Die Tätigkeit in der Gesellschaft,

65 Evtl. muss daher den Kommanditisten die Möglichkeit eingeräumt werden, ihre Einlagen aufzustocken, vgl. MüKoHGB/*Grunewald*, § 168 Rn. 2.

66 Vgl. MüKoHGB/*Priester*, § 121 Rn. 17.

67 Vgl. BGH WM 1956, 1062, 1064.

68 Vgl. *Hüttemann*, Leistungsstörungen bei Personengesellschaften, S. 216, 217.

69 Vgl. E/B/J/S/*Weipert*, § 168 Rn. 8. Des Weiteren sind die etwaigen Vorteile, die ein Gesellschafter der KG gewährt, zu berücksichtigen. Dies können Gebrauchsüberlassungen, Wettbewerbsverbote, Know-how etc. sein, vgl. MüKoHGB/*Grunewald*, § 168 Rn. 3.

70 Vgl. *Hüttemann*, Leistungsstörungen bei Personengesellschaften, S. 217.

71 Die Einzelheiten sind nicht unumstritten. So wird teilweise davon ausgegangen, dass die persönliche Haftung der Komplementäre in jedem Fall bei der Gewinnverteilung zu beachten sei, während andere in diesen Fällen mit Hinweis darauf, dass auch die Kommanditisten einem Haftungsrisiko unterliegen, eine Rechtfertigung im Einzelfall fordern, vgl. E/B/J/S/*Weipert*, § 168 Rn. 6. Die Vergütung einer natürlichen Person als Komplementär sollte höher ausfallen als die einer juristischen Person, da für natürliche

ob als Geschäftsführer oder auf andere Weise, sollte angemessen vorab vergütet werden, wobei sich ein „Drittvergleich“ mit angestellten Geschäftsführern in vergleichbaren Unternehmen anderer Rechtsform anbietet.[72] Der danach verbleibende Gewinn kann nach dem Verhältnis der Kapitalanteile verteilt werden.[73] Hier ist jedoch der Gleichbehandlungsgrundsatz nicht zu vernachlässigen, da der Kapitalanteil der Komplementäre nach dem Gesetz nicht nach oben hin begrenzt ist, woraus sich ein Ungleichgewicht ergeben kann. Insgesamt muss bei der sich aus § 168 Abs. 2 HGB ergebenden Ungleichbehandlung der Gesellschafter der allgemeine Gleichbehandlungsgrundsatz auch insofern beachtet werden, als dass für alle Gesellschafter dieselben Kriterien zu gelten haben.[74]

Auch der Verlust der KG wird in Abweichung von § 121 Abs. 3 HGB in einem angemessenen Verhältnis verteilt, unabhängig von der Gewinnverteilung.[75] In der Regel wird als angemessen eine Verteilung im Verhältnis der Kapitalanteile gesehen, eventuell können besondere Leistungen für die Gesellschaft mit einer geringeren Verlustübernahme abgegolten werden.[76] Umgekehrt rechtfertigt eine Erhöhung des Verlustrisikos durch bestimmte Einlagen gegebenenfalls eine höhere Verlustbeteiligung.[77] Nach anderer Ansicht soll der Verlust gewissermaßen spiegelbildlich zum Gewinn verteilt werden.[78]

3. *Abweichende Gestaltungen*

a) In der OHG

Den gesetzlichen Gewinnverteilungsregeln kommt in der Praxis wenig Gewicht zu, da sie dispositiv sind und in der Regel abbedungen werden.[79] Dennoch sind sie aufgrund ihrer grundsätzlichen Bedeutung für die Auslegung

---

Personen das Risiko der Haftung spürbar ist und am Markt die persönliche Haftung einer natürlichen Person höher bewertet wird, vgl. MüKoHGB/*Grunewald*, § 168 Rn. 3.

72 Vgl. E/B/J/S/*Weipert*, § 168 Rn. 9. Nach dem Gesetz bleibt es aber bei einem Vorabgewinnanteil, der entfällt, wenn kein entsprechender Gewinn erzielt wurde. Dies ist für den oder die geschäftsführenden Gesellschafter höchst ungünstig, weshalb in der Regel gewinnunabhängige Vergütungen im Gesellschaftsvertrag vorgesehen werden.

73 Vgl. MüKoHGB/*Grunewald*, § 168 Rn. 4; Baumbach/Hopt/*Roth*, § 168 Rn. 2.

74 Vgl. E/B/J/S/*Weipert*, § 168 Rn. 7.

75 Vgl. *Hüttemann*, Leistungsstörungen bei Personengesellschaften, S. 217.

76 Vgl. MüKoHGB/*Grunewald*, § 168 Rn. 5.

77 Vgl. *Hüttemann*, Leistungsstörungen bei Personengesellschaften, S. 217.

78 E/B/J/S/*Weipert*, § 168 Rn. 12.

79 Zu der Frage, ob die gesetzliche Gewinnverteilung ökonomisch gerecht ist, *Selle*, DB 1993, 2040 ff.

und ihrer normativen Leitbildfunktion für die Problematik der Gewinnverteilung und -verwendung relevant.[80]

Die Verteilung des Gewinns nach Köpfen entspricht der Vorstellung des Gesetzgebers, dass bei der idealtypischen offenen Handelsgesellschaft alle Gesellschafter tätig sind und einen gleichwertigen Beitrag leisten.[81] Der Verteilungsschlüssel ist außerdem Ausdruck des allgemeinen gesellschaftsrechtlichen Gleichbehandlungsgrundsatzes.[82] Da die Vorstellung des Gesetzgebers den Gegebenheiten in der heutigen Praxis nur noch selten entspricht, weicht die Vertragsgestaltung[83] in aller Regel von § 121 HGB ab, vor allem durch das System fester Kapitalanteile als Verteilungsschlüssel und eine Ersetzung des Vorweggewinnanteils durch entsprechende (Geschäftsführer-) Vergütungen,[84] denn die Gewährung des Vorweggewinnanteils gemäß § 121 Abs. 1 HGB dürfte aufgrund ihres geringen Prozentsatzes der Kapitalbeteiligung der Gesellschafter in heutiger Zeit kaum gerecht werden und lässt darüber hinaus die in den meisten Fällen unterschiedliche Arbeitsbeteiligung außer Acht.[85] Problematisch ist die gesetzliche Regelung der Verteilung nach Köpfen auch dann, wenn einzelne Geschäftsanteile durch Veräußerung oder Vererbung auf zwei oder mehrere Gesellschafter übergehen. Ist eine solche Konstellation nach dem Gesellschaftsvertrag zugelassen, dann dürfte jedoch in der Regel nicht gewollt sein, dass sich dadurch

---

80 Vgl. *Hüttemann*, Leistungsstörungen bei Personengesellschaften, S. 217. Nach *Bormann/Hellberg*, DB 1997, 2415, 2417, verdeutlichen die §§ 120–122 HGB die Vorstellung des Gesetzgebers über die Angemessenheit der Gewinnverteilung und sollen zur Auslegung herangezogen werden, wenn der Gesellschaftsvertrag lückenhaft oder nichtig ist. Ähnlich *Karrer* in: Gummert, MünchAnwHandbuch Personengesellschaftsrecht, § 16 Rn. 1.

81 Vgl. *Hüttemann*, Leistungsstörungen bei Personengesellschaften, S. 217, 218 f.

82 Vgl. Staub/*Schäfer*, § 121 Rn. 1.

83 Nach wohl überwiegender Ansicht (vgl. dazu Staub/*Schäfer*, § 121 Rn. 10; *Wiedemann*, WM 1992, Sonderbeilage Nr. 7, S. 1, 32) können sich Abweichungen auch ohne ausdrückliche Abrede aus den Umständen ergeben, etwa durch konkludentes Verhalten oder durch jahrelange Übung. In Ausnahmefällen kann es sogar einen Anspruch auf Änderung des Verteilungsschlüssels (kraft Treuepflicht) geben, siehe OLG Hamm NZG 2000, 252, 253; OLG München NZG 2004, 125.

84 Vgl. z.B. das Vertragsmuster für eine OHG von *Giehl* in: Beck'sche Online-Formulare Vertrag, Ziffer 7.4.1.1.; für eine KG *Blaum/Scholz* in: Beck'sches Formularbuch Bürgerliches, Handels- und Wirtschaftsrecht, Form VIII.D.2.; *Wiedemann*, WM 1992, Sonderbeilage Nr. 1, S. 1, 32.

85 Die Kritik entspricht der ganz h.M., vgl. Staub/*Schäfer*, § 121 Rn. 9; MüKoHGB/*Priester*, Rn. 3, 27.

die Vermögensrechte der übrigen Gesellschafter verschlechtern, wozu es bei einer Verteilung des Gewinns gem. § 121 Abs. 3 HGB kommen würde. Deshalb dürfte im Zweifel davon auszugehen sein, dass die gesetzlich vorgesehene Gewinnverteilung nicht als eine solche nach Köpfen, sondern als eine solche nach Stämmen gewollt ist.[86] Auch hieran zeigt sich aber, dass eine gesellschaftsvertragliche Gestaltung der Gewinnverteilung, die auch für die Fälle der Veräußerung und Vererbung der Gesellschafteranteile vorsorgt, sinnvoll ist.

b) In der KG

Die Regelungen zur Ergebnisverteilung für die Kommanditgesellschaft werden allgemein aufgrund der schwer greifbaren Kriterien („angemessenes Verhältnis") und des daraus entstehenden hohen Prozessrisikos für nicht praxistauglich gehalten:[87] Die Vorschrift ist dispositiv und macht mit ihrer Unklarheit „die Ausnutzung dieser Dispositionsmöglichkeit durch Bestimmung im Gesellschaftsvertrag geradezu erforderlich"[88]. Häufig werden Tätigkeitsvergütungen im Gesellschaftsvertrag festgelegt, gegebenenfalls auch gesondert in einem Anstellungsvertrag.[89] Da in den überwiegenden Fällen auch für die Komplementäre feste Kapitalkonten[90] geführt werden, bietet sich eine Ergebnisverteilung nach Kapitalanteilen an.

Besteht Streit über die Ergebnisverteilung, so kann eine auf die gesellschaftsrechtliche Treuepflicht gestützte Klage auf Zustimmung zu einer bestimmten Ergebnisverteilung erhoben werden. Diese ist gegen die Mitgesellschafter zu richten.[91] Auf diese Weise kann der Gewinnverteilungsschlüssel für das konkrete Geschäftsjahr durch das Gericht festgestellt werden. Da das Gesetz jedoch von einer variablen Gewinnverteilung ausgeht, wird eine Klage auf Feststellung, dass der Gewinn auch in den Folgejahren nach dem festgelegten Schlüssel zu verteilen ist, in der Regel unbegründet sein. Demnach könnte es in Ausnahmefällen dazu kommen, dass die Verteilung des Gewinnes für jedes Geschäftsjahr erneut

---

86 Vgl. Staub/*Schäfer*, § 121 Rn. 15.

87 Vgl. MüKoHGB/*Grunewald*, § 168 Rn. 7.

88 E/B/J/S/*Weipert*, § 168 Rn. 2.

89 Ob die Vergütung gewinnabhängig ist oder nicht, ergibt sich aus dem jeweiligen Vertrag. Vergütungen aufgrund eines Anstellungsvertrages sind im Zweifel vom Gewinn unabhängig, ebenso solche, die im Gesellschaftsvertrag vereinbart sind, wenn der Gesellschafter dem Unternehmen seine gesamte Arbeitskraft widmet, vgl. MüKoHGB/*Grunewald*, § 168 Rn. 8.

90 Siehe dazu unten Erster Teil § 1B.II.3.

91 Vgl. Baumbach/Hopt/*Roth*, § 168 Rn. 2.

gerichtlich festgestellt werden muss.[92] Dass dies wenig sinnvoll ist, leuchtet ein.[93] Es ist somit dringend zu raten, abweichende Vereinbarungen im Gesellschaftsvertrag zu fassen.[94]

II. Kapitalanteile und Gesellschafterkonten

1. Der Kapitalanteil

Der gemäß § 120 Abs. 1 HGB ermittelte und nach § 121 HGB verteilte Jahresgewinn der Gesellschaft wird nach § 120 Abs. 2 HGB den Kapitalanteilen der Gesellschafter zugeschrieben; etwaige Verluste und Entnahmen werden davon abgebucht. Dies gilt für OHG-Gesellschafter und die Komplementäre der KG, für Kommanditisten gilt abweichend davon § 167 HGB[95], auch der Kommanditist hat aber gemäß § 120 Abs. 2 HGB einen Kapitalanteil, der sich aus Einlage, Gewinn- und Verlustanteilen zusammensetzt. Ausgangswert ist die vom Gesellschafter geleistete, in der Bilanz aktivierte Einlage.[96] Spätere Gewinnanteile werden hinzugerechnet, Verlustanteile und Entnahmen werden abgezogen. Der Kapitalanteil wird also vom Gesetz als veränderliche Größe verstanden, die den gegenwärtigen Stand der Beteiligung eines jeden Gesellschafters in der Bilanz wiedergibt.[97] Die Kapitalanteile aller Gesellschafter zusammengezählt bilden das Eigenkapital der Gesellschaft im Sinne von § 247 Abs. 1 HGB und sind auf der Passivseite der Bilanz aufzuführen.[98] Die einzelnen Kapitalanteile bilden damit auch das Verhältnis der Beteiligung der verschiedenen Gesellschafter ab; aus § 247 Abs. 1 HGB ergibt sich, dass der Kapitalanteil den bilanzrechtlich auf den einzelnen Gesellschafter entfallenden Anteil am Eigenkapital der Gesellschaft ausmacht.[99] Rechtlich gesehen ist der Kapitalanteil lediglich eine Bilanz- oder Rechnungsziffer, die für gewisse Zwecke (Gewinnverteilung, Entnahmerechte,

---

92 Vgl. MüKoHGB/*Grunewald*, § 168 Rn. 6.

93 Diesen Weg hat für die OHG bereits der Gesetzgeber bei den Beratungen der Art. 106 und 109 ADHGB (Verteilung nach Kopfteilen) abgelehnt, siehe hierzu die Ausführungen bei *Hüttemann*, Leistungsstörungen bei Personengesellschaften, S. 217 ff.

94 Im Falle wiederholter gerichtlicher Auseinandersetzungen sind die Gesellschafter evtl. sogar verpflichtet, an einer entsprechenden Vertragsgestaltung mitzuwirken, vgl. MüKoHGB/*Grunewald*, § 168 Rn. 7.

95 Vgl. im Detail unten Erster Teil § 1B.II.2.b).

96 Vgl. *Huber*, ZGR 1988, S. 1, 4.

97 Vgl. *Huber*, ZGR 1988, S. 1, 6; MüKoHGB/*Priester*, § 120 Rn. 95.

98 Vgl. *Huber*, ZGR 1988, S. 1, 4.

99 Vgl. Baumbach/Hopt/*Roth*, § 120 Rn. 12; E/B/J/S/*Ehricke*, § 120 Rn. 57; MünchHdbGesR/*Sangen-Emden*, § 62 Rn. 48.

ggf. nach dem Gesellschaftsvertrag Stimmrechte) das Verhältnis der Rechte und Pflichten der Gesellschafter angeben soll.[100] Der Kapitalanteil im Sinne des § 120 Abs. 2 HGB spiegelt also die verhältnismäßige Beteiligung des Gesellschafters am Wert des Gesellschaftsvermögens wider, er stellt jedoch keine Forderung gegen die Gesellschaft dar (ein negativer Kapitalanteil stellt demzufolge auch keine Forderung der Gesellschaft gegen den Gesellschafter dar).[101]

2. *Die Gesellschafterkonten nach dem Gesetz*

a) Das gesetzliche Kapitalkonto der persönlich haftenden Gesellschafter

Die Kapitalanteile der Gesellschafter werden bilanziell auf Konten dargestellt. Dabei geht § 120 Abs. 2 HGB davon aus, dass für jeden OHG-Gesellschafter oder Komplementär nur ein einheitliches, variables Kapitalkonto geführt wird[102], auf dem die Gewinnanteile, Verlustanteile und Entnahmen gebucht werden. Die Gesellschafter können Guthaben nach Maßgabe des § 122 Abs. 1 HGB oder vorrangiger Regelungen des Gesellschaftsvertrags entnehmen. Buchungstechnisch macht es keinen Unterschied, ob die Gewinne entnehmbar sind oder nicht. Wenn z.B. ein Gesellschafter seinen eigentlich entnahmefähigen Gewinnanteil des vorangegangenen Geschäftsjahrs auf dem Konto stehen gelassen hat, so erlischt nach § 122 Abs. 1 HGB das Entnahmerecht mit der nächsten Jahresabschlussfeststellung. Dieses Guthaben ist dann nicht mehr entnahmefähig, wohl aber die aktuell festgestellten Gewinnanteile.[103]

b) Die Kapitalkonten und Gewinnkonten der Kommanditisten

Das Gesetz sieht für den Kommanditisten die Führung von zwei Konten vor. Auch der Kommanditist hat nach §§ 167 Abs. 1, 120 Abs. 1 HGB ein bewegliches

---

100 Grundlegend *Huber*, Vermögensanteil, Kapitalanteil und Gesellschaftsanteil an Personengesellschaften des Handelsrechts, S. 173 ff.

101 H.M., siehe Baumbach/Hopt/*Roth*, § 120 Rn. 13; E/B/J/*Ehricke*, § 120 Rn. 58; MüKoHGB/*Priester*, § 120 Rn. 84, 87; Staub/*Schäfer*, § 120 Rn. 50 f. Es handelt sich demnach nicht um ein subjektives Recht des Gesellschafters, dementsprechend kann darüber nicht verfügt werden. In der Insolvenz ist der Kapitalanteil keine Insolvenzforderung, ebenso wenig ist der negative Kapitalanteil eine Forderung, die der Insolvenzverwalter vom Gesellschafter einziehen könnte, vgl. Baumbach/Hopt/*Roth*, § 120 Rn. 13.

102 Vgl. *Huber*, Vermögensanteil, Kapitalanteil und Gesellschaftsanteil an Personalgesellschaften des Handelsrechts, S. 199 f., 218 f., 228.

103 Vgl. dazu *Huber*, ZGR 1988, S. 1, 45.

Kapitalkonto, das sich aus der Einlage, den Gewinn- und Verlustanteilen und Entnahmen zusammensetzt. Gemäß § 167 Abs. 2 HGB werden Gewinne dem Kapitalkonto jedoch nur so lange zugeschrieben, bis dieses den vertraglich vereinbarten Betrag der Einlage erreicht. Darüber hinausgehende Gewinnanteile sind sodann auf einem zweiten Konto zu verbuchen.[104] Sinkt der Kapitalanteil durch die Verbuchung von Verlustanteilen wieder unter den Betrag der Einlage ab, werden folgende Gewinnanteile zunächst – bis der Stand der Einlage erneut erreicht ist – wieder dem Kapitalkonto zugeführt. Das Kapitalkonto des Kommanditisten hat somit dieselbe Funktion wie das des Komplementärs, es gibt den Stand der Einlage wieder. Daneben lässt das Kapitalkonto erkennen, ob die Einlage mit haftungsbefreiender Wirkung geleistet worden ist und ob die Haftung durch Rückzahlung der Einlage wieder aufgelebt ist.[105]

Das zweite Konto ist nach dem Gesetz ein Privatkonto, welches grundsätzlich jederzeit fristlos verfügbar ist.[106] Entnahmen sind von diesem Konto abzubuchen und nach § 169 Abs. 1 S. 2 Hs. 1 HGB grundsätzlich jederzeit möglich, auch wenn das Kapitalkonto später negativ wird. Nach § 169 Abs. 2 HGB ist der Kommanditist nicht verpflichtet, den bezogenen Gewinn wegen späterer Verluste zurückzuzahlen. Nach herrschender Meinung gilt der Gewinn bereits dann als „bezogen", wenn er dem Kommanditisten auf dem zweiten Konto gutgeschrieben wurde.[107] Das heißt, dass Verlustanteile des Kommanditisten auch dann vom Kapitalkonto abgebucht werden, wenn auf dem zweiten Konto noch Guthaben vorhanden ist.[108] Das Guthaben auf dem zweiten Konto wird also, auch wenn es aus früheren Jahren stehen gelassen wurde, nicht mit späteren Verlusten verrechnet, denn der Kommanditist, der sein Guthaben stehen lässt, soll nicht benachteiligt werden.[109] Auch wenn der Gesellschaftsvertrag die Entnahmemöglichkeit beschränkt, hat der Kommanditist gegen die Gesellschaft einen Anspruch auf Auszahlung in Höhe seines Guthabens.[110] Durch die Entnahmebeschränkung wird allein die Fälligkeit dieses Anspruchs verschoben, spätestens auf den Zeitpunkt des Ausscheidens des Kommanditisten oder der Liquidation der Gesellschaft. Auch in

104 Vgl. *Huber*, ZGR 1988, 1, 7.
105 Vgl. *Huber*, ZGR 1988, 1, 12.
106 Vgl. *Ley*, DStR 2009, 613, 614.
107 Vgl. Baumbach/Hopt/*Roth*, § 169 Rn. 6; MüKoHGB/*Grunewald*, § 169 Rn. 12; E/B/J/S/*Weipert*, § 169 Rn. 15.
108 Vgl. *Huber*, ZGR 1988, S. 1, 8.
109 Vgl. *Huber*, ZGR 1988, 1, 9.
110 Vgl. *Ley*, DStR 2009, 613, 614; *Huber*, GS Knobbe-Keuk, S. 203, 206.

diesen Fällen ist eine Verrechnung mit Verlusten ausgeschlossen.[111] Aufgrund der Unverrechenbarkeit mit Verlusten handelt es sich nach der gesetzlichen Konzeption um ein Fremdkapitalkonto.

3. *Abweichende Vereinbarungen*

a) Gründe für Abweichungen

In der Praxis weichen die Gesellschafter häufig von der gesetzlichen Konzeption der Kontenführung ab. Meist wird wenigstens vorgesehen, dass für die Gesellschafter der OHG und die Komplementäre der KG statt des einheitlichen Kontos mehrere Kapitalkonten geführt werden. Die Gründe für die abweichende Kontenführung sind vielfältig. Vor allem geht es den Gesellschaftern einerseits darum, Gewinn- und Verlustbeteiligung und das Stimmrecht nach dem Verhältnis der festen Kapitalbeteiligung zu bestimmen. Der gesetzlich vorgesehene variable Kapitalanteil ist dafür nicht geeignet, es ist ein fester Kapitalschlüssel notwendig. Außerdem besteht häufig ein Bedürfnis, bei der Kontenführung zwischen Guthaben zu unterscheiden, die der Gesellschaft dauerhaft zur Verfügung stehen, und solchen, über die der Gesellschafter frei verfügen kann.[112]

Typischerweise lassen sich vier Modelle unterscheiden.[113]

b) Zwei-Konten-Modell

Beim Zwei-Konten-Modell wird das Kapitalkonto in einen festen und einen beweglichen Teil aufgespalten. Auf einem ersten, festen Konto wird als fester Kapitalanteil (in der Regel) die ursprüngliche Einlage verbucht. Dieses Konto, meist „Kapitalkonto I“ genannt, dient als grundsätzlich unveränderlicher[114] Schlüssel für die Verteilung von Gewinnen, Verlusten, Nachschusspflichten und ggf. Stimmrechten und gibt – ähnlich wie die Stammeinlage bei der GmbH oder der Nennwert der Aktie[115] – im Verhältnis zur Gesamtsumme aller Kapitalanteile die

---

111 Vgl. *Huber*, ZGR 1988, 1, 29. Zur Saldierung beider Konten BGH BB 1978, 630.

112 Vgl. *Huber*, ZGR 1988, 1, 42; *Flume*, DB 1973, 786, 787; *Wiedemann* empfiehlt sogar, die dreiteilige Kontenführung im Interesse der Kontenklarheit und der Rechtssicherheit in die Grundsätze der ordnungsgemäßen Buchführung aufzunehmen, vgl. *Wiedemann*, FS Odersky, S. 925, 932 f., 935.

113 Typisierung nach *Huber* in ZGR 1988, 1, 46.

114 Unveränderlich bedeutet hier lediglich, dass auf dem Kapitalkonto weder Gewinne noch Verluste oder Entnahmen gebucht werden. Eine durch die Gesellschafter beschlossene Erhöhung der festen Kapitalanteile ist jederzeit möglich.

115 Vgl. *Oppenländer*, DStR 1999, 939, 940.

Beteiligungsquote des Gesellschafters am Gesellschaftsvermögen wieder.[116] Auf dem zweiten, beweglichen Konto, häufig „Kapitalkonto II" genannt, erfolgt die Verbuchung fortlaufender Gewinnanteile, Verlustanteile und Entnahmen.

Das Zwei-Konten-Modell wird sowohl für die OHG als auch für die KG verwendet. Der Kommanditist wird bei einem Zwei-Konten-Modell haftungsmäßig genauso behandelt wie ein Komplementär, denn Verluste späterer Geschäftsjahre werden auf dem Kapitalkonto II verbucht und somit mit stehengelassenen Gewinnen früherer Jahre verrechnet, was, wie eben dargestellt, nicht der Regelung der §§ 167 Abs. 2, 169 Abs. 2 HGB entspricht.[117] Dies bedeutet für den Kommanditisten für den Fall, dass er Gewinne nicht entnommen hat oder nach dem Gesellschaftsvertrag ein Teil des Gewinns thesauriert wurde, eine Erhöhung seiner Verlustbeteiligung über die vereinbarte Hafteinlage hinaus.[118]

Nachteilig an dieser Konstruktion ist, ähnlich wie bei der gesetzlichen Kontenführung, die aus der Vermischung verschiedener Positionen – Gewinnanteile, Verlustanteile, berechtigte und unberechtigte Entnahmen – auf dem beweglichen Kapitalkonto II folgende mangelnde Transparenz, vor allem bezüglich der Frage, ob Gewinnanteile entnehmbar sind oder nicht. Infolgedessen ist auch die Rechtsnatur des „Kapitalkontos II" umstritten.[119]

c) Drei-Konten-Modell

Bei dem in der Praxis sehr verbreiteten[120] Drei-Konten-Modell wird das Kapitalkonto II unterteilt in ein Konto für nicht entnahmefähige Gewinnanteile und Verlustanteile, meist „Kapitalkonto II" oder auch „Rücklagenkonto" genannt, und ein Konto für entnahmefähige Gewinnanteile, Entnahmen des Gesellschafters und sonstige sich aus dem Gesellschaftsverhältnis ergebende Forderungen und Verbindlichkeiten[121].[122] Dieses dritte Konto wird häufig als „Darlehenskonto"

---

116 Vgl. *Karrer* in Gummert: MünchAnwHandbuch Personengesellschaftsrecht, § 16 Rn. 39. Maßgeblich für den festen Kapitalanteil ist in der Regel die vereinbarte Einlage, bei Kommanditisten sowohl Pflicht- als auch Hafteinlage, vgl. *Huber*, ZGR 1988, 1, 47.

117 Vgl. *Huber*, ZGR 1988, 1, 50, 51; *Ley*, DStR 2009, 613, 615. Die höhere Verlustbeteiligung wird oft bezweckt, stellt sich aber für den Kommanditisten im Vergleich zur gesetzlichen Lösung als nachteilig dar.

118 Vgl. *Huber*, ZGR 1988, 1, 44.

119 Vgl. ausführliche Darstellung bei *Huber*, ZGR 1988, 1, 65–72 und aktueller *Ley*, DStR 2009, 613 ff.

120 Nach Staub/*Schäfer*, § 120 Rn. 64 in der Praxis vorherrschend.

121 Wie zum Beispiel Tätigkeitsvergütungen und Zinsen.

122 Vgl. *Ley*, DStR 2009, 613, 615.

oder „Privatkonto" bezeichnet. Für den Fall, dass das „Kapitalkonto II" durch Verluste einen Negativsaldo ausweist, sollte im Vertrag festgelegt sein, dass künftige Gewinne diesem Konto gutzuschreiben sind, bis der Saldo wieder ausgeglichen ist. Für den Kommanditisten hat dies den Vorteil, dass zwischen haftungsrelevanter und nicht haftungsrelevanter Vermögensminderung sicher unterschieden werden kann.[123] Außerdem findet bei dieser Gestaltung – entsprechend der gesetzlichen Regelung und im Gegensatz zum Zwei-Konten-Modell – keine Verrechnung von Verlusten mit früheren, auf dem Privatkonto gebuchten Gewinnanteilen statt, das heißt die Kommanditisten können diese Gewinnanteile jederzeit und unabhängig vom Stand des „Kapitalkontos II" entnehmen.[124] Dies gilt grundsätzlich auch für OHG-Gesellschafter und Komplementäre, allerdings findet bei diesen letztendlich – bei Ausscheiden oder Liquidation – eine Verrechnung mit den Verlusten statt, da der Gesellschaft in der Höhe des Differenzbetrags zwischen dem Negativsaldo des Kapitalkontos II und des Kapitalkontos I ein Ausgleichsanspruch nach §§ 735, 738 BGB zusteht, der gegen den Anspruch des Gesellschafters auf Auszahlung des Guthabens auf dem Darlehenskonto aufgerechnet werden kann.[125] Insgesamt bietet diese Konstruktion gegenüber dem Zwei-Konten-Modell vor allem durch die Trennung von entnahme- und nicht entnahmefähigen Gewinnen eine größere Transparenz.

d) Vier-Konten-Modell

Bei einem Vier-Konten-Modell wird zusätzlich ein besonderes Verlustkonto errichtet, so dass auf dem Rücklagenkonto (Kapitalkonto II) nur nicht entnahmefähige Gewinnanteile verbucht werden, die Verluste dagegen separat auf dem Verlustvortragskonto ausgewiesen werden.[126] Der Unterschied zum Drei-Konten-Modell besteht lediglich darin, dass Verluste nicht automatisch mit den auf dem Rücklagenkonto stehengelassenen Gewinnen verrechnet werden. Allerdings müssen künftige Gewinne zunächst dazu verwendet werden, die

---

123 Diese vertragliche Regelung entspricht der gesetzlichen Regelung des § 169 Abs. S. 2 Hs. 2 HGB. Vgl. *Karrer* in Gummert: MünchAnwHandbuch Personengesellschaftsrecht, § 16 Rn. 44; *Huber*, ZGR 1988, 1, 74.

124 Vgl. *Huber*, ZGR 1988, 1, 75; Staub/*Schäfer*, § 120 Rn. 66. Auch beim Ausscheiden des Kommanditisten findet keine Verrechnung von Kapitalkonto II mit dem Darlehenskonto statt.

125 Vgl. *Huber*, ZGR 1988, 1, 75.

126 Vgl. *Huber* ZGR 1988, 1, 86 f.; *Karrer* in Gummert: MünchAnwHandbuch Personengesellschaftsrecht, § 16 Rn. 49.

Verlustvortragskonten auszugleichen.[127] Ebenso wie beim Drei-Konten-Modell hat diese Gestaltung für den Kommanditisten den Vorteil, dass er auch bei Vorliegen eines Debets auf dem Verlustvortragskonto das Guthaben des Darlehenskontos ohne Aufleben der Haftung nach § 172 Abs. 4 S. 2 HGB entnehmen und bei seinem Ausscheiden auch die nicht entnahmefähigen Gewinne von der Gesellschaft heraus verlangen kann.[128] Dies bedeutet, dass beim Vier-Konten-Modell nicht nur eine Verrechnung von Verlusten mit früheren, entnahmefähigen Gewinnanteilen ausgeschlossen ist, sondern auch mit solchen, die nicht entnahmefähig sind und der Gesellschaft als Rücklage dienen.[129] Der Gesellschaftsvertrag kann allerdings auch vorsehen, dass das Guthaben auf den Kapitalkonten II gegebenenfalls, z.B. für den Fall, dass im Folgejahr kein ausreichender Gewinn erzielt wurde, zum Ausgleich der Verlustvortragskonten herangezogen wird, was letztlich in den meisten Fällen auch dem Sinn und Zweck des Guthabens auf diesem Konto, welches eine Rücklage der Gesellschaft darstellen soll, entsprechen wird.[130]

Für OHG-Gesellschafter und Komplementäre bietet die Einrichtung eines gesonderten Verlustvortragskontos aufgrund der §§ 735, 738 BGB demgegenüber in keinem Fall weitere Vorteile.

e) Drei-Konten-Modell mit einem gemeinsamen Rücklagenkonto

Bei dieser häufig in GmbH & Co. KG-Gesellschaftsverträgen zu findenden Konstruktion wird der nicht entnahmefähige Gewinn nicht auf einem Rücklagenkonto des einzelnen Gesellschafters sondern auf einem gemeinsamen Rücklagenkonto aller Gesellschafter verbucht. Jeder Gesellschafter ist abhängig von seinem (festen) Kapitalanteil an der Rücklage beteiligt, d.h. letztlich ist das gemeinsame Rücklagenkonto nicht mehr als die Zusammenfassung von Rücklagenkonten der einzelnen Gesellschafter in einer einheitlichen Bilanzposition.[131] In der Regel dient das Guthaben auf dem gemeinsamen Rücklagenkonto der Deckung späterer Verluste, d.h. Verlustanteile werden auf diesem Konto oder einem

---

127 Vgl. dazu *Huber*, ZGR 1988, 1, 87. Würden laufende Gewinne ausbezahlt, also auf das Privatkonto gebucht, solange das Verlustvortragskonto negativ ist, würde die Haftung der Kommanditisten nach § 172 Abs. 4 S. 2 HGB wieder aufleben.

128 Vgl. *Huber*, ZGR 1988, 1, 87; *Karrer* in Gummert, MünchAnwHandbuch Personengesellschaftsrecht, § 16 Rn. 51.

129 Vgl. *Huber*, ZGR 1988, 1, 88.

130 Vgl. *Huber*, ZGR 1988, 1, 89.

131 Vgl. *Huber*, ZGR 1988, 1, 91 f.

gesonderten Verlustvortragskonto gebucht.[132] Für den einzelnen Gesellschafter wird außerdem ein festes Kapitalkonto I und ein Darlehenskonto geführt.

III. Die Entnahmerechte und Ausschüttungsansprüche

1. Das Gewinnstammrecht und das Gewinnentnahmerecht

Bezüglich der Gewinnbeteiligung der Gesellschafter ist zwischen dem Gewinnstammrecht und den konkreten, vermögensrechtlichen Ansprüchen auf Entnahme bzw. Ausschüttung[133] des jeweiligen Gewinnanteils zu unterscheiden. Das Gewinnstammrecht[134] ist das der Mitgliedschaft immanente, generelle Anrecht des Gesellschafters auf Beteiligung am Gewinn, das den konkreten Gewinn(-entnahme)-ansprüchen zugrunde liegt.[135] Es bildet einen unselbständigen Teil der Mitgliedschaft, ist aufgrund des Abspaltungsverbots nach § 717 S. 1 BGB nicht abtretbar und geht nur mit Übertragung der gesamten Mitgliedschaft über.[136]

Der konkrete Gewinnentnahmeanspruch, d.h. der Anspruch des Gesellschafters auf den ihm nach Gesetz oder Vertrag zukommenden Gewinnanteil, konkretisiert sich jährlich aus dem Gewinnstammrecht mit der Feststellung des Jahresabschlusses, der die Berechnung der Anteile ermöglicht. Ein davon zu unterscheidender Gewinnverwendungsbeschluss ist nach dem Gesetz nicht notwendig[137], eventuell aber zusätzliche Voraussetzung für das Entstehen des Entnahmeanspruchs aufgrund abweichender Vereinbarung im Gesellschaftsvertrag. Soll es nicht bei der gesetzlich vorgesehenen Gewinnverwendung bleiben, müssen aber freilich, auch wenn das Gesetz dazu schweigt, die entsprechenden Gesellschafterbeschlüsse dazu gefasst werden.[138] Feststellungs- und Verwendungsbeschluss sind nach diesem System, wie auch bei den Kapitalgesellschaften,

---

132 Wie genau mit den Verlusten verfahren wird, ob es z.B. automatisch zu einer Verrechnung kommt oder ob darüber im Einzelfall abgestimmt werden muss, ob ein gemeinsames oder für jeden Gesellschafter ein einzelnes Verlustvortragskonto eingerichtet wird, richtet sich nach den Bestimmungen des Gesellschaftsvertrages.

133 Das Gesetz spricht bezüglich der persönlich haftenden Gesellschafter von Entnahmen, vgl. § 122 HGB, bezüglich der Kommanditisten in § 169 HGB von Gewinnauszahlung. Dies ist jedoch eine rein begriffliche Unterscheidung.

134 Auch Gewinnbeteiligungsrecht genannt, vgl. Staub/*Schäfer*, § 122 Rn. 36.

135 Vgl. Baumbach/Hopt/*Roth*, § 109 Rn. 20; E/B/J/S/*Ehricke*, § 121 Rn. 7; MüKoHGB/*Priester* § 121 Rn. 9.

136 Vgl. MüKoHGB/*Priester*, § 121 Rn. 9.

137 Vgl. MüKoHGB/*Priester*, § 121 Rn. 10; Staub/*Schäfer*, § 120 Rn. 46.

138 Vgl. Baumbach/Hopt/*Roth*, § 120 Rn. 8.

zu trennen, da der verbindlich festgestellte Jahresabschluss notwendige Voraussetzung für die Entscheidung über die Gewinnverwendung ist. In der Praxis ist es jedoch eine kombinierte Beschlussfassung, bei der über Abschluss und Gewinnverwendung gleichzeitig abgestimmt wird, üblich.[139]

Der Gewinnentnahmeanspruch ist – auch als künftiger Anspruch – im Gegensatz zum Gewinnstammrecht abtretbar (es gilt § 717 S. 2 BGB), er kann verpfändet und gepfändet werden.

Etwas uneinheitlich stellt sich die gesetzliche Verwendung der Begriffe rund um die Gewinnrechte dar. Während im Bezug auf die OHG-Gesellschafter und die Komplementäre der KG häufig von „Entnahmerechten" gesprochen wird und diese gemäß § 122 Abs. 1 HGB (i.V.m. § 161 Abs. 2 HGB) berechtigt sind, bestimmte Beträge zu Lasten des Kapitalanteils zu „erheben", stehen den Kommanditisten der KG nach § 169 Abs. 1 S. 2 HGB lediglich Ansprüche auf „Auszahlung" zu. Diese Begriffe sind allerdings nicht wörtlich zu nehmen[140], in beiden Fällen geht es um die Ansprüche der Gesellschafter auf Ausschüttung des ihnen zukommenden Gewinnanteils und im sonstigen gesellschaftsrechtlichen und auch steuerrechtlichen Sprachgebrauch (vgl. § 4 Abs. 1 EStG) wird der Begriff „Entnahme" für sämtliche Gesellschafter verwendet.

2. *Die Entnahmeansprüche der persönlich haftenden Gesellschafter*

a) Kapitalentnahmerecht nach § 122 Abs. 1 Alt. 1 HGB

Zunächst steht den persönlich haftenden Gesellschaftern ein vom Gewinn unabhängiges Recht auf Kapitalentnahme in Höhe von 4 % ihres letztens Kapitalanteils zu (nicht zu verwechseln mit dem Vorabgewinnanteil nach § 121 Abs. 1 HGB, auf welchen ein Anspruch nur bei Ausweis eines Gewinns besteht), vgl. § 122 Abs. 1 Alt. 1 HGB. Der Zweck dieses Kapitalentnahmerechts besteht darin, den Lebensunterhalt der Gesellschafter auch für den Fall zu sichern, dass kein Gewinn erzielt wurde. Diese Regelung hat ihren Ursprung in der gesetzgeberischen Vorstellung, dass die Gesellschafter ihre gesamte Arbeitskraft in die Gesellschaft investieren. Allerdings ist Bedürftigkeit kein Tatbestandsmerkmal, so dass auch Gesellschafter, die ihren Lebensunterhalt auf andere Weise sichern, zur Kapitalentnahme berechtigt sind.[141]

---

139 Vgl. z. B. Hopt/*Lang*, Vertrags- und Formularbuch, GesellschaftsR II.B.2 (S. 437) und II.C.2 (S. 461).

140 Vgl. E/B/J/S/*Weipert*, § 169 Rn. 1.

141 H.M., vgl. Staub/*Ulmer*, § 122 Rn. 2; MüKoHGB/*Priester*, § 122 Rn. 1; E/B/J/S/*Ehricke*, § 122 Rn. 1; anders *Wiedemann*, WM 1992 Sonderbeilage 7 S. 1, 33, der den

Die Entnahmeschranke des § 122 Abs. 1 Hs. 2 HGB[142] gilt nach herrschender Meinung nicht für das Kapitalentnahmerecht. Dies ergibt sich nicht nur aus dem Wortlaut der Vorschrift, sondern auch aus dem Sinn und Zweck des Kapitalentnahmerechts, den Unterhalt der Gesellschafter abzusichern.[143] Obwohl Schranken gesetzlich nicht vorgesehen sind, entspricht es einer verbreiteten Ansicht, dass auch das Kapitalentnahmerecht in Ausnahmefällen durch die gesellschaftliche Treuepflicht beschränkt sein kann, wenn auch die Voraussetzungen eng zu sehen seien.[144] Nicht nur müsse die Zurückhaltung der Mittel für den Bestand der Gesellschaft von hoher Bedeutung sein. Gleichzeitig könne das Kapitalentnahmerecht nur beschränkt werden, wenn dies den einzelnen Gesellschaftern wirtschaftlich zumutbar sei.[145] Die Möglichkeit, das Kapitalentnahmerecht für einen längeren Zeitraum auszuschließen, könnte danach insbesondere für die Anfangsphase einer Gesellschaft bestehen. Wenn es das Ziel der Gesellschafter ist, in den ersten Jahren des Unternehmens einen Finanzsockel aufzubauen, so ist darin allerdings bereits eine (konkludente) Vereinbarung unter den Gesellschaftern zu sehen, zunächst auf ihr Kapitalentnahmerecht zu verzichten. Eines Rückgriffs auf die allgemeine Treuepflicht bedarf es in diesen Fällen nicht.[146]

b) Gewinnentnahmerecht nach § 122 Abs. 1 Hs. 2 HGB

Nach § 122 Abs. 1 Hs. 2 HGB können die Gesellschafter der OHG und die Komplementäre der KG über das Kapitalentnahmerecht hinaus ihren Anteil am festgestellten Jahresgewinn des Vorjahres entnehmen. Der Gesetzgeber hat sich mit dieser Norm für das sogenannte Vollausschüttungsprinzip entschieden.[147] § 122 Abs. 1 Hs. 2 HGB kennt allerdings zwei Einschränkungen. Zum

---

Gesetzeszweck – die Sicherung des Lebensunterhalts – in die Auslegung einbeziehen will und somit nur dem geschäftsführenden Gesellschafter ein Entnahmerecht zubilligen will. Auch dieses würde aber entfallen, sobald der Gesellschafter eine Vergütung für seine Tätigkeit erhalte. Zudem sei das Entnahmerecht der Treubindung zu unterwerfen, mit der Folge, dass der Zugriff bereits bei einer Gefährdung des Unternehmens versagt werden könne. Nach der heutigen Praxis erhalten die geschäftsführenden Gesellschafter in der Regel ein entsprechendes Gehalt, so dass der Anspruch aus § 122 Abs.1 Alt. 1 HGB nach der von *Wiedemann* vorgeschlagenen Auslegung nie bestehen würde.

142 Siehe hierzu unten Erster Teil § 1B.III.2.c).

143 Vgl. Baumbach/Hopt/*Roth*, § 122 Rn. 9; MüKoHGB/*Priester*, § 122 Rn. 39.

144 MüKoHGB/*Priester*, § 122 Rn. 40.

145 Staub/*Schäfer*, § 122 Rn. 12; MüKoHGB/*Priester*, § 122 Rn. 40.

146 Vgl. Staub/*Schäfer*, § 122 Rn. 12.

147 Vgl. MüKoHGB/*Priester*, § 122 Rn. 27.

einen können die Gesellschafter ihr Entnahmerecht nur innerhalb eines engen zeitlichen Rahmens, nämlich für das „letzte Jahr", geltend machen. Diese Frist beginnt mit der Jahresabschlussfeststellung und endet mit der Feststellung des Jahresabschlusses des Folgejahres. Wird er nicht geltend gemacht, so erlischt der Entnahmeanspruch und der Betrag verbleibt nach § 120 Abs. 2 HGB dauerhaft auf dem variablen Kapitalkonto.[148] Zum anderen müssen die Gesellschafter auf die Gewinnentnahme über die von § 121 Abs. 1 S. 1 HGB gewährten 4 % hinaus verzichten, wenn die Entnahme zum „offenbaren Schaden" der Gesellschaft gereicht. Über den Gewinnanteil hinausgehende Entnahmen zu Lasten des Kapitalanteils sind gemäß § 122 Abs. 2 HGB unzulässig (unberechtigte Entnahmen).

Der Anspruch auf Gewinnentnahme entsteht mit der Feststellung des Jahresabschlusses, denn erst mit dieser steht die Höhe des Gewinns und der Kapitalanteile fest. Zum Teil wird das Entnahmerecht als „verhaltener Anspruch" bezeichnet.[149] Bei einem verhaltenen Anspruch kann bzw. muss der Schuldner nicht von sich aus erfüllen, der Gläubiger kann jedoch jederzeit die Erfüllung fordern, anders ausgedrückt, der Anspruch ist fällig, aber ohne Einforderung des Gläubigers nicht erfüllbar. *Ulmer* unterscheidet daher zwischen dem verhaltenen Entnahmerecht des Gesellschafters und dem erst nach Geltendmachung entstehenden Gewinnanspruch. In der Tat bedarf es für die Erfüllbarkeit und die Durchsetzbarkeit des Entnahmerechts eines entsprechenden Verlangens des jeweiligen Gesellschafters, die Geltendmachung ist jedoch lediglich Voraussetzung für die Fälligkeit und Durchsetzbarkeit, nicht aber für die Entstehung des Anspruchs.[150]

c) Die Schranke des offenbaren Schadens (§ 122 Abs. 1 Hs. 2 HGB)

Der Gesellschaft steht gegenüber dem Anspruch der Gesellschafter auf Gewinnentnahme ein Leistungsverweigerungsrecht zur Verfügung, wenn und soweit eine Auszahlung „zum offenbaren Schaden der Gesellschaft" gereichen würde.[151] Es ist von der Gesellschaft einredeweise geltend zu machen und nicht

---

148 Vgl. Staub/*Schäfer*, § 122 Rn. 10.

149 Siehe z. B. Staub/*Schäfer*, § 122 Rn. 5, wie schon in der Vorauflage Staub/*Ulmer*, § 122 Rn. 5.

150 Vgl. MüKoHGB/*Priester*, § 121 Rn. 10 und § 122 Rn. 8.

151 Vgl. Staub/*Schäfer*, § 122 Rn. 18; MüKoHGB/*Priester*, § 122 Rn. 33. Das Leistungsverweigerungsrecht gewährt der Gesellschaft eine dilatorische Einrede, die den Anspruch solange undurchsetzbar macht, wie die prekäre Finanzlage der Gesellschaft besteht. Nach Wegfall der Einrede kann der Anspruch durchgesetzt werden, ein Erlöschen zum Ablauf der Jahresfrist findet nicht statt.

an einen vorhergehenden Gesellschafterbeschluss gebunden.[152] Damit das Leistungsverweigerungsrecht besteht, muss die Gefahr des offenbaren Schadens zum Zeitpunkt des Auszahlungsverlangens gegeben sein. Fraglich und umstritten ist jedoch, wann von einem „offenbaren Schaden" auszugehen ist. Nach einer Ansicht liegt ein solcher vor, wenn die Entnahme den Bestand der Gesellschaft gefährden würde, weil durch die Auszahlung der Verlust an liquiden Mitteln droht, die für die Lebens- und Widerstandsfähigkeit der Gesellschaft erforderlich sind.[153] Andere sehen einen offenbaren Schaden dann als gegeben an, wenn der Gesellschaft unentbehrliche Betriebsmittel genommen werden oder ihr Kredit erschüttert wird.[154] Wieder andere gehen bereits dann vom Bestehen der Entnahmeschranke aus, wenn der Gesellschaft als Folge einer Entnahme eine besonders günstige Geschäftsmöglichkeit entginge, insbesondere wenn diese Geschäfte bereits aufgenommen wurden und Kosten verursacht haben.[155] Nach anderer Ansicht erfüllt ein durch die Auszahlung der Gewinne drohender Liquiditätsengpass ebenso wenig die Voraussetzungen des „offenbaren Schadens" wie die Notwendigkeit, zur Bedienung der Forderung einen Kredit aufzunehmen. Die Schranke des § 122 Abs. 1 Hs. 2 HGB greife nur ein, wenn die Gefahr einer erheblichen Benachteiligung offensichtlich sei, sich also einem fachkundigem Dritten, welcher Kenntnis von der Vermögenslage der Gesellschaft habe, geradezu aufdränge. Erforderlich sei, dass die in Frage stehenden Mittel zum Fortbestand und der Entwicklung des Unternehmens notwendig seien.[156]

Letztlich reduziert sich die Problematik darauf, wie eng die Grenzen zu ziehen sind. Ein kurzfristiger Liquiditätsengpass kann ebenso wenig für eine Entnahmebeschränkung ausreichen wie das Entgehen einer besonders günstigen Geschäftsmöglichkeit. Gleichzeitig müssen sich die Gesellschafter jedoch an Vorhaben, die wirksam beschlossen wurden, festhalten lassen.[157] Entscheidend ist, ob die fraglichen Mittel zum Fortbestand und zur planmäßigen Entwicklung des Unternehmens benötigt werden.[158] Ist die Gesellschaft in der Lage, im Rahmen ihrer Kreditmöglichkeiten Fremdkapital aufzunehmen, so können die Gesellschafter die Auszahlung ihrer Gewinnanteile verlangen. Ist dem nicht so,

152 Vgl. *Ulmer*, FS Lutter (2000), S. 935, 938.
153 MüKoHGB/*Priester*, § 122 Rn. 37.
154 Baumbach/Hopt/*Roth*, § 122 Rn. 13.
155 *A. Hueck*, Das Recht der OHG, § 17 III 3 (S. 250).
156 Staub/*Schäfer*, § 122 Rn. 20.
157 Vgl. zur Interpretation des § 122 Abs. 1 HGB als Ausprägung des „venire contra factum proprium" *Schön*, FS Beisse, S. 471, 478 f.
158 Vgl. Staub/*Schäfer*, § 122 Rn. 20.

würde die Auszahlung offensichtlich den Fortbestand des Unternehmens gefährden und kann daher von der Gesellschaft verweigert werden. Ist die Grenze des offenbaren Schadens erreicht, so ist für eine Abwägung mit Ausschüttungsinteressen der Gesellschafter kein Raum mehr.[159] In § 122 Abs. 1 Hs. 2 HGB hat der Gesetzgeber diese Abwägung (bei Gefahr des „offenbaren Schadens“) bereits vorgenommen und zugunsten des Finanzierungsinteresses der Gesellschaft entschieden. Teilweise wird jedoch vertreten, dass auf Grundlage der gesellschaftlichen Treuepflicht Ausschüttungen an Gesellschafter in akuten Notlagen vorgenommen werden können.[160]

3. *Der Gewinnausschüttungsanspruch der Kommanditisten*

Nach § 169 Abs. 1 S. 1 HGB steht den Kommanditisten das Kapitalentnahmerecht des § 122 Abs. 1 Hs. 1 HGB nicht zu, sie können lediglich die Auszahlung des ihnen zukommenden Gewinnanteils verlangen, dies aber nach § 169 Abs. 1 S. 2 Hs. 2 HGB nur dann, wenn ihr Kapitalanteil nicht durch Verluste unter dem Betrag der zugesagten Einlage liegt oder durch die Auszahlung unter diesen Betrag fiele. Ob darüber hinaus für die Kommanditisten auch die Schranke des offenbaren Schadens gilt, ist umstritten. Nach dem Wortlaut der Vorschrift (§ 169 Abs. 1 HGB) soll § 122 HGB keine Anwendung auf den Kommanditisten finden, was auch die darin enthaltene Schranke des offenbaren Schadens auszuschließen scheint.[161] Dies würde bedeuten, dass der Kommanditist seinen Gewinnanteil in jedem Fall – auch zum Schaden der KG und ohne Rücksichtnahme auf die Interessen der Mitgesellschafter – entnehmen könnte. Nach einer Ansicht bezieht sich der Hinweis auf § 122 HGB jedoch lediglich auf das gewinnunabhängige Entnahmerecht der persönlich haftenden Gesellschafter nach § 122 Abs. 1 Hs. 1 HGB. Das Verbot von Entnahmen, die zum offenbaren Schaden der Gesellschaft gereichen, sei vielmehr ein allgemeiner Grundsatz und solle durch § 169 Abs. 1 S. 1 HGB nicht ausgeschlossen werden.[162] Teilweise wird demgegenüber vertreten, dass die Entnahmeschranke nach dem (vermeintlich) klaren Wortlaut des

---

159 Vgl. *Schön*, FS Beisse, S. 471, 476 ff.; zustimmend Staub/*Schäfer*, § 120 Rn. 41.

160 Staub/*Schäfer*, § 122 Rn. 21; MüKoHGB/*Priester*, § 122 Rn. 38.

161 So auch die wohl überwiegende Meinung, vgl. Baumbach/Hopt/*Roth*, § 169 Rn. 3; *Ulmer*, FS Lutter, S. 935, 950; RGZ 120, 140 ff.

162 *Schön*, FS Beisse, S. 471, 480 f.; zustimmend nun auch *Huber*, GS Knobbe-Keuk, S. 203, 207 in Fn. 15; nicht ganz eindeutig MüKoHGB/*Grunewald*, die *Schön* in § 167 Rn. 6 zustimmt, bei § 169 Rn. 7 eine Beschränkung des Entnahmerechts aber auf die Treuepflicht des Kommanditisten stützt; für eine analoge Anwendung von § 122 Abs. 1 HGB Koller/*Kindler*/Roth/Morck, § 169 Rn. 2.

§ 169 Abs. 1 S. 1 HGB nicht gelte, der Ausschüttungsanspruch jedoch durch die gesellschaftliche Treuepflicht begrenzt sei, so dass der Kommanditist die Auszahlung nicht verlangen könne, wenn dies der Gesellschaft zum Nachteil gereiche. Damit wird letztendlich ein der Lösung des § 122 Abs. 1 Hs. 2 HGB sehr ähnliches Ergebnis erzielt.[163] Auf die Kuriosität dieser Lehre hat *Schön* hingewiesen und überzeugend dargelegt, dass ein Rückgriff auf die Treuepflicht hier weder zulässig noch notwendig ist.[164] Dem Kommanditisten soll, in gewisser Weise entsprechend zu seinem begrenzten Haftungsumfang, nur eine begrenzte Vermögensposition zukommen. Dies zeigt sich am Wortlaut des § 169 Abs. 1 S. 2: „Dieser [der Kommanditist] hat **nur** Anspruch auf Auszahlung des ihm zukommenden Gewinns; ...". Diese Formulierung kann allein so verstanden werden, dass der Kommanditist in Abgrenzung zu § 122 Abs. 1 HGB kein Kapitalentnahmerecht, sondern eben „nur" Anspruch auf Gewinnauszahlung hat. Eine Erweiterung seiner Vermögensposition durch den Ausschluss der Schranke des offenbaren Schadens ist damit nicht vereinbar.[165] Es wäre geradezu widersinnig, wenn den persönlich haftenden Gesellschaftern, die das größere Risiko übernehmen und ggf. ihren Lebensunterhalt aus den Einnahmen der Gesellschaft bestreiten müssen, der Zugriff auf den Gewinn in Krisensituationen verwehrt ist, die Kommanditisten aber die Schieflage der Gesellschaft noch durch Entnahmen, die sie in aller Regel nicht für den persönlichen Unterhalt benötigen, verstärken dürften. Dies sieht auch der Großteil der Lehre so und beruft sich deshalb – unnötigerweise – auf die gesellschaftsrechtliche Treuepflicht. Dass aber die unglückliche Formulierung des § 169 Abs. 1 HGB ein Redaktionsversehen war, belegt auch die Entwicklungsgeschichte der Vorschrift: Noch im Allgemeinen Deutschen Handelsgesetzbuch (ADHGB) war der Kommanditist dem Komplementär bezüglich der Vermögensposition gleichgestellt, vgl. Art. 161 Abs. 2, 108 Abs. 2 ADHGB. Im Zuge der Beratungen zum HGB einigte man sich jedoch dann darauf, dass dem Kommanditisten wegen seiner beschränkten Haftung kein gewinnunabhängiges Kapitalentnahmerecht zustehen sollte und nahm deshalb § 169 Abs. 1 S. 1 HGB

163 So ursprünglich *Huber*, ZGR 1988, 1, 8; *Ulmer*, FS Lutter, S. 935, 953 f. hält eine Begrenzung des Entnahmerechts der Kommanditisten in außergewöhnlichen, existenzbedrohenden Situationen für möglich, ohne sich konkret auf die Treuepflicht zu berufen; OLG Bamberg NZG 2005, 808.

164 Vgl. *Schön*, FS Beisse, S. 471, 480.

165 Vgl. *Schön*, FS Beisse, S. 471, 480.

auf.[166] Es liegt daher mehr als nahe, dass ein Ausschluss der Schranke des offenbaren Schadens nicht gewollt war.[167]

4. Vorschüsse und Sonderentnahmerecht

a) Vorschüsse

Die Gesellschafter haben grundsätzlich kein Recht, Vorschüsse in Bezug auf das Kapitalentnahme- und das Gewinnentnahmerecht nach §§ 122, 169 HGB zu verlangen. Erst recht kann ein Vorschuss nicht gewährt werden, wenn der Kapitalanteil negativ ist oder im laufenden Geschäftsjahr ein negatives Jahresergebnis zu erwarten ist. Es wird allerdings vertreten, dass ein Vorschuss gewährt werden kann, solange sich dieser in einem angemessenen Rahmen hält und die Gesellschaft ausreichende Mittel zur Verfügung hat.[168]

Andere wollen den Gesellschaftern einen Anspruch auf Leistung eines Vorschusses nur dann gewähren, wenn unvorhergesehener privater Finanzbedarf entsteht, den der betroffene Gesellschafter selbst nicht bewältigen kann. Würde in einem solchen Fall der Vorschuss nicht gewährt, so würde dies dem Sinn und Zweck des Entnahmeanspruchs widersprechen.[169]

Teilweise wird ein Anspruch auf Zahlung eines Vorschusses auch gänzlich abgelehnt.[170]

Das Gesetz sieht keinen Anspruch auf Vorschusszahlung vor, der Wortlaut der Vorschriften §§ 122, 169 HGB ist insoweit eindeutig: Berechnungsgrundlage der Entnahmerechte ist der für das letzte Geschäftsjahr festgestellte Kapitalanteil. Vor der Feststellung des Jahresabschlusses sind Entnahmen demnach nicht vorgesehen. Man mag mit den Vertretern der oben als zweite dargestellten Auffassung darüber streiten, ob sich aus dem Sinn und Zweck der Entnahmeregelung etwas anderes ergibt. Was bedeutet jedoch die Voraussetzung des „unvorhergesehenen privaten Finanzbedarfs“ konkret, welche Fälle sollen davon erfasst sein? Die Vertreter dieser Auffassung haben möglicherweise an Situationen gedacht, in denen ein Gesellschafter ohne eigenes Zutun einen finanziellen Engpass erleidet. Tritt ein solcher Fall ein und kann die Gesellschaft die Mittel ohne

166 Vgl. die Denkschrift zum Entwurf eines Handelsgesetzbuches und eines Einführungsgesetzes, S. 113 in: Hahn/Mugdan, Bd. 6, S. 283 f.

167 Vgl. *Schön*, FS Beisse, S. 471, 481.

168 MüKoHGB/*Priester*, § 122 Rn. 13; ähnlich, aber mit Betonung des gesellschaftsvertraglichen Elements Baumbach/Hopt/*Roth*, § 122 Rn. 11.

169 E/B/J/S/*Ehricke*, § 122 Rn. 16.

170 Koller/*Kindler*/Roth/Morck, § 122 Rn. 2.

größeres Risiko aufbringen, wird man jedoch annehmen können, dass ein akuter Beschluss gefasst werden kann, dem betroffenen Gesellschafter ausnahmsweise eine Vorschusszahlung zu gewähren. Selbstverständlich kann auch der Gesellschaftsvertrag Vorschusszahlungen vorsehen und deren Voraussetzungen nennen.[171] Ein gesetzlicher Anspruch auf Vorschuss hinsichtlich des Kapital- und Gewinnentnahmerechts ist aber abzulehnen. Er findet im Gesetz keine Stütze.

b) Sonderentnahmerecht

Fraglich ist außerdem, ob den Gesellschaftern entgegen der Vorschriften der §§ 122, 169 Abs. 1 HGB oder der Bestimmungen des Gesellschaftsvertrags in Ausnahmefällen ein Anspruch auf Auszahlung (zu Lasten des Kapitalanteils) zusteht. Ein solches außerordentliches Sonderentnahmerecht könnte sich allenfalls aus der gesellschaftlichen Treuepflicht ergeben und wurde in der Vergangenheit für Fälle in Erwägung gezogen, in denen eine außerordentliche Entnahme zur Bestreitung des Unterhalts eines Gesellschafters notwendig ist.[172] Dem steht aus gesetzlicher Sicht die Existenz des gewinnunabhängigen Kapitalentnahmerechts nach § 122 Abs. 1 Hs. 1 HGB (4 % des letzten Kapitalanteils) entgegen, für das die Schranke des § 122 Abs. 1 Hs. 2 HGB nicht gilt[173] und das nach der Vorstellung des historischen Gesetzgebers zur Deckung des Lebensunterhalts der Gesellschafter gedacht war.[174] Des Weiteren würde ein außerordentliches Entnahmerecht nach dem Gleichbehandlungsgrundsatz auch die Interessen der übrigen Gesellschafter berühren.[175] Der BGH hat sich bisher zur Frage der Sonderentnahmerechte noch nicht explizit geäußert, zählt aber jedenfalls die Gestattung von gesellschaftsvertraglich nicht vorgesehenen Entnahmen zu den „ungewöhnlichen"

---

171 Vgl. auch Baumbach/Hopt/*Roth*, § 122 Rn. 11: Solche vertraglich gestatteten Vorschüsse müssen zurückgezahlt werden, wenn ihre Voraussetzungen nicht vorlagen, also z. B. kein Gewinn erzielt wurde oder der Kapitalanteil negativ ist. Die Rückzahlung beruht dann auf der vertraglichen Verpflichtung, vgl. BGHZ 48, 70, 74 f. Ebenso Staub/*Schäfer*, § 122 Rn. 9.

172 Bei Vorliegen „ganz besonders qualifizierter" Umstände bejahend *Ganßmüller*, DB 1968, 1299.

173 Möglicherweise aber die Schranken der allgemeinen Treuepflicht, vgl. Staub/*Schäfer*, § 122 Rn. 12.

174 Zur Entstehungsgeschichte der Norm vgl. *Schön*, FS Beisse, S. 471, 474 ff.

175 Ein Verstoß gegen den Gleichbehandlungsgrundsatz könnte durch eine Anrechnung der Sonderentnahme auf die nächste ordentliche Ausschüttung abgeschwächt werden, vgl. *Ganßmüller*, DB 1968, 1299.

Beschlussgegenständen, über die im Zweifel – trotz Vorhandenseins einer allgemeinen Mehrheitsklausel – nur einstimmig beschlossen werden kann.[176]

In der heutigen Praxis wird der Bestreitung des Lebensunterhalts der im Gesellschaftsunternehmen tätigen Gesellschafter in aller Regel durch die Zahlung von Vergütungen Rechnung getragen, die ihrem Bedarf angemessen und stets voll entnahmefähig sind.[177] Bei Kommanditisten und OHG-Gesellschaftern, die nicht in der Gesellschaft tätig sind und lediglich ihr Kapital investieren, kann man annehmen, dass sie ihren persönlichen Bedarf (auch) auf andere Weise decken. Nach dem Gesetz steht zwar auch ihnen – nur den persönlich haftenden Gesellschaftern – das Kapitalentnahmerecht nach § 122 Abs. 1 Hs. 1 HGB zu, welches nicht vom Nachweis eines konkreten Bedarfs abhängig ist.[178] Aus welchem Grund – sofern nicht ohnehin gesellschaftsvertraglich etwas anderes vereinbart wurde – solchen Gesellschaftern darüber hinaus ein Sonderentnahmerecht gestattet werden soll, ist nicht ersichtlich. Eine generelle Aussage ist hierzu allerdings nicht möglich, denn die Frage lässt sich wohl allein im Einzelfall nach den konkreten Umständen und vor allem der Realstruktur der Gesellschaft entscheiden. So dürfte es, ebenso wie bei Zahlungen eines Vorschusses[179], im Einzelfall nicht ausgeschlossen sein, dass einem in Notlage geratenen Gesellschafter ein Sonderentnahmerecht zugesprochen wird, wenn keine zwingenden Interessen der Gesellschaft oder der übrigen Gesellschafter entgegenstehen. Es könnte zum Beispiel bei einer eher kleineren, sehr personalistisch strukturierten Gesellschaft, die von Verbundenheit und enger Zusammenarbeit geprägt ist, die Treuepflicht gebieten, dass die übrigen Gesellschafter der Sonderentnahme zustimmen. Bei einem groß angelegten personengesellschaftsrechtlichen Konzern dürfte die Einschätzung jedoch anders ausfallen.

5. *Abweichende Gestaltungen*

Die gesetzliche Regelung zu den Entnahmerechten der persönlich haftenden Gesellschafter wird den heutigen wirtschaftlichen Verhältnissen nicht mehr gerecht[180] und wird daher fast immer durch anderslautende gesellschaftsvertragliche

---

176 BGH, NJW-RR 1986, 1417.

177 Vgl. Staub/*Schäfer*, § 122 Rn. 24, 27.

178 So die herrschende Meinung, vgl. MüKoHGB/*Priester*, § 122 Rn. 17; Staub/*Schäfer*, § 122 Rn. 2; E/B/J/S/*Ehricke*, § 122 Rn. 1; a.A. *Wiedemann*, WM 1992, Sonderbeilage Nr. 7, S. 1, 33, der nur dem geschäftsführenden Gesellschafter ohne Tätigkeitsvergütung ein Kapitalentnahmerecht nach § 122 Abs. 1 Hs. 2 HGB zugestehen will.

179 Vgl. oben Erster Teil § 1B.III.4.a).

180 So bereits im Jahr 1972 *Barz*, FS Knur, S. 25.

Regelungen ersetzt. Vor allem das von einem etwaigen Gewinn der Gesellschaft unabhängige Kapitalentnahmerecht des § 122 Abs. 1 Hs. 1 HGB entspricht den tatsächlichen Gegebenheiten der Praxis nicht mehr. Sinn und Zweck des Entnahmerechts ist die Sicherung des Unterhalts der Gesellschafter. Hierbei ging der Gesetzgeber davon aus, dass alle Gesellschafter ihre Arbeitskraft der Gesellschaft widmen und daher nicht anderweitig erwerbstätig sein können. Dies entspricht nicht mehr der heutigen Praxis, es kommt vielmehr häufig vor, dass sich auch OHG-Gesellschafter nicht mehr aktiv beteiligen. Diejenigen, die im Unternehmen der Gesellschaft tätig werden, erhalten dafür regelmäßig eine Vergütung, etwa das Geschäftsführergehalt. Diese Vergütung ist voll entnahmefähig, vom Gewinn (selbstverständlich) unabhängig und trägt den Unterhaltsbedürfnissen im vollen Umfang Rechnung. Kritisiert werden außerdem die Anknüpfung der Entnahmerechte an die variablen Kapitalanteile, die Ausgestaltung als „verhaltener" Anspruch und die insgesamt wenig ausgewogene Berücksichtigung gegenläufiger Interessen. Die Regelung trage den Bedürfnissen aller Beteiligten nicht oder nur unvollkommen Rechnung, gänzlich außer Acht lasse das Gesetz die Frage nach der Entnahmefähigkeit von Geschäftsführerbezügen und die Problematik des Steuerentnahmerechts.[181]

Wenig praxisgerecht ist auch die gesetzliche Regelung der Entnahmeschranke in § 122 Abs. 1 Hs. 2 HGB: Diesbezüglich gibt es zwei mögliche Szenarien: Ist die Gefahr des offenbaren Schadens ist nicht gegeben, haben die Gesellschafter nach der gesetzlichen Regelung einen Vollausschüttungsanspruch. Ist die Gefahr gegeben, entfällt dieser zwar, aufgrund der engen Voraussetzungen ist aber davon auszugehen, dass die Gesellschaft die zurückgehaltenen Mittel zeitnah benötigt und verwenden wird. Was sie nicht und nicht mehr zwingend benötigt, muss den Gesellschaftern zur Verfügung gestellt werden. Demzufolge ist eine mittel- oder langfristige Rücklagenbildung anhand von § 122 HGB nicht möglich, denn der Gesellschaft steht das Leistungsverweigerungsrecht erst und nur soweit und solange zu, wie die Notlage besteht und anhält – dem Selbstfinanzierungsbedarf der Gesellschaft wird also erst in einer Situation Rechnung getragen, in der es letztlich schon zu spät ist. Eine vernünftige und maßvolle Finanzstrategie, die auf eine Festigung des Unternehmens gerichtet ist, ist nach der gesetzlichen Ausgangslage nicht machbar.[182]

181 So die Kritik von Staub/*Schäfer* § 122 Rn. 23.

182 Vgl. *Hommelhoff*, in: Rechtsfragen der Familiengesellschaften, S. 65, 72.

Auch die Regelung zu den Ausschüttungsansprüchen der Kommanditisten sind, da sie nur das Innenverhältnis betreffen, in vollem Umfang dispositiv.[183]

C. Beschlussfassung in der unverbundenen Personenhandelsgesellschaft

I. Grundsatz: Das Einstimmigkeitsprinzip

In Ermangelung einer abweichenden Regelung im Gesellschaftsvertrag gilt für die Beschlüsse[184] der Gesellschafter nach § 119 Abs. 1 HGB das Einstimmigkeitsprinzip. Als Grundprinzip des Personengesellschaftsrechts ist es Ausdruck der Rechtsnatur dieser Gesellschaften als Schuldverhältnis der Gesellschafter untereinander und als Haftungs- und Arbeitsgemeinschaft.[185] Das Einstimmigkeitsprinzip trägt den engen persönlichen Bindungen, die die Gesellschaft nach der Vorstellung des Gesetzgebers charakterisiert, Rechnung und schützt den einzelnen Gesellschafter vor Fremdbestimmung, ohne dass ein darüber hinausgehender Minderheitenschutz vonnöten wäre.[186] Jedem Gesellschafter erwächst dadurch aber auch eine Veto-Position, durch die er wichtige Maßnahmen verzögern oder gar verhindern und somit die Handlungsfähigkeit der – vielleicht nicht nach dem Leitbild der Personengesellschaften geformten – konkreten Gesellschaft stark beeinträchtigen kann.[187] Die innergesellschaftliche Willensbildung kann so massiv erschwert werden, denn eine Zustimmungspflicht aus

183 Vgl. MüKoHGB/*Grunewald*, § 169 Rn. 10.

184 Das Einstimmigkeitsprinzip bezieht sich hauptsächlich auf Beschlüsse über außergewöhnliche Geschäfte im Sinne von § 116 Abs. 2 HGB und auf die sog. Grundlagengeschäfte (dazu später mehr). Für Angelegenheiten der laufenden, gewöhnlichen Geschäftsführung sieht das Gesetz grundsätzlich keine Gesellschafterbeschlüsse, sondern eine Handlungskompetenz der Geschäftsführer vor, vgl. § 116 Abs. 1 HGB. Die anderen geschäftsführungsbefugten Gesellschafter können nach § 115 Abs. 1 HGB widersprechen, nicht aber die von der Geschäftsführung ausgeschlossenen Gesellschafter. Der Widerspruch eines Gesellschafters kann nur durch einen Beschluss der Gesellschaftergesamtheit überwunden werden. In diesem Fall und in allen Angelegenheiten im Sinne des § 116 Abs. 2 HGB sowie bei Grundlagengeschäften ist dann ein einstimmiger Gesellschafterbeschluss unter Beteiligung sämtlicher Gesellschafter herbeizuführen.

185 Vgl. *Goette*, FS Sigle, 145; *Wertenbruch*, ZIP 2007, 798.

186 Vgl. Staub/*Schäfer*, § 119 Rn. 30; E/B/J/S/*Ehricke*, § 119 Rn. 2.

187 Vgl. *Priester*, DStR 2008, 1386; *Goette*, FS Sigle, S. 145, 146; MüKoHGB/*Enzinger*, § 119 Rn. 61.

Treubindungen ist nur in eng begrenzten Ausnahmefällen anerkannt.[188] Der Gesetzgeber hat diesem Problem Rechnung getragen, indem er die Einführung von Mehrheitskompetenzen zugelassen hat. Dies belegt bereits die Existenz der §§ 709 Abs. 2 BGB und 119 Abs. 2 HGB und ergibt sich aus dem Grundsatz der Vertragsfreiheit (§ 109 HGB). Auch der BGH hat die Freiheit der Gesellschafter, Mehrheitsentscheidungen gesellschaftsvertraglich zuzulassen, seit langem ausdrücklich anerkannt.[189]

II. Gesellschaftsvertragliches Mehrheitsprinzip

1. Gestaltungsfreiheit und Individualschutz

Die Gesellschafter von Personenhandelsgesellschaften genießen aufgrund der weitreichenden Vertragsfreiheit im Innenverhältnis einen großen Gestaltungsspielraum. Gemäß § 109 HGB (für die KG gilt dies in Verbindung mit § 161 Abs. 2 HGB und nach § 163 HGB) sind die Regelungen zum Innenverhältnis, die §§ 110 bis 122 HGB, subsidiär, das heißt vorrangig richtet sich das Rechtsverhältnis der Gesellschafter nach dem Gesellschaftsvertrag. Neben der Abschlussfreiheit kommt den Gesellschaftern also auch die inhaltliche Gestaltungsfreiheit zu.[190] Ein Mehrheitsentscheid kann einerseits ad hoc per (einstimmigem) Gesellschafterbeschluss möglich gemacht werden, genauso – und dies ist der Regelfall – kann auch im Gesellschaftsvertrag festgelegt werden, dass (evtl. nur einzelne) Gesellschafterbeschlüsse mit (einfacher oder qualifizierter) Mehrheit gefasst werden.[191] Das Mehrheitsprinzip ermöglicht es den Gesellschaftern, schneller, effektiver und flexibel auf Veränderungen zu reagieren und verhindert auch die (eventuell) sinnlose Opposition renitenter Mitgesellschafter. Gleichzeitig ruft die Einrichtung von Mehrheitsmacht immer das Bedürfnis nach Minderheiten- bzw. Individualschutz hervor.[192] Im Personengesellschaftsrecht wird

---

188 Zudem muss diese Zustimmungspflicht gerichtlich durchgesetzt werden, vgl. *Goette*, FS Sigle, S. 145, 147.

189 Vgl. z.B. BGHZ 8, 35, 39; 85, 350, 353; 170, 283, 285, 286.

190 Im Außenverhältnis dagegen sind die Regelungen zum Schutze des Rechtsverkehrs der Disposition der Gesellschafter entzogen, v.a. in Bezug auf den Entstehungszeitpunkt der Gesellschaft, die Unbeschränktheit und Unbeschränkbarkeit der Vertretungsmacht und die persönliche Haftung.

191 Unter Umständen auch stillschweigend durch längere Übung. Die grundsätzliche Zulässigkeit ist ganz herrschende Meinung, vgl. statt aller Baumbach/Hopt/*Roth*, § 119 Rn. 34.

192 Vgl. Staub/*Schäfer*, § 119 Rn. 32; *Goette*, FS Sigle, S. 145, 149.

dem Minderheitenschutz nach der gesetzlichen Ausgangslage durch das Einstimmigkeitsprinzip genüge getan. Nichts schützt den einzelnen Gesellschafter effektiver vor Fremdbestimmung als die Notwendigkeit seiner Zustimmung in allen Belangen. Das HGB enthält aufgrund dessen – im Gegensatz zum GmbHG und AktG, denen das Mehrheitsprinzip zugrunde liegt – keine minderheitenschützenden Normen für den Fall, dass die Gesellschafter im Gesellschaftsvertrag im Rahmen der Privatautonomie Mehrheitsbeschlüsse vorsehen.[193] Zwar ist eine Mehrheitsklausel an sich grundsätzlich interessenneutral und kann sich in einem Fall zugunsten des einen und im anderen Fall zugunsten des anderen Gesellschafters auswirken. Nicht selten wird es jedoch, insbesondere auch wenn die Mehrheit anhand der Kapitalanteile bestimmt wird oder sich im Laufe des Bestehens eines Unternehmens Gesellschaftergruppen gebildet haben, unveränderliche Mehrheitsverhältnisse geben.[194] Deshalb herrscht Einigkeit darüber, dass dem Mehrheitsprinzip zum Schutze der Minderheit Schranken gesetzt werden müssen, wobei die Details wie Fragen nach den Voraussetzungen von Mehrheitsklauseln und der Wirksamkeit von Mehrheitsbeschlüssen bei Personengesellschaften nach wie vor umstritten sind.

Die allgemeinen Schranken der Vertragsfreiheit, §§ 134 und 138 Abs. 1 BGB, gelten selbstverständlich auch für Gesellschaftsverträge. In aller Regel führen allerdings – obwohl es durchaus denkbar ist – weder der Verbotsvorbehalt nach § 134 BGB noch die Sittenwidrigkeitsschranke zur Nichtigkeit des gesamten Vertrages[195], sondern nur zur Unwirksamkeit einzelner, konkret betroffener Klauseln. Beispiele bilden Regelungen über Beiträge, wenn zwischen dem tatsächlichen Wert der Einlagen und den vereinbarten Wertansätzen ein grobes Missverhältnis besteht, einseitige Gewinnverteilungsabreden, Hinauskündigungsklauseln oder knebelnde Abfindungsklauseln.[196] Ein Verstoß gegen § 138 Abs. 1 BGB liegt jedoch nur vor, wenn besondere, das Sittenwidrigkeitsurteil begründende Umstände wie die Art des Zustandekommens der Klausel oder die verfolgten Absichten der Verfasser hinzukommen.[197]

Daneben gibt es einige wenige festgeschriebene gesellschaftsrechtliche Schranken, die von eher untergeordneter Bedeutung sind. Zu nennen sind die

---

193 Vgl. MüKoHGB/*Enzinger*, § 119 Rn. 60.

194 Z.B. eine OHG, an welcher der eine Gesellschafter mit 60 %, der andere mit 40 % beteiligt ist.

195 Dies ist nur möglich, wenn der Gesellschaftszweck betroffen ist, vgl. Staub/*Schäfer*, § 109 Rn. 20.

196 Vgl. Staub/*Schäfer*, § 109 Rn. 21.

197 Vgl. Staub/*Schäfer*, § 109 Rn. 21.

Mindestinformationsrechte nach § 118 Abs. 2 HGB für die OHG-Gesellschafter (für Kommanditisten gilt diese Regelung nach § 166 Abs. 2 HGB nicht), das Abspaltungsverbot nach § 717 S. 1 BGB i.V.m. §§ 105 Abs. 2, 161 Abs. 2 HGB und die Vertragsbeendigungsfreiheit nach § 723 Abs. 3 BGB und § 133 Abs. 3 HGB.

Von Rechtsprechung und Lehre wurden neben den allgemeinen Schranken der Vertragsfreiheit und den festgeschriebenen speziell gesellschaftsrechtlichen Schranken ungeschriebene Schranken entwickelt, dazu gehören die Verbandssouveränität[198], der Grundsatz der Selbstorganschaft[199], der Gleichbehandlungsgrundsatz, die Treuepflicht, der Bestimmtheitsgrundsatz und die Kernbereichslehre.[200]

Mit Ausnahme von Publikumsgesellschaftsverträgen findet im Personengesellschaftsrecht keine über §§ 134, 138 BGB hinausgehende *allgemeine* Wirksamkeitskontrolle statt. Abweichend davon ist nach der Rechtsprechung eine Angemessenheitskontrolle bei Hinauskündigungsklauseln und Abfindungsklauseln anerkannt, wobei sich diese Kontrolle auf den Schutz des Kernbereichs, der auch im Zusammenhang mit Mehrheitsklauseln relevant ist, stützt und keine allgemeine richterliche Angemessenheitskontrolle zulässt.[201]

Für die Frage nach der Reichweite gesellschaftsvertraglicher Mehrheitsklauseln und der Wirksamkeit von Mehrheitsbeschlüssen sind insbesondere Bestimmtheitsgrundsatz und Kernbereichslehre von hoher Relevanz. Beide Instrumente sind in Bezug auf Inhalt, Anwendungsbereich, dogmatische Grundlagen, Daseinsberechtigung und ihr Verhältnis untereinander umstritten. Die Diskussion ist stellenweise kaum mehr zu überblicken und wird durch einen uneinheitlichen Sprachgebrauch[202] zusätzlich verkompliziert. Inhaltlich werden die Beschlüsse der Mehrheit außerdem anhand der beweglichen Schranken, insbesondere der Treuepflicht, überprüft. Der BGH überprüft Mehrheitsbeschlüsse seit der Otto-Entscheidung anhand einer Zwei-Stufen-Prüfung, die alle diese Elemente beinhaltet.

---

198 Vgl. dazu z.B. MüKoHGB/*Enzinger*, § 109 Rn. 15 ff.

199 Siehe dazu Staub/*Schäfer*, § 109 Rn. 33 f.

200 Vgl. insgesamt die Aufzählung bei MüKoHGB/*Enzinger*, § 109 Rn. 15 ff. *Schäfer* unterscheidet zwischen festen und beweglichen Schranken der Vertragsfreiheit, wobei feste solche sind, die trotz übereinstimmend gewünschter Abweichung verbindlich sind, während die beweglichen Schranken verzichtbar sind und dem Schutz der Minderheit bei Mehrheitsentscheidungen dienen sollen, vgl. Staub/*Schäfer*, § 109 Rn. 36. Da aber z.B. die Kernbereichslehre beide Aspekte vereint, ist diese Unterscheidung nicht zwingend notwendig.

201 Vgl. MüKoHGB/*K.Schmidt*, § 105 Rn. 155; Staub/*Schäfer* § 109 Rn. 39.

202 *Goette* spricht von „babylonischer Sprachverwirrung“, vgl. FS Sigle, S. 145, 149.

2. *Der Bestimmtheitsgrundsatz*

a) Der Bestimmtheitsgrundsatz nach dem herkömmlichen Verständnis

Bereits in der Rechtsprechung des Reichsgerichts war anerkannt, dass die Abbedingung des Einstimmigkeitsprinzips zugunsten eines Mehrheitsprinzips nicht dem personalistischen Charakter der Personenhandelsgesellschaften widerspreche.[203] Auch Abänderungen des Gesellschaftsvertrages könnten durch ausdrückliche Bestimmung einem Mehrheitsbeschluss der Gesellschafter übertragen werden.[204] Allerdings ging das Reichsgericht gleichzeitig davon aus, dass bei einer Unterwerfung der Minderheit unter den Mehrheitswillen intensiv geprüft werden müsse, welche Beschlussgegenstände tatsächlich vom Willen der Gesellschafter erfasst seien, denn in der Regel sei zu erwarten, dass ein Gesellschafter sich nicht gänzlich dem Mehrheitsprinzip unterwerfen wolle.[205] Aus dieser vom Reichsgericht entwickelten und vom BGH[206] fortgeführten Annahme entwickelte sich der sogenannte Bestimmtheitsgrundsatz, allgemein als „Steigerungstrias"[207] bekannt. Der Bestimmtheitsgrundsatz führte zu einer einschränkenden Auslegung gesellschaftsvertraglicher Mehrheitsklauseln, wonach der Anwendungsbereich einer allgemein gehaltenen Mehrheitsklausel[208] auf „gewöhnliche" Beschlussgegenstände in Geschäftsführungsfragen beschränkt sei. Vertragsänderungen sowie andere die Grundlagen der Gesellschaft berührende oder in Rechtspositionen der Gesellschafter eingreifende Maßnahmen seien regelmäßig von der Unterwerfung unter den Mehrheitswillen nicht erfasst, denn eine allgemeine Mehrheitsklausel mache dem einzelnen Gesellschafter nicht deutlich, dass gegen seinen Willen Beschlüsse getroffen werden könnten, die stark in seine Rechtsstellung eingriffen. Schließe eine allgemein gehaltene

203 RGZ 91, 166, 167; 114, 393, 395; 151, 321, 324; 163, 385, 391.

204 RGZ 91, 166, 167; 114, 393, 395; 151, 321, 324; 163, 385, 391. Grundlegend war ein Fall der mehrheitlich beschlossenen Beitragserhöhung. Das RG führte dazu aus, dass es für diesen Fall nicht genüge, wenn der Gesellschaftsvertrag allgemeine Abänderungen des Vertrages durch eine ¾ Mehrheit vorsehe, dass vielmehr darüber hinaus der Gesellschaftsvertrag auch zum Ausdruck bringen müsse, dass gerade für die Beitragspflicht die Sonderregelung des § 707 BGB nicht gelten solle.

205 RGZ 91, 166, 167; 151, 321, 324; 163, 385, 391.

206 BGHZ 8, 35, 41.

207 *Martens*, DB 1973, 413, 416.

208 Beispiel (nach *K. Schmidt*, ZHR 158, 205, 207): „Die von den Gesellschaftern in Angelegenheit der Gesellschaft zu treffenden Bestimmungen erfolgen durch Beschlüsse. Die Beschlüsse werden in Gesellschafterversammlungen nach der Mehrheit der abgegebenen Stimmen gefasst."

Mehrheitsklausel Vertragsänderungen mit ein, so gelte dies wiederum nur für „gewöhnliche“ oder „übliche“ Vertragsänderungen, die nicht in die persönliche Rechtsstellung der einzelnen Gesellschafter eingriffen.[209] Für solche Beschlüsse solle die Mehrheitsklausel nur gelten, wenn sich dies mit Bestimmtheit aus ihr ergebe. So stellte der BGH[210] fest,

„daß die in einem Gesellschaftsvertrag allgemein zugelassene Änderung des Vertrages durch Mehrheitsbeschluss sich nicht ohne weiteres auf solche Vertragsänderungen bezieht, deren Vornahme durch Mehrheitsbeschluss ganz ungewöhnlich ist oder für die eine besondere gesetzliche Vorschrift ausdrücklich Einstimmigkeit verlangt; es muß sich also stets aus dem Gesellschaftsvertrag zweifelsfrei ergeben, dass die Zulässigkeit des Mehrheitsbeschlusses auch gerade für die im jeweiligen Einzelfall in Betracht kommende Maßregel gelten soll.“

Neben dieser Auslegungsregel kam dem Bestimmtheitsgrundsatz auch eine Warnfunktion, d.h. eine materieller Schutz der Minderheit, zu:

„Dieser sogenannte Bestimmtheitsgrundsatz schützt innerhalb der Personengesellschaft die Minderheit, der nicht unterstellt werden kann, sie unterwerfe sich der Mehrheit blindlings unter Inkaufnahme möglicherweise weittragender Folgen einer gar nicht bedachten Änderung. Nur wenn der mit Mehrheit beschlossene Eingriff in die Stellung des Gesellschafters im Vertrage konkret geregelt ist, ist die Feststellung erlaubt, der Gesellschafter habe das Für und Wider gerade dieser Änderung abgewogen und ihr im Vertrage vorweg seine Zustimmung erteilt.“ [211]

b) Auffassung der Literatur

Die Rechtsprechung des BGH stieß in der Literatur zunächst auf breite Zustimmung.[212] Im Laufe der Zeit führte sie allerdings dazu, dass die Kautelarjurisprudenz ausführliche Kataloge zulässiger Beschlussgegenstände in die Gesellschaftsverträge schrieb, was letztendlich die ursprünglich bezweckte Warnfunktion und den Schutz der Minderheitsgesellschafter torpedierte.[213] Das Verständnis, die Mehrheitsklausel müsse die Beschlussgegenstände ausdrücklich aufzählen, wurde bereits von einem Mitglied des II. Zivilsenats als

---

209 BGH v. 10.05.1976, Az. II ZR 180/74 (Juris Rz. 25), WM 1976, 661, 662.

210 BGHZ 8, 35, 41 f.; ausführliche Darstellung der Rechtsprechungsentwicklung bei *Göbel*, Mehrheitsentscheidungen, S. 46 ff.

211 BGHZ 85, 350, 356.

212 Vgl. *Martens*, DB 1973, 413, 414 f.; *Immenga*, ZGR 1974, 385, 418; *H.P. Westermann*, Vertragsfreiheit und Typengesetzlichkeit, S. 160; *Schneider*, ZGR 1972, 357, 371 ff.

213 Vgl. Staub/*Schäfer*, § 119 Rn. 35.

Missverständnis dargestellt.[214] Dies war jedoch nicht ganz so eindeutig, denn noch in der Entscheidung BGHZ 132, 263 aus dem Jahr 1996 wurde im Bezug auf den Bestimmtheitsgrundsatz ausgeführt, dass „auf jeden Fall die Angabe der Art des Beschlussgegenstandes erforderlich" sei. Angesichts solcher Formulierungen kann man es der Kautelarjurisprudenz nicht zum Vorwurf machen, dass sie weiterhin am „Katalogprinzip" festhielt. Unter anderem aufgrund der befürchteten Wirkungslosigkeit entstand ab den 1970er Jahren zunehmend Kritik, die mit einem Beitrag des damaligen Vorsitzenden des II. Zivilsenats *Fischer*[215] begann und der sich bis heute viele angeschlossen haben.[216] Neben der verlorengegangenen Schutzwirkung standen auch die Rechtsnatur (Auslegungsregel oder unverzichtbare Regel des Minderheitenschutzes) und die dogmatische Herleitung in der Diskussion. Kritiker bemängelten, dass es in der Sache zu einer verdeckten Inhaltskontrolle der Gesellschaftsverträge komme:[217] Dogmatisch ließe sich der Bestimmtheitsgrundsatz nicht als Auslegungsregel begründen, denn wenn die Auslegung ergebe, dass das Mehrheitsprinzip gelten solle, dann sei kein Raum für weitere inhaltliche Anforderungen.

Einige Autoren lehnen den Bestimmtheitsgrundsatz daher gänzlich ab.[218] Die Warnfunktion sei durch die kautelarjuristische Praxis abhanden gekommen, wenn nicht sogar ins Gegenteil verkehrt worden, und der Bestimmtheitsgrundsatz habe damit sein Ziel, einen effektiven Minderheitenschutz zu gewährleisten, verfehlt. Abgesehen von diesen praktischen Schwächen gebe es nach wie vor keine nachvollziehbare dogmatische Begründung.[219] Der Minderheitenschutz sei durch Kernbereichslehre und Treuepflicht zu gewährleisten.[220]

---

214 Siehe *Goette*, FS Sigle, S. 145, 151.

215 *Fischer*, FS Barz, S. 33.

216 Vgl. nur MüKoHGB/*Enzinger*, § 119 Rn. 81; MüKoBGB/*Schäfer*, § 709 Rn. 87; Staub/*Schäfer*, § 119 Rn. 36; Oetker/*Weitemeyer*, § 119 Rn. 32; früher schon *Leenen*, 2. FS Larenz, S. 371 ff; *Brändel*, FS Stimpel, S. 95 ff.; *Hüffer*, ZHR 151 (1987), 396, 406 f.; *Mecke*, BB 1988, 2258, 2263; kritisch aber *Marburger*, NJW 1984, 2252 ff.; *Schiessl*, DB 1986, 735, 737.

217 Vgl. MüKoBGB/*Schäfer* § 709 Rn. 88.

218 MüKoHGB/*Enzinger*, § 199 Rn. 81; insbesondere auch *Schäfer*, ZGR 2013, 237, 243 ff., der dafür plädiert, sich offen vom Bestimmtheitsgrundsatz zu verabschieden und den Begriff nicht weiterzuführen; ablehnend auch Baumbach/Hopt/*Roth*, § 119 Rn. 37c für Kapitalgesellschaften & Co.

219 Vgl. MüKoHGB/*Enzinger*, § 119 Rn. 81; MüKoBGB/*Schäfer*, § 709 Rn. 87; K. *Schmidt*, ZHR 158, 205, 212; *Leenen*, 2. FS Larenz, S. 371, 376; *Hüffer* ZHR 151 (1987), 396, 407. A.A aber *Wiedemann*, GesR II, § 2 II 6 (S. 117) und § 4 I 3 (S. 302).

220 Im Einzelnen nicht unstreitig, vgl. *Schäfer*, ZGR 2013, 237, 263 ff.

Diejenigen, die ihn nicht gänzlich ablehnen, verstehen den Bestimmtheitsgrundsatz mittlerweile zumeist als rein formelle Schranke für Mehrheitsbeschlüsse. Er könne lediglich darüber Auskunft geben, ob für den in Frage stehenden Beschlussgegenstand das Mehrheitsprinzip gelte oder nicht. Eine individualschützende Funktion komme ihm dagegen nicht zu. Daher sei insbesondere nicht zu verlangen, dass die Gesellschafter in Verlängerung des Einstimmigkeitsprinzip durch Vereinbarung der Mehrheitsklausel antizipiert ihre Zustimmung zu einer späteren Vertragsänderung abgeben. Von der formellen Ermächtigung der Mehrheit sei außerdem die Frage zu trennen, ob ein einzelner Gesellschafter durch den mehrheitlich gefassten Beschluss gegen seinen Willen verpflichtet werden könne. Der Bestimmtheitsgrundsatz verlange eine Verankerung der Mehrheitsmacht im Gesellschaftsvertrag nur als Eingangsvoraussetzung für die Gültigkeit einer Mehrheitsentscheidung.[221]

c) Die weitere Entwicklung in der Rechtsprechung

Womöglich unter dem Eindruck der Kritik begann der BGH Mitte der 1970er Jahre, den Bestimmtheitsgrundsatz jedenfalls teilweise in Frage zu stellen. So lockerte er ihn zunächst in zwei Fällen von Mehrheitsbeschlüssen in Publikumsgesellschaften[222], um ihn schließlich für diese gänzlich aufzugeben[223]. Obiter dictum warf er auch die Fragen auf, ob der Bestimmtheitsgrundsatz unter Berücksichtigung der Treuepflicht aufgelockert werden könne[224], ob die Gesellschafter ihn selbst abbedingen könnten oder ob er ein absoluter Grundsatz des Minderheitenschutzes sei, und bejahte für kapitalistisch strukturierte Gesellschaften die Möglichkeit eines „Verzichts“[225]. Die Entwicklungen der Rechtsprechung wurden in der Literatur zwar grundsätzlich meist positiv aufgenommen, kritisiert wurde aber die daraus folgende nicht unerhebliche Rechtsunsicherheit für die Praxis.[226]

Trotz der Einschränkungen gab der BGH den Bestimmtheitsgrundsatz nicht ausdrücklich auf, wendete ihn aber immer zurückhaltender an. Zunächst suchte

221 *Binz/Mayer*, DB 2007, 1739, 1740; *K. Schmidt*, ZHR 158 (1994), 205, 214 ff; *K. Schmidt*, ZGR 2008, 1, 8 ff.; *Goette*, FS Sigle, S. 145, 156 ff.; Baumbach/Hopt/*Roth*, § 119 Rn. 37c, für Personenhandelsgesellschaften an denen natürliche Personen als persönlich haftende Gesellschafter beteiligt sind.

222 BGHZ 66, 82; 69, 160.

223 BGHZ 71, 53.

224 BGHZ 71, 53, 57.

225 BGHZ 85, 350.

226 Vgl. *Marburger*, NJW 1984, 2258; *Brändel*, FS Stimpel, S. 95, 101.

er „doppelspurige“[227] Begründungen. So heißt es im Portland-Zementwerk-Urteil:

„Gleichgültig, ob man diese Regelung an dem sog. Bestimmtheitsgrundsatz oder der Kernbereichslehre misst, kommt nach der Bestimmung eine mehrheitliche Beschlussfassung für diesen Beschlussgegenstand auf keinen Fall in Betracht. Denn für die Wirksamkeit einer derartigen Klausel ist nach dem Bestimmtheitsgrundsatz auf jeden Fall die Angabe der Art der Beschlussfassung erforderlich. Da die Bilanzfeststellung zu den [...] unentziehbaren Gesellschafterrechten gehört, muss sich nach der Kernbereichslehre die gesellschaftsvertragliche Mehrheitsklausel auf das zum Kernbereich gehörende Recht beziehen und Ausmaß und Umfang des zulässigen Eingriffs erkennen lassen. Diesen nach dem Bestimmtheitsgrundsatz bzw. der Kernbereichslehre geforderten Voraussetzungen entspricht die Klausel jedenfalls nicht.“[228]

In der Otto-Entscheidung findet der Bestimmtheitsgrundsatz zwar im ersten Leitsatz Erwähnung („Eine die Abweichung vom personengesellschaftsrechtlichen Einstimmigkeitsprinzip legitimierende Mehrheitsklausel muss dem Bestimmtheitsgrundsatz entsprechen.“), auch hier erfolgt die Begründung aber wieder „doppelspurig“ und in den Entscheidungsgründen distanziert sich das Gericht sogar deutlich von der herkömmlichen Auffassung, setzt den Begriff des Bestimmtheitsgrundsatzes erstmalig in Anführungszeichen und weist insbesondere die Forderung nach einer ausdrücklichen Nennung aller Beschlussgegenstände zurück.[229] Noch expliziter ist die Formulierung in der Schutzgemeinschaftsvertrag II-Entscheidung:

„Einer minutiösen Auflistung dieser Beschlussgegenstände bedarf es dafür nicht. Infolgedessen kann der früher verstandene „Bestimmtheitsgrundsatz“ auch nicht dazu herangezogen werden, einzelne, von den Beklagten als besonders gravierend angesehene Strukturmaßnahmen von vorneherein aus der Reichweite der Mehrheitsklausel auszunehmen Um einen sachgerechten Minderheitenschutz gegenüber der Mehrheit [...] zu erzielen, bedarf es weder einer extensiven, auf eine verdeckte Inhaltskontrolle hinauslaufenden Anwendung des „Bestimmtheitsgrundsatzes“ noch gar des Verdikts der Unwirksamkeit der nach allgemeinen personengesellschaftsrechtlichen Grundsätzen wirksamen Mehrheitsklausel. Denn eine Mehrheitsklausel, wie sie hier vorliegt, begründet ohnehin nur eine formelle Legitimation für die von ihr erfassten Beschlussgegenstände,

227 *Goette*, FS Sigle, S. 145, 155.
228 BGHZ 132, 263, 268 f.
229 Vgl. BGHZ 170, 283, 287.

die jedoch auf einer zweiten Stufe einer inhaltlichen Wirksamkeitsprüfung im Einzelfall unterliegen. Die Mehrheitsklausel als solche ist eine wertneutrale Verfahrensregel, deren Vor- und Nachteile allen Gesellschaftern von Fall zu Fall zugutekommen können."[230]

Der BGH wiederholte diese Grundsätze in Folge und betonte in einer weiteren Entscheidung, dass es einer ausdrücklichen Benennung auch nicht bei sogenannten Grundlagengeschäften bedürfe.[231] Schließlich stellte er in zwei Entscheidungen aus den Jahren 2012 und 2014 ausdrücklich klar, dass dem Bestimmtheitsgrundsatz „für die formelle Legitimation einer Mehrheitsentscheidung [...] keine Bedeutung mehr zukommt"[232].

Diese neue Rechtsprechung stößt in der Literatur auf Zustimmung.[233] Während die einen aber den Bestimmtheitsgrundsatz heute für erledigt erklären und sich darin in der neueren Rechtsprechung bestätigt fühlen[234], sehen andere in ihm nach wie vor für eine unverzichtbare Regel des Minderheitenschutzes[235] und wieder andere wollen ihn in der reduzierten Konzeption als formelle Legimitationsgrundlage aufrecht erhalten.[236]

Der Sache nach hat der BGH den Bestimmtheitsgrundsatz auf die allgemeinen Auslegungsgrundsätze zurückgeführt.[237] Dass es einer Mehrheitsklausel bedarf, um das gesetzlich geltende Einstimmigkeitsprinzip abzubedingen, ist eine

---

230 BGHZ 179, 13, 20 f.

231 BGH v. 15.11.2011 – II ZR 272/09, ZIP 2012, 520, 522; vgl. außerdem die Entscheidung BGH v. 15.11. 2011 – II ZR 266/09, ZIP 2012, 515, 518, in der das Gericht klarstellt, dass sich der Anwendungsbereich einer allgemeinen Mehrheitsklausel auch auf den Zeitraum der Liquidation erstreckt.

232 BGH v. 16.10.2012 – II ZR 239/11, GmbHR 2013, 194, 195 f.; BGH v. 21.10.2014 – II ZR 84/13, ZIP 2014, 2231, 2233.

233 Vgl. *Schäfer* NZG 2014, 1401, 1403 und EWiR 2012, 237 ff.; *Wertenbruch*, NZG 2009, 645 ff. und NZG 2013, 641, 643; *K. Schmidt*, ZIP 2009, 737 ff.; *Giedinghagen/Fahl*, DStR 2007, 1965, 1969.

234 Z.B. Staub/*Schäfer*, § 119 Rn. 36; *Paefgen*, FS Schneider, S. 929, 936.

235 Baumbach/Hopt/*Roth*, § 119 Rn. 37; *Bohlken/Sprenger*, DB 2010, 263, 267; *Holler*, DB 2008, 2067, 2070; *Giedinghagen/Fahl*, DStR 2007, 1965, 1969.

236 K. *Schmidt*, ZGR 2008, 1, 8 f., auf den der BGH in BGHZ 179, 13 ff. ausdrücklich verweist; zustimmend *Hermanns*, ZGR 1996, 103, 106; *Kraffel/König*, DStR 1996, 1129, 1131; *Goette*, FS Sigle, S. 145 f.

237 So ausdrücklich in BGH v. 21.10.2014 – II ZR 84/13, ZIP 2014, 2231, 2233 unter Verweis auf *Schäfer*, ZGR 2013, 237, 243 f.: „Die Prüfung der formellen Legitimation auf der ersten Stufe erfolgt vielmehr im Wege der Auslegung des Gesellschaftsvertrags nach allgemeinen Auslegungsgrundsätzen." Vgl. auch *Schäfer*, ZGR 2009, 768, 773; ebenso *Sigle*, FS Hüffer, S. 973, 974; a.A. wohl *Wertenbruch*, ZIP 2007, 798, 803.

Selbstverständlichkeit, die eigentlich keines besonderen Namens bedarf.[238] Ebenso ist es selbstverständlich, dass sich die konkreten Entscheidungsbefugnisse im Wege der Auslegung eindeutig und unzweifelhaft aus dem Gesellschaftsvertrag ergeben müssen.[239] Einigkeit besteht wohl auch dahingehend, dass die Zeiten des „Katalogprinzips" vorüber sind. Gibt der BGH dies auch eindeutig zu verstehen[240], wäre eine ausdrückliche Distanzierung vom Bestimmtheitsgrundsatz wünschenswert.[241] Das Ergebnis, die Aufgabe des Bestimmtheitsgrundsatz als restriktive Auslegungsregel, bleibt jedoch dasselbe. Als neue Entwicklung steht es im Zusammenhang mit der wachsenden Bedeutung, die der Kernbereichslehre im Rahmen der Problematik der Mehrheitsbeschlüsse bei Personengesellschaft zukommt.

3. *Die Kernbereichslehre*

a) Entwicklung in Rechtsprechung und Lehre

Als Kernbereich werden die Elemente der Mitgliedschaft bezeichnet, die als besonders bedeutsam für die persönliche Rechtsstellung des einzelnen Gesellschafters gelten und die er – wenn überhaupt – nur willentlich aufgeben kann.[242] Man könnte auch von „mitgliedschaftlichen Grundrechten"[243] oder dem „naturgesetzlichen Mindestbestand der Mitgliedschaft in personalistischen Gesellschaften"[244] sprechen, welcher der Vertragsfreiheit in gewissen Grenzen entzogen sind. Die Kernbereichslehre geht zurück auf eine Entscheidung des II. Zivilsenats vom 14. Mai 1956[245], in welcher der BGH entschied, dass das Stimmrecht eines Kommanditisten zwar durch den Gesellschaftsvertrag ausgeschlossen werden könne,

---

238 Vgl. *Schäfer*, ZGR 2009, 768, 774.

239 BGHZ 170, 283, 287.

240 Vgl. BGHZ 170, 283, 287: „Das [die minutiöse Auflistung] würde den Bestimmtheitsgrundsatz, ..., zu einer Förmelei denaturieren."

241 Auch die Ausführungen in BGH GmbHR 2013, 294, 295 f. sind insofern nicht eindeutig, als es zum einen im Fall um eine Publikumsgesellschaft ging, auf die der Bestimmtheitsgrundsatz ohnehin keine Anwendung findet, und zum anderen der BGH ausführte, dem „sog. Bestimmtheitsgrundsatz" komme nach der neueren Rechtsprechung des Senats für die **formelle** Legitimation einer Mehrheitsentscheidung keine Bedeutung mehr zu. Offen bleibt daher, ob der BGH dem Bestimmtheitsgrundsatz ansonsten noch Bedeutung zumisst oder nicht.

242 Vgl. *K. Schmidt*, ZGR 2008, S. 1, 17.

243 MüKoHGB/*Enzinger*, § 119 Rn. 64.

244 *Wiedemann*, GesR II, S. 219.

245 BGHZ 20, 363.

aber nur insoweit, als es sich nicht um Gesellschafterbeschlüsse handele, die in die Rechtsstellung des Kommanditisten als solche eingriffen. Somit war sichergestellt, dass der Kommanditist bei einer Entscheidung über die Verkürzung seiner Rechte jedenfalls mitwirken konnte. Als Kernbereich der Mitgliedschaft wurde danach zunächst die Gesamtheit der Gesellschafterrechte definiert, bei deren Entzug oder Veränderung dem Gesellschafter ein Stimmrecht zustehen musste. Diese Überlegung wurde von der Lehre verallgemeinert und auf den Minderheitenschutz bei Mehrheitsbeschlüssen übertragen, denn das bloße Recht, sich an einer Abstimmung zu beteiligen, biete bei Geltung des Mehrheitsprinzips keinen hinreichenden Schutz vor Kernbereichseingriffen.[246] Aus dem zwingenden Stimmrecht wurde ein Zustimmungsrecht. So entschied der BGH im Jahr 1985: „Grundsätzlich zustimmungsbedürftig sind Gesellschafterbeschlüsse, die in unentziehbare Rechte (in den Kernbereich der mitgliedschaftlichen Position) eines Gesellschafters eingreifen."[247] Von diesen unentziehbaren sind die sogenannten unverzichtbaren Rechte abzugrenzen.[248] Bei letzteren ist – wie es der Begriff „unverzichtbar" bereits nahelegt – ein Eingriff durchweg unzulässig, bei ersteren kommt es auf die Zustimmung des betroffenen Gesellschafters an. Der Gesellschafter muss also mit dem Eingriff in den Kernbereich seiner Rechte einverstanden sein.

b) Unentziehbare Rechte

Welche Rechte zum Kernbereich der Mitgliedschaft zählen und in welche Kategorie – relativ unentziehbar oder absolut unverzichtbar – sie einzuordnen sind, ist nicht abschließend geklärt. Als Faustregel für die Zuordnung zum Kernbereich gilt: Ein Zustimmungserfordernis besteht für alle unmittelbar rechtsverkürzenden oder pflichtenerhöhenden Gesellschafterbeschlüsse.[249] Maßgeblich für eine genaue Bestimmung der unentziehbaren Rechte ist die Realstruktur der

---

246 Vgl. *Hermanns*, ZGR 1996, 103, 110; vgl. umfassend zur Entwicklung der Kernbereichslehre *Röttger*, Die Kernbereichslehre im Recht der Personenhandelsgesellschaften, passim.

247 BGH NJW 1985, 972, 974.

248 Teilweise werden als dritter Teil des Kernbereichs noch die sog. stimmrechtsfesten Mitgliedschaftsrechte genannt. Bei diesen muss dem Gesellschafter lediglich das Stimmrecht in der Gesellschafterversammlung zwingend zustehen, d. h. es darf nicht, auch nicht mit Zustimmung des betroffenen Gesellschafters, ausgeschlossen werden. Vgl. dazu ausführlich z. B. *Heinrichs*, Mehrheitsbeschlüsse bei Personengesellschaften, S. 173 ff.

249 *Wiedemann*, GesR II, S. 220.

konkreten Gesellschaft[250], allgemein werden aber jedenfalls das Stimmrecht und die Vermögensrechte dazu gezählt, wobei letzteres im Detail nicht unumstritten ist.[251] Eindeutig, wie sich auch schon aus § 707 BGB ergibt, bedarf die Beitragserhöhung der Zustimmung eines jeden Gesellschafters, selbiges gilt auch für die Änderung des Gewinnverteilungsschlüsssels und der Liquidationsfolgen.[252] Teilweise werden auch Geschäftsführungs- und Vertretungsbefugnisse zum Kernbereich gezählt[253], ebenso gegebenenfalls der Bestand und die Zusammensetzung der Gesellschaft.[254]

c) Unverzichtbare Rechte

Zum Kreis der absoluten, unverzichtbaren Rechte gehören solche, die nicht nur mehrheitsfest sind, sondern dem Gesellschafter selbst bei Zustimmung seinerseits nicht entzogen werden dürfen, da anderenfalls die Mitgliedschaft inhaltsleer und bedeutungslos werden würde. Hierzu gehören nach allgemeiner Meinung das Mindestinformationsrecht nach § 118 Abs. 2 HGB bzw. für den Kommanditisten die Kontrollrechte des § 166 Abs. 1 HGB[255], die actio pro socio und das Lösungsrecht aus wichtigem Grund nach § 133 HGB. Auch ein Mindestmaß an Teilhaberechten bei der Willensbildung, jedenfalls das Recht auf Teilnahme an der Gesellschafterversammlung, und die grundsätzliche Wahrung der Treuepflicht und des Gleichbehandlungsgrundsatzes sind als unverzichtbare Rechte anerkannt.[256]

d) Antizipierte Zustimmung zum Kernbereichseingriff

Da der Eingriff in unentziehbare Rechte der Zustimmung des betroffenen Gesellschafters bedarf, scheint eine Mehrheitsentscheidung gegen den Willen des

---

250 Vgl. Staub/*Schäfer*, § 119 Rn. 40; MüKoHGB/*Enzinger*, § 119 Rn. 64; BGH NJW 1995, 194, 195.

251 Siehe dazu unten Erster Teil § 3D.I.3.a).

252 Vgl. Staub/*Schäfer*, § 119 Rn. 40.

253 Baumbach/Hopt/*Roth*, § 119 Rn. 36.

254 Staub/*Schäfer*, § 119 Rn. 41, jedenfalls wenn die Gesellschaft entsprechend dem gesetzlichen Leitbild als personenbezogene Arbeits- und Haftungsgemeinschaft ausgestaltet ist. Anders BayObLG, DB 2005, 43 ff.

255 BGH NJW 1995, 194.

256 Vgl. Staub/*Schäfer*, § 119 Rn. 40, 41; *Goette*, FS Sigle, S. 145, 154; *Röttger*, Kernbereichslehre, S. 190 ff. Auf die Wahrung der Treuepflicht und des Gleichbehandlungsgrundsatzes kann in Bezug auf konkrete Einzelmaßnahmen verzichtet werden, vgl. Staub/*Schäfer*, § 119 Rn. 39.

dissentierenden Gesellschafters von vorneherein nicht möglich zu sein.[257] Es ist inzwischen jedoch anerkannt, dass die Zustimmung bereits antizipiert im Gesellschaftsvertrag, z.B. im Rahmen einer Mehrheitsklausel, abgegeben werden kann.[258] Aus der Möglichkeit der antizipierten Zustimmung folgen Bestimmtheitserfordernisse für Mehrheitsklauseln, die nunmehr die Anforderungen des früheren Bestimmtheitsgrundsatzes überlagern: Da Generaleinwilligungen den Schutzzweck der Kernbereichslehre unterlaufen würden, muss die entsprechende Mehrheitsklausel ausreichend präzise und bestimmt formuliert sein. Damit der Gesellschafter im Vorhinein seine Zustimmung wirksam abgeben kann, müssen Art und Ausmaß des Eingriffs im Gesellschaftsvertrag festgelegt sein.[259] Ist die Klausel in dieser Hinsicht wirksam, so ist das Veto des im Einzelfall dissentierenden Gesellschafters, der von der Mehrheit überstimmt wird, unbeachtlich.[260]

Nach anderer Ansicht ist die antizipierte Erklärung der Zustimmung im Gesellschaftsvertrag nicht möglich, da es sich bei der Kernbereichslehre um eine zwingende Grenze handele, die jedweder privatautonomen Regelungsbefugnis entzogen sei.[261] Die Zustimmung stelle eine empfangsbedürftige Willenserklärung dar, die nicht „auf Vorrat" abgegeben werden könne.[262] Erkenne man die Möglichkeit einer antizipierten Zustimmung an, so stelle dies eine Zweckentfremdung des Kernbereichsbegriffs dar.[263]

Daran ist zutreffend, dass weder eine generelle Unterwerfung der Gesellschafter unter den Mehrheitswillen in Bezug auf kernbereichsrelevante Rechte noch eine nicht weiter präzisierte Aufzählung von zulässigen Kernbereichseingriffen ausreichend für die Annahme einer antizipierten Zustimmung sein kann. Warum es für die Gesellschafter aber nicht möglich sein soll, sich bei Aushandlung des Vertrages z.B. darauf zu einigen, dass Beitragserhöhungen oder Gewinnthesaurierungen

---

257 Vgl. *Immenga*, ZGR 1974, 385, 425.

258 Zunächst *K. Schmidt*, GesR, § 16 III 3 b, S. 354 ff. (1. Auflage 1986); MüKoBGB/*Ulmer*, § 709 Rn. 58, 77 (2. Auflage 1984); heute wohl herrschende Meinung, vgl. Baumbach/Hopt/*Roth*, § 119 Rn. 36; Staub/*Schäfer*, § 119 Rn. 44; *Löffler*, NJW 1989, 2656, 2661; *Hermanns*, ZGR 1996, 103, 113; *Grunewald*, FS Großfeld, S. 319, 332; *Röttger*, Kernbereichslehre, S. 148; BGH NJW 1995, 194, 195; a.A. MüKoHGB/*Enzinger*, § 119 Rn. 66; *Göbel*, Mehrheitsentscheidungen, S. 184.

259 Vgl. Staub/*Schäfer*, § 119 Rn. 44; *Schäfer*, ZGR 2013, 237, 253 f.; *Ulmer*, FS Lutter, S. 935, 944; *Wertenbruch*, ZIP 2007, 798, 801; BGHZ 170, 283, 288; deutlich insbesondere für die Beitragserhöhung BGH NJW-RR 2009, 753, 754.

260 Vgl. *Röttger*, Kernbereichslehre, S. 148.

261 MüKoHGB/*Enzinger*, § 119 Rn. 66; *Göbel*, Mehrheitsentscheidungen, S. 185.

262 MüKoHGB/*Enzinger*, § 119 Rn. 66.

263 *Göbel*, Mehrheitsentscheidungen, S. 184.

unter bestimmten Voraussetzungen und in bestimmten Grenzen mehrheitlich beschlossen werden können, ist nicht ersichtlich. Die Ablehnung der Möglichkeit einer antizipierten Zustimmung läuft letztlich darauf hinaus, dass Beschlüsse mit Kernbereichsrelevanz in der Personengesellschaft nicht mehrheitlich gefasst werden können. Das widerspricht nicht nur dem mutmaßlichen Willen des Gesetzgebers, der eindeutig von einer grundsätzlichen Zulässigkeit von Mehrheitsbeschlüssen ausging, sondern steht auch in einem starken Gegensatz zum Recht der GmbH und der Aktiengesellschaft. Für § 53 Abs. 3 GmbHG und § 180 Abs. 1 AktG ist allgemein anerkannt, dass die nach diesen Vorschriften notwendige Zustimmung auch im Voraus erteilt werden kann.[264] Warum der Individualschutz bei Personenhandelsgesellschaften weiter reichen sein sollte, ist nicht ersichtlich.

e) Folgen der mangelnden Zustimmung

Fehlt es an einer wirksamen Zustimmung zum Eingriff in das kernbereichsrelevante Recht – sei es nun, dass der betroffene Gesellschafter zu einem bestimmten Beschluss seine Zustimmung nicht gibt, sei es, dass die antizipierte Zustimmung im Rahmen der Mehrheitsklausel nicht wirksam ist –, so ist der Gesellschafterbeschluss zunächst nicht unwirksam, sondern einzig gegenüber dem dissentierenden Gesellschafter nicht gültig. Durch Auslegung muss geklärt werden, ob dies auch zur Folge hat, dass der Beschluss insgesamt unwirksam ist.[265] Letzteres ist dann der Fall, wenn die Gesellschafter davon ausgegangen sind, dass der Beschluss nur dann wirksam zustande kommen soll, wenn er gegenüber sämtlichen Gesellschaftern gültig ist. So wird es in der Regel bei Beschlüssen über die Bilanzfeststellung (sollte man in diesem Fall überhaupt von Kernbereichsrelevanz ausgehen) und über die Gewinnverwendung sein. Von dieser Frage hängt auch der Rechtsschutz ab. Ist der Beschluss nur gegenüber dem dissentierenden Gesellschafter unwirksam, so kann auch nur dieser gegen ihn vorgehen, ist er insgesamt unwirksam, so können sich sämtliche Gesellschafter dagegen wehren.[266]

4. *Verhältnis von Bestimmtheitsgrundsatz und Kernbereichslehre*

Ungeklärt und umstritten war lange Zeit auch das Verhältnis von Bestimmtheitsgrundsatz und Kernbereichslehre. Nach dem Abschied vom Bestimmtheitsgrundsatz stellt sich die Antwort recht unproblematisch dar. Unterschieden

---

264 Vgl. *Löffler*, NJW 1989, 2656, 2661.

265 Vgl. *K. Schmidt*, ZGR 2008, 1, 23; BGH ZIP 2007, 1368, 1369 f.; BGH GmbHR 2013, 194, 196.

266 Vgl. *K. Schmidt*, ZGR 2008, 1, 23, 24.

werden muss zwischen der (formalen) Begründung von Mehrheitskompetenz und dem Individualschutz von Minderheitsgesellschaftern. Ersteres ist die Aufgabe des „neuen Bestimmtheitsgrundsatzes" (der auf allgemeine Auslegungskriterien reduzierte Bestimmtheitsgrundsatz), letzterem sollen Kernbereichslehre, Treuepflicht und Gleichbehandlungsgrundsatz dienen. Eine Ermächtigung der Mehrheit zur Beschlussfassung durch eine wirksame vertragliche Mehrheitsklausel rechtfertigt noch nicht den Eingriff in unentziehbare Rechte des Gesellschafters. Ein solcher kann aber nach den Vorgaben der Kernbereichslehre zulässig sein, wenn der betroffene Gesellschafter in den Eingriff einwilligt. Diese Zustimmung kann bereits im Voraus im Rahmen der gesellschaftsvertraglichen Mehrheitsklausel gegeben werden. Die Frage nach der Zustimmung zum Kernbereichseingriff ist zu trennen von der Frage, ob ein Mehrheitsbeschluss möglich ist.[267] Es erscheint immerhin theoretisch möglich, dass ein Gesellschafter gegen einen in seinen Kernbereich eingreifenden Beschluss stimmt, sich aber dennoch dem anders lautenden Mehrheitswillen beugt und dem Eingriff letztlich seine Zustimmung gibt. Der Unterschied zwischen der formellen Legitimation der Mehrheit und der Frage nach dem Eingriff in kernbereichsrelevante Rechte ist auch an den Rechtsfolgen erkennbar. Ist die Mehrheit gar nicht berufen, den Beschluss zu fassen, ist dieser von vorneherein nichtig, fehlt es an der Zustimmung zum Eingriff in den Kernbereich, so ist der Beschluss zunächst nur gegenüber dem dissentierenden Gesellschafter unwirksam.[268] Auch der BGH macht in seiner Zwei-Stufen-Prüfung genau diese Unterscheidung:

„Ohnehin reicht die Eindeutigkeit einer vertraglichen Regelung [...] nicht in allen Fällen aus, um eine Mehrheitsentscheidung zu legitimieren. Diese unterliegt vielmehr auf einer zweiten Stufe einer inhaltlichen Wirksamkeitsprüfung, wie sie auch von der sog. „Kernbereichslehre" mit z.T. unterschiedlichen Akzenten gefordert wird. Zu prüfen ist hier, ob trotz Zulassung der betreffenden Mehrheitsentscheidung im Gesellschaftsvertrag ein unzulässiger Eingriff in schlechthin unverzichtbare oder in „relativ unentziehbare", d.h. nur mit (ggf. antizipierter) Zustimmung des einzelnen Gesellschafters oder aus wichtigem Grund entziehbare Mitgliedschaftsrechte vorliegt."[269]

---

267 Vgl, MüKoBGB /*Schäfer*, § 707 Rn. 7; Staub/*Schäfer*, § 119 Rn. 38, 44. Anders *Giedinghagen/Fahl*, DStR 2007, 1965, 1986, die der Ansicht sind, die Kernbereichslehre fuße dogmatisch auf der antizipierten Einwilligung der Gesellschafter, vom Einstimmigkeitsprinzip abzuweichen.

268 Vgl. Staub/*Schäfer*, § 119 Rn. 44; BGH ZIP 2007, 766; BGH ZIP 2007, 1368.

269 BGHZ 170, 283, 288.

5. *Inhalts- oder Ausübungskontrolle anhand der Treuepflicht*

a) Inhalt der Treuepflicht

Die Treuepflicht der Gesellschafter ist im Personengesellschaftsrecht ein fundamentaler Rechtssatz.[270] Als mittlerweile eigenes Rechtsinstitut[271] verpflichtet sie den Gesellschafter zum einen zur Rücksichtnahme gegenüber der Gesellschaft und zum anderen zur Rücksichtnahme gegenüber den anderen Gesellschaftern. Bezüglich der Treuepflicht gegenüber der Gesellschaft ist zwischen sog. „uneigennützigen" und „eigennützigen" Mitgliedschaftsrechten zu unterscheiden.[272] Während bei ersteren eine aktive Förderungspflicht besteht, die auch den Vorrang des Gesellschaftsinteresses beinhaltet, hat die Treuepflicht bei letzteren nur eine Schrankenfunktion.[273] Ein strikter Vorrang des Gesellschaftsinteresses gegenüber dem Individualinteresse des einzelnen Gesellschafters besteht hier nicht. Die eigennützigen Rechte dürfen demnach auch im Widerstreit zu den Gesellschaftsinteressen ausgeübt werden, sofern die Geltendmachung nicht willkürlich oder unverhältnismäßig ist. Die Treuepflicht gegenüber den Gesellschaftern hat eigenständige Bedeutung nur insoweit, als dass nicht gleichzeitig die Interessen der Gesellschaftergesamtheit berührt sind. Sie begründet eine Pflicht zur Rücksichtnahme auf die Belange der Mitgesellschafter bei der Verfolgung eigener Interessen.[274] Der Umfang und die Einzelausprägungen der Treuepflicht

---

270 Vgl. dazu grundlegend *A. Hueck*, FS Hübner, S. 72 ff.; *Hüffer*, FS Steindorff, S. 59 ff.

271 Obwohl ohne Ausnahme anerkannt, ist die Herleitung der Treuepflicht umstritten. Nach einer Ansicht handelt es sich dabei um eine spezielle gesellschaftsrechtliche Ausprägung oder Konkretisierung des in § 242 BGB festgelegten Grundsatzes von Treu und Glauben, nach anderer Ansicht um eine aus der allgemeinen Zweckförderungspflicht abgeleitete vertraglich geschuldete Hauptpflicht. Aus der Verpflichtung auf den gemeinsamen Zweck folge, dass der einzelne Gesellschafter nicht missbräuchlich seine eigenen Interessen verfolgen dürfe, sondern die Ausübung seines Stimmrechts am Gesellschaftszweck orientieren müsse. Wieder andere gehen davon aus, dass es sich bei der Treuepflicht um ein Rechtsinstitut sui generis handelt. Da sich aus den verschiedenen Ansichten keinerlei Auswirkungen auf die praktische Anwendung ergeben, kann offen bleiben, woraus die Treuepflicht abgeleitet wird. Tatsächlich handelt es sich dabei heute um Gewohnheitsrecht, entstanden aus richterlicher Rechtsfortbildung,vgl. Staub/*Schäfer*, § 105 Rn. 228.

272 Vgl. *Flume*, Die Personengesellschaft, S. 258; MüKoHGB/*K. Schmidt*, § 105, Rn. 191; Staub/*Schäfer*, §109 Rn. 230.

273 Vgl. Staub/*Schäfer*, § 105 Rn. 228.

274 Vgl. *Zöllner*, Schranken, S. 349 ff.

hängen von der Realstruktur der Gesellschaft und den Umständen des Einzelfalls ab.[275]

b) Bedeutung für Mehrheitsbeschlüsse

Bezugspunkt der Treuepflicht ist nicht der Gesellschafterbeschluss, sondern das Abstimmungsverhalten des einzelnen Gesellschafters. Bei der Abstimmung in allen gesellschaftlichen Entscheidungen handeln die Gesellschafter nicht nur in eigener Sache, sondern zugleich mit Wirkung für die anderen Gesellschaftern und die Gesellschaft.[276] Der einzelne Gesellschafter ist daher – wenn auch in engen Grenzen[277] – verpflichtet, die Interessen der Gesellschaft und der anderen Gesellschafter angemessen zu berücksichtigen. Insbesondere darf die Mehrheit nicht die Belange der Minderheit übergehen.[278] Die Treuepflicht dient jedoch nicht ausschließlich dem Minderheitenschutz. Im Gegenteil kann sie bei Geltung des Einstimmigkeitsprinzips gegebenenfalls den dissentierenden Minderheitsgesellschafter zu einer anderen Stimmabgabe zwingen.[279]

Verstößt die Gesellschaftermehrheit bei der Stimmabgabe gegen die gesellschaftsrechtliche Treuepflicht, so ist die Abstimmung nichtig, was dazu führt, dass die erforderliche Mehrheit nicht gegeben und der Beschluss nicht wirksam zustande gekommen ist. Hier obliegt es jedoch laut BGH dem dissentierenden Gesellschafter, den Nachweis einer Treuepflichtverletzung zu erbringen.[280]

6. *Der Verhältnismäßigkeitsgrundsatz*

Über die bisher dargestellten Schranken hinaus will ein Teil der Literatur für die Rechtsstellung der Gesellschafter bei beeinträchtigenden Mehrheitsbeschlüssen die aus dem Kapitalgesellschaftsrecht stammende Lehre vom Erfordernis der sachlichen Rechtfertigung des Mehrheitsbeschlusses[281] auf das Personengesellschaftsrecht übertragen. Danach erfolgt die Überprüfung des Beschlusses in drei Stufen: Die mehrheitlich beschlossene Vertragsänderung muss im Interesse der Gesellschafter liegen, ein Eingriff in die Rechte der Gesellschafterminderheit

275 Vgl. Staub/*Schäfer*, § 105 Rn. 232.
276 Vgl. *Flume*, Die Personengesellschaft, S. 257.
277 Insbesondere bei den sog. eigennützigen Rechten, vgl. Staub/*Schäfer*, § 105 Rn. 230.
278 BGHZ 170, 283, 287; 179, 13, 21.
279 Vgl. MüKoHGB/*K. Schmidt*, § 105 Rn. 188; MüKoBGB/*Ulmer/Schäfer*, § 705 Rn. 231 f.; BGHZ 183, 1, 8.
280 BGHZ 170, 283, 288.
281 BGHZ 71, 40 ff.; 83, 319 ff.; mittlerweile auch für Strukturänderungen bei der GmbH übernommen, siehe BGHZ 80, 69, 73 ff.

muss erforderlich sein und die für die Gesellschaft angestrebten Vorteile müssen in einem angemessenen Verhältnis zu den Eingriffen in die Rechte der Minderheit stehen, also verhältnismäßig sein.[282]

§ 2 Mehrheitliche Jahresabschlussfeststellung

A. Entwicklung in Rechtsprechung und Lehre

I. Entwicklung bis zur Otto-Entscheidung

Die Feststellung des Jahresabschlusses bei der KG ist eine Thematik, die im Laufe der letzten 60 Jahre viel diskutiert wurde. Mit der Entscheidung BGHZ 170, 283 scheint die Entwicklung nun vorerst zu einem Ende gekommen zu sein. Lange Zeit entsprach es der herrschenden Meinung, dass die Jahresabschlussfeststellung in den alleinigen Kompetenzbereich der Komplementäre falle.[283] Dies wurde in erster Linie mit der Vorschrift des § 41 HGB a.F., dem heutigen § 245 S. 2 HGB, begründet: Da die Unterzeichnung des Jahresabschlusses nur den geschäftsführenden Gesellschaftern obliege, seien die Kommanditisten vom gesamten Vorgang der Jahresabschlussaufstellung und -feststellung ausgeschlossen. Zusätzlich wurde diese Ansicht auf das nach § 166 Abs. 1 HGB bestehende Kontrollrecht der Kommanditisten in Bezug auf den Jahresabschluss gestützt. Erst in den 1950er Jahren entwickelte sich eine Gegenansicht, deren Vertreter darauf hinwiesen, dass § 41 HGB a.F. allein die öffentlich-rechtliche Pflicht zur Unterzeichnung des Jahresabschlusses regele, jedoch keine Aussage über die gesellschaftsrechtliche Kompetenzverteilung treffe. Zudem setze das Kontrollrecht der Kommanditisten deren Mitwirkung bei der Feststellung vielmehr voraus, als dass es sie ausschließe.[284] Diese Ansicht setzte sich letztendlich durch, so dass mittlerweile unbestritten ist, dass sämtliche Gesellschafter, insbesondere auch die Kommanditisten, an dem Feststellungsbeschluss zu beteiligen sind.[285]

Nachdem das Mitwirkungsrecht aller Gesellschafter anerkannt war, blieb lange Zeit ungeklärt und umstritten, unter welchen Voraussetzungen mehrheitlich

---

282 Vgl. Staub/*Schäfer*, § 119 Rn. 52; ablehnend wohl BGHZ 170, 283, 288.

283 Vgl. *Huber*, Vermögensanteil, Kapitalanteil und Gesellschaftsanteil, S. 341 f. und *Ulmer*, FS Hefermehl, S. 207 m.w.N. in Fn. 2; anders aber für die nicht geschäftsführenden Gesellschafter der OHG, vgl. *Buchwald*, JR 1948, 65, 66.

284 *Ulmer* (im Anschluss an einen Aufsatz von *Buchwald*, JR 1948, 65 ff.), FS Hefermehl, S. 207, 212 ff.

285 Vgl. die Nachweise in Fn. 28.

über den Jahresabschluss entschieden werden konnte. Nach der überwiegenden Ansicht war für den Feststellungsbeschluss Einstimmigkeit notwendig, wenn nicht der Gesellschaftsvertrag eine ausreichend bestimmte Mehrheitsklausel beinhaltete.[286] Zur Begründung wurde ausgeführt, dass es sich um ein Grundlagengeschäft handele, welches nach den Regeln des Bestimmtheitsgrundsatzes von einer allgemeinen Mehrheitsklausel nicht erfasst sei.[287] In dem Portland-Zementwerk-Urteil des BGH aus dem Jahr 1996 zugrundeliegenden Fall enthielt der Gesellschaftsvertrag eine Mehrheitsklausel, nach der die Beschlüsse der Gesellschafterversammlung mit einfacher Mehrheit gefasst werden sollten. Ausgenommen waren fünf Beschlussgegenstände, für die Einstimmigkeit erforderlich war, die Bilanzfeststellung befand sich nicht darunter. Dennoch kam der BGH zu dem Schluss, die Bilanzfeststellung sei von der Mehrheitsklausel nicht erfasst, da es zum einen nach dem Bestimmtheitsgrundsatz der Angabe des Beschlussgegenstandes bedurft hätte, zum anderen die Mehrheitsklausel aufgrund der Kernbereichsrelevanz der Bilanzfeststellung Ausmaß und Umfang des zulässigen Eingriffs hätte erkennen lassen müssen.[288]

II. Die Otto-Entscheidung

Der Gesellschaftsvertrag der Otto-GmbH & Co. KG beinhaltete eine ähnlich konzipierte Mehrheitsklausel[289], hier entschied der BGH jedoch anders: Um ein Grundlagengeschäft handele es sich bei der Feststellung des Jahresabschlusses nur insoweit, als dass es sich nicht um eine bloße Geschäftsführungsmaßnahme handele und somit nicht in die alleinige Zuständigkeit der Geschäftsführer falle. Der Beschluss berühre jedoch nicht die Grundlagen der Gesellschaft, sondern sei vielmehr eine den Gesellschaftern obliegende Angelegenheit der laufenden Verwaltung. Der Begriff des Grundlagengeschäfts diene insofern lediglich der Abgrenzung. Eine Eingrenzung der Mehrheitsklausel nach Art und Umfang im Sinne der Kernbereichslehre sei darüber hinaus nicht zu fordern, da weder der Jahresabschluss noch seine Feststellung an sich zwingend einen Eingriff in

---

286 Vgl. E/B/J/S/*Ehricke* (1. Auflage), § 120 Rn. 39; BGHZ 132, 263, 268.

287 Vgl. Staub/*Ulmer* (4. Auflage), § 120 Rn. 18; BGHZ 132, 263, 268.

288 Vgl. BGHZ 132, 263, 268.

289 Die Mehrheitsklausel sah vor, dass sämtliche Beschlüsse der Gesellschaft mit einfacher Mehrheit nach Kapitalanteilen getroffen werden sollten. In einem weiteren Absatz nannte der Gesellschaftsvertrag einige Beschlussgegenstände, für die ein qualifiziertes Quorum notwendig sein sollte. Die Feststellung des Jahresabschlusses befand sich nicht darunter. Unter Berufung auf BGHZ 132, 163 wandte sich die Klägerin letztlich erfolglos gegen die mehrheitlich gefasste Jahresabschlussfeststellung.

den Gewinnanspruch der Gesellschafter beinhalteten, vielmehr seien sie grundsätzlich neutrale Voraussetzung für dessen Berechnung.[290] Infolgedessen, so der 2. Leitsatz, sei die Jahresabschlussfeststellung regelmäßig von einer allgemeinen Mehrheitsklausel im Gesellschaftsvertrag gedeckt.[291]

B. Schlussfolgerungen aus der Rechtsprechung des BGH

I. Auslegung nach „normalen" Grundsätzen ohne Vorgaben des Bestimmtheitsgrundsatzes

Wie oben dargestellt, ist der Bestimmtheitsgrundsatz mittlerweile auf die allgemeinen Auslegungskriterien reduziert worden. Dies beherzigt der BGH bereits in der Otto-Entscheidung, wie sich deutlich im Vergleich zum Portland-Zementwerk-Urteil erkennen lässt. Die sich in der Struktur ähnelnden Mehrheitsklauseln legt er im Portland-Zementwerk-Urteil noch restriktiv auch, während er in der Otto-Entscheidung den allgemeinen Auslegungsgrundsätzen folgte.[292] Dennoch ist zu bedenken, dass der 2. Leitsatz der Entscheidung Ergebnis dieser Auslegung ist und dass der zugrunde liegende Gesellschaftsvertrag zahlreiche Regelungen enthielt, die dieses Ergebnis stützen. So wurde im Gesellschaftsvertrag der Otto-KG noch nicht einmal für Änderungen des Gesellschaftsvertrages oder für außergewöhnliche Geschäfte einstimmige Beschlüsse gefordert, auch hier sollten (qualifizierte) Mehrheitsentscheidungen genügen. Insbesondere sah der Vertrag aber auch für die Abänderung der mit der Jahresabschlussfeststellung im Zusammenhang stehenden Thesaurierungsklausel eine Mehrheitsentscheidung vor. Es wäre vor diesem Hintergrund geradezu widersinnig, wenn über die Bilanzfeststellung einstimmig hätte entschieden werden müssen.[293]

Des Weiteren kommt zum Tragen, dass das Gericht den Feststellungsbeschluss nunmehr anders qualifiziert. Der BGH geht davon aus, dass er kein Grundlagengeschäft im engeren Sinne ist, auch wenn er teilweise nach wie vor

---

290 Vgl. BGHZ 170, 283, 289.

291 BGHZ 170, 283 (2. Leitsatz); bestätigt durch BGH, Beschluss v. 07.07.2008 – II ZR 151/07, DStR 2009, 1544.

292 Siehe BGHZ 170, 283, 286: „Sie [die Bilanzfeststellung] fällt daher nach allgemeinen Auslegungsgrundsätzen unter die einfache Mehrheitsklausel...".

293 Vgl. BGHZ 170, 283, 288, 289 und mit weiteren Belegen, die das Auslegungsergebnis stützen, das Urteil des Berufungsgerichts OLG Hamburg, Urt. v. 9.8.2005 – 11 U 203/04, ZIP 2006, 895, 897.

so bezeichnet wird.[294] Das gesellschaftsrechtliche Grundlagengeschäft ist im Gesetz nicht erwähnt und wird meist in Abgrenzung zu den Angelegenheiten der Geschäftsführung definiert. In § 116 HGB wird hinsichtlich des Umfangs der Geschäftsführungsbefugnis zwischen Handlungen, die der gewöhnliche Betrieb eines Handelsgewerbes mit sich bringt, und solchen, die darüber hinausgehen, – kurz zwischen gewöhnlich und ungewöhnlichen Maßnahmen – unterschieden. Bei ersteren entscheiden allein die geschäftsführenden Gesellschafter, während bei letzteren auch die übrigen Gesellschafter zur Mitentscheidung berufen sind. Trotz dieser Unterscheidung handelt es sich aber um Angelegenheiten der Geschäftsführung, die vom Gesellschaftszweck gedeckt sind.[295] Davon abzugrenzen sind die Grundlagengeschäfte; dies sind Maßnahmen jenseits der Geschäftsführung, die das Rechtsverhältnis der Gesellschafter untereinander betreffen, insbesondere die Organisation und die Zusammensetzung der Gesellschaft.[296]

Unstrittig als Grundlagengeschäfte werden qualifiziert: Änderungen des Gesellschaftsvertrags wie Umwandlung und Auflösung der Gesellschaft, Beitragserhöhungen, Aufnahme neuer Gesellschafter, Entziehung der Geschäftsführungs- und Vertretungsbefugnis und Ausschließung eines Gesellschafters. Die Feststellung des Jahresabschlusses unterscheidet sich von diesen Maßnahmen auf verschiedenen Ebenen. Sie ist zum einen eine jährlich wiederkehrende Maßnahme, die gesetzlich vorgeschrieben ist, und sie berührt des Weiteren an sich weder die Grundlagen der Gesellschaft noch greift sie in etwaige Rechte der Gesellschafter ein.[297] Eine Einordnung als Grundlagengeschäft ist daher irreführend, soweit daraus andere Schlussfolgerungen gezogen werden als die, dass es sich dabei um eine Maßnahme handelt, die nicht in die Kompetenz der geschäftsführenden Gesellschafter, sondern in die der Gesellschaftergesamtheit fällt.[298] Diese Einschätzung wird bei den meisten Gesellschaftsverträgen den Schluss zulassen, dass Gesellschafter, die das Mehrheitsprinzip zulassen, auch für diesen Beschlussgegenstand, der zum üblichen Geschäft der Verwaltung zählt, die Mehrheit formell legitimieren wollen. Dies gilt insbesondere, wenn die Mehrheitsklausel für einzelne, gewichtigere

---

294 Siehe z.B. E/B/J/S/*Ehricke*, § 120 Rn. 33, 39; *Goette*, FS Sigle, S. 145, 148; zweifelnd *Priester*, DStR 2007, 28; *Wertenbruch*, ZIP 2007, 798.

295 *Priester*, DStR 2007, 28, 29; *Priester*, DStR 2008, 1386, 1390.

296 Vgl. E/B/J/S/*Mayen*, § 114, Rn. 6; Baumbach/Hopt/*Roth*, § 116, Rn. 3; BGHZ 76, 164.

297 Vgl. *Paefgen*, FS Schneider, S. 929, 933.

298 BGHZ 170, 283, 289; zustimmend MünchHdbGesR/*Sangen-Emden*, § 62 Rn. 77. Es wäre daher sinnvoll, dem Vorschlag *Priesters* zu folgen und von „Organisationsgeschäften" zu sprechen, vgl. *Priester*, DStR 2007, 28, 29; *Priester*, DStR 2008, 1386, 1390.

Beschlussgegenstände eine qualifizierte Mehrheit oder Einstimmigkeit voraussetzt.[299] Der BGH erkannte außerdem eine Vertragsregelung, die vorsah, dass sämtliche Beschlüsse mit einfacher Mehrheit gefasst werden, wenn nicht das Gesetz oder der Vertrag etwas anderes bestimmen, als Grundlage für die mehrheitliche Feststellung einer Liquidationseröffnungsbilanz an.[300]

Grundsätzlich bleibt es aber dabei, dass nicht mit derselben Sicherheit wie bei Geltung eines gesetzlichen Mehrheitsprinzips davon ausgegangen werden kann, dass die Rechtsprechung eine allgemeine Mehrheitsklausel für den Feststellungsbeschluss ausreichen lässt. Dies ist vielmehr stets im Zusammenhang mit dem Gesamtvertrag durch Auslegung zu ermitteln.

II. Keine weiteren Erfordernisse nach der Kernbereichslehre

Aufgrund des gegebenenfalls gewinnverwendenden Charakters der Bilanzwahlrechte wurde bezüglich der Jahresabschlussfeststellung teilweise vertreten, dass sie Kernbereichsrelevanz besitze.[301] Folglich müsse ein Mehrheitsklausel den Bestimmtheitsgrundsätzen der Kernbereichslehre genügen und Ausmaß und Umfang des zulässigen Eingriffs erkennen lassen.[302] Diesbezüglich hat der BGH seine Rechtsprechung – im Gegensatz zum Bestimmtheitsgrundsatz – ausdrücklich aufgegeben.[303] Die Jahresabschlussfeststellung enthalte nicht per se einen Eingriff in den Gewinnanspruch, sondern sei eine im Grundsatz interessenneutrale Voraussetzung für dessen Berechnung.[304] Da zudem seit der Reform des Bilanzrechts die Bildung von stillen Ermessensrücklagen nicht mehr möglich ist, ist durch die Bilanz kein gravierender Eingriff in Gesellschafterrechte zu befürchten. Soweit Ansatz- und Bewertungsmaßnahmen die Höhe des Gewinns beeinflussen, können sich diese sowohl zu Lasten als auch zu Gunsten der Gesellschafter auswirken. Faktisch können die geschäftsführenden Gesellschafter die Höhe des Gewinns daher nach wie vor durch geeignete Bilanzierungsmaßnahmen

---

299 Vgl. z.B. den Gestaltungsvorschlag von *Binz/Mayer*, DB 2007, 1739, 1740, 1741.

300 BGH v. 15.11.2011 – II ZR 272/09, ZIP 2012, 520 ff.

301 BGHZ 132, 263, 268; davor schon BGH v. 9.11.1998 – II ZR 213/97, DStR 1999, 246: Die Mitwirkung am Rechnungsabschluss berühre die Substanz der Mitgliedschaft; vgl. dazu auch oben Erster Teil § 1A.III.3.b) .

302 Vgl. BGHZ 132, 263, 268.

303 BGHZ 170, 283, 289; zustimmend *K. Schmidt*, ZGR 2008, 1, 22; *Priester*, DStR 2008, 1386, 1387, 1390; *Wertenbruch*, ZIP 2007, 798, 800; Staub/*Schäfer*, § 120 Rn. 36.

304 BGHZ 170, 283, 289.

beeinflussen.[305] Die Wahl der Ansätze und Bewertungen in der Bilanz muss sich jedoch immer nach der konkreten Sachlage richten, was eine vertragliche Festlegung des Umfangs des zulässigen Eingriffs hochproblematisch, wenn nicht faktisch unmöglich macht.[306] Die Problematik über die Bestimmtheitserfordernisse der Kernbereichslehre zu lösen, ist daher kein geeigneter Ansatz. Die Minderheit ist auch bei Geltung des Mehrheitsprinzips für die Bilanzfeststellung aufgrund einer einfachen Mehrheitsklausel nicht rechtlos, sondern kann den konkreten Beschluss mit dem Einwand der Treuepflichtverletzung angreifen.[307]

C. Fazit

Es kann somit festgehalten werden: Auch bei Personenhandelsgesellschaften ist, angelehnt an das Recht der Kapitalgesellschaften, zwischen Aufstellung und Feststellung des Jahresabschlusses zu trennen. Die geschäftsführenden Gesellschafter sind berechtigt und verpflichtet, einen Bilanzentwurf (und einen Entwurf der Gewinn- und Verlustrechnung) aufzustellen und diesen den Gesellschaftern zur Feststellung vorzulegen. Mit dem Feststellungsbeschluss wird der Jahresabschluss für verbindlich erklärt. Da damit nicht nur sämtliche Ansatz- und Bewertungswahlrechte abschließend festgelegt werden, sondern auch die Höhe des grundsätzlich ausschüttungsfähigen Gewinns, sind sämtliche Gesellschafter an der Jahresabschlussfeststellung zu beteiligen. Ist im Gesellschaftsvertrag nichts anderes vereinbart, kann der Beschluss gemäß § 119 Abs. 1 HGB nur einstimmig gefasst werden. Der Feststellungsbeschluss ist aber als Angelegenheit der laufenden Verwaltung einzustufen und wird daher regelmäßig von einer allgemeinen Mehrheitsklausel gedeckt. Der „neue" Bestimmtheitsgrundsatz verlangt keine ausdrückliche Nennung der Jahresabschlussfeststellung als Beschlussgegenstand in der Mehrheitsklausel. Auch die Kernbereichslehre fordert keine weitere Präzision derselben, da ein Eingriff in kernbereichsrelevante Rechte der Gesellschafter nicht ersichtlich ist. Soweit die Jahresabschlussfeststellung nach wie vor als „Grundlagengeschäft" bezeichnet wird, dient dies lediglich zur Abgrenzung zu Maßnahmen der gewöhnlichen Geschäftsführung. Zur Vermeidung von

305 Insoweit kritisch *Binz/Mayer*, DB 2007, 1739, 1741; vgl. zur ökonomischen Verwandtschaft von Gewinnfeststellung und Gewinnverwendung *Paefgen*, FS Schneider, S. 929, 931 f., der dem BGH trotzdem im Ergebnis Recht gibt, siehe S. 939.

306 BGHZ 170, 283, 289, 290; anders *Bormann/Hellberg*, DB 1997, 2415, die außerdem aus der gesellschaftsrechtlichen Treuepflicht eine Anspruch eines jeden Gesellschafters auf eine Bewertung nach einem in der Branche üblichen oder im Unternehmen längere Zeit angewandten Verfahren ableiten wollen.

307 Vgl. *Binz/Mayer*, DB 2007, 1739, 1741.

Unklarheiten sollte man diesbezüglich nach dem Vorschlag von *Priester*[308] besser von „Organisationsgeschäften" sprechen.

Diese Einschätzung gilt jedoch nur, solange und soweit mit der Jahresabschlussfeststellung keine Entscheidung über die Bildung offener Rücklagen einhergeht, wie es aber oft der Fall sein wird. Inwieweit über die Gewinnverwendung mehrheitlich entschieden werden kann, ist nach wie vor unklar. Der BGH hat in der Otto-Entscheidung ausdrücklich offen gelassen, ob eine allgemeine Mehrheitsklausel auch einen mehrheitlichen Thesaurierungsbeschluss zulassen würde.[309]

§ 3 Die Bildung offener Rücklagen in der unverbundenen Personenhandelsgesellschaft

A. Einleitung und Problemaufriss

I. Grundlagen der Finanzierung der Gesellschaft

Kapitalaufbringung, Kapitalerhaltung und Rücklagenbildung sind für Personengesellschaften gesetzlich nicht geregelt. Diese Begriffe entstammen dem Kapitalgesellschaftsrecht und sind dem Personengesellschaftsrecht grundsätzlich fremd. Eine gesetzliche Verpflichtung der Gesellschafter zur Kapitalaufbringung und -erhaltung – das heißt zur Ausstattung der Gesellschaft mit einem Mindestvermögen und dessen Bewahrung – gibt es nicht.[310] Im Personengesellschaftsrecht ist unter dem Begriff der „Kapitalerhaltung" die Erhaltung des gesellschaftsvertraglich vereinbarten, durch die Beiträge der Gesellschafter aufgebrachten Eigenkapitals der Gesellschaft zu verstehen. Das Eigenkapital erfüllt aber genauso wie bei anderen Handelsgesellschaften die Aufgabe der Verlustdeckungsmasse.[311] Eine Pflicht zur Kapitalerhaltung gegenüber Dritten gibt es nicht, grundsätzlich könnten die Gesellschafter das Kapital also wieder entnehmen. Für den Kommanditisten führt jedoch die Zurückzahlung seiner Einlage dazu, dass seine Haftung nach § 172 Abs. 4 HGB wieder auflebt. Außerdem sind einseitige Kapitalentnahmen ohne Einverständnis der Mitgesellschafter nicht gestattet.

308 *Priester*, DStR 2008, 1386, 1390.

309 Vgl. BGHZ 170, 283, 290.

310 Vgl. *Wiedemann*, GesR II, S. 363 f. Die Verpflichtung der Gesellschafter, die von ihnen versprochenen Beiträge zu leisten, muss also im Gesellschaftsvertrag begründet werden.

311 Vgl. *Wiedemann*, GesR II, S. 364.

Die Begründung dafür liegt jedoch nicht im Gläubigerschutz, sondern dient dem Schutz und dem Interesse der Mitgesellschafter. Die einmal geleisteten Einlagen sollen im Gesellschaftsvermögen verbleiben, damit der Gesellschaftszweck verwirklicht werden kann. Auf die Frage, in welchem Umfang Entnahmen nach § 122 HGB und § 169 HGB erlaubt sind, wurde bereits eingegangen.[312] Ebenso wenig wie eine Pflicht zur Kapitalerhaltung existiert eine Pflicht zur Rücklagenbildung. Kompensiert wird dies dadurch, dass die Gesellschafter persönlich mit ihrem gesamten (Privat-)Vermögen für die Verpflichtungen der Gesellschaft haften. Verbindliche gesetzliche Vorgaben werden daher für entbehrlich gehalten.[313] Aus diesem Grunde sind die Probleme der Unterkapitalisierung von Personenhandelsgesellschaften bisher nur wenig diskutiert worden,[314] obwohl eine ausreichende Finanzausstattung insbesondere bei einigen Typen der Handelsgesellschaften, wie z.B. der GmbH & Co. KG, bei der faktisch keine persönliche Haftung mehr besteht, unerlässlich ist. Doch auch bei der OHG und der klassischen Kommanditgesellschaft sollte die Finanzierung des Unternehmens nicht vernachlässigt werden.[315] Da es – anders als bei Kapitalgesellschaften[316] – keinen funktionierenden Markt für Anteile an Personengesellschaften gibt, bleiben den Gesellschaftern für die Innenfinanzierung[317] des Gesellschaftsunternehmens nur zwei Möglichkeiten: die Durchführung von Beitragserhöhungen oder die Einbehaltung von erwirtschafteten Gewinnen zwecks Bildung offener Rücklagen. Da eine Beitragserhöhung nur unter engen Voraussetzungen möglich ist, erscheint die Gewinnrücklagenbildung als die weniger komplizierte und in der Praxis üblichere Alternative.

II. Sinn und Zweck von Gewinnrücklagen

Gewinnthesaurierungen führen zu einer Bindung finanzieller Mittel im Betrieb und dienen in allen Unternehmen der Stärkung der Eigenkapitalquote und damit der Verbesserung und Stärkung der Finanzlage. Rücklagen sind notwendig, um

---

312 Siehe oben Erster Teil § 1B.III.2 sowie Erster Teil § 1B.III.3 .

313 Vgl. *Gummert* in Gummert: MünchAnwHandbuch Personengesellschaftsrecht, § 6 Rn. 1.

314 Dies kritisiert insbesondere *K. Schmidt*, GesR, § 18 II 4, S. 524.

315 Vgl. auch *H. Westermann*, FS v. Caemmerer, S. 657, der darauf hinweist, dass das Kapital bei Personengesellschaften zwar nicht die rechtliche Bedeutung wie bei Kapitalgesellschaften hat, das Eigenkapital wirtschaftlich jedoch kaum weniger bedeutungsvoll ist.

316 In diesem Zusammenhang ist vor allem die Aktiengesellschaft gemeint.

317 Vgl. *Haar*, Personengesellschaft im Konzern, S. 146.

das Unternehmen für die Zukunft lebens- und widerstandsfähig zu erhalten.[318] Ein ausreichendes finanzielles „Polster" ermöglicht es der Gesellschaft, flexibel auf Schwankungen der Wirtschaftslage zu reagieren und ggf. gewisse „Durststrecken" zu überwinden, da auch in Jahren, in denen wenig oder kein Gewinn erzielt wird, Mittel zur Verfügung stehen, um den Betrieb des Gesellschaftsunternehmens aufrecht zu erhalten und somit die Insolvenzgefahr zu verringern. Rücklagen sind außerdem notwendig, um Substanzverluste durch Auszahlung von Scheingewinnen in Folge der Geldentwertung zu verhindern.[319] Durch ausreichende Rücklagenbildung können aber nicht nur Bestand und Erwerbsfähigkeit des Unternehmens gesichert werden, das Kapital kann auch eine Intensivierung der Geschäftstätigkeit in Form von Expansionen, Modernisierungen o.ä. ermöglichen und damit die Gewinnaussichten der Gesellschafter in Zukunft sichern und gegebenenfalls verbessern. Für derartige Projekte stehen den Gesellschaftern selbstverständlich auch Fremdfinanzierungsmöglichkeiten offen. Die Eigenfinanzierung hat jedoch für die Gesellschaft im Vergleich zur Fremdfinanzierung verschiedene Vorteile: Zum einen vergrößert sich das haftende Kapital, was das Risiko der Gesellschafter, mit ihrem Privatvermögen eintreten zu müssen, vermindert. Ohne ausreichendes Eigenkapital der Gesellschaft sind die persönlich haftenden Gesellschafter einem hohen Risiko ausgesetzt, für Verpflichtungen der Gesellschaft persönlich in Anspruch genommen zu werden, ohne die Möglichkeit eines Rückgriffes auf das Vermögen der Gesellschaft.[320] Dem Kapital stehen entsprechende Vermögenswerte als Aktiva gegenüber, was es für das Unternehmen erleichtert, Fremdkapital aufzunehmen, denn auch die Kreditwürdigkeit einer Gesellschaft bzw. des Gesellschaftsunternehmens basiert heutzutage vor allem auf der Höhe des Eigenkapitals und nicht so sehr auf der persönlichen Haftung der Gesellschafter. Die Belastung mit Zinsen ist bei der Rücklagenbildung geringer, da die Rücklagen in der Regel nicht oder nur gering verzinst sind.[321] Außerdem wird das Kapital unbefristet überlassen, was zu größerer Sicherheit führt.[322]

318 So eine Formulierung des BGH in BGHZ 132, 263, 276.

319 Vgl. *Priester*, FS Quack, S. 373, 389 f.

320 MüKoHGB/*Grunewald*, § 167 Rn. 5.

321 Vgl. *Huber*, GS Knobbe-Keuk, S. 203, 211, zur „Sinnlosigkeit" der Verzinsung von Rücklagen.

322 Vgl. *Struckmeier*, Mehrheitliche Kapitalerhöhungen, S. 31.

III. Gesetzliche Ausgangslage

Für die Aktiengesellschaft und die Kommanditgesellschaft auf Aktien schreibt das Gesetz vor, dass in einem bestimmten Rahmen Gewinne zum Zwecke der Rücklagenbildung einbehalten werden müssen, um das Eigenkapital zu stärken und so die Gläubiger der Gesellschaft zu schützen. Die gesetzlich vorgeschriebenen Rücklagen müssen vor einer etwaigen Gewinnausschüttung „aufgefüllt" werden und können nur unter engen Voraussetzungen (z.B. nach § 150 AktG) wieder aufgelöst werden. Zusätzlich bleibt es den Kapitalgesellschaften unbenommen, darüber hinaus freiwillig Gewinne zu thesaurieren.[323] Die auf diese Weise gebildeten Rücklagen können wieder aufgelöst werden und zur Disposition der Aktionäre gestellt werden.

Für Personengesellschaften und die GmbH besteht demgegenüber kein gesetzliches Gebot der Rücklagenbildung. Für die GmbH sieht das GmbHG einen jährlichen Gewinnverwendungsbeschluss vor, während das HGB davon ausgeht, dass grundsätzlich der gesamte Gewinn – innerhalb der Grenze des offenbaren Schadens – auf die Gesellschafter verteilt und ausgeschüttet wird. Aus den allgemeinen gesellschaftsrechtlichen Vorschriften ergibt sich, dass die Gesellschafter von OHG und KG frei Rücklagen bilden und auch wieder auflösen können, soweit sich die Gesellschafter darauf ad hoc einigen oder die Rücklagenbildung im Gesellschaftsvertrag vorgesehen ist.[324] Soweit nicht die Einbehaltung eines bestimmten Anteils des Gewinnes bereits im Gesellschaftsvertrag vorgeschrieben ist, entscheiden die Gesellschafter per Gewinnverwendungsbeschluss über die Rücklagenbildung. Die einzubehaltenden Beträge werden durch den Thesaurierungsbeschluss der Ausschüttung an die Gesellschafter entzogen und der Gewinnrücklage zugeführt. In der Bilanz werden die Gewinnrücklagen auf der Passivseite als Eigenkapital verbucht.[325] Die Thesaurierung kann bereits im Rahmen der Aufstellung des Jahresabschlusses vor der Verteilung des Gewinns und der Berechnung der Gewinnanteile durchgeführt werden, mit der Folge, dass nur ein Bilanzgewinn (im Sinne von § 268 Abs. 1 S. 2 HGB) festgestellt und an die Gesellschafter verteilt wird, während der einbehaltene Betrag z.B. auf ein gemeinsames Rücklagenkonto gebucht wird (an dem die Gesellschafter im Verhältnis ihrer Anteile beteiligt sind).[326] Der Feststellungsbeschluss stellt dann

323 Siehe § 58 Abs. 2 S. 1, Abs. 3 S. 1 AktG.

324 BGH v. 10.05.1976 – II ZR 180/74 (Juris Rz. 37), WM 1976, 661, 662; vgl. auch *Schulze-Osterloh*, BB 1995, 2519, 2522.

325 Vgl. § 266 Abs. 3 Lit. A III 4 HGB.

326 In diesem Sinne Staub/*Schäfer*, § 120 Rn. 32, 33.

zugleich einen Gewinnverwendungsbeschluss dar, auch wenn die Gewinnfeststellung der Gewinnverwendung logisch vorgeschaltet ist.[327] Genauso kann der gesamte Jahresgewinn zunächst festgestellt und gemäß § 121 Abs. 1 HGB verteilt werden, um sodann die Entnahme gemäß dem Thesaurierungsbeschluss zu beschränken, mit der Folge, dass die thesaurierten Beträge zwar auf den Konten der Gesellschafter verbucht werden, aber die Entnahme nicht erlaubt ist (Buchung zum Beispiel auf dafür vorgesehene getrennte Rücklagenkonten).[328] Wie dies im Einzelfall zu handhaben ist, hängt vor allem von der Gestaltung der Konten der Gesellschafter ab. Für die Frage der Zulässigkeit und die Voraussetzungen von mehrheitlichen Thesaurierungsbeschlüssen ergibt sich daraus kein Unterschied.

Die Rücklagen können jederzeit, z.B. wenn sich herausstellt, dass die Gesellschaft die Mittel nicht braucht, wieder aufgelöst werden. Die Auflösung ist actus contrarius zur Bildung der Rücklage und richtet sich daher nach denselben Regeln. Sieht der Gesellschaftsvertrag also eine wirksame Mehrheitsklausel zur Rücklagenbildung vor, so kann auch die Mehrheit über die Auflösung der Rücklage entscheiden. Buchungstechnisch führt die Rücklagenauflösung dazu, dass die nun freigewordenen Beträge auf die Privat- oder Darlehenskonten der Gesellschafter umgebucht werden und sodann den Gesellschaftern zur Verfügung stehen.[329]

Von solchen freiwilligen sind die sog. „stillen" Rücklagen zu unterscheiden. Stille Rücklagen ergeben sich mehr oder weniger zwangsläufig aus den bilanziellen Bewertungsvorschriften des Handelsgesetzbuches, die dazu führen, dass der Wert eines Vermögensgegenstandes in der Bilanz niedriger angesetzt wird als er tatsächlich ist. Die so entstehende Rücklage, die erst durch Veräußerung des Vermögensgegenstands realisiert und damit aufgelöst werden kann, ist für den Bilanzleser nicht erkennbar, weshalb man von *stillen* Rücklagen spricht. Demgegenüber sind offene Rücklagen in der Bilanz gesondert ausgewiesene Eigenkapitalpositionen und somit für den Leser sichtbar.[330] Stille Rücklagen infolge von bilanziellen Ansatz- und Bewertungswahlrechten ergeben sich für die Personenhandelsgesellschaften ebenso wie für die Kapitalgesellschaften und den Einzelkaufmann. Ihre Entstehung ist in einem gewissen Umfang unvermeidlich. Vor der Modernisierung des Bilanzrechts durch das BilMoG konnten die geschäftsführenden Gesellschafter jedoch dem Selbstfinanzierungsbedürfnis der Gesellschaft vor allem durch die Bildung stiller (Willkür-) Reserven Rechnung

327 Vgl. MüKoHGB/*Priester*, § 120 Rn. 81.

328 Vgl. dazu auch *Schön*, FS Beisse, S. 471, 482.

329 Vgl. *Huber*, GS Knobbe-Keuk, S. 203, 212.

330 *Bormann/Hellberg*, DB 1997, 2415, 2416; vgl. auch das Schema des § 266 HGB.

tragen. Da diese Möglichkeit nicht mehr besteht, geht es im Folgenden stets nur um freiwillige[331], offene Rücklagen.

Da das dispositive Gesetzesrecht den Gesellschaften bzw. den Gesellschaftern keine ausreichenden Möglichkeiten zur Thesaurierung von Gewinnen bietet, stellt sich die Frage, wie dieses Manko durch gesellschaftsvertragliche Gestaltung ausgeglichen werden kann. Um spätere Auseinandersetzungen zu vermeiden, sollte die Problematik der Rücklagenbildung individuell im Gesellschaftsvertrag geregelt werden[332], da sonst nur einstimmige Entscheidungen möglich sind. In sorgfältig gestalteten Gesellschaftsverträgen großer und mittlerer Unternehmen findet man in der Regel ausführliche Klauseln, die die Gewinnfeststellung, das Steuerentnahmerecht, den Verlustausgleich, die Rücklagenbildung und die Entnahmerechte der Gesellschafter im Detail regeln. Diese Vereinbarungen sind üblicherweise sehr differenziert ausgestaltet und bereiten keine (größeren) Probleme. Doch was gilt, wenn ein – ggf. älterer – Gesellschaftsvertrag keine so explizite Regelung über die Gewinnverwendung oder lediglich eine allgemeine Mehrheitsklausel enthält?

Im Folgenden sollen die denkbaren Gestaltungsalternativen kurz dargestellt und anhand von Klauselbeispielen verdeutlicht werden. Sodann soll untersucht werden, welche Klauseln Grundlage wirksamer Thesaurierungsbeschlüsse sein können, anders ausgedrückt soll ihre Wirksamkeit in Bezug auf die Anforderungen von Rechtsprechung und Lehre untersucht werden. Hierbei wird schwerpunktmäßig auf die der Kernbereichslehre eingegangen werden. Zentrale Frage ist, ob eine mehrheitsfeste Begrenzung der Thesaurierungskompetenz zwingend im Gesellschaftsvertrag festgelegt werden muss. Im Anschluss daran werden weitere Instrumente des Minderheitenschutzes dargestellt und schließlich ein eigener Vorschlag für eine Vertragsklausel gemacht und untersucht.

331 Stille Rücklagen beruhen zwar teilweise auf Bewertungswahlrechten, sie stehen aber nur in einem begrenzten Rahmen tatsächlich zur Disposition des Bilanzierenden und sind daher nicht als freiwillig im eigentlichen Sinne anzusehen.

332 Wegen der Unzulänglichkeiten der gesetzlichen Gewinnverwendungsregeln stellt das Entnahmerecht einen Schwerpunkt der kautelarjuristischen Praxis dar, vgl. MüKoHGB/*Priester*, § 122 Rn. 49.

B. Gesellschaftsvertragliche Gestaltungsmöglichkeiten[333]

I. Allgemeine Mehrheitsklausel

Viele Gesellschaftsverträge enthalten pauschale Mehrheitsklauseln für sämtliche Beschlüsse oder solche, die allgemein Vertragsänderungen per Mehrheitsentscheidung vorsehen.

> *„Die Gesellschafterversammlung/Die Gesellschafter beschließt/beschließen in allen Angelegenheiten der Gesellschaft mit der einfachen Mehrheit der abgegebenen Stimmen. Je 50,00 Euro des Kapitalanteils gewähren eine Stimme."*

oder

> *„Sämtliche Beschlüsse in Angelegenheit der Gesellschaft werden mit einfacher Mehrheit der abgegebenen Stimmen gefasst. Vertragsänderungen bedürfen einer qualifizierten Mehrheit von 75 % der abgegebenen Stimmen. Je 50 Euro des Kapitalanteils gewähren eine Stimme."*

II. Ausdrückliche Mehrheitsklausel

Denkbar wäre auch, der Mehrheit die Verwendung des Gewinns ohne Höchstgrenze oder Ausschüttungssockel zur Disposition zu stellen. In diesem Fall wird zwar ausdrücklich auf die Thesaurierung Bezug genommen, aber es werden keine weiteren Vorgaben dazu gemacht.

> *„Die Gesellschafterversammlung/Die Gesellschafter beschließt/beschließen mit einfacher/qualifizierter Mehrheit der abgegebenen Stimmen über die Jahresabschlussfeststellung und über die Gewinnverwendung/die Bildung von Rücklagen. Je 50 Euro des Kapitalanteils gewähren eine Stimme"*

III. Vertraglich festgelegte Teilthesaurierung

Eine weitere Gestaltungsmöglichkeit im Gesellschaftsvertrag ist die Festlegung einer festen Thesaurierungsquote, also eine Klausel, welche vorsieht, dass in jedem Geschäftsjahr ein bestimmter Teil des Jahresgewinns zur Bildung offener Gewinnrücklagen verwendet werden muss. Ebenso kann anstelle einer Quote

333 Die nachfolgenden Beispiele sind keine vollständigen Vorschläge für die Regelung der Gewinnverwendung in Gesellschaftsverträgen, sondern vielmehr Auszüge daraus. In sorgfältig gestalteten Verträgen sollten neben der Frage, ob und wie offene Rücklagen gebildet werden können, auch die Bereiche Kontengestaltung, Ausgleich von Verlusten, Steuerentnahmerecht, Antrag auf begünstigte Besteuerung nach § 34a EStG, Verzinsung und sonstige Entnahmen geregelt werden.

ein absoluter Betrag für die Thesaurierung festgelegt werden, obwohl dies aufgrund der Unvorhersehbarkeit künftiger Gewinne wenig sinnvoll erscheint. Gewissermaßen spiegelbildlich kann der Gesellschaftsvertrag auch festlegen, dass jährlich ein bestimmter Anteil des Jahresüberschusses ausgeschüttet wird.

„Vom festgestellten Jahresgewinn sind 20 % in offene Rücklagen einzustellen, der darüber hinausgehende Anteil ist an die Gesellschafter auszuschütten."

oder

„Jährlich sind 80 % des Jahresgewinns an die Gesellschafter nach dem Verhältnis ihrer Beteiligung auszuschütten, der darüber hinausgehende Anteil ist in die offenen Rücklagen einzustellen."

IV. Festgelegte Quote in Kombination mit Mehrheitsbeschluss über Erhöhung dieser Quote

Häufig beinhalten die vertraglichen Klauseln aber nicht nur eine feste Ausschüttungs- oder Thesaurierungsquote, sondern legen auch fest, dass mehrheitlich darüber entschieden werden kann, was mit dem restlichen Jahresüberschusses geschehen soll, oder bestimmen, dass auch (ggf. qualifiziert) mehrheitlich von der Bestimmung abgewichen werden kann. Dies erscheint sinnvoll, da die Festlegung auf eine bestimmte Quote ohne Möglichkeit einer mehrheitlichen Abweichung hiervon zu einer stärkeren Unflexibilität führt. So sah auch die Gewinnverwendungsklausel der Otto-Gesellschaft vor, dass höhere Rücklagen mit qualifizierter, geringere mit einfacher Mehrheit beschlossen werden konnten.[334]

„Im Verhältnis der Gesellschafter zueinander ist ein zu verteilender Gewinn erst vorhanden, wenn […] ein Betrag in Höhe von 20 % des Jahresüberschusses einer freien Rücklage zugeführt worden ist. Über eine geringere Rücklagenbildung entscheiden die Gesellschafter mit einfacher Mehrheit, über eine höhere Rücklagenbildung mit einer qualifizierten Mehrheit von 76 % der abgegebenen Stimmen."

oder

„Von dem festgestellten Gewinn sind 15 % in offene Rücklagen einzustellen. Eine davon abweichende Gewinnverwendung, bedarf einer Mehrheit von 75 % der abgegebenen Stimmen."

334 Siehe BGHZ 170, 283, 290.

V. Ausdrückliche Mehrheitsklausel mit mehrheitsfestem Ausschüttungssockel oder Höchstgrenze

Mehr Flexibilität wird erreicht, wenn die Thesaurierung nicht bereits im Gesellschaftsvertrag quotal festgelegt wird, sondern die Mehrheit ermächtigt wird, einen bestimmten Teil des Jahresgewinns in offene Rücklagen zu stellen. Wichtig ist dabei, dass entweder die Thesaurierung nach oben hin begrenzt wird oder aber ein mehrheitsfester Ausschüttungssockel festgelegt wird.

> *„Von dem gem. § … festgestellten Jahresgewinn sind mindestens 60 % an die Gesellschafter auszuschütten. Über die Verwendung des darüber hinausgehenden Gewinnanteils entscheiden die Gesellschafter mit (qualifizierter) Mehrheit der abgegebenen Stimmen."*

oder

> *„Die Gesellschafter können jährlich bis zu 40 % des Jahresgewinns in offene Rücklagen einstellen. Sie entscheiden darüber mit (qualifizierter) Mehrheit der abgegebenen Stimmen."*

VI. Vorschläge aus der Literatur

1. Karsten Schmidt

Ein Vorschlag aus der Literatur geht dahin, im Gesellschaftsvertrag auf bestehende gesetzliche Bestimmungen bei anderen Rechtsformen zu verweisen und auf diese Weise die notwendige Bestimmtheit zu erreichen. *Karsten Schmidt* will insbesondere in GmbH & Co. KG-Verträgen die Vertragsgestaltung dadurch erleichtern, dass auf Beschlussaufzählungen verzichtet und stattdessen auf das GmbH-Beschlussrecht verwiesen wird. Dem Vorschlag wurde von einer Seite bahnbrechender Erfolg in der Vertragspraxis vorausgesagt[335], von anderer wurde er abgelehnt[336]. Bisher haben aber jedenfalls die Formularhandbücher, soweit ersichtlich, den Vorschlag noch nicht angenommen.[337]

Hinreichende Bestimmtheit einer Mehrheitsklausel ist nach *Karsten Schmidt* dann gegeben, wenn im Zeitpunkt der Beschlussfassung eine sichere Entscheidung

---

335 Vgl. *Holler*, DB 2008, 2067, 2072; ebenfalls zustimmend *Paefgen*, FS Schneider, S. 929, 936. *Holler* vertritt allerdings die Ansicht, dass in Bezug auf einige Beschlussgegenstände materielle Bestimmtheitsanforderungen notwendig sind und schlägt daher vor, den Verweis als Basis zu nehmen und für einige wichtige Beschlussgegenstände die Mehrheitsklausel zu ergänzen.

336 Vgl. *Heinrichs*, Mehrheitsbeschlüsse bei Personengesellschaften, S. 101 f.

337 Siehe *Giehl* in: Beck'sche Online-Formulare Vertrag, Ziffer 7.4.1.1. und 7.5.1.1.1.; *Blaum/Scholz* in: Beck'sches Formularbuch Bürgerliches, Handels- und Wirtschaftsrecht, Form VIII.D.2.

möglich ist, ob der fragliche Beschluss von der Mehrheitsklausel erfasst ist und welche Mehrheit erforderlich ist.[338] Genau dies sei bei einem Verweis auf das GmbH-Recht der Fall, weshalb die vorgeschlagene Klausel ein „Optimum an Rechtssicherheit und Gestaltungsökonomie“[339] gewähre.

> *„§ Y: Gesellschafterbeschlüsse*
> *(1) Die von den Gesellschaftern in Angelegenheit der Gesellschaft zu treffenden Bestimmungen erfolgen durch Beschlüsse. Die Beschlüsse werden in der Gesellschafterversammlung gefasst…*
> *(2) Die Beschlüsse erfolgen durch Beschlussfassung nach der Mehrheit der abgegebenen Stimmen. Je hundert Euro Kapitalanteil gewähren eine Stimme.*
> *(3) Die erforderlichen Mehrheiten bestimmen sich nach dem Recht der GmbH.“*[340]

2. Goette

Nach einem anderen Formulierungsvorschlag soll der Gesellschaftsvertrag Mehrheitsentscheidungen für maßgeblich erklären, „soweit dies gesetzlich zulässig ist“[341]. Grundsätzlich sei dann klar, dass das Einstimmigkeitsprinzip generell aufgehoben sei.[342] Dies erscheint nur auf den ersten Blick vorteilhaft, denn zu bedenken ist, dass das Personengesellschaftsrecht gerade keine klaren (gesetzlichen) Vorgaben macht, welche Mehrheitsentscheidungen zulässig sind. Mit gesetzlichen Grenzen sollen also offenbar die durch die Kernbereichslehre gezogenen Grenzen gemeint sein. Fraglich ist aber, ob dies gerade für mehrheitliche Eingriffe in den Kernbereich der Gesellschafterrechte ausreichen kann.

C. Voraussetzungen für die formelle Legitimation der Mehrheit zur Rücklagenbildung

I. Die Rechtslage vor der Otto-Entscheidung

Nach dem überkommenen Verständnis des Bestimmtheitsgrundsatzes deckte eine allgemeine Mehrheitsklausel allein Beschlüsse über die laufende Geschäftsführung. Vertragsändernde sowie andere die Grundlagen der Gesellschaft berührende oder in Rechtspositionen der Gesellschafter eingreifende Maßnahmen seien regelmäßig von der Unterwerfung unter den Mehrheitswillen nicht erfasst,

---

338 Vgl. *K. Schmidt*, ZGR 2008, 1, 10.
339 *K. Schmidt*, ZGR 2008, 1, 12.
340 *K. Schmidt*, ZGR 2008, 1, 12.
341 *Goette*, FS Sigle, S. 145, 159; *Goette*, JbFfSt 2007/2008, S. 282, 290.
342 Vgl. *Goette*, JbFfSt 2007/2008, S. 282, 290.

denn eine allgemeine Mehrheitsklausel mache dem einzelnen Gesellschafter nicht deutlich, dass gegen seinen Willen Beschlüsse getroffen werden können, die in seine Rechtsstellung eingreifen. Unter der Prämisse, dass ein Gesellschaftsvertrag im Übrigen zum Thema der Gewinnverwendung im Allgemeinen und der Rücklagenbildung im Speziellen schweigt, stellt die Gewinnthesaurierung aufgrund des Vollausschüttungsgebots eine Vertragsänderung dar. Somit war nach der herkömmlichen Auffassung zumindest zu verlangen, dass die Mehrheitsklausel ausdrücklich auch Vertragsänderungen mit einbeziehe. Eine solche erlaubte wiederum nur gewöhnliche und übliche Vertragsänderungen, die nicht in die Rechtsstellung der Gesellschafter eingreifen. Bisher wurde die Ergebnisverwendung jedoch als „bilanzrechtliches Grundlagengeschäft" qualifiziert[343], das nicht in den Anwendungsbereich einer Mehrheitsklauseln für Vertragsänderungen falle.[344]

Selbst unter den herkömmlichen Voraussetzungen des Bestimmtheitsgrundsatzes war diese Einschätzung jedoch unzutreffend. Als „ungewöhnliche" Änderungen des Gesellschaftsvertrags wurden von der allgemeinen Meinung üblicherweise eingestuft:

- Dauer, Auflösung oder Fortsetzung der Gesellschaft
- Entziehung der Geschäftsführungs- und Vertretungsbefugnisse
- Änderung der Gesellschaftsform
- Aufnahme neuer Gesellschafter
- Änderung des Stimmquorums
- Änderung des Gewinnverteilungsschlüssels
- Änderung der Verzinsung
- Beitragserhöhungen
- Änderung des Liquidationsverfahrens

Wirft man einen Blick auf diese Beschlussgegenstände, die unbestritten als ungewöhnliche Vertragsänderungen bzw. Grundlagengeschäfte qualifiziert werden, so fällt zunächst auf, dass es sich durchweg um Maßnahmen handelt, die in aller

343 BGH v. 10.5.1976 – II ZR 180/74, BB 1976, 948; BGHZ 132, 263, 274 f. So einst auch *Priester*, FS Quack, S. 373, 385.

344 Einen Gesellschafterbeschluss mit vertragsändernder Mehrheit ließ der BGH nur für die Bildung notwendiger offener Rücklagen ausreichen, vgl. BGH v. 10.5.1976 – II ZR 180/74, BB 1976, 948, 949, hierzu kritisch *Wiedemann*, FS Odersky, S. 925, 939 f.; ebenso kritisch zum Kriterium der „Erhaltung der Lebens- und Widerstandsfähigkeit", das der BGH auch in BGHZ 132, 263, 274 zur Eingrenzung des Vollausschüttungsanspruchs heranzieht, *Moxter*, JZ 1996, 856, 861.

Regel nur vereinzelt vorkommen. Im Falle des Auflösungsbeschlusses kann diese Maßnahme im „Leben" der Gesellschaft sogar zwingend nur einmal beschlossen werden. Die Umwandlung, die Aufnahme neuer Gesellschafter oder die Ausschließung eines Gesellschafters sind zwar Maßnahmen, die häufiger vorkommen können, bei denen aber keinesfalls vorhersehbar ist, ob und zu welchem Zeitpunkt sie getroffen werden müssen. Dies ist bei der Gewinnverwendungs- bzw. Thesaurierungsentscheidung, die wenigstens potentiell am Ende eines jeden Geschäftsjahres ansteht, anders.[345] Außerdem handelt es sich bei sämtlichen der oben genannten Maßnahmen – anders als bei der Thesaurierungsentscheidung – um Maßnahmen, die entweder schwerwiegend in die Struktur der Gesellschaft oder auch in die Rechtsstellung einzelner Gesellschafter[346] eingreifen.[347] Auch dies trifft auf einen Rücklagenbeschluss nicht zu, denn er gilt für sämtliche Gesellschafter gleichermaßen. Somit hätte für die Rücklagenbildung auch bei Geltung des Bestimmtheitsgrundsatzes eine Mehrheitsklausel, die sich pauschal auf Vertragsänderungen bezieht, ausreichen müssen.

II. Die Rechtslage nach der Otto-Entscheidung

Die heutige überwiegende Ansicht hält am Bestimmtheitsgrundsatz wenn überhaupt nur insoweit fest, als für die Wirksamkeit etwaiger Mehrheitsbeschlüsse in einem ersten Schritt die formelle Legitimation der Mehrheit gefordert wird.[348] Wie bei der Jahresabschlussfeststellung ist also durch Auslegung zu ermitteln, ob die Mehrheit auch zur Bildung offener Rücklagen berufen ist. Da es nach der Otto-Entscheidung des BGH zu keiner restriktiven Auslegung mehr kommt, genügt es für die wirksame Abbedingung des Einstimmigkeitsprinzips und die damit einhergehende Ermächtigung der Mehrheit im Bereich der Rücklagenbildung, wenn die Mehrheitsklausel ausdrücklich auf Änderungen des Gesellschaftsvertrages Bezug nimmt.[349] In der Otto-Entscheidung verzichtet auch der

---

345 Auf den Unterschied zwischen Gewinnausschüttung bzw. -thesaurierung und „strukturellen Einmal-Entscheidungen" weist auch *Paefgen*, FS Schneider, S. 929, 934, hin.

346 Zum Beispiel beim Ausschluss eines Gesellschafters.

347 Vgl. E/B/J/S/*Mayen*, § 114, Rn. 7; *Priester*, DStR 2008, 1386, 1390.

348 Insb. *K. Schmidt*, ZGR 2008, 1, 8; *Goette*, FS Sigle, S. 145, 157; *Priester*, DStR 2008, 1386, 1387; *Hermanns*, ZGR 1996, 103, 105 f.; nur allgemeine Auslegungsgrundsätze: Staub/*Schäfer*, § 119 Rn. 36 f.; *Schäfer*, ZGR 2013, 237, 243; a.A. *Wertenbruch*, ZIP 2007, 798, 801; einschränkend auch *Sigle*, FS Hüffer, S. 973, 975 f.; *Wiedemann*, GesR II, § 2 II 6 (S. 117) und § 4 I 3 (S. 302).

349 Die sog. „Katalogpraxis" hat sich damit auch für den Bereich Grundlagengeschäfte und Vertragsänderungen erledigt und sollte nicht mehr vorgeschlagen werden.

BGH im Bezug auf die Gewinnverwendung konsequent auf die Voraussetzungen des Bestimmtheitsgrundsatzes:

„Ob dagegen eine […] Mehrheitsentscheidung über eine […] Ergebnisverwendung, wie insbesondere die Bildung offener Rücklagen, als „bilanzrechtliches Grundlagengeschäft" zu qualifizieren ist, das wegen seiner „Kernbereichsrelevanz" einer besonderen Mehrheitsermächtigung im Gesellschaftsvertrag mit Begrenzung nach Ausmaß und Umfang bedarf, kann hier dahinstehen, […]."[350]

Auch in nachfolgenden Entscheidungen führt der BGH die von ihm eingeführte Zwei-Stufen-Prüfung durch und betont, dass jede Mehrheitsklausel allein die formelle Legitimation für einen Mehrheitsentscheid begründe und der Beschluss jeweils erst auf der nächsten Stufe einer inhaltlichen Wirksamkeitsprüfung unterliege.[351] Demzufolge würde für die formelle Legitimation auch eine Mehrheitsklausel genügen, die eindeutig besagt, dass sämtliche Beschlüsse der Gesellschafter mehrheitlich zu fassen sind.

D. Weitere Voraussetzungen für die Wirksamkeit gesellschaftsvertraglicher Mehrheitsklauseln

I. Anwendbarkeit der Kernbereichslehre

1. Fragestellung

Ist die Mehrheit nach dem oben Dargestellten formell wirksam zur Entscheidung über die Gewinnthesaurierung berufen, stellt sich im Anschluss die Frage, ob nach den Erkenntnissen der Kernbereichslehre weitere Anforderungen an die Mehrheitsklausel zu stellen sind. Bevor jedoch diese Bestimmtheitserfordernisse im Detail diskutiert werden, ist zunächst zu klären, ob der Schutzbereich der Kernbereichslehre überhaupt eröffnet ist. Grundsätzlich herrscht zwar Einigkeit, dass die vermögensrechtliche Beteiligung der Gesellschafter zum Kernbereich der Mitgliedschaft gehört.[352] Umstritten ist aber, ob dies in gleicher Weise für alle Elemente der Vermögensbeteiligung gilt. Bei der Rücklagenbildung wird der

So bereits 2009 *Mussaeus* in Hesselmann/Tillmann/Mueller-Thuns, Handbuch GmbH & Co. KG, § 4 Rn. 142 (S. 316).

350 BGHZ 170, 283, 290.

351 Vgl. dazu BGHZ 179, 13, 20 ff. Hier konstatierte der BGH, dass die einfache Mehrheitsklausel des Stimmrechtskonsortiums sogar einen Beschluss über die Auflösung der Zielgesellschaft decken würde.

352 H.M., vgl. nur Baumbach/Hopt/*Roth*, § 119 Rn. 36; MüKoHGB/*Enzinger*, § 119 Rn. 72, 76a; Staub/*Schäfer*, § 119 Rn. 40; *K. Schmidt*, ZGR 2008, 1, 19; *Priester*, DStR

(vorher oder gleichzeitig) festgestellte Gewinn nicht oder jedenfalls zum Teil nicht an die Gesellschafter ausgeschüttet, sondern verbleibt in der Gesellschaft. Somit werden durch die Thesaurierung die Entnahmerechte und Ausschüttungsansprüche bzw. das Gewinnbezugsrecht der Gesellschafter eingeschränkt. Ob und in welchem Maße dieses Kernbereichsschutz genießt, ist fraglich.

2. Meinungsstand

Nach wohl überwiegender Meinung fällt neben dem abstrakten Gewinnbeteiligungsrecht auch das konkrete Gewinnbezugs- oder -ent-nahmerecht in den Schutzbereich der Kernbereichslehre und wird zu den unentziehbaren Gesellschafterrechten gezählt.[353] Die Befugnis zur Entnahme der Gewinnanteile sei ein notwendiger Bestandteil des Gewinnbeteiligungsrechts.[354] Durch einen Thesaurierungsbeschluss werde der eigentlich entnahmefähige Kapitalanteil herabgesenkt, das Entnahmerecht verringert, was einen Eingriff in selbiges darstelle.[355] Der Kernbereichseingriff wird außerdem damit begründet, dass sich durch die Rücklagenbildung die risikotragende Investition der Gesellschafter erhöhe, weshalb der Fall mit der Beitragserhöhung zu vergleichen und ebenso zu bewerten sei.[356] Mittelbar könne sich die Rücklagenbildung auch auf die künftige Gewinnverteilung und auf die Höhe des Abfindungsguthabens auswirken.[357]

Nach anderer Ansicht führt die Bildung offener Rücklagen nicht zu einem Kernbereichseingriff. Dem Gesellschafter werde zwar der direkte Zugriff auf seinen

---

2008, 1386, 1388; *Haar*, NZG 2007, 601, 603; *Ulmer*, FS Lutter, S. 935, 944; *Holler* DB 2008, 2067, 2073.

353 MüKoHGB/*Grunewald*, § 167 Rn. 13; *Staub*/Schäfer, § 120 Rn. 33 und § 122 Rn. 36; Oetker/*Weitemeyer*, § 120 Rn. 38; *Schäfer*, ZGR 2013, 237, 256; Baumbach/Hopt/*Roth*, § 119 Rn. 36; *Binz/Mayer*, DB 2007, 1739, 1742; *Ulmer*, FS Lutter, S. 935, 940; *Wertenbruch*, ZIP 2007, 798, 801; *Haar*, NZG 2007, 601, 603; auch BGHZ 132, 263, 268; offen gelassen in BGHZ 170, 283, 290; in diesem Sinne, jedoch noch nicht unter der Fragestellung der Kernbereichsrelevanz, *A. Hueck*, Das Recht der OHG, S. 242, 243: „[...] braucht sich kein Gesellschafter die Bildung offener oder stiller Reserven gefallen lasse, da dadurch sein Gewinnanteil willkürlich geschmälert wird."

354 Staub/*Schäfer*, § 122 Rn. 36.

355 *Ulmer*, FS Lutter, S. 935, 941 ; Staub/*Schäfer*, § 120 Rn. 33.

356 *Wertenbruch*, ZIP 2007, 798, 801; *Haar*, NZG 2007, 601, 603; *Haar*, Personengesellschaft im Konzern, S. 169, 70.

357 Dazu kommt es, wenn sich die Abfindung nach dem Kapitalkontostand bemisst. Anders sieht es aber bei Buchwertklauseln aus, vgl. *Ulmer*, FS Lutter, S. 935, 940, 941 und umfassend *Ahrens*, Unternehmensbeteiligungen und ihre Auswirkungen auf die Buchwertabfindung, passim.

Gewinnanteil genommen, nicht aber der Gewinn selbst, denn dieser verbleibe in der Wertsteigerung seiner Beteiligung. Daher sei das Gewinnbezugsrecht gar nicht berührt.[358] Darüber hinaus sei die Rücklagenbildung durch einfachen Mehrheitsbeschluss im Recht der GmbH bereits nach dem Gesetz die Regel, weshalb es nicht nachvollziehbar sei, dass eine ausdrücklich vereinbarte Mehrheitskompetenz diesbezüglich eingeschränkt ausgelegt bzw. begrenzt werden müsse.[359]

Andere wiederum legen die Annahme zugrunde, dass das Gewinnentnahmerecht nicht dem Kernbereichsschutz unterliege, sondern allein das (abstrakte) Gewinnbeteiligungsrecht.[360] Die Rechtsnatur von Gewinnthesaurierungsbeschlüssen als wiederkehrende, für die Gesellschafter voraussehbare Organisationsmaßnahme der laufenden Verwaltung spreche gegen die Annahme einer Kernbereichsrelevanz.[361] Zudem könnten die Entnahmerechte gar nicht unentziehbar sein, wie sich aus dem Vergleich mit dem GmbH-Gesetz ergebe: §§ 29, 46 Nr. 1, 47 GmbHG sähen einen Mehrheitsbeschluss für die Gewinnverwendung vor.[362] Des Weiteren betreffe die Rücklagenbildung allein die Gewinnverwendung im Verhältnis zwischen Gesellschaftern und Gesellschaft, während die Änderung der Gewinnverteilung ausschließlich die Ebene der Gesellschafter betreffe.[363] Dementsprechend unterliege allein die Änderung der Gewinnverteilung dem Kernbereichsschutz, einzelne Gewinnthesaurierungsentscheidungen jedoch nicht.

Der BGH hat sich bisher nicht eindeutig zu der Fragestellung geäußert. Im Otto-Fall musste er dies nicht tun, da er keine höhere Thesaurierung als die vom Gesellschaftsvertrag vorgesehenen 20 % für gegeben sah. Noch im Portland-Zementwerk-Urteil vertrat der BGH allerdings die Ansicht, dass die

358 So zunächst *Priester*, DStR 2008, 1386, 1391; grundsätzlich zustimmend, aber bzgl. des Ergebnisses skeptisch *Holler*, ZIP 2010, 1678, 1680.

359 *Priester*, DStR 2008, 1386, 1391; *Priester*, DStR 2007, 28, 31.

360 *K. Schmidt*, ZGR 2008, 1, 22; *Paefgen*, FS Schneider, S. 929, 939; ähnlich *Löffler*, NJW 1989, 2656, 2660; nunmehr auch *Priester*, FS Schneider, S. 985, 992 und ZHR 176 (2012), 268, 284, der vorher den Kernbereichseingriff durch die Rücklagenbildung aufgrund der Wertsteigerung der Beteiligung ablehnte und sich dann *K. Schmidt* anschloss: Eine Thesaurierung berühre den Randbereich, nicht aber den Kernbereich des Gewinnrechts. Ebenso wohl auch *Wiedemann*, GesR II, S. 227 ff, der in Frage stellt, ob es überhaupt ein Gewinnausschüttungsrecht gibt, und *H. P. Westermann*, NZG 2010, 321, 322, zum möglichen Kernbereichseingriff bei Beitragserhöhungen im Gegensatz zur Rücklagenbildung; ebenso OLG München, Urteil vom 30.6.1993 – 7 U 6765/92, NJW-RR 1994, 1057, 1058.

361 *Paefgen*, FS Schneider, S. 929, 939, 940.

362 *K. Schmidt*, ZGR 2008, 1, 22.

363 *Löffler*, NJW 1989, 2656, 2660.

Gewinnverwendung kernbereichsrelevant sei. In zwei älteren Entscheidungen sah er auch die Beschlüsse, die Verzinsung von Gesellschafterdarlehen bzw. der Einlagen auszusetzen, als Eingriffe in den Kernbereich der Mitgliedschaft an.[364]

3. *Diskussion und Stellungnahme*

a) Die Differenzierung zwischen Gewinnbeteiligungs- und Gewinnentnahmerecht

Die grundsätzliche Unterscheidung zwischen dem Gewinnstammrecht und den konkreten Entnahmerechten ist selbstverständlich.[365] Ein Teil der Literatur hält davon nur das Gewinnstammrecht für kernbereichsrelevant und schützt den Gesellschafter damit nur vor einer Veränderung des Gewinnverteilungsschlüssels gegen seinen Willen, während andere auch das Entnahme- oder Ausschüttungsrecht als Teil des Kernbereichs der Mitgliedschaft ansehen. Zunächst einmal ist die Gewinnteilnahme ein fundamentales Mitgliedschaftsrecht und das zentrale Vermögensrecht der Personengesellschafter.[366] Zweck einer Personenhandelsgesellschaft (mit Ausnahme der vermögensverwaltenden OHG, vgl. § 105 Abs. 2 HGB) ist der Betrieb eines Handelsgewerbes, die Gesellschafter schließen sich also mit dem gemeinsamen Ziel der Gewinnerzielung zusammen. Zwar ist die Erfolgsbeteiligung nach heute herrschender Meinung kein notwendiges Merkmal der Handelsgesellschaft[367], dennoch wird sie – die Erfolgsbeteiligung – in den allermeisten Fällen ein Hauptmotiv des Gesellschafters für die Gründung einer oder Beteiligung an einer Handelsgesellschaft sein. Diese Einschätzung wird insbesondere für den Kommanditisten gelten, der sich rein vermögensmäßig an der Gesellschaft beteiligt. Der Schutz der vermögensmäßigen Beteiligung eines solchen Gesellschafters kann nicht bei der abstrakten Gewinnbeteiligung enden, denn ohne einen korrelierenden Schutz des Entnahmerechts kann das Gewinnstammrecht für den Gesellschafter fast bedeutungs- und wertlos werden, vor allem, wenn er auf die Ausschüttungen angewiesen ist. Dies soll anhand des folgenden Beispiels verdeutlicht werden:

Schreibt der Gesellschaftsvertrag einer KG vor, dass ein Gewinn im Sinne eines Bilanzgewinns[368] zwischen den Gesellschaftern erst entsteht, wenn 20 % des

364 BGH NJW 1985, 974 und BGH NJW 1985, 972.

365 Siehe dazu oben Erster Teil § 1B.III.1.

366 Vgl. *Ulmer*, FS Lutter, S, 935; *Wiedemann*, GesR II, S. 226.

367 Vgl. die umfassenden Nachweise bei Staub/*Schäfer*, § 105 Rn. 22, Fn. 48.

368 Bilanzgewinn ist hier im Sinne von § 268 Abs. 1 HGB zu verstehen, d.h. dei Bilanz wird unter Berücksichtigung der vollständigen oder teilweisen Verwendung des

Jahresgewinns offenen Rücklagen zugeführt wurden, und erhöht eine dazu vom Vertrag ermächtigte Mehrheit, wie es im Vertrag der Otto-KG vorgesehen war[369], diese Quote, so stellt dies keine Veränderung des Gewinnverteilungsschlüssels unter den Gesellschaftern dar. Nach den Vertretern der oben genannten Ansicht wäre der Kernbereich der Gesellschafterrechte nicht tangiert, denn die Beteiligungsquote bleibt dieselbe. Ein bedeutsamer Unterschied zur Änderung der Verteilungsquote wird jedoch vor allem für den Gesellschafter, der seinen Anteil nicht veräußern kann, kaum zu spüren sein.[370]

Um den Schutz der Gewinnbeteiligung nicht leerlaufen zu lassen, muss die Befugnis zur Entnahme notwendigerweise ebenso geschützt sein.[371]

b) Wertsteigerung der Beteiligung als Ausgleich für die Thesaurierung?

In eine ähnliche Richtung wie die Unterscheidung zwischen Gewinnstamm- und Gewinnbezugsrecht geht die Argumentation, die Thesaurierung der Gewinne berühre das Gewinnbezugsrecht nicht, da den Gesellschaftern nur die derzeitige, nicht aber die endgültige Verfügung über den Gewinn entzogen werde und zudem der Gewinn als Wertsteigerung der Beteiligung erhalten bleibe.[372] Daran ist richtig, dass die Thesaurierung den inneren Wert der Beteiligung steigert, da sie Teil des Kapitalanteils wird. Diese Wertsteigerung verbleibt dem Gesellschafter aber nur für den Fall, dass die Rücklagen nicht durch spätere Verluste aufgezehrt werden und er entsprechend seiner Beteiligungsquote auch am Liquidationserlös beteiligt ist. Der „Wesensgehalt“ des konkreten Gewinnbezugsrechts ist jedoch nicht die Aussicht darauf, zu einem späteren Zeitpunkt eventuell den Gewinn realisieren zu können, sondern die Befugnis zur sofortigen oder jedenfalls zeitnahen Entnahme des festgestellten Gewinnanteils.[373] Auch wenn nicht ausgeschlossen ist, dass die Gewinnrücklage zu einem späteren Zeitpunkt wieder

---

Jahresergebnisses aufgestellt. Der verbleibende Bilanzgewinn ist dann Grundlage der Gewinnverwendungsentscheidung, vgl. Staub/*Hüttemann/Meyer*, § 268 Rn. 2.

369 Vgl. den Wortlaut der Mehrheitsklausel oben in Fn. 8.

370 Ähnlich *Westermann*, ZIP 2007, 2289, 2293.

371 Vgl. Staub/*Schäfer*, § 122 Rn. 36; *Schäfer*, ZGR 2009,768, 776; E/B/J/S/*Ehricke*, § 122 Rn. 52.

372 Vgl. *Priester*, DStR 2008, 1386, 1391, der sich später der Argumentation *K. Schmidts* anschloss, FS Schneider, S. 985, 992.

373 Vgl. *Müller-Thuns*, Gewinnbezugsrecht, S. 57, der zu Recht darauf hinweist, dass für den Gesellschafter in der Regel nicht die Wertsteigerung der Anteile im Vordergrund steht, sondern die kontinuierliche Teilnahme am Unternehmenserfolg; ähnlich *Wahlers/Orliskowski-Wolf*, ZIP 2012, 1161, 1165.

aufgelöst und ausgeschüttet wird, ändert dies nichts daran, dass das konkrete Gewinnbezugsrecht in dem Geschäftsjahr, in dem die Gewinne thesauriert werden, vermindert wird. Die Wertsteigerung der Beteiligung ist nicht zu leugnen[374], aber hier gilt: „Cash is king."[375] Dies ist insbesondere für den Fall einleuchtend, in dem die Gesellschaftsanteile aufgrund von Vinkulierung oder mangels eines entsprechenden Marktes nicht frei veräußerlich sind und der gesteigerte Wert der Anteile daher für die Gesellschafter nicht realisierbar ist.[376] Ob die Rücklage bei Liquidation noch besteht, ist ungewiss.[377] Das Entnahmerecht ist in diesem Fall das einzige Vermögensrecht, mit dem der Gesellschafter am Vermögenszuwachs der Gesellschaft tatsächlich, also spürbar, beteiligt ist.[378]

c) Vergleich mit dem Recht der GmbH

Gegen die Zuordnung des Entnahmerechts zum relativen, das heißt unentziehbaren Kernbereich der Gesellschafterrechte wird von *Karsten Schmidt* angeführt, dass das Entnahmerecht gar nicht unentziehbar sein könne.[379] Dies zeige sich am Recht der GmbH, nach welchem der Entnahmeanspruch durch einfachen Mehrheitsbeschluss verkürzt werden könne. In der Tat kann seit der Modernisierung des Bilanzrechts durch das Bilanzrichtlinien-Gesetz vom 19.12.1985[380] nach §§ 29 Abs. 2, 47 Abs. 1 GmbHG die Gesellschaftermehrheit Gewinne thesaurieren, wobei die Grenzen dieser Mehrheitsmacht allerdings umstritten sind.[381] Fraglich ist, ob dies bedeutet, dass Entnahmerechte grundsätzlich nicht unentziehbar sein können. Dagegen spricht zunächst, dass das Recht der GmbH nicht für Personenhandelsgesellschaften gilt. Aber auch abgesehen von dieser Selbstverständlichkeit weist *Schmidt* an anderer Stelle im selben Beitrag darauf hin, dass auch das Recht der GmbH, obwohl es nach den §§ 47, 53 GmbHG

---

374 Dies sehen auch die Kritiker *Priesters* so, vgl. z.B. *Wertenbruch*, ZIP 2007, 798, 801, der die Ansicht vertritt, dass die Wertsteigerung die Rücklagenbildung jedoch nicht rechtfertigen könne. Ähnlich auch *H.P. Westermann*, ZIP 2289, 2293.

375 *Paefgen*, FS Schneider, S. 929, 939.

376 Vgl. *H.P. Westermann*, ZIP 2007, 2289, 2293; *Holler*, ZIP 2010, 1678, 1680; *Ahrens*, Unternehmensbeteiligungen, S. 71.

377 Vgl. *Huber*, ZGR 1988, 1, 92.

378 Vgl. *Haar*, Personengesellschaft im Konzern, S. 146; *Müller-Thuns*, Gewinnbezugsrecht, S. 57.

379 *K. Schmidt*, ZGR 2008, 1, 22.

380 BGBl. I, 2355.

381 Vgl. *Hommelhoff*, ZGR 1986, 418 ff. und *Hommelhoff*, DNotZ 1986, 323 ff. Grundlegend zur Treuepflicht im Recht der GmbH BGHZ 65, 14, NJW 1976, 191 – ITT.

von einer gesetzlichen Legitimation mehrheitlicher Beschlüsse selbst bei der Satzungsänderung ausgehe, den Kernbereichsschutz kenne.[382] Demzufolge würde die formelle Legitimation der Mehrheit in den §§ 29 Abs. 2, 47 Abs. 1 GmbHG jedenfalls nicht dagegen sprechen, dem einzelnen Gesellschafter Individualschutz über die Kernbereichslehre zu gewähren. Aufgrund dieser von *Karsten Schmidt* selbst häufig betonten Trennung von formeller Mehrheitsermächtigung und der eigenständigen Individualschutzregel der Kernbereichslehre kann § 29 Abs. 2 GmbHG nicht als Argument gegen die Unentziehbarkeit der Gewinnentnahmerechte angeführt werden, insbesondere nicht für das Recht der Personenhandelsgesellschaften.

d) Erhöhung des haftenden Risikokapitals

Ein weiteres Argument für die Kernbereichsrelevanz von Thesaurierungsmaßnahmen ist die Erhöhung der risikotragenden Einlage, die mit der Rücklagenbildung entstehe. Insofern gebe es keinen wesentlichen Unterschied zur Beitragserhöhung, da es in beiden Fällen zu einer Erhöhung der Kapitalanteile mit Beiträgen komme, die eigentlich zum freien Vermögen der Gesellschafter gehörten.[383] Das „Stehenlassen" der Gewinne führe zu einer Umwandlung in effektives Eigenkapital und erhöhe damit den Beitrag der Gesellschafter.[384] Gewinnrücklagen seien nach dem Gesetz für Personengesellschaften nicht vorgesehen, vielmehr würden sie nach § 120 Abs. 2 HGB den Kapitalanteilen der Gesellschaftern zugeschrieben. Für den Kommanditisten gelte, dass sein Kapitalanteil nach § 167 Abs. 2 HGB auf die Höhe seiner Einlage begrenzt sei, weshalb darüber hinausgehende Gewinne auf einem getrennten Konto gutgeschrieben werden müssten. Die Rücklagenbildung führe zu einer Veränderung des Status des betroffenen Kapitals in effektives Eigenkapital und erhöhe dadurch den Beitrag des Kommanditisten.[385]

Diese Einschätzung trifft unabhängig von der Kontengestaltung und der konkreten Verbuchung der Rücklagen zu.[386] Sollen die einbehaltenen Gewinne als Rücklage dienen, so muss der entsprechende Gewinnanteil in Eigenkapital

---

382 *K. Schmidt*, ZGR 2008, 1, 17; *K. Schmidt* ebenso bereits in ZHR 158 (1994), 205, 228. Vergleiche zur Kernbereichslehre im GmbH-Recht *Schäfer*, Der stimmrechtslose GmbH-Anteil, S. 161 ff.

383 *Wertenbruch*, ZIP 2007, 798, 801; *Haar*, ZIP 2007, 601, 603; *Wahlers/Orliskowski-Wolf*, ZIP 2012, 1161, 1165.

384 *Haar*, NZG 2007, 601, 603.

385 *Haar*, NZG 2007, 601, 603.

386 Ob dies in gleicher Weise für persönlich haftende Gesellschafter wie für Kommanditisten gilt, wird an späterer Stelle geklärt.

umgewandelt werden, weil die Rücklagen anderenfalls nicht den vorgesehenen Zweck erfüllen. Durch die Rücklagenbildung wird also Kapital, dass an sich dem einzelnen Gesellschafter zusteht, in der Gesellschaft gebunden. Wird jedes Jahr unabhängig von einem konkreten Bedarf ein Teil des Jahresergebnisses in die Gewinnrücklagen eingestellt, so erhöht sich zwar der Wert der Beteiligung, gleichzeitig wird der Gesellschafter aber auch gezwungen, mehr Kapital in die Gesellschaft zu investieren, was ihn gegebenenfalls daran hindert, das Risiko seiner Investitionen zu streuen. Steht dem Gesellschafter kein weiteres Kapital zur Verfügung, so hat er auch keine anderen Investitionsmöglichkeiten.[387] Insofern ist eine Vergleichbarkeit mit der Beitragserhöhung nicht von der Hand zu weisen. Dagegen wurde vorgebracht, im Gegensatz zu einer Beitragserhöhung sei die Gewinnthesaurierung für den Gesellschafter als zum „Normalprogramm" gehörende Verwaltungsentscheidung vorhersehbar.[388] Der Schutzzweck des Belastungsverbots, den Gesellschafter vor unerwartetem Aufwand, dem er durch seine Beteiligung nicht zugestimmt habe, zu schützen, komme deshalb nicht zum Tragen.[389] Durch die Thesaurierung werden jedoch ebenfalls über die Einlageverpflichtung hinausgehende Beträge, die nach dem Gesetz den Gesellschaftern zur Verfügung stehen, in der Gesellschaft gebunden und dadurch die risikotragende Einlage erhöht.[390] Auf die Frage ob dies im Endeffekt dazu führen muss, dass an die Thesaurierung dieselben Anforderungen zu stellen sind wie an die nachträgliche Erhöhung der Beitragspflichten, wird an späterer Stelle zurückzukommen sein.[391]

Der Argumentation, dass die Rücklagenbildung mittelbar auch Auswirkungen auf die Gewinnverteilung und das Abfindungsguthaben haben kann, kommt demgegenüber weniger Gewicht zu. Zwar ist es richtig, dass bei beweglichen Kapitalkonten die geringere Zuweisung Einfluss auf den Gewinnanteil nach § 121 Abs. 1 HGB und das Abfindungsguthaben hat, wenn der Abfindungsanspruch sich nach dem Kapitalkontostand des ausscheidenden Gesellschafters richtet. Da aber üblicherweise das System der variablen Kapitalanteile durch feste Kapitalanteile ersetzt wird, kommen diese Auswirkungen der Thesaurierung nur selten zum Tragen.

---

387 Ähnlich für die Rücklagenbildung bei der GmbH auch *Hommelhoff*, ZGR 1986, 418, 430.

388 *Paefgen*, FS Schneider, S. 929, 939 f.

389 *Paefgen*, FS Schneider, S. 929, 940.

390 So auch früher *Priester*, FS Quack, S. 373, 394.

391 Siehe unten Erster Teil § 3D.II.2.

e) Fazit

Es ist dem überwiegenden Teil der Literatur beizupflichten, der das Gewinnentnahmerecht als notwendigen Bestandteil des Gewinnbeteiligungsrechts zum Kernbereich der Mitgliedschaft zählt. Dies bedeutet, dass grundsätzlich kein Gesellschafter gegen seinen Willen verpflichtet ist, an der Thesaurierung des Jahresgewinns mitzuwirken. Notwendig ist also die Zustimmung eines jeden Gesellschafters. Welche Konsequenzen dies für die gesellschaftsvertragliche Mehrheitsklausel hat, wird im folgenden Abschnitt diskutiert.

II. Erforderlichkeit von festen Grenzen der mehrheitlichen Thesaurierungskompetenz

1. Fragestellung und Meinungsspektrum

Wenn nunmehr die Kernbereichsrelevanz von Thesaurierungsbeschlüssen grundsätzlich bejaht wurde, stellt sich die Frage, welche Konsequenzen dies für die Ausgestaltung einer gesellschaftsvertraglichen Mehrheitsklausel hat. Der BGH hat in der Otto-Entscheidung ausdrücklich offen gelassen, ob bezüglich vorweggenommener Gewinnverwendungsentscheidungen im Rahmen der Gewinnfeststellung strengere Anforderungen an Mehrheitsklauseln zu stellen sind. Er konnte dies deshalb tun, weil die in Frage stehende Vertragsregelung grundsätzlich keinen Mehrheitsbeschluss, sondern eine bereits festgelegte jährliche Thesaurierung von 20 % des Jahresgewinnes vorschrieb. Von dieser Quote konnten die Gesellschafter zwar sowohl nach unten mehrheitlich als auch nach oben hin mit qualifizierter Mehrheit abweichen, dies hatten sie aber nach der Einschätzung des Gerichts nicht getan.[392]

Nach Ansicht einiger Autoren reicht es aus, wenn die Mehrheitsklausel auf die Thesaurierung ausdrücklich hinweist, um die Mehrheit zur Rücklagenbildung zu ermächtigen. Die Vereinbarung von Mindestausschüttungen oder Obergrenzen der Thesaurierung sei nicht notwendig. Die Klausel müsse zwar wegen des Eingriffs in den Kernbereich klar formuliert sein, eine allgemeine Ermächtigung der Mehrheit zur Rücklagenbildung ohne Begrenzung auf einen bestimmten Prozentsatz des Jahresergebnisses reiche jedoch aus, denn der Gesellschafter wisse auch dann, was auf ihn zukomme.[393] Die einzelne konkrete Mehrheitsentscheidung sei jedoch nur rechtmäßig, wenn sie in vertretbarer Weise die Interessen

392 Vgl. BGHZ 170, 283, 291, 294 ff.

393 MüKoHGB/*Grunewald*, § 167 Rn. 1, § 168 Rn. 16.

der Gesellschaft und der Gesellschafter gegeneinander abwäge.[394] Ebenso halten die Vertreter der Theorie, dass die Gewinnverwendung den Kernbereich der Mitgliedschaftsrechte bereits nicht berühre, eine solche Mehrheitsklausel für ausreichend.[395]

Nach anderer, weiter verbreiteter Meinung muss die Mehrheitsklausel, um als antizipierte Zustimmung der Gesellschafter zur Rücklagenbildung wirksam zu sein, nicht nur die Möglichkeit der Gewinnthesaurierung ausdrücklich benennen (Art des Eingriffes), sondern auch die relativen Grenzen der Thesaurierung festlegen (Ausmaß des Eingriffs). Fehle eine solche Präzisierung, so könne ein entsprechender mehrheitlich getroffener Thesaurierungsbeschluss auch dann keine Wirkung erlangen, wenn die Klausel die Rücklagenbildung ausdrücklich nenne.[396]

Andere entnehmen das Konzept der Obergrenzen eher dem gesellschaftsrechtlichen Belastungsverbot analog § 707 BGB.[397] Diese Autoren sehen keinen Unterschied zwischen einer nachträglichen Beitragserhöhung und der Bildung von Gewinnrücklagen und wollen daher die von Rechtsprechung und Literatur für Beitragserhöhungen einhellig geforderten Obergrenzen auch für Thesaurierungsklauseln fordern. In beiden Fällen komme es zu einer Erhöhung der risikotragenden Einlage insbesondere für Kommanditisten, des weiteren müssten die Gesellschafter im Falle einer Thesaurierung die Steuerlast tragen.

Die Frage nach der Notwendigkeit derartiger mehrheitsfester Grenzen ist für die Vertragsgestaltung maßgeblich. Zwar mag es ohnehin sinnvoll sein, die Gewinnverwendung im Gesellschaftsvertrag zu strukturieren. Diese eher starren Klauseln gehen jedoch zu Lasten der Flexibilität und können zu einer Ergebnisverteilung führen, die der konkreten finanziellen Lage der Gesellschaft nicht gerecht wird.[398] Ziel der Untersuchung ist daher herauszufinden, wie viel Flexibilität an dieser Stelle gesellschaftsrechtlich möglich bzw. zulässig ist.

---

394 MüKoHGB/*Grunewald*, § 168 Rn. 16.

395 *K. Schmidt*, ZGR 2008, 1, 22; *Priester*, DStR 2008, 1386, 1391; *Priester*, FS Schneider, 985, 997; *Paefgen*, FS Schneider, S. 929, 939.

396 Vgl. *Ulmer*, FS Lutter, S. 935, 944; Staub/*Schäfer*, § 122 Rn. 26; *Wertenbruch*, ZIP 2007, 798, 801; *Binz/Mayer* DB 2007, 1739, 1742.

397 *Haar*, Personengesellschaft im Konzern, S. 169, 170; *Haar*, NZG 2007, 601, 603 und *Wertenbruch*, ZIP 2007, 798, 801: „Im Bezug auf die Intensivierung des Eingriffs in die Rechtsstellung der Gesellschafter besteht vielmehr im Ergebnis kein wesentlicher Unterschied zwischen einer Beitragserhöhung und einer Gewinnthesaurierung."

398 Vgl. MüKoHGB/*Grunewald*, § 167 Rn. 13.

2. *Notwendigkeit mehrheitsfester Obergrenzen nach dem Rechtsgedanken des § 707 BGB?*

a) Das „Belastungsverbot"

Das Belastungsverbot ist rechtsformübergreifend (§§ 180 Abs. 1 AktG, 53 Abs. 3 GmbHG) anerkannt und für die Personengesellschaften in § 707 BGB festgelegt, der nach §§ 105 Abs. 3, 161 Abs. 2 HGB auch für OHG und KG gilt: Nach dieser Vorschrift sind die Gesellschafter einer Personengesellschaft im Innenverhältnis zu einer Erhöhung ihrer Beiträge nicht verpflichtet, sie schützt damit jeden Gesellschafter gegen unvorhersehbare Risiken.[399] Grundsätzlich können demnach Beitragserhöhungen, die eine Änderung des Gesellschaftsvertrages darstellen, nur mit Zustimmung eines jeden Gesellschafters, also einstimmig, beschlossen werden. Die Vorschrift gilt als dispositiv[400], d.h. der Gesellschaftsvertrag kann auch eine Mehrheitsentscheidung vorsehen. Aufgrund der Zustimmungspflicht ließ die Rechtsprechung eine allgemeine Mehrheitsklausel für Vertragsänderungen jedoch nicht ausreichen. Die Gesellschafter müssten § 707 BGB eindeutig abbedingen und damit ihre Zustimmung antizipiert im Gesellschaftsvertrag abgeben.[401] Dies erfordere eine eindeutige vertragliche Bestimmung, die Art und Ausmaß der zusätzlichen Belastung erkennen lasse, insbesondere eingrenzende Kriterien wie z.B. die Festlegung einer Obergrenze. Nach der Rechtsprechung des BGH sind also mehrheitlich beschlossene nachträgliche Beitragserhöhungen nur dann zulässig, wenn die gesellschaftsvertragliche Bestimmung eindeutig ist und Ausmaß und Umfang der möglichen zusätzlichen Belastung erkennen lässt, was die Angabe einer Obergrenze oder sonstige Kriterien erfordert, die das Erhöhungsrisiko eingrenzen. Dies gelte für eine antizipierte Zustimmung ebenso wie für die Unterwerfung unter einen Mehrheitsbeschluss.[402] Fehle es daran, so komme nur im Ausnahmefall eine Zustimmungspflicht aus Treuegedanken in Betracht, an die jedoch besonders hohe Anforderungen zu stellen seien, da ein

---

399 BGH v. 05.03.2007 – II ZR 282/05, DStR 2007, 771, 772. Siehe umfassend *Armbrüster*, ZGR 2009, 1 ff.; *Wertenbruch*, DStR 2007, 1680 ff.; *Struckmeier*, Mehrheitliche Kapitalerhöhungen, passim.

400 Kritisch dazu *Armbrüster*, ZGR 2009, 1, 8 und ZGR 2014, 333, 346 f.

401 Die grundsätzliche Disponibilität von § 707 BGB ist allgemein anerkannt und ergibt sich auch aus den Regelungen im GmbH-Recht wie den §§ 26 Abs. 1, 28 GmbHG. Siehe außerdem BGH WM 2005, 1608, 1609.

402 Vgl. BGH WM 2005, 1608, 1610 zu einer Publikums-KG; bestätigend BGH WM 2006, 577 (1. Leitsatz); BGHZ ZIP 2009, 1373, 1375.

Gesellschafter grundsätzlich nicht zu neuen Vermögensopfern gezwungen werden könne.[403]

Nicht ganz eindeutig geklärt ist das Verhältnis des Belastungsverbots zur Kernbereichslehre. Während die einen davon ausgehen, dass beide Institute gewissermaßen selbständig nebeneinander stehen bzw. sich ergänzen[404], sehen andere § 707 BGB vielmehr als Ausdruck und damit Teil der Kernbereichslehre an.[405] Die Rechtsprechung zu § 707 BGB begann schon zu Zeiten des Reichsgerichts (welches mit dem Eindeutigkeitserfordernis eigentlich den Grundstein für den späteren Bestimmtheitsgrundsatz legte) und damit vor der Entwicklung der Kernbereichslehre durch den BGH. Inzwischen wird aber jedenfalls begrifflich in der Rechtsprechung kein Unterschied mehr zwischen Kernbereichslehre und Belastungsverbot gemacht. So formuliert der BGH in einer Entscheidung vom 23.1.2006: „Wegen des damit [der Beitragserhöhung] verbundenen Eingriffs in den Kernbereich der Gesellschafterrecht hängt die Wirksamkeit einer solchen gesellschaftsvertraglichen Bestimmung dann aber davon ab, ob sie eindeutig ist und Ausmaß und Umfang der möglichen zusätzlichen Belastung erkennen lässt."[406] Konkret verlangt er für den Fall der Beitragserhöhung die Festlegung einer Obergrenze. Eine Begrenzung der Beitragserhöhung sei unabdingbar. Im Ergebnis wird hier also dasselbe gefordert wie bei anderen Eingriffen in den Kernbereich, nämlich die antizipierte Zustimmung der Gesellschafter im Vertrag. Es kann daher dahinstehen, ob das Belastungsverbot nun das Gegenstück der Kernbereichslehre ist oder einen Teil davon darstellt. Fest steht, dass nach absolut herrschender Meinung für die Zustimmung zur nachträglichen Beitragserhöhung mehrheitsfeste Grenzen zu fordern sind. Dass die Thesaurierung gewisse Ähnlichkeiten zur Beitragserhöhung aufweist, wurde bereits festgestellt. Fraglich ist, ob dies zu einer analogen Anwendung von § 707 BGB führt.

---

403 Vgl. BGHZ 183, 1, 9.

404 Vgl. *K. Schmidt*, ZGR 2008, 1, 16; *Priester*, FS Schneider, S. 985, 993: Das Belastungsverbot sei das Gegenstück zum Kernbereichsschutz, denn es schütze nicht vor Eingriffen in die Mitgliedschaft, sondern vor Zugriffen auf das außergesellschaftliche Vermögen.

405 *H. P. Westermann*, NZG 2010, 321, 322; *Struckmeier*, Mehrheitliche Kapitalerhöhungen, S. 129; MüKoBGB/*Schäfer*, § 707 Rn. 1.

406 BGH v. 23.1.2006 – II ZR 306/04, DStR 2006, 624, 625.

b) Vergleichbarkeit aufgrund der Steuerpflicht der Gesellschafter?

(1) Steuerpflicht

Zweck des Belastungsverbots ist der Schutz der Gesellschafter vor unerwartetem, neuen Aufwand. Hierdurch wird die außergesellschaftliche Vermögenssphäre der Gesellschafter geschützt. Sie sollen nicht gegen ihren Willen verpflichtet werden können, mehr als die bedungene Einlage aus ihrem Privatvermögen an die Gesellschaft leisten zu müssen. Erstes Argument der Befürworter einer entsprechenden Anwendung von § 707 BGB ist, dass die Gesellschafter auch für den thesaurierten Gewinn Steuern zahlen und somit ebenso wie bei der Beitragserhöhung Beträge aus dem eigenen Vermögen aufwenden müssen.[407] Für diesen Fall sehen sogar Befürworter möglichst weitreichender Thesaurierungskompetenzen für die Mehrheit die Vergleichbarkeit mit einer Beitragserhöhung, da in diesem Fall der Gesellschafter sein Privatvermögen einsetzen müsse.[408] Das Argument gilt jedoch nur, sollte tatsächlich eine entsprechende Pflicht der Gesellschafter bestehen. Dies wird im Folgenden diskutiert.

(2) Steuerentnahmerecht

(a) Die Besteuerung der Personenhandelsgesellschaften und ihrer Gesellschafter

Die Personenhandelsgesellschaften als solche sind weder Steuersubjekt nach dem Einkommensteuergesetz[409] noch nach dem Körperschaftsteuergesetz[410]. Anders als bei den Kapitalgesellschaften wird der von der OHG oder KG erzielte Gewinn nicht auf der Ebene der Gesellschaft, sondern anteilig auf der Ebene der Gesellschafter besteuert. Die Einkünfte werden einheitlich auf der Gesellschaftsebene

407 Vgl. *Binz/Mayer*, DB 2007, 1739, 1742.

408 Siehe *Priester*, FS Schneider, S. 985, 993, jedenfalls bei vollständiger Thesaurierung.

409 Vgl. § 1 EStG: nur natürliche Personen.

410 Vgl. § 1 KStG. Die Steuerrechtsfähigkeit ist im deutschen Steuerrecht nicht allgemein bestimmt, sondern richtet sich nach dem jeweiligen Steuergesetz. Die Personenhandelsgesellschaften sind Steuersubjekte im Hinblick auf die Gewerbesteuer, die Umsatzsteuer, die Grunderwerbsteuer und die Kfz-Steuer. Als Arbeitgeber haften die Personenhandelsgesellschaften außerdem als Steuerentrichtungspflichtige für die Lohnsteuer, vgl. *Birk/Desens/Tappe*, Steuerrecht, Rn. 1101 ff.; Staub/*Schäfer*, § 105 Rn. 374.

ermittelt[411] und nach § 15 Abs. 1 S. 1 Nr. 2 EStG unmittelbar den einzelnen Gesellschaftern als originäre eigene Einkünfte zugerechnet.[412]

Die Einkünfte des Gesellschafters sind in zwei Stufen zu ermitteln. Auf der ersten Stufe wird der Gewinnanteil aus der Gesellschaft berechnet. Hierfür gelten die allgemeinen Gewinnermittlungsgrundsätze nach den §§ 4 bis 7k EStG, für die Personenhandelsgesellschaften muss also auf Grundlage der Handelsbilanz eine Steuerbilanz erstellt werden. Daraus ergibt sich, in der Regel nach dem Gewinnverteilungsschlüssel des Gesellschaftsvertrags, der Gewinnanteil des jeweiligen Gesellschafters.[413] Auf der zweiten Stufe der Gewinnermittlung, auch „Sonderbereich“ genannt, sind in der Sonderbilanz das Sonderbetriebsvermögen und die Sondervergütungen des einzelnen Gesellschafters aufzunehmen.[414]

Wichtig in Bezug auf offene Rücklagen ist, dass es bei den Personengesellschaften, anders als bei Kapitalgesellschaften, keinen Unterschied macht, ob die ermittelten Gewinne tatsächlich ausgeschüttet oder thesauriert werden. Der Gewinn wird den Gesellschaftern unabhängig von der konkreten Gewinnverwendung zugerechnet und muss von diesen versteuert werden,[415] d.h. dass die Gesellschafter den gesamten Gewinn versteuern müssen, auch wenn weniger oder im Extremfall gar kein Gewinn ausgeschüttet wird.

(b) Die Thesaurierungsbegünstigung nach § 34a EStG

Die Besteuerung von nicht ausgeschütteten Gewinnen kann für die Gesellschafter eine erhebliche Belastung darstellen, für die sie eventuell auch mit ihrem Privatvermögen aufkommen müssen. Um Personengesellschafter zu entlasten[416], hat

---

411 Da die Gesellschaft selbst Subjekt der Gewinnerzielung, Gewinnermittlung und der Qualifikation der Einkünfte ist, spricht man auch von partieller Steuerrechtsfähigkeit der Personengesellschaft, vgl. BFH, GrS 4/82, BStBl II 1984, 751, 761; BFH BStBl II 1995, 617, 621; *Hüttemann*, Gedächtnissymposium Knobbe-Keuk, S. 39, 41, 45 f.; *Meyer*, Steuerliches Leistungsfähigkeitsprinzip; S. 500 f.; *Birk/Desens/Tappe*, Steuerrecht, Rn. 1103.

412 Vgl. *Hüttemann*, Gedächtnissymposium Knobbe-Keuk, S. 39, 40; Schmidt/*Wacker*, § 15 Rn. 160. Bei juristischen Personen als Gesellschafter unterliegen die Einkünfte der Körperschaftsteuer.

413 Eventuell kommen auf der ersten Stufe noch korrigierende Ergänzungsbilanzen für einzelne Gesellschafter in Betracht.

414 Vgl. insgesamt zur Einkünfteermittlung Schmidt/*Wacker*, § 15 Rn. 400 ff.; *Birk/Desens/Tappe*, Steuerrecht, Rn. 1132 ff.

415 Vgl. *Birk/Desens/Tappe*, Steuerrecht, Rn. 1133 a.E.; *Ernst*, BB 1961, 377.

416 Die Thesaurierungsbelastung von Kapitalgesellschaften liegt bei 29, 83 %, die Regelbesteuerung von Personengesellschaftern liegt sowohl für thesaurierte als auch

der Gesetzgeber in der Unternehmensteuerreform 2008 eine Thesaurierungsbegünstigung eingeführt, nach der die Gesellschafter nicht entnommene Gewinne mit einem geringeren Steuersatz (28,25 % zuzüglich 5,5 % SolZ) versteuern können. Die Thesaurierungsbegünstigung muss nach § 34a Abs. 1 S. 2 EStG für jeden Veranlagungszeitraum von jedem einzelnen Gesellschafter beantragt werden, antragsberechtigt sind jedoch nur solche Gesellschafter, deren Anteil am Gewinn der Gesellschaft 10 % oder einen Betrag von 10.000 Euro übersteigt. Entnimmt der Gesellschafter in späteren Geschäftsjahren den begünstigten Gewinn oder einen Teil davon, so kommt es zu einer Nachversteuerung des Betrages (25 %) abzüglich der Vorbelastung.

Die Einführung der Thesaurierungsbegünstigung wurde von der Literatur unterschiedlich bewertet.[417] Für die hier zugrunde liegende Fragestellung, ob die Thesaurierungsbegünstigung zu einer anderen Bewertung von Mehrheitsklauseln, die die Bildung offener Rücklagen ermöglichen sollen, führen kann, ist zu bedenken, dass bereits ausweislich der Gesetzesbegründung § 34a EStG hauptsächlich den sehr ertragsstarken Unternehmen zugutekommen soll.[418] Die Thesaurierungsbegünstigung ist insbesondere dann lohnend, wenn die Gesellschafter einen Grenzsteuersatz nahe dem Spitzensteuersatz haben. Da aber nur etwa 10 % der Steuerpflichtigen einen Steuersatz von 42 % oder mehr haben[419], stellt sie für die Mehrheit der Mitunternehmer keine brauchbare Alternative dar. Hinzu kommt, dass der Sondertarif nicht für den mit Gewerbesteuer belasteten Teil des Gewinnes gilt und häufig die Belastung zusätzlich durch Steuer- und sonstige Entnahmen steigt.[420] Insofern soll die Thesaurierungsbegünstigung im Folgenden vernachlässigt werden.

---

für entnommene Gewinne (bei einem Einkommenssteuersatz von 45 %) bei 47, 44%, vgl. Schmidt/*Wacker*, § 34a Rn. 1, 3; *Birk/Desens/Tappe*, Steuerrecht, Rn. 1100. Ausweislich der Begründung des Gesetzesentwurfs sollen vor allem ertragsstarke und im internationalen Wettbewerb stehende Personengesellschaften ähnliche Thesaurierungsbedingungen wie bei Kapitalgesellschaften vorfinden, vgl. BT-Drucks. 16/4841, S. 1 f., 32.

417 Ausführlich zur Vorteilhaftigkeit der Thesaurierungsbegünstigung und ihrer Einschätzung in der Literatur *Schanz/Kollruss/Zipfel*, DStR 2008, 1702 ff. Vgl. zur Kritik auch Schmidt/*Wacker*, § 34a Rn. 5.

418 Zu diesem Ergebnis kommen auch *Knief/Nienaber*, BB 2007, 1309, 1315.

419 Vgl. *Schanz/Kollruss/Zipfel*, DStR 2008, 1702, 1706 .

420 Vgl. Schmidt/*Wacker*, § 34a Rn. 5; Rödder, Beihefter zu DStR 2007, Heft 40, S. 4.

(c) Steuerentnahmerecht der Gesellschafter

Umstritten ist, ob den Gesellschaftern das Recht zusteht, den für die Begleichung der Steuerschuld erforderlichen Betrag aus dem Gesellschaftsvermögen zu entnehmen. Zweifelsohne kann ein solches Steuerentnahmerecht im Gesellschaftsvertrag vereinbart werden, fraglich ist aber, ob es auch ohne entsprechende Vertragsklausel – wenn sie beispielsweise im Rahmen des Vertragsschluss vergessen wurde – besteht oder nicht. Der BGH vertrat diesbezüglich lange die Ansicht, es gebe neben den Entnahmerechten des § 122 Abs. 1 Hs. 2 und § 169 Abs. 1 S. 2 HGB kein gesondertes Steuerentnahmerecht der Gesellschafter[421], es sei daher zwingend notwendig, dafür im Gesellschaftsvertrag Vorsorge zu treffen.[422] Der BGH hat diese Ansicht noch nicht aufgegeben, aber insofern modifiziert, als er es nunmehr für möglich hält, dass tatrichterlich darüber entschieden werden könne, ob den Gesellschaftern ein solcher Anspruch, wenn er nicht im Gesellschaftsvertrag begründet sei, zuerkannt werde.[423]

Nach der überwiegenden Gegenmeinung können die Gesellschafter den Betrag der auf sie entfallenden Steuern aus dem Gesellschaftsvermögen entnehmen und dies auch für den Fall, dass es an einer entsprechenden vertraglichen Regelung mangelt.[424] Der Anspruch wird teilweise aus dem Gedanken der gesellschaftlichen Treuepflicht in Verbindung mit den gesetzlichen Entnahmerechten

421 BGHZ 132, 263, 277.

422 BGH ZIP 1990, 1327, 1328.

423 BGHZ 132, 263, 277. Von der Grundaussage (Gesetz kennt kein Steuerentnahmerecht) her zustimmend *Hopt*, FS Odersky, S. 799, 804, 805 und Baumbach/Hopt/*Roth*, § 122 Rn. 17, der allerdings eine (ggf. stillschweigende) Vereinbarung, dass jedenfalls der für die Steuerschuld notwendige Betrag entnehmbar ist, für möglich hält.

424 Nach Staub/*Schäfer*, § 122 Rn. 30, die ganz h.M.; nach *Schön*, FS Beisse, 471, 487, von der Literatur nahezu einhellig gefordert; vgl. MüKo/*Priester*, § 122 Rn. 61; *Meyer*, Steuerliches Leistungsfähigkeitsprinzip, S. 538 ff. unter Berufung auf das steuerliche Leistungsfähigkeitsprinzip; *Binz/Sorg*, DB 1996, 969, 972; *Schön*, FS Beisse, S. 471, 487; *Ulmer*, FS Lutter, S. 935, 952; *Schulze-Osterloh*, BB 1997, 1783, 1786; wohl auch E/B/J/S/*Ehricke*, § 122 Rn. 55, wobei *Ehricke* davon ausgeht, dass dies auch aus der Rechtsprechung des BGH folge. Für ein Steuerentnahmerecht aus Treuepflicht nur in begrenzten Ausnahmefällen *Ganßmüller*, Das Steuerentnahmerecht der Gesellschafter von Personengesellschaften, S. 38; *Ganßmüller*, DB 1968, S. 1299 f.

oder dem Gesellschaftsvertrag hergeleitet[425] oder aber die Steuern werden als Aufwendungen in Gesellschaftsangelegenheiten nach § 110 HGB qualifiziert[426].

(d) Stellungnahme

Ohne ein Steuerentnahmerecht sind die Gesellschafter im Falle einer hohen Thesaurierungsquote gezwungen, die Steuerschuld aus ihrem Privatvermögen zu begleichen. Das Steuerentnahmerecht ist daher für die Stellung des Gesellschafters immens wichtig, denn ohne ein solches Recht kann er finanziell viel stärker belastet sein und viel eher „gefügig" gemacht werden als durch das bei der Thesaurierung oft befürchtete „Aushungern".[427] Der Gesetzgeber hat das Thesaurierungsinteresse der Gesellschaft bis auf den Fall des „offenbaren Schadens" vernachlässigt, er hat den Gesellschaftern einen Vollausschüttungsanspruch zugesprochen. Vor diesem Hintergrund erscheint es unzumutbar, dass die Gesellschafter, wenn sie die Thesaurierung der Gewinne beschließen, also bei einem (je nach Gestaltung mehr oder weniger) freiwilligen Verzicht auf die Entnahme ihres Gewinnanteils, für die Steuerschuld mit ihrem restlichen Privatvermögen aufkommen müssen.[428] Der BGH widerspricht sich an dieser Stelle in seiner Entscheidung selbst, wenn er einerseits aus § 122 Abs. 1 Hs. 2 HGB einen Anspruch auf Vollausschüttung und aus der Steuerpflicht eine Verpflichtung der Gesellschafter, entsprechende Ausschüttungen zu beschließen, herleitet, gleichzeitig aber der Ansicht ist, ein Anspruch auf Steuerentnahme bestehe „neben" § 122 HGB nicht.[429] Insofern ist es unerlässlich, ein Recht der Gesellschafter auf Entnahme des zur Begleichung der Steuerschuld erforderlichen Betrages anzuerkennen, wobei es im Ergebnis keine weiteren Auswirkungen hat, ob man dieses Recht aus dem Treupflichtgedanken oder aus § 110 HGB (analog)

---

425 *Binz/Sorg*, DB 1996, 969, 972; E/B/J/S/*Ehricke*, § 122 Rn. 55; *Ganßmüller*, Das Steuerentnahmerecht der Gesellschafter von Personengesellschaften, S. 38; *Ganßmüller*, DB 1968, S. 1299 f.

426 *Schön*, FS Beisse, S. 471, 487; MüKoHGB/*Priester*, § 122 Rn. 61; *Priester*, FS Schneider, S. 985, 996; *Ulmer*, FS Lutter, S. 935, 952; ablehnend ohne weitere Erklärung *Schulze-Osterloh*, BB 1997, 11783, 1786; für eine analoge Anwendung von § 110 HGB *Meyer*, Steuerliches Leistungsfähigkeitsprinzip, S. 548 ff.

427 Vgl. *Binz/Sorg*, DB 1996, S. 969, 972 f., die darin eine faktische Nachschusspflicht sehen; zustimmend *Schön*, FS Beisse, S. 471, 487.

428 Vgl. *Ulmer*, FS Lutter, S. 935, 952.

429 Vgl. E/B/J/S/*Ehricke*, § 122 Rn. 55; *Binz/Sorg*, DB 1996, S. 969, 972.

herleitet.[430] Gleichwohl ist der Ansicht, die sich auf den Aufwendungsersatzanspruch stützt, zuzustimmen. Da die Besteuerung der Gewinnanteile der Gesellschafter letztlich darauf gerichtet ist, den von der Gesellschaft erzielten Gewinn steuerlich zu erfassen, ist es konsequent, dass diese zunächst und insbesondere bei Thesaurierung des Gewinns die Steuerlast trägt.[431] Insofern ist die Steuerpflicht eine „Aufwendung in Angelegenheit der Gesellschaft".[432] Freilich ist der Aufwendungsersatz als Vorschuss zu verstehen, denn wenn dem Gesellschafter die Gewinne letztendlich zukommen, muss er auch die Steuerlast tragen, d.h. die Entnahme muss zu Lasten seines Kapitalanteils oder eines Gewinnkontos gebucht werden.[433]

Demzufolge stellt die Steuerpflicht der Gesellschafter kein Argument für eine analoge Anwendung von § 707 BGB dar. Da sie berechtigt sind, den für die Steuerschuld benötigten Betrag zu entnehmen, müssen sie nicht auf ihr Privatvermögen zurückgreifen. Nichtsdestoweniger sollte im Hinblick auf die Ansicht des BGH[434] der Gesellschaftsvertrag eine entsprechende Regelung vorsehen, insbesondere weil die Berechnung des konkreten Entnahmerechts aufgrund der

---

430 Fraglich bleibt, ob ein Steuerentnahmerecht auch im Falle des „offenbaren Schadens" zugebilligt werden kann. Stützt man das Steuerentnahmerecht auf § 110 HGB, so kann es keinen Unterschied machen, ob die Gesellschaft sich in einer finanziellen Notlage i.S.v. § 122 Abs. 1 Hs. 2 HGB befindet. Ist jedoch die gesellschaftliche Treuepflicht Grundlage des Steuerentnahmerechts, so könnte man in einem Extremfall annehmen, dass die Treuepflicht die Entnahme verbietet, wenn ansonsten der Gesellschaft ein massiver Schaden entsteht und es den Gesellschaftern zumutbar ist, die Steuern (ggf. vorerst) aus eigener Tasche zu zahlen. In diesem Sinne entschied auch das LG Düsseldorf, 39 O 219/09, GWR 2010, 348 (Kurzwiedergabe) für den Fall eines vertraglich vorgesehenen Steuerentnahmerechts. Hiergegen spricht allerdings, dass der Gesellschaft ein „offenbarer Schaden" wohl nicht durch die Besteuerung der von ihr selbst erzielten Gewinne entstehen kann, vgl. *Meyer*, Steuerliches Leistungsfähigkeitsprinzip, S. 544 ff. Die Gesellschafter sind daher in jedem Fall berechtigt, den für die Steuerzahlung notwendigen Betrag zu entnehmen.

431 Vgl. *Schön*, FS Beisse, S. 471, 488.

432 Der Einwand, dass es an der Freiwilligkeit der Aufwendung mangele, vgl. E/B/J/S/*Ehricke*, § 122 Rn. 56, überzeugt nicht, da es nicht auf die Freiwilligkeit im Außenverhältnis ankommt. Materiell besteht eine Verpflichtung der Gesellschaft, dass der Gesellschafter auch eine eigene Pflicht erfüllt, steht dem nicht entgegen.

433 So *Schön*, FS Beisse, S. 471, 488; zustimmend *Ulmer*, FS Lutter, S. 935, 952.

434 Der BGH hält es zwar anscheinend nicht für ausgeschlossen, dass im Einzelfall der Tatrichter ein Steuerentnahmerecht aus gesellschaftlicher Treuepflicht annimmt, auf eine generelle Geltung kann man sich aber nicht verlassen.

vierteljährlich anfallenden Steuervorauszahlung (§ 37 EStG) und der verschiedenen Steuersätze der Gesellschafter schwierig ist.[435]

c) Vergleichbarkeit aufgrund der Erhöhung des „Risikokapitals“

(1) Mögliche Auswirkungen der Thesaurierung auf das „Risikokapital“

Fraglich ist, ob für die Rücklagenbildung entsprechend § 707 BGB das Belastungsverbot gelten muss, da das „Stehenlassen“ von Gewinnen zu einer Umwandlung in effektives Eigenkapital führt und sich damit die Verlustbeteiligung der Kommanditisten erhöht.[436]

Nach der gesetzlichen Regelung des § 167 Abs. 3 HGB nimmt der Kommanditist am Verlust der Gesellschaft „nur bis zum Betrage seines Kapitalanteils und seiner noch rückständigen Einlage teil“. Wie oben bereits dargestellt wurde[437], nimmt der Kommanditist, wenn das Kapitalkonto den Stand seiner Einlage erreicht hat, mit darüber hinausgehenden Gewinnen nicht am späteren Verlust der Gesellschaft teil. Spätere Verlustanteile werden von seinem Kapitalkonto abgebucht. Ihn trifft weder eine Ausgleichspflicht, wenn er die Gewinnanteile entnommen hat, noch werden die späteren Verluste mit den Gewinnanteilen verrechnet, wenn er sie – warum auch immer – in der Gesellschaft hat stehen lassen.

Dies ändert sich bereits dann, wenn der Gesellschaftsvertrag statt des gesetzlichen Modells das sog. „Zwei-Konten-Modell“ vorsieht, bei dem auf dem beweglichen Kapitalkonto II neben Gewinnanteilen und Entnahmen auch die Verlustanteile gebucht werden. Der Kommanditist begibt sich des Vorteils der §§ 167 Abs. 2, 169 Abs. 2 HGB, er wird wie ein Komplementär behandelt.[438] Gewinnanteile aus vorherigen Geschäftsjahren, die dem Kapitalkonto II zugeschrieben wurden und die entweder stehen gelassen wurden oder aufgrund eines Thesaurierungsbeschlusses nicht entnahmefähig sind, werden mit den Verlusten späterer Jahre verrechnet.[439] Dasselbe Ergebnis wird beim „Drei-Konten-Modell“ erzielt, bei dem das Kapitalkonto II als Rücklagenkonto fungiert, von dem spätere

435 Vgl. *Ulmer*, FS Lutter, S. 935, 952, E/B/J/S/*Ehricke*, § 122 Rn. 54. Dazu eingehend *Barz*, FS Knur, S. 25, 28 ff, 35 ff.

436 So *Huber*, GS Knobbe-Keuk, S. 203, 209 f.; *Haar*, NZG 2007, 601, 603; *Haar*, Personengesellschaft im Konzern, S. 169 f.; *Wertenbruch*, ZIP 2007, 798, 801; *Oppenländer*, DStR 1999, 939, 942.

437 Siehe oben Erster Teil § 1B.II.2.b).

438 Vgl. *Oppenländer*, DStR 1999, 939, 941.

439 Vgl. *Huber*, ZGR 1988, 1, 50.

Verluste abgebucht werden. Beim „Vier-Konten-Modell" wird demgegenüber ein separates Verlustvortragskonto geführt, auf dem Verluste zu verbuchen sind. Künftige Gewinne sind dann zur Vermeidung der Haftung nach § 172 Abs. 4 S. 2 HGB zum Ausgleich des Debets auf dem Verlustvortragskonto zu verwenden. Dies bedeutet, dass beim Vier-Konten-Modell nicht nur die Verrechnung von Verlusten mit früheren, entnahmefähigen Gewinnanteilen ausgeschlossen ist, sondern gegebenenfalls auch mit solchen, die nicht entnahmefähig sind und der Gesellschaft als Rücklage dienen.[440] Dann verliert das Rücklagenkonto allerdings seinen Eigenkapitalcharakter.[441] Der Gesellschaftsvertrag kann auch vorsehen, dass das Guthaben auf den Kapitalkonten II gegebenenfalls, z.B. für den Fall, dass im Folgejahr kein ausreichender Gewinn erzielt wird, zum Ausgleich der Verlustvortragskonten herangezogen wird, was letztlich in den meisten Fällen auch dem Sinn und Zweck des Guthabens auf diesem Konto, das eine Rücklage der Gesellschaft darstellen soll, entsprechen wird.[442]

Es trifft demnach also zu, dass der Kommanditist im Falle der „echten" Rücklagenbildung (in der der nicht entnahmefähige Teil des Gewinns in Eigenkapital umgewandelt wird) über seine Einlage hinaus mit dem Betrag des auf ihn fallenden Rücklagenanteils an späteren Verlusten der Gesellschaft teilnimmt. Genauso erhöht sich seine Teilnahme am Verlust der Gesellschaft im Falle einer Beitragserhöhung. Auf den persönlich haftenden Gesellschafter, den im jeden Fall eine Ausgleichspflicht nach § 735 BGB i.V.m. §§ 105 Abs. 3, 161 Abs. 2 HGB trifft, sind diese Überlegungen nur eingeschränkt übertragbar. Für ihn bedeutet die Rücklagenbildung zwar ebenfalls, dass ihm die Entnahme und damit gegebenenfalls eine andere Investitionsmöglichkeit entzogen wird, die Verlustbeteiligung bleibt jedoch dieselbe. Das persönliche Haftungsrisiko des Komplementärs würde demgegenüber durch eine fehlende oder zu geringe Rücklagenbildung erhöht: Gerät das Gesellschaftsunternehmen aufgrund der schlechten Eigenkapitallage in eine Krise, so werden sich in dieser Situation Gläubiger eher und vermehrt an die Gesellschafter persönlich wenden, ohne dass diese Rückgriff auf das Gesellschaftsvermögen nehmen können.[443]

---

440 Vgl. *Huber*, ZGR 1988, 1, 88.

441 Vgl. *Oppenländer*, DStR 1999, 939, 942.

442 Vgl. *Huber*, ZGR 1988, 1, 89.

443 Vgl. zu diesem Aspekt MüKoHGB/*Grunewald*, § 167 Rn. 5.

(2) Vergleichbarkeit mit einer Beitragserhöhung

Die oben getroffenen Feststellungen sind allerdings noch nicht ganz vollständig. Der Kommanditist nimmt nämlich nicht nur mit seiner Einlage am Verlust der Gesellschaft teil, sondern auch mit denjenigen Gewinnen, die eine Gesellschaft erzielt, nachdem ein Verlust eingetreten ist.[444] Ist die Einlage, d.h. das Kapitalkonto, durch Verluste gemindert, so muss der danach entstehende Gewinn vorrangig dafür verwendet werden, diese Verluste wieder auszugleichen (auch, wenn sie die Einlage überschreiten). Erst danach kann der Gesellschafter wieder die Verbuchung der Gewinne auf seinem Darlehens-, bzw. Privatkonto verlangen. Hat also die Gesellschaft im Jahr 03 einen Verlust erlitten, der durch das Guthaben auf den Rücklagenkonten der Gesellschafter ausgeglichen werden konnte, so sind Gewinne, die die Gesellschaft im Geschäftsjahr 04 erzielt, direkt ausschüttungsfähig. Ohne ein verlustausgleichendes Rücklagenkonto müssten diese Gewinne zunächst dazu verwendet werden, den in 03 erlittenen Verlust, der die Einlage mindert, auszugleichen. Eine dennoch erfolgte Ausschüttung würde zum Wiederaufleben der Haftung des Kommanditisten nach § 172 Abs. 4 S. 2 HGB führen.[445] Unter der Prämisse, dass der Gesellschafter in der Gesellschaft verbleibt und dass die Gesellschaft nach Verlusten auch wieder einen Gewinn erzielt, kommt es daher lediglich zu einer „Verschiebung“ der Gewinnausschüttung. Die Beitragserhöhung hat demgegenüber diesen Effekt nicht. Hier wird die Einlageleistung erhöht und dementsprechend steigt auch nach § 167 Abs. 3 HGB die Verlustbeteiligung des Gesellschafters. Wird die Einlage auf dem Kapitalkonto nachfolgend durch einen Verlust gemindert, so muss der Kommanditist im Folgejahr ihm zustehende Gewinne zunächst zum Ausgleich dieses Verlustes verwenden, eine Ausschüttung würde das Wiederaufleben der Haftung nach sich ziehen.

Daraus folgt: Es trifft zu, dass die Gewinnthesaurierung dazu führt, dass der Kommanditist über seine Einlageleistung hinaus mit dem Betrag seines Rücklagenanteils an späteren Verlusten der Gesellschaft teilnimmt. Da er aber in jedem Fall über seine Einlage hinaus mit späteren Gewinnen am Verlust der Gesellschaft teilnimmt, führt dies gegebenenfalls nur zu einer Verschiebung der Verlustbeteiligung. Insofern steht der Rücklagenbildung hier ein gewisser „Ausgleich“ entgegen, der gegen eine Vergleichbarkeit von Beitragserhöhung und Thesaurierung und damit auch gegen eine entsprechende Anwendung von § 707 BGB spricht. Grundsätzlich ist der Gedanke, dass jeder Gesellschafter das Maß seiner durch

---

444 Vgl. *Huber*, GS Knobbe-Keuk, S. 203, 209 f.

445 Vgl. *Huber*, GS Knobbe-Keuk, S. 203, 210 f.

die Mitgliedschaft eingegangenen Belastung abschätzen können muss, zwar verallgemeinerungsfähig. Dennoch stellt sich die Situation für die Gesellschafter bei der Bildung von Gewinnrücklagen anders dar als bei der nachträglichen Erhöhung der Beitragspflichten. Wird in einer Gesellschaft in jedem Geschäftsjahr, unabhängig vom Finanzbedarf, ein Teil des Jahresergebnisses in offene Rücklagen eingestellt, so muss der Kommanditist gegebenenfalls mehr Kapital in die Gesellschaft investieren als ursprünglich geplant. Steht ihm kein weiteres Kapital zur Verfügung, so bieten sich ihm keine anderen Investitionsmöglichkeiten, um das Risiko zu streuen. Gleichzeitig erhöht sich aber für ihn die Wahrscheinlichkeit, einen späteren Gewinnanteil schneller wieder entnehmen zu können.

Darüber hinaus wird bei der Rücklagenbildung nicht das sonstige Vermögen der Gesellschafter belastet, vielmehr belassen sie Vermögenswerte in der Gesellschaft und verzichten, eventuell nur temporär, auf deren Entnahme.[446] Laut BGH soll § 707 BGB die Gesellschafter vor unerwartetem Aufwand schützen. Die Vorsorge durch Rücklagenbildung gehört jedoch für moderne Unternehmen zum „Normalprogramm", es muss also jeder Gesellschafter in einem gewissen Rahmen damit rechnen, dass Gewinne zum Zwecke der Rücklagenbildung einbehalten werden.[447] Anders als bei Beitragserhöhungen und § 707 BGB, der bei Verlusten der Gesellschaft einer Auflösung und Liquidation den Vorrang vor einer Nachschusspflicht einräumt[448], kann der Gesellschafter bereits aufgrund der Ausschüttungsschranke, die die Vorschrift des § 122 Abs. 2 HGB vorsieht, nicht ernsthaft darauf vertrauen, dass ihm in jedem Geschäftsjahr sein kompletter Anteil am Gewinn zur Verfügung steht.

Auch ein weiterer Gedanke, der hinter § 707 BGB und den unverzichtbaren Obergrenzen steht, passt nicht so recht auf die Rücklagenbildung. Die Obergrenzen seien unverzichtbar, weil die Höhe künftiger Unterdeckungen und damit das Risiko nicht vorhersehbar seien. Jeder Gesellschafter solle aber das Maß seiner durch die Mitgliedschaft eingegangenen Belastung abschätzen können. Bei der Rücklagenbildung aus dem Gewinn kann nie mehr als der gesamte Jahresgewinn thesauriert werden, insofern ist hier das Risiko schon eher kalkulierbar und kann keine ähnlich erheblichen Dimensionen erreichen wie bei unlimitierten Nachschusspflichten.[449] Dass Rücklagenbildung und Beitragserhöhung in dieser Hinsicht nicht dasselbe sind, ist auch daran erkennbar, dass für die Rücklagenbildung

---

446 Vgl. MüKoHGB/*Grunewald*, § 167 Rn. 5; *Priester*, FS Schneider, S. 985, 993.

447 Dies könnte man angesichts des Vollausschüttungsgebots auch anders sehen, vgl. *Wahlers/Orlikowski-Wolf*, ZIP 2012, 1161, 1165.

448 Vgl. *Wertenbruch*, DStR 2007, 1680.

449 Vgl. OLG Stuttgart, Urteil v. 27.08.2008 – 14 U 50/07 (Juris Rz. 57), DStR 2009, 651.

anders als für die Beitragserhöhung vernünftigerweise niemand eine absolute Begrenzung fordert.[450]

d) Fazit

Es hat sich gezeigt, dass die Interessenlage bei Beitragserhöhungen und Thesaurierungen nur bedingt vergleichbar ist. Zwar trifft die Gesellschafter einer Personengesellschaft auch bei Thesaurierung ihres gesamten Gewinnanteils in der Regel (unter Vorbehalt der Thesaurierungsbegünstigung) die volle Steuerpflicht gemäß § 15 EStG. Dies stellt aber keine „Nachschusspflicht" dar, da die Gesellschafter auch ohne Vereinbarung eines vertraglichen Steuerentnahmerechts gemäß § 110 HGB berechtigt sind, den für die Steuerzahlung erforderlichen Betrag aus dem Gesellschaftsvermögen zu entnehmen. Für die Kommanditisten bedeutet die Rücklagenbildung gegebenenfalls eine höhere Beteiligung am Verlust des Gesellschaftsunternehmens. Dem gegenüber steht jedoch der Vorteil, früher auf spätere Gewinnanteile zugreifen zu können, so dass es gegebenenfalls lediglich zu einer „Verschiebung" von Gewinnentnahmeansprüchen kommt. Selbst wenn dies nicht so ist, mangelt es aufgrund der Vorhersehbarkeit und dem eher zu kalkulierenden Risiko bei der Rücklagenbildung an der erforderlichen Vergleichbarkeit der Interessenlage mit der nachträglichen Beitragserhöhung. Dementsprechend kann aus der entsprechenden Anwendung von § 707 BGB kein Erfordernis mehrheitsfester Obergrenzen für die Thesaurierungsklausel entnommen werden.

3. *Die Notwendigkeit fester Grenzen als Auswirkung der Zustimmungsbedürftigkeit*

a) Die Zustimmung zum Eingriff in den Kernbereich

Wenn auch nicht die entsprechende Anwendung von § 707 BGB zu der Notwendigkeit von mehrheitsfesten Grenzen der Thesaurierungskompetenz der Gesellschaftermehrheit führt, so könnte sich diese dennoch aus den allgemeinen Anforderungen der Kernbereichslehre ergeben, die für jeden Eingriff in ein kernbereichsrelevantes Recht die Zustimmung der betroffenen Gesellschafter fordert. Muss dann die Mehrheitsklausel Umfang und Ausmaß des Eingriffes näher umschreiben oder reicht es nicht vielmehr aus, dass sie ausdrücklich Bezug auf die Thesaurierung nimmt? Zunächst einmal verlangt die Kernbereichslehre ganz unabhängig davon, ob es um eine Mehrheitsentscheidung oder um

450 Vgl. z.B. Staub/*Schäfer*, § 120 Rn. 42.

einen einstimmigen Beschluss geht, die Zustimmung eines jeden betroffenen Gesellschafters zu der aus dem Beschluss folgenden Verkürzung seiner Rechte. Wie bereits erwähnt, muss unterschieden werden zwischen der Stimmabgabe einerseits und der Zustimmung andererseits. Das Stimmrecht ist die Befugnis, durch Stimmabgabe am Zustandekommen von Beschlüssen der Gesellschafter oder eines Gesellschaftsorgans wie der Gesellschafterversammlung mitzuwirken.[451] Das Zustimmungsrecht ist demgegenüber im Sinne von § 182 BGB zu verstehen und geht insofern über das Stimmrecht hinaus, als es unabhängig von Mehrheitsbefugnissen über die Wirksamkeit eines Gesellschafterbeschlusses entscheiden kann.[452] Zwar kann vor allem in der positiven Stimmabgabe auch die Zustimmung zum Kernbereichseingriff liegen, genauso wie in einer ablehnenden Stimme zumeist auch die Verweigerung der Zustimmung liegen wird.[453] Dennoch ist beides auseinanderzuhalten. Gibt der Gesellschafter im Rahmen der Beschlussfassung auch seine Zustimmung zum Eingriff in den Kernbereich – sei es durch positive Stimmabgabe oder weil er sich letztendlich dem Mehrheitswillen beugt –, so ist diese Zustimmung auf einen konkreten Beschluss mit bestimmtem Beschlussinhalt bezogen. Der Gesellschafter weiß in diesem Moment genau, inwieweit er mit der Verkürzung seiner Rechte bei Durchführung des Beschlusses rechnen muss.

b) Folgerung für die antizipierte Zustimmung

Wenn nun die Zustimmung, so wie es der ganz herrschenden Meinung entspricht[454], bereits antizipiert im Rahmen der Mehrheitsklausel abgegeben werden kann, so leuchtet ein, dass der Beschlussinhalt in den allermeisten Fällen nicht im selben Maße bestimmt sein kann wie bei der ad-hoc-Zustimmung. Dies gilt vor allem für den Bereich der Gewinnverwendung und Rücklagenbildung, da dieser Beschlussgegenstand jedes Jahr relevant wird und die Notwendigkeit, Rücklagen in bestimmter Höhe zu bilden, variieren wird. Hier wird also hingenommen, dass die Zustimmung, wenn man auf das Zustimmungsrecht, das zum unverzichtbaren Kernbereich gehört, auch nicht pauschal verzichten kann, ein wenig an Präzision verliert und es gegebenenfalls zu einer gewissen Relativierung des Kernbereiches kommt.[455] Trotzdem sind aufgrund des Schutzzwecks

451 Vgl. *Wiedemann*, GesR II, S. 212.

452 Vgl. *Wiedemann*, GesR II, S. 213; Staub/*Schäfer*, § 119 Rn. 38.

453 Vgl. Staub/*Schäfer*, § 119 Rn. 38.

454 Siehe oben Erster Teil § 1C.II.3.d).

455 Kritisch *Göbel*, Mehrheitsentscheidungen, S. 184, 185.

des Zustimmungsrechts Generaleinwilligungen nicht möglich, vielmehr muss es sich um „Spezialeinwilligungen" handeln.[456] Dann aber sollte die antizipierte Zustimmung möglichst weitgehend an die Zustimmung, die ad hoc zu einem Gesellschafterbeschluss gegeben wird, angenähert werden. Da der einer Thesaurierungsmaßnahme konkret zustimmende Gesellschafter weiß, wie hoch die Rücklage ist, muss er dies im Rahmen der antizipierten Zustimmung auch so weit wie möglich wissen können. Deshalb ist es richtig, mit der herrschenden Meinung zu fordern, dass sich die Zustimmung und damit die Mehrheitsklausel auf einen nach Art, Inhalt und Umfang konkret bezeichneten Eingriff in den Kernbereich bezieht. Dies führt nicht dazu, dass dem Mehrheitsbeschluss keine eigenständige Bedeutung mehr zukommt, denn die antizipierte Zustimmung bedeutet noch nicht, dass der Gesellschafter später für den Beschluss stimmt.[457] Dennoch beschränkt sich der spätere, konkrete Mehrheitsbeschluss darauf, die bereits im Gesellschaftsvertrag antizipiert vereinbarte Regelung durchzuführen. Die Rechtsstellung des Gesellschafters ist in diesem Fall von vorneherein mit dieser konkreten Beeinträchtigung belastet.[458] Das Argument, der Gesellschafter wisse auch bei reiner Erwähnung der Thesaurierungsmöglichkeit, auf was er sich einlasse, mag zwar stimmen. Die reine Erkenntnis kann aber noch nicht als Zustimmung gewertet werden.

Mangelt es an den soeben dargestellten Bestimmtheitserfordernissen an Art, Inhalt und Umfang des Kernbereichseingriffes, so bedeutet dies nicht, dass die betreffende Mehrheitsklausel an sich oder der konkrete Beschluss von Anfang an unwirksam sind. Zunächst ist der Thesaurierungsbeschluss nur gegenüber dem dissentierenden Gesellschafter schwebend unwirksam. Verweigert er endgültig die Zustimmung, so wird er ihm gegenüber endgültig unwirksam. Sodann muss die Auslegung entscheiden, ob dies die Unwirksamkeit des gesamten Beschlusses nach sich zieht, was im Falle von Rücklagenbeschlüssen häufig der Fall sein wird, aber nicht zwingend ist. Es ist durchaus denkbar, dass sich nicht alle Gesellschafter an der Rücklagenbildung beteiligen. Insbesondere stellt sich hier, im Vergleich zur Beitragserhöhung, an der einzelne Gesellschafter nicht teilnehmen, nicht das Problem der Veränderung der Beteiligungsverhältnisse.

456 Staub/*Schäfer*, § 119 Rn. 44.

457 Vgl. *Wiedemann*, GesR II, S. 221: „Die Vorab-Zustimmung enthält keine Vorab-Abstimmung."

458 Vgl. *Röttger*, Kernbereichslehre, S. 147; zustimmend *Struckmeier*, Mehrheitliche Kapitalerhöhungen, S. 135.

4. *„Thesaurieren oder Ausscheiden"?*

Bezüglich der nachträglichen Beitragserhöhung wird vertreten, dass ein Mehrheitsbeschluss auch dann gegenüber dem dissentierenden Gesellschafter wirksam sei, wenn der Gesellschaftsvertrag ihm, ähnlich dem Rechtsgedanken des § 27 GmbHG, ein Austrittsrecht gewährt.[459] Auch der BGH hat in einer Entscheidung aus dem Jahr 2009 die Gesellschafter einer notleidenden Publikumsgesellschaft vor die Wahl gestellt, entweder einer Beitragserhöhung oder aber dem eigenen Ausscheiden zuzustimmen.[460]

Grundsätzlich steht dem Gesellschafter einer Personenhandelsgesellschaft nur die Möglichkeit einer ordentlichen, fristgebundenen Kündigung gemäß §§ 131 Abs. 3 Nr. 3, 132 HGB zu. Ein außerordentliches Kündigungsrecht sieht das Gesetz nicht vor, kann aber im Gesellschaftsvertrag festgelegt werden. Ist dem nicht so, bleibt dem Gesellschafter nur der Weg der Auflösungsklage nach § 133 HGB, die einen wichtigen Grund voraussetzt. Außerdem kann ein Gesellschafter nach § 140 Abs. 1 HGB aus wichtigem Grund aus der Gesellschaft ausgeschlossen werden. Für die Publikums-KG hat die Rechtsprechung außerdem ein außerordentliches Austrittsrecht aus wichtigem Grund auch ohne entsprechende Regelung im Gesellschaftsvertrag anerkannt.[461] Der Gesellschafter einer eher personalistischen Gesellschaft kann sich also, will er sich an der Rücklagenbildung nicht beteiligen, nicht sofort und ohne weiteres von der Gesellschaft lösen. Die Veräußerung des Gesellschaftsanteils oder der Austritt des Gesellschafters unter Anwachsung seines Anteils bei den übrigen Gesellschaftern mag im konkreten Einzelfall eine interessengerechte Lösungsmöglichkeit bietet, ein unverzichtbares Austrittrecht, wie es § 27 GmbHG kennt, ist für die Personenhandelsgesellschaften aber keine brauchbare Alternative zu der Deckelung offener Rücklagen. Im Gegensatz zum GmbH- und Aktienrecht fehlt es an einem Markt für Personengesellschaftsanteile – der betroffene Gesellschafter

---

459 Vgl. Baumbach/Hopt/*Roth*, § 119 Rn. 35.

460 Vgl. BGHZ 183, 1 ff. („Sanieren oder Ausscheiden"). Eine aus der gesellschafterlichen Treuepflicht folgende Zustimmungspflicht des nicht sanierungswilligen Gesellschafters besteht jedoch auch nur dann, wenn er infolge der mit dem Ausscheiden verbundenen Pflicht, den auf ihn entfallenden Auseinandersetzungsfehlbetrag zu leisten, finanziell nicht schlechter steht, als er im Falle der sofortigen Liquidation stehen würde. Auch hier kommt es allerdings auf den Einzelfall an, vor allem auf den sich insbesondere aus dem jeweiligen Gesellschaftsvertrag ergebenden Inhalt bzw. Umfang der Treuepflicht, vgl. BGH v. 25.1.2011 – II ZR 122/09, ZIP 2011, 786 ff. = DStR 2011, 823 ff.

461 BGHZ 63, 338, 345 f.; BGH BB 1975, 759.

wird seinen Anteil in vielen Fällen gar nicht veräußern können[462]. Der Gesellschafter steht außerdem gegebenenfalls in einer stärkeren Abhängigkeit von der Gesellschaft. Aufgrund der vielleicht daneben starken persönlichen Bindung könnte ein Austritt auch problematische Folgen für das Gesellschaftsverhältnis und die übrigen Gesellschafter haben.[463] Eine Auszahlung des Gesellschafters bei seinem Austritt könnte manche Gesellschaft in starke Liquiditätsprobleme bringen. Auf der anderen Seite kann es auch sein, dass der Gesellschafter selbst durch eine Kündigung der Mitgliedschaft nicht den vollen Wert seiner Beteiligung realisieren kann, da viele Gesellschaftsverträge Abfindungsklauseln enthalten, die den Abfindungsbetrag einschränken.[464] Insofern ist festzustellen, dass die Veräußerung des Gesellschaftsanteils oder der Austritt des Gesellschafters unter Anwachsung seines Anteils bei den übrigen Gesellschaftern im konkreten Einzelfall eine interessengerechte Lösungsmöglichkeit bietet und es somit möglich ist, neben der antizipierten Zustimmung ein kumulatives Austrittsrecht zu gewähren[465], wenn es die Realstruktur der Gesellschaft zulässt, es jedoch nicht zulässig sein kann, das Austrittsrecht anstelle einer Begrenzung der thesaurierungsfähigen Gewinne im Gesellschaftsvertrag festzulegen.

III. Ergebnis und Fazit

1. Erforderlichkeit von Grenzen

Das Gewinnbezugsrecht gehört als notwendiger Bestandteil des Gewinnstammrechts zum unentziehbaren Kernbereich der Mitgliedschaftsrechte. Die Bildung offener Rücklagen stellt einen Eingriff in das Gewinnbezugsrecht und damit einen Kernbereichseingriff dar, zu dem die Zustimmung eines jeden Gesellschafters zu fordern ist. Soll über die Bildung offener Rücklagen per Mehrheitsbeschluss entschieden werden, so können die Gesellschafter ihre Zustimmung antizipiert bereits im Rahmen des Gesellschaftsvertrages bzw. der Mehrheitsklausel abgeben. Zwar handelt es sich bei Gewinnthesaurierungen nicht um Beitragserhöhungen, dennoch ist aufgrund des Zustimmungserfordernisses die Nennung von Art, Inhalt und Umfang des zulässigen Eingriffs zu fordern. Dies bedeutet insbesondere eine Präzisierung in Form der Festlegung einer Grenze für die Thesaurierung. Erwähnt die Mehrheitsklausel nur die Gewinnverwendung, Thesaurierung oder

462 Abgesehen davon werden auch die Mitgesellschafter in der Regel kein Interesse daran haben, einen neuen Gesellschafter „vor die Nase“ gesetzt zu bekommen.

463 Vgl. *Struckmeier*, Mehrheitliche Kapitalerhöhung, S. 139.

464 Vgl. *Wahlers/Orlikoswski-Wolf*, ZIP 2012, 1161, 1165.

465 Vgl. *Struckmeier*, Mehrheitliche Kapitalerhöhungen, S. 140.

sogar „nur" die Vertragsänderung, so kann daraus keine Zustimmung der Gesellschafter zu dem möglichen Eingriff in ihr Gewinnbezugsrecht gesehen werden, da das Ausmaß (bzw. bei bloßer Nennung der Vertragsänderung daneben auch Art und Inhalt des Eingriffs) nicht erkennbar ist. Wenn in diesem Fall die dissentierenden Gesellschafter nicht ad hoc doch ihre Zustimmung geben, kann die Thesaurierung gegen sie nicht durchgesetzt werden. Im Gesellschaftsvertrag kann vorgesehen werden, dass den Gesellschaftern ein Austrittsrecht zusteht, wenn sie sich an der Bildung offener Rücklagen nicht beteiligen wollen. Aufgrund der Schwierigkeiten, die ein Austritt dem betroffenen Gesellschafter, aber auch den verbleibenden Gesellschaftern bereiten kann, kann dieses Austrittsrecht jedoch nur kumulativ, nicht alternativ zur antizipierten Zustimmung vereinbart werden.

2. Anwendung auf die genannten Klauselbeispiele

a) Allgemeine Mehrheitsklausel

Fraglich ist bereits, ob der Anwendungsbereich einer allgemeinen Mehrheitsklausel die Gewinnverwendung bzw. die Bildung offener Rücklagen im Sinne der formellen Legitimation überhaupt erfassen würde. Auch nach der aktuellen Rechtsprechung setzen gültige Mehrheitsbeschlüsse in einem ersten Schritt voraus, dass sie nach Sinn und Zweck des Vertrages im Hinblick auf den konkreten Beschlussgegenstand unzweideutig, wenn auch nicht ausdrücklich, zugelassen sind.[466] Insofern stellt es sich weniger als früher nach dem herkömmlichen Bestimmtheitsgrundsatz als Problem dar, dass die Thesaurierung nicht ausdrücklich genannt wird, vielmehr ist maßgeblich, was die Auslegung des Gesamtvertrages ergibt. Eine allgemeingültige Aussage darüber, ob eine allgemeine Mehrheitsklausel Gewinnthesaurierungen formell zulässt, ist aus diesem Grunde kaum möglich. Finden sich z.B. ansonsten im Gesellschaftsvertrag zur Finanzierung der Gesellschaft und zur Verwendung des Gewinns keine Regelungen, ist es im hohen Maße zweifelhaft, ob eine allgemeine Mehrheitsklausel die Rücklagenbildung, die in diesem Fall eine Vertragsänderung darstellt, gestattet. Anders sieht dies bereits dann aus, wenn die Mehrheitsklausel eindeutig auch für Vertragsänderungen gelten soll. Auch hier entscheidet aber letztlich die Auslegung im Einzelfall.

Eindeutig fällt jedoch das Urteil in Bezug auf die Kernbereichslehre aus. Eine antizipierte Zustimmung zum Eingriff in das Gewinnbezugsrecht kann weder

466 Vgl. OLG Stuttgart v. 27.08.2008, 14 U 50/07 (Juris Rz. 42), DStR 2009, 651.

aus einer allgemeinen Mehrheitsklausel noch aus einer Mehrheitsklausel, die Vertragsänderungen mit einbezieht, geschlossen werden. Eine mehrheitliche Rücklagenbildung ist deshalb nur mit ad-hoc-Zustimmung der Gesellschafter möglich.

b) Vertraglich festgelegte Quoten oder Beträge

Die Aufnahme von Klauseln in den Gesellschaftsvertrag, die eine feste Thesaurierungsquote oder einen festen Thesaurierungsbetrag festlegen, ist im Rahmen der Vertragsfreiheit unproblematisch zulässig.[467] Da eine derartige Regelung keinen jährlichen (Mehrheits-) Beschluss über die Thesaurierung vorsieht, stellen sich weder Fragen der formellen Legitimation der Mehrheit noch das Problem der Zustimmung in den Kernbereichseingriff, denn die Rücklagenbildung verkürzt zwar das Entnahmerecht der Gesellschafter, diese haben aber bereits bei Vertragsschluss einstimmig der Aufnahme einer Teilthesaurierungsklausel zugestimmt. Selbstverständlich können die Gesellschafter jederzeit ad hoc entscheiden, die Thesaurierung zu unterlassen oder einen geringeren Betrag der allgemeinen Rücklage zuzuführen. Auch die Erhöhung der Quote für ein bestimmtes Geschäftsjahr ist durch einstimmigen Beschluss möglich.

c) Festgelegte Thesaurierungsquote in Verbindung mit einer Mehrheitsklausel für die Erhöhung dieser Quote

Merkmal der sogenannten kombinierten Klauseln ist die Festlegung einer festen Thesaurierungsquote mit Abweichungsmöglichkeit für die Mehrheit. Formell ist in diesem Fall die Mehrheit ohne Frage legitimiert, die Thesaurierungsquote zu erhöhen. Problematisch kann der konkrete Erhöhungsbeschluss sein, da dieser einen Kernbereichseingriff darstellt, der der Zustimmung aller betroffenen Gesellschafter bedarf. Hierzu fehlt der Klausel die inhaltliche Begrenzung. Auch der BGH hat dieses Problem im Rahmen der Otto-Entscheidung erwähnt, da der Vertrag der Otto-KG eine derartige Klausel enthielt. Er musste aber, wie bereits erwähnt, keine Antwort geben.[468]

467 Vgl. Staub/*Ulmer*, § 120, Rn. 42; *Priester*, Personengesellschaft und Bilanzierung, S. 63, 80, 81.

468 Vgl. BGHZ 170, 283, 290.

d) Ausdrückliche Mehrheitsklausel mit mehrheitsfestem Ausschüttungssockel oder Obergrenze für die Thesaurierung

Thesaurierungsbeschlüsse, die aufgrund einer Mehrheitsklausel ergehen, die die Gesellschaftermehrheit bei Festlegung einer Thesaurierungsobergrenze bzw. einer Mindestausschüttungsquote zur Bildung offener Rücklagen ermächtigt, und die die inhaltlichen Grenzen der Klausel einhalten, sind – vorbehaltlich des Missbrauchseinwands – wirksam. Die formelle Legitimation der Mehrheit steht außer Frage und aus den mehrheitsfesten Schranken kann die Zustimmung aller Gesellschafter zur Beschränkung ihres Gewinnbezugsrechts entnommen werden.

e) Verweis auf das Recht der GmbH

Der Vorschlag, personengesellschaftsrechtliche Mehrheitsklauseln durch einen Verweis auf das Recht der GmbH zu präzisieren, ist für die Abbedingung des Einstimmigkeitsprinzips und die formelle Legitimation der Mehrheit zu befürworten. Dies gilt vor allem für die GmbH & Co. KG. Der Verweis macht ohne Zweifel deutlich, welche Beschlussgegenstände der mehrheitlichen Beschlussfassung unterworfen sein sollen und welche Mehrheit dafür zu verlangen ist. Insofern ist davon auszugehen, dass der Vorschlag die Formularverträge deutlich „verschlanken" wird. Die (antizipierte) Zustimmung in Kernbereichseingriffe kann durch den Verweis ins GmbH-Recht jedoch nicht ersetzt werden, denn sie ist unverzichtbar. Daher ist ohne eine Zusatzbestimmung[469] ein mehrheitlicher Thesaurierungsbeschluss gegen den Willen eines Gesellschafters nicht möglich.

f) Zulassung von Mehrheitsbeschlüssen, „soweit sie gesetzlich zulässig sind"

Ähnlich fällt die Beurteilung zu dem Vorschlag aus, im Gesellschaftsvertrag Mehrheitsentscheidungen vorzusehen, „soweit dies gesetzlich zulässig ist". Auch hier ist zwar die formelle Legitimation der Mehrheit recht unproblematisch, wenngleich wegen des Fehlens jeglicher gesetzlicher Regelungen zum Mehrheitsprinzip im Personengesellschaftsrecht eine gewisse Rechtsunsicherheit bleibt.[470] Jedenfalls aber sind auf Grundlage einer solchen Mehrheitsklausel keine kernbereichsrelevanten Mehrheitsbeschlüsse – ob dies Rücklagenbildung, Beitragserhöhung oder ein anderer Beschlussgegenstand ist – gegen den Willen einzelner Gesellschafter möglich.

469 Wie von *Holler* in DB 2008, 2067, 2972, vorgeschlagen.
470 Vgl. *Holler*, DB 2008, 2067, 2073.

E. Eigener Lösungsvorschlag

I. Das Problem der Festlegung der maximal zulässigen Thesaurierung

Wie oben festgestellt, verlangt die Kernbereichslehre, dass die Mehrheitsklausel, soweit sie als antizipierte Zustimmung zum Eingriff in das kernbereichsrelevante Gewinnbezugsrecht der Gesellschafter wirksam sein soll, eine Begrenzung des Eingriffs in Art und Umfang enthält. Demgemäß sind Konstellationen, bei denen entweder eine feste Thesaurierungsquote vorgegeben ist oder der Mehrheit die Thesaurierung bis zu einem bestimmten Betrag erlaubt ist, unproblematisch. Problematisch ist es aber, wenn die vertragliche Bestimmung darüber hinaus vorsieht, dass im ersten Fall von der festen Thesaurierungsquote mehrheitlich abgewichen werden kann oder im zweiten Fall eine qualifizierte Mehrheit eine über den festgelegten Höchstbetrag gehende Thesaurierung beschließen kann. Zu eben diesem Kernbereichseingriff fehlt die Angabe des Umfangs, so dass es an der antizipierten Zustimmung mangelt.[471] Da die Festlegung starrer Grenzen aber weniger praktikabel ist, kann bei den Gesellschaftern das Bedürfnis bestehen, die Thesaurierungsklausel so flexibel wie möglich zu gestalten. Da eine Abweichung nach unten unproblematischer ist als die Abweichung nach oben, könnte dieses Ergebnis erreicht werden, wenn man zunächst keine feste Thesaurierungsquote vereinbart, sondern einen Mehrheitsbeschluss über die Rücklagenbildung vorsieht und darüber hinaus die Grenze der zulässigen Thesaurierung weit oben ansetzt. So ist zu erwarten, dass eine Thesaurierungsklausel, die es der Mehrheit erlaubt, bis zu 30 % des Jahresgewinns in offene Rücklagen zu stellen, von der Rechtsprechung akzeptiert wird. Dasselbe gilt wohl für eine Bestimmung, die bis zu 40, 50 oder 60 % des Jahresgewinns zur Disposition der Mehrheit stellt. Doch wo sind hier die Grenzen zu ziehen? Nach einer Meinung im Schrifttum ist eine gesellschaftsvertragliche Grenze, da sie von allen Gesellschaftern akzeptiert wurde, grundsätzlich auch dann nicht zu beanstanden, wenn sie bis an die Hälfte des ausschüttungsfähigen Gewinns reicht.[472] Nicht deutlich wird, warum die Grenze bei der Hälfte des ausschüttungsfähigen Gewinns zu ziehen ist. Wäre nach dieser Ansicht eine Mehrheitsklausel, die die Thesaurierung bis zu 55 % des ausschüttungsfähigen Gewinns erlaubt, „unwirksam“ in dem Sinne, dass

---

471 Ebenso MüKoBGB/*Schäfer*, § 721 Rn. 10: „Die Erhöhung der vertraglichen Thesaurierungsquote kommt bei Fehlen einer antizipierten Zustimmung nur unter den besonderen Voraussetzungen einer Zustimmungspflicht in Betracht; sie ist daher auch einer qualifizierten Mehrheit grundsätzlich versperrt.“

472 MüKoBGB/*Schäfer*, § 721 Rn. 10.

die antizipierte Zustimmung nicht gültig ist? Hierfür ließe sich nur schwer ein sachlicher Grund finden. Die Festlegung von höchstens zulässigen Grenzen ist abstrakt nicht möglich, denn es gibt keine nachvollziehbare Begründung, warum man es den Gesellschaftern verwehren wollte, diese Grenze frei im Gesellschaftsvertrag nach ihren Vorstellung festzusetzen. Nach Art und Umfang bestimmt und damit für den Gesellschafter vorherseh- und kalkulierbar wäre auch eine Regelung, die die Mehrheit zur Thesaurierung von bis zu 80 % des Jahresgewinns ermächtigt, ebenso für 95 % und auch für 100 %. Im Folgenden sollen anhand der bisher dargestellten Kriterien die folgenden alternativen Klauselbeispiele auf ihre Wirksamkeit hin untersucht werden:

Beispiel 1

„Über die Verwendung des Jahresgewinns entscheiden die Gesellschafter im Rahmen der Jahresabschlussfeststellung mehrheitlich. Sie können bis zu 100 % des Jahresgewinns in offene Rücklagen einstellen."

Beispiel 2

„Über die Verwendung des Jahresgewinn entscheiden die Gesellschafter mehrheitlich, insbesondere auch über die Thesaurierung. Hierbei ist es der Gesellschaftermehrheit erlaubt, den gesamten Jahresgewinn in offene Rücklagen einzustellen."

Beispiel 3

„Die Gesellschafter entscheiden mit einfacher Mehrheit über die Verwendung des Jahresgewinns. Hierbei können sie bis zu 30 % des Jahresgewinns in offene Rücklagen einstellen. Abweichend davon können die Gesellschafter mit qualifizierter Mehrheit von 75 % der abgegebenen Stimmen beschließen, bis zu 100 % des gesamten Jahresgewinns in offene Rücklagen einzustellen."

An dieser Stelle ist darauf hinzuweisen, dass die vorgeschlagenen Klauseln nicht den Sinn oder das Ziel haben soll, dass die Gesellschaftermehrheit nach Gutdünken alljährlich den gesamten ausschüttungsfähigen Jahresgewinn in offene Rücklagen einstellt, um damit die Gesellschafterminderheit „auszuhungern". Vielmehr soll versucht werden, eine Gewinnverwendungsklausel zu formulieren, die zum einen alle Vorgaben der Rechtsprechung erfüllt und damit den Verwendern Rechtssicherheit bietet, dabei zum anderen aber zwecks Geringhaltung der Transaktionskosten keine großen Anforderungen an die Vertragsgestaltung stellt und die aufgrund ihrer Flexibilität nicht zuletzt den Gesellschaftern die Möglichkeit bietet, alljährlich den Thesaurierungsbedarf an die wirtschaftliche Situation und den Finanzierungsbedarf der Gesellschaft, aber auch an die Ausschüttungsinteressen der Gesellschafter anzupassen, ohne dass hierfür Änderungen des

Gesellschaftsvertrages notwendig werden. Der Minderheitenschutz wird, wie es auch die Rechtsprechung mittlerweile durchführt, vorrangig anhand der beweglichen Schranken der Mehrheitsmacht gewährleistet.

II. Untersuchung

1. Der Grundsatz der Vertragsfreiheit

Die Gesellschafter müssen sich auf Gewinnverwendungsregeln wie die oben dargestellten bei Abschluss des Gesellschaftsvertrages einigen. Die Vertragsfreiheit im Personengesellschaftsrecht gewährt den Gesellschaftern im Innenverhältnis einen weitreichenden inhaltlichen Gestaltungsspielraum, was in einem ersten Schritt für die Zulässigkeit einer solchen Vereinbarung spricht. Fraglich ist allerdings, ob eine derartige Bestimmung gegen § 138 BGB als allgemeine Schranke der Vertragsfreiheit verstoßen könnte, weil sie die wirtschaftliche Freiheit des betroffenen Gesellschafters in einer Weise einschränkt, dass die Grenze der Sittenwidrigkeit erreicht ist. Unter das Verdikt des § 138 BGB fallen Vereinbarungen, die den Gesellschafter rechtlos stellen oder unvertretbaren, einer Knebelung gleichkommenden Bedingungen unterwerfen, wie z.B. einseitige Hinauskündigungsklauseln ohne wichtigen Grund, überlange nachvertragliche Wettbewerbsverbote oder knebelnde Abfindungsklauseln.[473] Auch das Gebot absoluter Obergrenzen für nachträgliche Beitragserhöhungen wurde schon mit § 138 BGB begründet.[474] Mit der Vereinbarung, dass die Gesellschaftermehrheit bis zu 100 % des verfügbaren Gewinnes in offene Rücklagen einstellen kann, geht allerdings keine Rechtlosstellung oder Knebelung einzelner Gesellschafter einher. Zunächst betrifft die Vereinbarung alle Gesellschafter gemeinsam, es kommt also nicht zu einer einseitigen Schlechterstellung Einzelner. Des Weiteren sind die Gesellschafter durch eine solche Klausel nicht per se vom Gewinn ausgeschlossen. Allerdings wäre selbst ein Ausschluss einzelner Gesellschafter von der Gewinnbeteiligung im Sinne einer sog. „societas leonina“ nach heutigem Verständnis möglich.[475] Wie aber bereits erwähnt, betrifft die Rücklagenbildung sämtliche Gesellschafter gemeinsam. In der Rücklagenbildung liegt auch, wie oben festgestellt wurde, keine Beitragserhöhung. Dies gilt insbesondere nach der hier vertretenen Auffassung, dass dem Gesellschafter in jedem Fall auch bei

---

473 Vgl. *Wiedemann*, GesR II, S. 142 f.; Staub/*Schäfer*, § 109 Rn. 21; BGHZ 68, 212 ff.; BGH NJW 1985, 2421 ff.; BGHZ 91, 1 ff; BGH WM 1974, 74 ff; BGH WM 1978, 1044 ff.

474 Vgl. RGZ 91, 166, 169; 151, 321, 327.

475 Vgl. MüKoBGB/*Ulmer/Schäfer*, § 705, Rn. 149 ff.

Vollthesaurierung ein Steuerentnahmerecht nach § 110 HGB zusteht. Je nachdem können auch andere gesellschaftsrechtliche Wertungen aus den festen und beweglichen Schranken in das Sittenwidrigkeitsurteil mit einfließen.[476] Hier käme eventuell ein Verstoß gegen die Kernbereichslehre in Betracht. Dies alleine reicht jedoch für die Annahme der Sittenwidrigkeit nicht aus, vielmehr müssten dann zusätzliche Umstände wie die Art des Zustandekommens der Gewinnverwendungsklausel hinzukommen.[477]

Die Sittenwidrigkeitsschranke soll lediglich Extremfälle erfassen, die selten sind und zu denen die oben vorgeschlagene Vertragsgestaltung nicht gehört. Es ist nicht ausgeschlossen, dass sie einzelne Gesellschafter benachteiligen kann, aber Vertragsfreiheit bedeutet gerade, dass man auch objektiv oder subjektiv nachteilige Bedingungen eines Vertrages wirksam akzeptieren kann.[478] Probleme, die sich möglicherweise in der späteren, konkreten Ausübung der Mehrheitsbefugnis ergeben, werden über andere Mittel gelöst.

2. *Formelle Legitimation der Mehrheit*

Beschließen die Gesellschafter bzw. die Gesellschaftermehrheit, dass ein Teil des Jahresgewinnes den offenen Rücklagen zugeführt werden soll, so ist auf erster Stufe zu fragen, ob sie dazu formell legitimiert ist.[479] Hier ergeben sich keine Probleme. Als rein formelle Ermächtigung der Mehrheit zur Beschlussfassung ist eine wie die oben dargestellte Klausel ohne Frage ausreichend. Die Auslegung lässt kein anderes Ergebnis zu, als dass für den Beschlussgegenstand „Gewinnverwendung" oder „Rücklagenbildung" das Einstimmigkeitsprinzip wirksam abbedungen und die Mehrheit damit zur Entscheidung über die Rücklagenbildung aus Gewinnen legitimiert ist.

3. *Wirksame Zustimmung der Gesellschafter zum Kernbereichseingriff?*

a) Voraussetzungen der antizipierten Zustimmung

Wie oben festgestellt wurde, ist für die Wirksamkeit eines mehrheitlich gefassten Thesaurierungsbeschlusses die Abgabe einer antizipierten Zustimmung im Rahmen der Mehrheitsklausel möglich und erforderlich. Die Mehrheitsklausel muss hierfür Art, Inhalt und Umfang des zulässigen Eingriffs erkennen lassen.

---

476 Vgl. Staub/*Schäfer*, § 109 Rn. 21.

477 Vgl. Staub/*Schäfer*, § 109 Rn. 21.

478 Vgl. *Zöllner*, FS 100 Jahre GmbHG, S. 85.

479 Siehe oben Erster Teil § 1C.II.2.c).

Problematisch könnte sein, dass eine Thesaurierungsklausel, die die Thesaurierung des gesamten Jahresgewinns vorsieht, vom Ergebnis her einer Mehrheitsklausel entspricht, die die Thesaurierungsmöglichkeit nur benennt, denn eine „materielle" Obergrenze der Rücklagenbildung enthält sie nicht. Mehr als der gesamten Jahresgewinn kann ohnehin nicht thesauriert werden. Der Unterschied besteht allerdings in der Ausdrücklichkeit der erstgenannten Klausel, die den Gesellschaftern ohne Zweifel bewusst macht, dass sie, freilich nur in Ausnahmesituationen, auch mit der Thesaurierung ihres gesamten Gewinnanteils rechnen müssen. Die Benennung und Begrenzung des Kernbereichseingriffs nach Art, Inhalt und Umfang des möglichen Eingriffs ist auch hier gegeben. Dies stellt keinen Widerspruch zu der im Vorhinein gestellten Forderung, die antizipierte Zustimmung müsse so weit wie möglich an die ad-hoc-Zustimmung angenähert werden, dar.[480] Wie bereits gesagt, ist dies bezüglich der Bildung von Rücklagen aufgrund der periodischen Wiederkehr der Fragestellung nur eingeschränkt möglich. Warum dann aber eine Begrenzung auf 40, 60 oder 80 % des Jahresgewinns zulässig sein soll, aber die Begrenzung auf 100 % nicht, leuchtet nicht ein. Nach der Kernbereichslehre gehört das Gewinnbezugsrecht zu den unentziehbaren, nicht zu den unverzichtbaren Rechten des Gesellschafters, es kann ihm also nicht verwehrt sein, gegebenenfalls gänzlich auf den Bezug seines Gewinnanteils zu verzichten oder eben diesem Entzug im Voraus zuzustimmen.

b) Hat der Gesellschafter ein Recht auf eine Mindestausschüttung?

Das soeben dargestellte Ergebnis müsste jedoch anders ausfallen, wenn der Gesellschafter ein Recht darauf hätte, dass jährlich ein Mindestmaß an Gewinnausschüttung vorgenommen werden muss, anders formuliert wenn „der Personengesellschafter sachlich und zeitlich eine Mindestdividende fordern kann"[481]. Das Gesetz gibt auf diese Frage keine Antwort. Zwar statuiert § 122 HGB das vielzitierte „Vollausschüttungsgebot", welches aber bereits selbst eine Schranke enthält und somit nicht als Argument für eine Mindestdividende herangezogen werden kann. Auch das GmbH-Recht kennt keinen Anspruch der Gesellschafter auf eine Mindestdividende. Das Aktienrecht gewährt dem Aktionär einen Dividenden-Anspruch, auch hier kann aber die Hauptversammlung gemäß § 58 Abs. 1 AktG beschließen, den gesamten Jahresgewinn den offenen

480 Siehe oben Erster Teil § 3D.II.3.b).
481 *Wiedemann*, GesR II, S. 227.

Rücklagen zuzuweisen oder auf neue Rechnung vorzutragen.[482] Nach heutigem Verständnis der Personenhandelsgesellschaften ist die Erfolgsbeteiligung auch kein notwendiges Merkmal der Gesellschafterstellung, das heißt, dass einzelne Gesellschafter auch insgesamt von der Gewinnverteilung ausgeschlossen werden können.[483] Grenzen ergeben sich hier nur nach § 138 BGB bei einer grob einseitigen, unter Ausnutzung der Unterlegenheit der Minderheit durchgesetzten Gewinnverteilung im Sinne einer „societas leonina". Der freiwillige Verzicht auf die Gewinnbeteiligung ist dagegen möglich.[484]

Eine Art Mindestdividende stellt allerdings das Steuerentnahmerecht der Gesellschafter nach § 110 HGB dar. Der für die Steuerpflicht erforderliche Betrag stellt einen Gewinnvorschuss dar, insofern handelt es sich dabei letztlich auch um Gewinnausschüttung.

Daraus folgt: Eine gesetzliche Pflicht zur Ausschüttung eines Mindestbetrages gibt es nicht. Die Kernbereichslehre sichert in Bezug auf die unentziehbaren Rechte den Kernbereich der mitgliedschaftlichen Rechte nur insoweit, als dass es keine Eingriffe gegen den Willen des betroffenen Gesellschafters geben darf. Einen darüber hinausgehenden materiellen Gehalt im Sinne eines Rechts auf Mindestdividende besitzt die Kernbereichslehre nicht. Es ist daher nicht zu fordern, dass die Mehrheitsklausel zwingend einen Grenze enthält, die dem Gesellschafter einen Teil des Gewinnanteils zur freien Entnahme belässt, sondern es reicht aus, dass sie überhaupt eine Grenze im Sinne einer ausdrücklichen Nennung des maximal zu thesaurierenden Betrags nennt. In diesem Fall kann man anders als bei der bloßen Erwähnung der Thesaurierung, die Bestimmung als antizipierte Zustimmung der Gesellschafter werten, da sie Art, Inhalt und Ausmaß ohne Zweifel erkennen lässt.

4. Vergleich mit der Rücklagenbildung im GmbH-Recht

Auch ein Blick in das Recht der GmbH liefert Argumente für eine weitreichendere Zulassung mehrheitlicher Thesaurierungsbeschlüsse in Personengesellschaften. Einige Autoren sind der Ansicht, es handele sich um einen Wertungswiderspruch zum Recht der GmbH, Mehrheitsentscheidungen über die Rücklagenbildung bei Personengesellschaften nur unter strengen Voraussetzungen gelten

---

482 Vgl. *Wiedemann*, GesR II, S. 227: „…, ist der Gewinnausschüttungsanspruch des Kleinaktionärs praktisch wertlos."

483 Vgl. Staub/*Schäfer*, § 105 Rn. 22.

484 Vgl. Staub/*Schäfer*, § 105 Rn. 22.

zu lassen, da solche nach dem GmbHG die Regel seien.[485] Hiergegen wird häufig angeführt, dass sich die Finanzierungsgrundlagen der Personengesellschaften „ganz erheblich“[486] von denen der Kapitalgesellschaften unterschieden.[487] Zutreffend ist daran, dass im Recht der GmbH die Gewinnausschüttung nach dem gesetzlichen Normalstatut unter dem Vorbehalt eines einfachen Mehrheitsbeschlusses steht, während das HGB die Ausschüttung der Gewinne vorsieht. Bei der hier vorgeschlagenen Gestaltung ist aber das Vollausschüttungsprinzip in gleicher Weise abbedungen, wie es bei der GmbH bereits das Gesetz vorsieht. Die Personengesellschafter müssen daher wie die GmbH-Gesellschafter aufgrund der gesetzlichen Regelung mit der Rücklagenbildung rechnen. Argumente für weitergehende Schranken, also eine Pflicht zu Mindestthesaurierung oder -ausschüttung, lassen sich aus den Unterschieden der Finanzierungsgrundlagen von GmbH und Personenhandelsgesellschaft nicht entnehmen.

Bis 1985 galt auch im Recht der GmbH gemäß § 29 Abs. 1 GmbHG a. F. mangels abweichender gesellschaftsvertraglicher Vereinbarung das gesetzliche Vollausschüttungsgebot.[488] Am 1.1.1986 trat das Bilanzrichtliniengesetz in Kraft, das den Kapitalgesellschaften durch die Schaffung von Wertuntergrenzen die Bildung und Aufrechterhaltung stiller Willkürreserven verbat.[489] Der Wegfall dieser Form der Unternehmensfinanzierung war für den Gesetzgeber der Anlass, als Ausgleich den gesellschaftsrechtlichen Gewinnanspruch unter den Vorbehalt einer anderweitigen, mehrheitlichen Gewinnverwendungsentscheidung (Einstellung in Gewinnrücklagen oder Vortragen des Gewinnes) zu stellen.[490] Der Gesetzgeber entschied sich damit für die offene und gegen eine stille, versteckte Thesaurierung.[491]

In der GmbH wurden die Minderheitsgesellschafter durch die Gesetzesänderung keineswegs rechtlos gestellt. Eine dem § 254 Abs. 1 AktG nachgebildete Bestimmung zum Schutz der Minderheitsgesellschafter vor dem „Aushungern“ durch die Mehrheit war zunächst vorgesehen, wurde aber bewusst

485 *Priester*, DStR 2008, 1386, 1391; *Priester*, DStR 2007, 28, 31 ; zustimmend *H.P. Westermann*, ZIP 2007, 2289, 2293 und *Paefgen*, FS Schneider, S. 929, 939, 940.

486 *Haar*, NZG 2007, 601, 603.

487 Auch *Binz/Mayer*, DB 2007, 1739, 1742.

488 Vgl. *Joost*, FS 100 Jahre GmbHG, S. 289, 292.

489 BGBl. I S. 2355; vgl. *Hommelhoff*, ZGR 1986, 418, 419.

490 Begründung des Regierungsentwurfes zum Bilanzrichtliniengesetz, BT-Drucks. 10/317, S. 109.

491 Vgl. *Priester*, FS Quack, S. 373, 380, der darin schon damals ein Vorbild für die Rücklagenbildung bei Personengesellschaften sah.

aus „ordnungspolitischen Gründen" nicht übernommen.[492] Ein bestimmter Gewinnanspruch der Gesellschafter sollte im Gesetz nicht ausdrücklich bestimmt werden, vielmehr sollte es bei den von der Rechtsprechung ermittelten Grundsätzen bleiben.[493] Es herrschte Einigkeit darüber, dass der Minderheitenschutz, wie bereits zuvor für den Fall einer gesellschaftsvertraglichen Mehrheitsklausel für die Rücklagenbildung[494], über die Treuebindungen gewährleistet werden müsse: Die Mehrheitsgesellschafter dürften nicht ohne Rücksicht auf die Belange der Minderheitsgesellschafter über die Ergebnisverwendung entscheiden.[495] Der Schutz der Gesellschafterminderheit sei überdies in der GmbH besonders wichtig, da der oder die Mehrheitsgesellschafter bei dieser Rechtsform häufig in der Geschäftsleitung tätig seien und aufgrund ihrer Geschäftsführerbezüge eventuell weniger auf eine ertragreiche Rendite angewiesen seien als die anderen Gesellschafter.[496]

Ebenso hat das BilMoG den Personengesellschaften nunmehr die Möglichkeit genommen, sich verdeckt selbst zu finanzieren, Risiken abzusichern oder den Gewinn zu „glätten".[497] Dies war für den Fall der GmbH & Co. KG europarechtlich vorgegeben, für die OHG und KG aber beruht die Änderung auf einer überschießenden Umsetzung der Richtlinie. Die Gewinnverwendungsregeln wurden dabei nicht geändert. Da der Grundsatz der Einstimmigkeit ein Grundprinzip des Personengesellschaftsrechts ist, wäre es auch äußerst erstaunlich gewesen, hätte der Gesetzgeber nun singulär für den Bereich der Gewinnverwendung das Mehrheitsprinzip eingeführt. Dass aber der Gesetzgeber nicht tätig wird, bedeutet nicht, dass Praxis und insbesondere die Rechtsprechung nicht auf die Gesetzesänderung durch das BilMoG reagieren können.

492 Die vorgesehene Regelung hatte im Schrifttum heftige Kritik ausgelöst, vgl. dazu *Winter*, Treuebindungen, S. 290.

493 Vgl. *Hommelhoff*, ZGR 1986, 418, 423, 424 m.w.N.

494 Ausführlich zur alten Rechtslage *Winter*, Treuebindungen, S. 277 ff.

495 Vgl. *Hommelhoff*, ZGR 1986, 418, 425.

496 *Hommelhoff*, ZGR 1986, 418, 425. Auch diese Überlegung passt gut zur Lage der Personenhandelsgesellschaften. Es zeigt sich insbesondere bei der KG ein sehr ähnliches Bild.

497 *Hommelhoff*, ZGR 1986, 418, 419 zur entsprechenden Sachlage bei der GmbH.

5. *Wirksamkeitskontrolle der konkreten Beschlüsse*[498]

Von den Fragen der formellen Legitimation der Mehrheit zur Beschlussfassung und des Individualschutzes der Gesellschafter am Maßstab der Kernbereichslehre ist die Ausübungskontrolle anhand der beweglichen Schranken abzugrenzen, die vor allem die Funktion haben, die Minderheit der Gesellschafter vor der Ausübung der Mehrheitsmacht zu schützen. Auch bei Personengesellschaften ist eine derartige Ausübungskontrolle (oder auch Inhaltskontrolle des konkreten Beschlusses) nach den besonderen Umständen des Einzelfalles vorzunehmen.[499] Bei Mehrheitsbeschlüssen wird die Stimmabgabe der Mehrheit im Rahmen der Beschlussfassung auf die Einhaltung der sogenannten beweglichen gesellschaftsrechtlichen Schranken hin überprüft, weshalb es sich bei Geltung des Mehrheitsprinzips um eine Beschlusskontrolle handelt, mit der nicht die Wirksamkeit der gesellschaftsvertraglichen Mehrheitsklausel, sondern die des konkreten Beschlusses überprüft wird. Die inhaltlichen Maßstäbe der Kontrolle sind vielfältig, zu nennen sind vor allem die Bindung an den Gesellschaftszweck, der Gleichbehandlungsgrundsatz und die Treuepflicht. Auch der BGH verlagert seinen Fokus bei der Bewertung von Mehrheitsbeschlüssen im Rahmen seiner „Zwei-Stufen-Prüfung" neben den Anforderungen der Kernbereichslehre auf die Frage, ob die Gesellschaftermehrheit sich treuwidrig über beachtenswerte Belange der Minderheit hinweggesetzt hat.[500]

Häufig wird für den Bereich der Rücklagenbildung die Meinung vertreten, die Stimmabgabe der Gesellschafter(-mehrheit) bei Thesaurierungsbeschlüssen stehe aufgrund der Treuepflicht nicht im Belieben eines jeden Gesellschafters, vielmehr seien die Ausschüttungsinteressen einzelner Gesellschafter gegenüber dem Bedürfnis der Selbstfinanzierung und Zukunftssicherung der Gesellschaft abzuwägen, wobei kein Vorrang des Thesaurierungsinteresses der Gesellschaft

---

498 Die folgenden Ausführungen gelten für die hier vorgeschlagene Gestaltung ebenso wie für die im vorigen Teil für zulässig befundenen Gestaltungsvarianten, die Mehrheitsbeschlüsse für die Thesaurierung vorsehen.

499 Vgl. MüKoHGB/*Enzinger*, § 119 Rn. 82; *Paefgen*, FS Schneider, S. 929, 948; *K. Schmidt*, ZGR 2008, 1, 22, 23; BGHZ 170, 283 ff.; BGHZ 179, 13ff.

500 BGHZ 170, 283, 288; BGHZ 179, 13, 27 (Schutzgemeinschaft II): „Insoweit bedarf es – neben der formellen Legitimation der Mehrheitsmacht durch eine sie deckende Mehrheitsklausel – einer inhaltlichen Wirksamkeitsprüfung der Mehrheitsentscheidung, wenn hinreichende Anhaltspunkte für eine treuwidrige Ausübung der Mehrheitsmacht oder für eine zweckwidrige Instrumentalisierung der Mehrheitsklause vorliegen."

vor dem Entnahmeinteresse des Gesellschafters bestehe.[501] Andere umschreiben die Beschränkung dahingehend, dass die Mehrheit das Recht, Rücklagen zu bilden, nicht missbrauchen dürfe und aufgrund der gesellschaftlichen Treuepflicht auf die Interessen der überstimmten Minderheit Rücksicht nehmen müsse.[502] Die konkreten Mehrheitsbeschlüsse seien nur wirksam, wenn sie in vertretbarer Weise die Interessen der Gesellschaft und der Gesellschafter gegeneinander abwägen.[503] Insbesondere dürfe die Gesellschafterminderheit nicht „ausgehungert" werden.

Diesbezüglich ist zunächst klarzustellen, dass es kein von den Gesellschafterinteressen losgelöstes „Gesellschaftsinteresse" geben kann. [504] Das Interesse an der Thesaurierung von Gewinnen ist wie das an der Ausschüttung immer auf die Gesellschafter rückführbar, denn eine Gesellschaft besteht nicht um ihrer selbst willen, sondern stellt den verselbständigten Willen der Gesellschaftergesamtheit dar.[505] So ist zum Beispiel der einstimmige Beschluss, die Gesellschaft zu liquidieren, nicht treuwidrig.[506] Auch die Ausschüttungsschranke des § 122 Abs. 1 HGB ist nur beachtlich, solange noch mindestens ein Gesellschafter ein Interesse am Bestand der Gesellschaft hat.[507] Wenn also vom Thesaurierungsinteresse der „Gesellschaft" die Rede ist, so ist damit – gerade im Zusammenhang der Frage des Minderheitenschutzes bei Mehrheitsentscheidungen – das Interesse der Gesellschaftermehrheit (oder auch nur einzelner Gesellschafter) an der Rücklagenbildung gemeint. Gegenläufig sind daher nicht die Interessen von Gesellschaft und Gesellschafter, sondern die Interessen der Gesellschafter untereinander.[508]

Fraglich ist darüber hinaus, wie ein Gericht überprüfen soll, ob die Abwägung in vertretbarer Weise vorgenommen wurde.[509] Abzulehnen ist dabei zum

501 Z.B. OLG Karlsruhe, Urteil vom 28.2.2003 – 4 U 8/02, NZG 2003, 429, 430 im Anschluss an BGHZ 132, 163 ff; MüKoHGB/*Grunewald*, § 167 Rn. 5, 11 und § 168 Rn. 16; *Paefgen*, FS Schneider, S. 929, 949.

502 Vgl. *Huber*, GS Knobbe-Keuk, S. 203, 208, 209.

503 MüKoHGB/*Grunewald*, § 168 Rn. 16.

504 Vgl. *Rückle*, FS Beisse, S. 433, 446.

505 Vgl. *Schwab*, Prozessrecht gesellschaftsinterner Streitigkeiten, S. 67 f.; Nach *Schön*, 5. Max-Hachenburg-Gedächtnisvorlesung, S. 17, 34, stellt die Gesellschaft ein auf Gewinnerzielung angelegtes Instrument ihrer Mitglieder dar.

506 Vgl. *Schwab*, Prozessrecht gesellschaftsinterner Streitigkeiten, S. 67; *Schön*, ZHR 168 (2004), 268, 280.

507 Vgl. *Schwab*, Prozessrecht gesellschaftsinterner Streitigkeiten, S. 68.

508 Vgl. *Schön*, 5. Max-Hachenburg-Gedächtnisvorlesung, S. 17, 34.

509 Vgl. die anschaulichen Beispiele bei *Schön*, FS Beisse, S. 471, 473.

einen die Forderung, persönliche Interessen der Gesellschafter in den Abwägungsprozess mit einzubeziehen. Wie schon an anderer Stelle erwähnt[510], sind die persönlichen Verhältnisse der Gesellschafter außerhalb der Mitgliedschaft nur in seltenen Ausnahmefällen relevant.[511] Dementsprechend sind die Mehrheitsgesellschafter aufgrund der Treuepflicht lediglich gehalten, auf die auf der Mitgliedschaft beruhenden wirtschaftlichen Interessen angemessen Rücksicht zu nehmen.[512] Nicht justiziabel sind des weiteren die der Entscheidung der Gesellschafter für eine Innenfinanzierung durch Gewinnrücklagenbildung anstelle von Beitragserhöhungen oder anstelle der Aufnahme von Fremdkapital zugrunde liegenden Erwägungen. Anderenfalls müsste das Gericht im Rahmen der Ausübungskontrolle eine unternehmerische Entscheidung überprüfen. Hierzu fehlen einerseits die Maßstäbe, da aus ökonomischer Sicht die Vorteile der Rücklagenbildung bzw. einer Innenfinanzierung gegenüber einer Fremdfinanzierung nicht eindeutig zu beurteilen sind.[513] Des Weiteren darf das Gericht nicht seine Anschauung an die Stelle des Mitgliederwillens setzen[514], anderenfalls würde es zum „obersten Verwendungsorgan für alle Gesellschaften in seinem Bezirk“[515]. Dementsprechend bedarf der mehrheitliche Thesaurierungsbeschluss weder einer strengen kaufmännischen Notwendigkeit noch ist die Gesellschaftermehrheit zu einer umfassenden Interessenabwägung verpflichtet, vielmehr ist ihr ein Ermessensspielraum einzuräumen der durch das Gericht nicht, bzw. nur beschränkt überprüft werden darf.[516] Die Grenzen dieses Ermessens – und hier setzt die Prüfung des Gerichts an – darf die Mehrheit freilich nicht überschreiten, das heißt, sie darf ihr Ermessen nicht rechtsmissbräuchlich ausüben. Dies bedeutet insbesondere, dass sie sich nicht von sachfremden Erwägungen leiten

510 Siehe oben zur Entnahmeschranke des § 122 und zu der Frage des Sonderentnahmerechts.

511 Vgl. für das Recht der GmbH *Hommelhoff*, ZGR 1986, S. 418, 426.

512 Vgl. *Hommelhoff*, ZGR 1986, S. 418, 424, 426.

513 Vgl. *Haar*, NZG 2007, 601, 605; *Rückle*, FS Beisse, S. 433, 446; *Schön*, FS Beisse, S. 471, 473.

514 Vgl. *K. Schmidt*, GesR, § 16 II 4; MüKoHGB/*Enzinger*, § 119 Rn. 62.

515 *Hommelhoff*, ZGR 1986, 418, 427. Zur mangelnden Justiziabilität der Thesaurierungsentscheidung auch *Joost*, FS 100 Jahre GmbHG, S. 289, 300; OLG Nürnberg v. 09.07.2008, 12 U 690/07 (Juris Leitsatz 4), DB 2008, 2415.

516 Vgl. *Schön*, 5. Max-Hachenburg-Gedächtnisvorlesung, S. 17, 38: „Die Mehrheit muss daher für eine Thesaurierung Gründe angeben können, die sich als sinnvolle Ausübung des kaufmännischen Ermessens darstellen. Dabei muss nicht die kaufmännische Notwendigkeit, sondern lediglich die kaufmännische Nützlichkeit der Thesaurierung belegt werden.“

lassen darf, wie z.B. beim gezielten „Aushungern“ der Gesellschafterminderheit oder einzelner Gesellschafter. Diese Grenze ist unter Umständen nicht erst dann erreicht, wenn tatsächlich eine „Hungerdividende“ gezahlt wird, ebenso wenig ist hier die Bedürftigkeit der betroffenen Gesellschafter von Belang. Der Thesaurierungsbeschluss ist vielmehr auch dann bereits als treuwidrig einzuschätzen, wenn die Gesellschaftermehrheit überhaupt nicht von kaufmännischen Erwägungen ausgeht, d.h. keinen sinnvollen Anlass zur Rücklagenbildung hat, sondern sich – unabhängig von der konkreten Höhe der Thesaurierung und der verbleibenden Ausschüttung – von sachfremden Erwägungen leiten lässt, wie zum Beispiel der Willensunterwerfung der Minderheitsgesellschafter oder wenn die Rücklagenbildung offensichtlich keine Vorteile für das Gesellschaftsunternehmen bietet.[517] Dasselbe gilt, wenn der Rücklagenbeschluss im Widerspruch zu der Beschlusslage der Gesellschafterversammlung im Hinblick auf die laufende Geschäftspolitik des Unternehmens steht.[518] Gleichzeitig ist der Gesellschafterminderheit selbst bei Ausbleiben der Ausschüttung aufgrund einer Vollthesaurierung (mit Ausnahme des Steuerentnahmerechts) die Berufung auf die Treuepflicht und das Verbot des „Aushungerns“ verwehrt, wenn die Thesaurierung auf einem konkreten Finanzierungsbedarf der Gesellschaft beruht.[519] Dies bedeutet, dass es in erster Linie nicht auf ein tatsächliches „Aushungern“ der Gesellschafterminderheit ankommt, sondern auf den Zweck, der hinter der Rücklagenbildung steht. Ob ein Gesellschafter nämlich tatsächlich „ausgehungert“ wird, hängt von vielen verschiedenen Faktoren ab und wird auch nicht für jeden Gesellschafter gleichermaßen zu beantworten sein, so dass dieses Kriterium alleine kein effektives Instrument der Ausübungskontrolle darstellt.[520]

Die Diskussion um den Minderheitenschutz bei mehrheitlichen Thesaurierungsentscheidungen dreht sich meist nur um das Risiko, dass einzelnen Gesellschaftern die Gewinnentnahme in zu hohem Maße verwehrt wird.[521] Genauso

517 Vgl. z.B. das Urteil des OLG Brandenburg vom 31.03.2009, ZIP 2009, 1955, zu einer GmbH, in der das Gericht die jahrelange Vollthesaurierung bei gleichzeitiger Erhöhung von Geschäftsführerbezügen und verdeckten Gewinnausschüttungen an die Mehrheitsgesellschafter als treupflichtwidrig ansah.

518 Vgl. *Schön*, 5. Max-Hachenburg-Gedächtnisvorlesung, S. 17, 38; *Schön*, FS Beisse, S. 471, 484: ähnlich für die GmbH *Joost*, FS 100 Jahre GmbHG, S. 289, 304.

519 Vgl. *Paefgen*, FS Schneider, S. 929, 949, 950.

520 Vgl. *Hommelhoff*, ZGR 1986, 418, 426.

521 So vertritt z.B. Staub/*Schäfer*, § 120 Rn. 42, es komme den Minderheitsgesellschaftern nur zugute, wenn der Mehrheit die Befugnis eingeräumt werde, in geringerem als dem vertraglich vorgesehenen Umfang Rücklagen zu bilden.

ist aber auch denkbar, dass ein Mehrheitsgesellschafter aus eigennützigen Gründen der Gesellschaft die Liquidität entzieht. Auch einem derartigen Beschluss müssen anhand der Ausübungskontrolle Grenzen gesetzt werden. Hierfür kann die bereits im Gesetz vorgesehene Grenze des „offenbaren Schadens" des § 122 Abs. 1 HGB fruchtbar gemacht werden.[522] Da diese Regelung im Sinne eines „venire contra factum proprium" zu verstehen ist, darf die Gesellschaftermehrheit der Gesellschaft nicht die Mittel entziehen, die benötigt werden, um von der Gesellschaftergesamtheit oder anderen Organen wirksam beschlossene Maßnahmen (Z.B. eine Investition oder Expansion) durchzuführen.[523]

6. *Rechtfertigungsnotwendigkeit der Thesaurierungsbeschlüsse*

Eine weitere Möglichkeit der Kontrolle des Mehrheitsbeschlusses ist die Prüfung auf sachliche Rechtfertigung nach dem Verhältnismäßigkeitsgrundsatz, wie sie im Aktien- und GmbH-Recht durchgeführt wird. Diese vollzieht sich in drei Schritten: Die mehrheitlich beschlossene Vertragsänderung muss im Interesse der Gesellschaft liegen, ein Eingriff in die Rechte der Minderheit muss erforderlich sein und die für die Gesellschaft angestrebten Vorteile müssen in einem angemessenen Verhältnis zu den Eingriffen in die Rechte der Minderheit stehen.[524]

Für die Rücklagenbildung ist diese Art der Kontrolle des Beschlussinhaltes aus verschiedenen Gründen abzulehnen. Zum einen wurde die Lehre von der Notwendigkeit der sachlichen Rechtfertigung für Strukturentscheidungen begründet, also für tiefgreifende Maßnahmen mit starkem Einfluss auf die Gesellschafterstellung. Die Gewinnthesaurierung stellt keine derartige Strukturveränderung dar, sie ist bei entsprechender Regelung im Gesellschaftsvertrag bereits keine Vertragsänderung. Insbesondere wurde aber oben dargelegt, dass die Thesaurierungsentscheidung gerade keiner strengen sachlichen Rechtfertigung bedarf beziehungsweise diese nur in beschränkten Maße der gerichtlichen Kontrolle unterliegt.[525]

---

522 Siehe dazu oben Erster Teil § 1B.III.2.c).

523 Vgl. *Schön*, FS Beisse, S. 471, 478.

524 Vgl. MüKoBGB/*Schäfer*, § 709 Rn. 101; Staub/*Schäfer*, § 119 Rn. 52; *Zöllner*, Schranken, S. 351 f.

525 Vgl. *Hommelhoff*, ZGR 1986, 418, 427.

III. Durchsetzung des Minderheitenschutzes

1. Klage gegen die Mitgesellschafter

Nach der herrschenden Meinung erfolgt die Geltendmachung der Nichtigkeit oder Unwirksamkeit eines Gesellschafterbeschlusses durch Erhebung einer Feststellungsklage gemäß § 256 ZPO.[526] Diese muss gegen die Mitgesellschafter gerichtet sein, nicht gegen die Gesellschaft, es sei denn, der Gesellschaftsvertrag sieht dies vor. Für die Klage gibt es keine Frist im technischen Sinne, der Mangel ist aber in angemessener Zeit geltend zu machen, sonst droht die Verwirkung des Rechts.[527]

Im Aktien- und GmbH-Recht ist dagegen die Klage gegen die Gesellschaft zu richten, geklagt wird auf Nichtigerklärung des Beschlusses, es handelt sich also um eine Gestaltungsklage. Materiellrechtlich ist zwischen Nichtigkeitsgründen und Anfechtungsgründen zu unterscheiden, die den Beschluss trotz seiner Rechtswidrigkeit als wirksam und nur vernichtbar erscheinen lassen und binnen einer Anfechtungsfrist geltend gemacht werden müssen. Dieses ursprünglich aus dem Aktienrecht stammende Beschlussmängelrecht wurde auf die GmbH übertragen. Einige Autoren plädieren auch für eine Übertragung des kapitalgesellschaftsrechtlichen Beschlussmängelrechts auf das Recht der Personengesellschaften.[528] Darauf soll und kann an dieser Stelle jedoch nicht eingegangen werden. Im Hinblick auf die eindeutigen Äußerungen des BGH ist die Klage nach wie vor gegen die Gesellschafter zu richten.[529]

2. Darlegungs- und Beweislastverteilung

a) Rechtsprechung

Nach der Rechtsprechung des BGH folgt die Beweislastverteilung der „Zwei-Stufen-Prüfung". Demnach muss zunächst – auf der ersten Stufe – die Gesellschaftermehrheit darlegen und beweisen, dass sie durch eine Mehrheitsklausel formell legitimiert war, über die Thesaurierung zu entscheiden. Kann sie dies nicht, so ist der betreffende Beschluss mangels erforderlicher Einstimmigkeit unwirksam. Ist die Gesellschaftermehrheit formell wirksam zur Entscheidung

---

526 Vgl. BGHZ 81, 263, 264 f.; Baumbach/Hopt/*Roth*, § 119 Rn. 32; MüKoBGB/*Schäfer*, § 709 Rn. 113.

527 Vgl. Baumbach/Hopt/*Roth*, § 119 Rn. 32.

528 *K. Schmidt*, ZGR 2008, 1, 26 ff.; zustimmend *Paefgen*, FS Schneider, S. 929, 950; ablehnend Staub/*Schäfer*, § 119 Rn. 77.

529 Vgl. BGHZ 81, 263 ff.; BGH BB 1996, 1169; BGH NJW 1999, 3113.

berufen, so muss der klagenden Gesellschafter auf der zweiten Stufe sodann den Nachweis führen, dass sich die Gesellschaftermehrheit bei der Beschlussfassung treuwidrig über seine Belange hinweggesetzt hat.[530] Nicht ganz eindeutig ist den Entscheidungen des BGH zu entnehmen, wer hinsichtlich der Frage des zulässigen Kernbereichseingriffes beweispflichtig ist. Noch in der Otto-Entscheidung scheint er diesbezüglich keine Unterscheidung zwischen Eingriffen in den Kernbereich bzw. in unverzichtbare oder unentziehbare Rechte einerseits und sonstigen treupflichtwidrigen Mehrheitsentscheidungen zu machen.[531] In der Entscheidung „Schutzgemeinschaft II" stellte der BGH sodann zum einen klar, dass ein Treuepflichtverstoß nicht nur bei kernbereichsrelevanten Rechten in Betracht komme und deutete des Weiteren an, dass bei Mehrheitsentscheidungen, die in absolut oder unentziehbare Rechte der Gesellschafter eingriffen, regelmäßig eine treupflichtwidrige Ausübung der Mehrheitsmacht vorliege, während in den übrigen Fällen die Minderheit den Nachweis der Treupflichtwidrigkeit zu führen habe.[532] Letzteres wiederholte der BGH jüngst in einer Entscheidung aus dem Jahr 2014.[533]

Demnach obliegt es grundsätzlich dem überstimmten Gesellschafter, Tatsachen für einen treupflichtwidrigen Mehrheitsentscheid vorzutragen und zu beweisen.[534] Auch in der obergerichtlichen Rechtsprechung wird diese Beweislastverteilung angenommen. Für den Nachweis der Unwirksamkeit einer Thesaurierungsentscheidung reiche die Behauptung, die Rücklage sei in diesem Umfang nicht für die Zukunftsfähigkeit erforderlich, die Absicherung sei auch mit einer geringeren Rücklagenquote möglich nicht aus. Damit sei noch nicht dargetan, dass die Entscheidung der Mehrheit unternehmerisch unvertretbar und insbesondere treuwidrig sei.[535]

b) Stellungnahme

Die soeben dargestellte Beweislastverteilung wurde in der Literatur kritisiert: Sie deute auf eine Nichtanerkennung von Gesellschafterrechten hin.[536] Es stelle

530 Vgl. BGHZ 170, 283, 288; BGH, Beschl. v. 7.7.2008 – II ZR 151/07, DStR 2009, 1544, 1545; *Goette*, FS Sigle, S. 145, 160, 161.

531 Vgl. BGHZ 170, 283, 288.

532 Vgl. BGHZ 179, 13, 21.

533 Vgl. BGH v. 21.10.2014 – II ZR 84/13, ZIP 2014, 2231, 2232 f.

534 So auch verstanden von *Bohlken/Sprenger*, DB 2010, 263, 266.

535 So zum Falle einer Kompetenzübertragung an den Komplementär OLG Stuttgart vom 13.06.2007, Az. 14 U 19/06 (Juris Rz. 63), DB 2007, 2587 ff.

536 Vgl. *Haar*, NZG 2007, 601, 604.

sich die Frage, wie die Minderheit beweisen solle, dass die Mehrheitsentscheidung gerade nicht durch einen wichtigen Grund gerechtfertigt sei, denn dazu müsse sie alle nur denkbaren wichtigen Gründe vortragen und nachweisen, dass diese sämtlich nicht gegeben seien. Richtiger sei es, wenn der Minderheitsgesellschafter zunächst die Beweislast dafür trage, dass mit der Mehrheitsentscheidung überhaupt in ein unentziehbares Gesellschafterrecht eingegriffen worden sei, wohingegen die Mehrheit für den hierfür erforderlichen sachlichen Grund beweispflichtig sei.[537]

Zunächst einmal ist es sachgerecht, dass die Mehrheit die Beweislast für die formelle Legitimation trägt, da die Mehrheitsentscheidung aufgrund des gesetzlich geltenden Einstimmigkeitsprinzips die Ausnahme darstellt.[538] Nachdem jedoch der BGH und die herrschende Lehre von den einschränkenden Auslegungsmethoden des Bestimmtheitsgrundsatzes Abstand genommen haben, bedeutet die Darlegungs- und Beweislast für die Gesellschaftermehrheit bei Vorliegen einer Mehrheitsklausel keine große Hürde mehr. Bezeichnend sind dazu die Ausführungen des BGH im Urteil „Schutzgemeinschaft II“: „Formell gedeckt wäre durch die vorliegende Mehrheitsklausel selbst eine Mehrheitsentscheidung der Konsortialmitglieder über die Auflösung der DGF-AG;…“[539]. Im Fall enthielt der Gesellschaftsvertrag eine einfache, allgemeine Mehrheitsklausel, so dass der Nachweis der formellen Legitimation nicht schwerfallen sollte. Sodann legt der BGH dem unterlegenen Gesellschafter die Darlegungs- und Beweislast für einen unberechtigten Eingriff in unentziehbare Rechte auf. Beruft sich der unterlegene Gesellschafter darauf, dass der Mehrheitsbeschluss in den unentziehbaren Kernbereich seiner Rechte eingreift, so ist nach dem BGH regelmäßig von einer treuepflichtwidrigen Ausübung von Mehrheitsmacht auszugehen[540], so dass es wiederum Sache der Mehrheitsgesellschafter ist, darzulegen und zu beweisen, dass der Gesellschafter im Rahmen der Mehrheitsklausel seine Zustimmung antizipiert abgegeben hat und dass die Grenzen dieser Legitimation, sozusagen die tatbestandlichen Voraussetzungen der Ermächtigungsgrundlage, bei der Beschlussfassung eingehalten wurden.[541] Auch dieser Nachweis wird auf Grundlage der gesellschaftsvertraglichen Mehrheitsklausel, insbesondere bei der hier vorgeschlagenen Gestaltung, die Mehrheit nicht vor größere Schwierigkeiten stellen. Steht nunmehr fest, dass kein unzulässiger Kernbereichseingriff gegeben ist, so

---

537 Vgl. *Binz/Mayer*, DB 2007, 1739, 1741.

538 Vgl. *Paefgen*, FS Schneider, S. 929, 950; *Wertenbruch*, ZIP 2007, 798, 800.

539 BGHZ 179, 13, 21.

540 Vgl. v. BGH, Urteil v. 21.10.2014 – II ZR 84/13, ZIP 2014, 2231, 2232 f.

541 So wohl *Wertenbruch*, ZIP 2007, 798, 800.

kann der Thesaurierungsbeschluss dennoch aufgrund eines Verstoßes gegen die Treuepflicht unwirksam sein. Nach der hier vertretenen Auffassung ist dies der Fall, wenn die Gesellschaftermehrheit bei der Rücklagenbildung ihr Ermessen zweckwidrig ausgeübt hat und die Rücklagenbildung daher den „Charakter der Willkür“[542] trägt. Für den Minderheitsgesellschafter wird es schwer sein nachzuweisen, dass die Rücklagenbildung nicht am Wohle der Gesellschaft ausgerichtet ist und nicht auf einem Finanzierungsbedarf beruht, denn er müsste dafür sämtliche möglichen Umstände, die für einen Finanzierungsbedarf der Gesellschaft sprächen, ausschließen. Dem von der Geschäftsführung ausgeschlossenen Gesellschafter fehlt zudem oft der hierfür notwendige Einblick. Die Rechtsprechung gewährt dem Beweisbelasteten in derartigen schwierigen Beweislagen häufig Beweiserleichterungen durch eine Modifizierung der Darlegungslast[543], wie z.B. für den Fall der aktienrechtlichen Beschlusskontrolle bei Bezugsrechtsausschluss.[544] Die Rechtsprechung verlangt für den Bezugsrechtsausschluss eine sachliche Begründung, an die ums so strengere Anforderungen zu stellen sind, je schwerer der Eingriff in die mitgliedschafts- und vermögensrechtliche Stellung der ausgeschlossenen Aktionäre wiegt.[545] Zwar ist der klagende Aktionär für das Fehlen der Voraussetzungen für die Zulässigkeit des Bezugsrechtsausschluss beweispflichtig, jedoch muss die Gesellschaft angesichts der Schwierigkeit, als Aktionär einen solchen Beweis zu führen, sowie der Tatsachte, dass die Gesellschaft über alle zur Klärung erforderlichen Unterlagen und Informationen verfügt, die für den Beschluss maßgebenden Gründe im einzelnen darlegen.[546]

Der Fall des im Rahmen eines mehrheitlich entschiedenen Thesaurierungsbeschlusses unterlegenen Gesellschafters ist von der Interessenlage her zwar geradezu umgekehrt, im Übrigen aber durchaus vergleichbar. Genauso wie beim Bezugsrechtsausschluss der Entzug des Rechts eines Aktionärs, Kapital in „seinem“ Unternehmen investieren zu können, im allgemeinen einen schweren Eingriff in seine Mitgliedschaft bedeutet[547], kann auch der durch den Thesaurierungsbeschluss erzeugte Investitionszwang einen solchen schweren Eingriff darstellen. Der unterlegene Gesellschafter befindet sich des Weiteren in einer ähnlich schwierigen Beweislage. Für die beklagte Gesellschaftermehrheit ist es einfacher, Gründe darzulegen, die sich als sinnvolle, kaufmännisch nachvollziehbare

542 BGHZ 33, 175, 186.

543 Vgl. Zöller/*Greger*, ZPO, Vor § 284 Rn. 25.

544 Vgl. BGHZ 71, 40 = NJW 1978, 1316 ff. („Kali+Salz“).

545 Vgl. BGH NJW 1978, 1316, 1317.

546 BGH NJW 1978, 1316, 1318 f.

547 Vgl. BGH NJW 1978, 1316, 1317.

Ausübung ihres Ermessens darstellen. Es ist ihr daher zuzumuten, im Rahmen der sekundären Darlegungslast die Gründe zu nennen, die zu dem mehrheitlichen Beschluss über die Rücklagenbildung geführt haben.[548] Diese hat der unterlegene Gesellschafter sodann zu widerlegen.[549] Erfüllen die beklagten Gesellschafter die sekundäre Darlegungslast nicht, führt dies dazu, dass die Behauptung des primär darlegungspflichtigen Klägers, die Gesellschaftermehrheit habe bei der Beschlussfassung gegen die Treuepflicht verstoßen, als zugestanden im Sinne von § 138 Abs. 3 ZPO gilt. An der Beweislast an sich ändert sich nichts, d.h. der klagende Minderheitsgesellschafter ist weiterhin beweisbelastet, wenn die Beklagten ihrer Darlegungslast nachkommen; ein non-liquet geht zu seinen Lasten.[550]

Eine derartige Modifizierung der Darlegungslast stärkt die Rechte der Minderheitsgesellschafter, was einen ausgleichenden Effekt auf die Verhandlungen über die Rücklagenbildung haben kann. Trifft die Gesellschaftermehrheit im Prozess die oben beschriebene sekundäre Darlegungslast, so wird es ihr Anliegen sein, das Prozessrisiko zu verringern. Die ist ein Anreiz, mit allen Gesellschaftern über die Höhe der Rücklagen zu verhandeln, eine Einigung zu erzielen und nicht leichtsinnig und willkürlich eine zu hohe Thesaurierungsquote durchzusetzen.

Zu einer Beweislastumkehr zugunsten des klagenden Gesellschafters, wie sie teilweise in der Literatur gefordert wird, kann demgegenüber auch die ggf. schwierige Beweislage des Klägers nicht führen, denn der Beweislastverteilung liegen generalisierende Risikozuweisungen zugrunde. Sie hat normativen Charakter und kann nicht von Einzelfall abhängig gemacht werden.[551]

IV. Prognose für die Akzeptanz des Gestaltungsvorschlags in der Rechtsprechung

Es erscheint zweifelhaft, ob der BGH in den nächsten Jahren Anlass haben wird, die Frage der mehrheitlichen Gewinnthesaurierung deutlich zu beantworten. Eine gewisse Tendenz scheint sich aber an einer jüngeren Entscheidung

548 Vgl. Zöller/*Greger*, ZPO, Vor § 284 Rn. 34. Damit ist keine Rechtfertigungsnotwendigkeit im engeren Sinne gemeint, insbesondere besteht aufgrund des Ermessens keine Nachweispflicht für die Sinnhaftigkeit der Eigenfinanzierung, denn es ist nicht Sache des Gerichts, dies zu beurteilen. A.A. für die GmbH OLG Brandenburg, Urteil v. 31.3.2009 – 6 U 4/08, ZIP 2009, 1955.

549 Vgl. BGH NJW 1978, 1316, 1317.

550 Vgl. Zöller/*Greger*, ZPO, Vor § 284 Rn. 34c.

551 Vgl. Zöller/*Greger*, ZPO, Vor § 284 Rn. 17, 22.

des II. Zivilsenats aus dem Jahr 2008 abzuzeichnen.[552] Der BGH wies dort eine Nichtzulassungsbeschwerde zurück. Der beklagte Komplementär hatte den Jahresabschluss unter Einbehaltung von 40 % des Jahresgewinns zu Thesaurierungszwecken aufgestellt. Laut Gesellschaftsvertrag war er befugt, den Jahresabschluss unter besonderer Berücksichtigung der Ausstattung des Unternehmens aufzustellen.[553] Die Kläger sind Kommanditisten der KG und wehrten sich unter anderem gegen die von ihnen nicht für notwendig befundene Erhöhung der Thesaurierungsquote. Das Landgericht gab den Anträgen der Kläger statt und stellte fest, dass der Gesellschaftsvertrag keine dem Bestimmtheitsgrundsatz und der Kernbereichslehre genügende Regelung enthalte, die den Komplementär zur alleinigen Entscheidung über die Rücklagenbildung ermächtige. Das Berufungsgericht hielt die im Gesellschaftsvertrag vorgesehene Regelung unter dem Aspekt der absoluten Grenze der Mindestausschüttung in Höhe der Steuerlast für wirksam. Genauso wie es grundsätzlich möglich sei, die Entscheidung über die Rücklagenbildung der Mehrheit zu übertragen, könne sie auch einem Beirat oder dem Komplementär übertragen werden. Die Bestimmungen des Vertrages, nach denen vor allem Vorsorge für das Unternehmen getroffen werden sollte, seien insofern eindeutig, als dass sie das Vollausschüttungsprinzip von vornherein eindeutig abbedingen. Die Entscheidung des Komplementärs über die Höhe der Thesaurierung sei somit allein anhand der Treuepflicht zu überprüfen. Die Beweislast für eine Verletzung der Treuepflicht läge allerdings bei den Klägern, dieser seien sie nicht nachgekommen. Das Berufungsgericht ließ die Revision nicht zu, wogegen sich die Kläger mit der Beschwerde zum BGH wehrten. Der BGH wies die Beschwerde jedoch zurück: Gegen die Auslegung des Berufungsgerichts sei nichts einzuwenden, insbesondere sei die maximal zulässige Thesaurierung mit hinreichender Bestimmtheit im Vorhinein einstimmig

552 BGH, Beschl. v. 7.7.2008 – II ZR 151/07, DStR 2009, 1544.

553 Die Klausel lautete: „Die geschäftsführenden Gesellschafter haben für eine geordnete Buchführung zu sorgen und jeweils auf den Schluss eines Geschäftsjahres Inventur und Bilanz mit Gewinn- und Verlustrechnung aufzustellen und beide zu unterzeichnen. Bei der Erstellung des Jahresabschlusses sind die Grundsätze eines gewissenhaften und vorsichtigen Kaufmannes zu befolgen. Die Vorsorge für eine erfolgreiche Weiterentwicklung des Unternehmens hat den Vorrang. Jedoch soll bei der Bemessung des für die Verteilung verfügbaren Jahresgewinns darauf Bedacht genommen werden, dass die Gesellschafter aus ihren ausgeschütteten Gewinnanteilen mindestens die Einkommensteuer entrichten können, die auf ihren steuerbaren Gewinnanteilen ruht."

festgelegt worden. Gleichzeitig betonte der BGH nochmal, dass für einen etwaigen Treuepflichtverstoß die Beweislast beim Kläger liegt.

Der BGH akzeptierte in seiner Entscheidung demnach die Begrenzung des Entnahmerechts auf das Steuerentnahmerecht, was einer Thesaurierung des gesamten Gewinnes entspricht, wenn man bereits von einem gesetzlichen Steuerentnahmerecht ausgeht.[554] Es ist vor diesem Hintergrund damit zu rechnen, dass der BGH eine Klausel, wie die hier vorgeschlagene akzeptieren würde. Allerdings wäre auf Grundlage der Ansicht des BGH zur Beweislast der Rechtsschutz der Minderheitsgesellschafter insofern eingeschränkt, als der BGH bisher nicht von einer Modifizierung der Darlegungslast ausgeht.

554 Ähnlich auch OLG München v. 30.6.1993 – 7 U 6765/92. NJW-RR 1994, 1057, 1058.

Zweiter Teil – Thesaurierung im Konzern mit einer Personenhandelsgesellschaft als Muttergesellschaft

§ 4 Problemaufriss und Grundlagen

A. Das Problem der Gewinnthesaurierung im Konzern

I. Die konzernrechtliche Dimension der Otto-Entscheidung

Der Fall, der der Otto-Entscheidung des BGH zugrunde lag, hatte auch eine konzernrechtliche Dimension. Bei der Otto GmbH & Co. KG handelt es sich um eine Konzernmuttergesellschaft, die an der Spitze eines weit verzweigten, internationalen Konzerns mit über 100 wesentlichen Tochter- und Enkelgesellschaften steht, in denen das operative Geschäft stattfindet. Im streitigen Geschäftsjahr wies die Bilanz der Otto-KG, also der Konzernmutter, einen Jahresüberschuss von 131 Mio. € aus, von welchem 25 Mio. € in eine offene Gewinnrücklage eingestellt wurden. Die vom Gesellschaftsvertrag vorgesehene feste Thesaurierungsquote von 20 % war somit knapp unterschritten und ein zusätzlicher Gesellschafterbeschluss mit qualifizierter Mehrheit, wie ihn der Gesellschaftsvertrag für darüber hinausgehende Thesaurierungsquoten vorsah[555], erschien jedenfalls auf Grundlage des Einzelabschlusses der Muttergesellschaft nicht notwendig. Die Klägerin war jedoch der Ansicht, der Gesellschaftsvertrag sei derart auszulegen, dass bei der Berechnung der Thesaurierungsquote der Muttergesellschaft auch die bereits auf der Ebene der Tochter- und Enkelgesellschaften gebildeten Rücklagen zu berücksichtigen seien. Die Jahresergebnisse der Tochtergesellschaften seien ihrerseits bereits durch erhebliche Rücklagenbildung gekürzt worden, so dass in Bezug zum konzernweit angefallenen Ertrag insgesamt mehr als 20 % in offene Rücklagen eingestellt worden sei, weshalb ein Gesellschafterbeschluss mit qualifizierter Mehrheit erforderlich gewesen sei. Aufgrund der Rücklagenbildung in den Tochtergesellschaften sei der in der Bilanz der Mutter-KG ausgewiesene Jahresgewinn zu gering und der mit Mehrheit getroffene Jahresabschlussfeststellungsbeschluss deshalb unwirksam.

Mit diesem Vortrag war die Klägerin in der ersten Instanz erfolgreich. Das Landgericht Hamburg legte die vertragliche Thesaurierungsklausel dahingehend

555 Vgl. die Vertragsbestimmung in Fn. 8.

aus, dass sich die angegebene 20 %-Quote auf den Gesamtüberschuss aller Unternehmen der Otto-Gruppe beziehe und gab dem Antrag der Klägerin auf Feststellung der Nichtigkeit des Feststellungsbeschlusses und des Gewinnverwendungsbeschlusses statt. Die Beklagten legten hiergegen Berufung ein, der das Berufungsgericht unter Abweisung der Klage stattgab. Hierbei stützte sich das Berufungsgericht zum einen darauf, dass ein Vollausschüttungsgebot für die Tochtergesellschaften schon deshalb nicht gelten könne, da ein solches bereits nach dem Gesellschaftsvertrag der Mutter nicht bestand. Im Gegensatz zur Auffassung des Landgerichts sei die Thesaurierungsklausel nicht so auszulegen, dass sich das Zustimmungserfordernis auf die Rücklagen im Gesamtkonzern beziehe. Des weiteren könne selbst eine übermäßige Thesaurierung in Tochtergesellschaften nicht zur Fehlerhaftigkeit der Bilanz der Muttergesellschaft führen, da die Konzernobergesellschaft Gewinne ihrer Tochtergesellschaften nur in ihrer Bilanz ausweisen dürfe, wenn deren Gesellschafter den Jahresabschluss bereits festgestellt hätten und nur insoweit, wie diese auch über eine Gewinnausschüttung entschieden hätten.[556] In der Revisionsentscheidung verwies auch der BGH darauf, dass die Gewinn-ausschüttungsansprüche der Muttergesellschaft nur Eingang in die Bilanz finden könnten, wenn sie aktivierbar bestünden, was einen entsprechenden Gewinnverwendungsbeschluss in den Untergesellschaften voraussetze. In keinem Fall könne im Rahmen der Bilanzfeststellung der Mutter über die Gewinnverwendung der abhängigen Gesellschaften entschieden werden. Auf die Fragen, ob und wann im personengesellschaftsrechtlichen Konzern ein Vollausschüttungsgebot besteht und ob eine Thesaurierungsklausel der Konzernspitze konzernweit ausgelegt werden muss oder kann, ging der BGH nicht ein. Er warf lediglich die Frage auf, ob in einem Personengesellschaftskonzern die willkürliche Bildung von Reserven bei Untergesellschaften entsprechend §§ 116 Abs. 2, 164 S. 1 Hs. 2 HGB auch der Zustimmung der Gesellschafterversammlung der Obergesellschaft bedürfe, ließ die Antwort jedoch dahinstehen. Denn selbst wenn die Rücklagenbildung in den Tochtergesellschaften mangels Zustimmung der Gesellschafter der Muttergesellschaft unwirksam sein sollte, würde es immer noch an den erforderlichen Gewinnausschüttungsansprüchen als Voraussetzung für eine Aktivierung in der Bilanz der Muttergesellschaft fehlen.[557]

---

556 Vgl. OLG Hamburg, Urteil v. 9.8.2005 – 11 U 203/04, ZIP 2006, 895, 898.
557 Vgl. BGHZ 170, 283, 294 ff.

II. Die Bildung offener Rücklagen in Tochtergesellschaften

In einem Konzern entscheidet die Verwaltung der Muttergesellschaft – je nach Rechtsform und Konzernsituation – direkt oder mittelbar über die Bildung offener Rücklagen in den Tochtergesellschaften.[558] Diese Rücklagen schmälern das Jahresergebnis der Muttergesellschaft. Gegebenenfalls kommt nur ein Bruchteil des in der gesamten Unternehmensgruppe erzielten Gewinnes bei der Konzernspitze an, was den Betrag, über dessen Verwendung die Gesellschafter der Muttergesellschaft entscheiden können, verringert.[559] Im Aktienrecht stellt sich das Problem bei der Anwendung von § 58 Abs. 2 S. 1 AktG im Konzern. § 58 AktG regelt die Verwendung des Jahresüberschusses der Aktiengesellschaft und soll durch eine hälftige Kompetenzverteilung einen Interessenausgleich zwischen Thesaurierungs- und Ausschüttungsinteressen erzielen.[560] Vorstand und Aufsichtsrat sind nach dieser Vorschrift im Rahmen ihres Leitungsermessens befugt, maximal die Hälfte des festgestellten Jahresgewinns in andere, d.h. offene Rücklagen einzustellen, über den danach verbleibenden Bilanzgewinn entscheidet die Hauptversammlung. § 58 AktG regelt jedoch keine Konzernsachverhalte bzw. nimmt jedenfalls nicht ausdrücklich Stellung zu verbundenen Unternehmen.[561] Handelt es sich bei der Tochtergesellschaft ihrerseits auch um eine Aktiengesellschaft, kann der Vorstand dort jeweils bereits nach § 58 Abs. 2 S. 1 AktG 50 % des Jahresüberschusses thesaurieren. Übt er zusätzlich alleine die Beteiligungsrechte der Muttergesellschaft an der Tochtergesellschaft aus, so kann er dort außerdem gemäß § 58 Abs. 3 S. 1 AktG über den Bilanzgewinn verfügen, so dass die Verwaltung insgesamt über 100 % des Jahresüberschusses einer Tochter-AG verfügen kann. Handelt es sich um eine GmbH oder Personengesellschaft, so ist der Spielraum je nach Vertragsgestaltung gegebenenfalls ebenso groß. Fraglich und umstritten ist daher, ob es dem Vorstand der Muttergesellschaft in dieser

558 Vgl. BGZ 170, 283, 295: „Gesellschafterbeschlüsse einer abhängigen Gesellschaft werden [...] im Grundsatz von der Geschäftsführung ihrer Gesellschafterin als deren Vertreter, im Fall einer KG durch die Komplementärin, gefasst [...]".

559 Der Jahresüberschuss einer Konzernobergesellschaft setzt sich aus dem von der Obergesellschaft selbst erwirtschafteten Gewinn und den von den Untergesellschaften vereinnahmten „Erträgen aus verbundenen Unternehmen" (§§ 275 Abs. 2 Nr. 9 HGB) bzw. den abgeführten Gewinnen (§ 277 Abs. 3 HGB) zusammen. Die Beteiligung der Muttergesellschaft liegt im Otto-Konzern nicht immer bei 100 % und es bestehen auch nur teilweise Ergebnisabführungsverträge, vgl. *H. P. Westermann*, ZIP 2007, 2289, 2290.

560 Vgl. MüKoAktG/*Bayer*, § 58 Rn. 2.

561 Vgl. MüKoAktG/*Bayer*, § 58 Rn. 51.

Situation nach wie vor erlaubt sein soll, bis zu 50 % des Jahresüberschusses in andere Rücklagen einzustellen oder ob die Vorschrift des § 58 Abs. 2 S. 1 AktG für Konzernsachverhalte eine Modifizierung erfahren muss.[562] Mit dieser Frage hat sich die rechtswissenschaftliche Literatur insbesondere in den 1980er Jahren intensiv beschäftigt.[563]

Ist die Konzernspitze keine Aktien- sondern eine Personenhandelsgesellschaft, so stellt sich im Grundsatz dasselbe Problem. Auch der Gewinn einer herrschenden OHG oder KG im Konzern setzt sich zusammen aus dem von ihr selbst erwirtschafteten Ertrag und dem aller Beteiligungsgesellschaften. Die Bilanzierung in den Tochtergesellschaften hat also unmittelbaren Einfluss auf den Gewinnausweis in der Muttergesellschaft und somit auch auf die Gewinnentnahme- oder Ausschüttungsrechte der Gesellschafter. Unabhängig davon, welche Rechtsform die Untergesellschaften bekleiden, üben die geschäftsführenden Gesellschafter der Muttergesellschaft die Konzernleitung und in den meisten Fällen die Beteiligungsrechte in den Tochtergesellschaften aus und können so die dortige Gewinnverwendung bestimmen.[564] Je nach Anzahl und Höhe der Beteiligungen und Staffelung des Konzerns kann so die Situation entstehen, dass bei der Muttergesellschaft kein oder nur ein geringer Jahresüberschuss anfällt, obwohl der Unternehmensverbund an sich profitabel ist.[565] In einer gesetzestypischen OHG stellt dies zwar kein Problem dar, da dort sämtliche Gesellschafter an der Geschäftsführung beteiligt sind und darüber hinaus für Gesellschafterbeschlüsse das Einstimmigkeitsprinzip gilt. Ist die Personenhandelsgesellschaft aber Spitze eines Konzerns, so wird es sich eher selten um eine kleine, personalistisch ausgestaltete OHG handeln, sondern vielmehr um eine GmbH & Co. KG, eine Publikums-KG oder eine große Familiengesellschaft in Form einer OHG oder KG. In solchen Gesellschaften sind häufig nicht alle Gesellschafter an der Geschäftsführung beteiligt und das Einstimmigkeitsprinzip ist gesellschaftsvertraglich abbedungen. In derartigen Konstellationen besteht die Gefahr der Aushöhlung des Gewinnbezugsrechts der Gesellschafter der Muttergesellschaft dadurch, dass Gewinne der Tochtergesellschaften aufgrund von Thesaurierungen

---

562 Vgl. dazu umfassend *Stollfuß*, Rücklagenbildung im Konzern, passim.

563 Vgl. z.B. *Beusch*, FS Goerdeler, S. 25 ff; *Lutter*, FS Goerdeler, S. 327 ff.; *Thomas*, ZGR 1985, S. 365 ff.; *Götz*, Die AG 1984, 84 ff.

564 Siehe ausführlicher unten Zweiter Teil § 4B.III.

565 Vgl. Hölters/*Waclawik*, § 58 Rn. 47.

in Tochtergesellschaften nicht bei der Muttergesellschaft ankommen.[566] Fraglich ist deshalb, ob den von der Geschäftsführung ausgeschlossenen Gesellschaftern der OHG sowie den Kommanditisten der KG, die bereits von Gesetzes wegen nicht an der Geschäftsführung beteiligt sind, für diese Fälle ein Mitspracherecht, etwa nach §§ 116 Abs. 2, 164 S. 1 Hs. 2 HGB, zusteht.

Ist im Gesellschaftsvertrag die Frage der Gewinnverwendung oder der Rücklagenbildung in der Muttergesellschaft explizit geregelt, so stellt sich die Frage, ob und inwieweit solche Regeln auf die Tochtergesellschaften durchschlagen können. Sieht der Gesellschaftsvertrag der Muttergesellschaft eine Thesaurierungsquote vor oder begrenzt er die Thesaurierungskompetenz der Mehrheit auf einen Höchstbetrag, so ist zu überlegen, ob eine solche Vertragsklausel in Konzernsachverhalten – wie es das Landgericht Hamburg getan hat – anders auszulegen und modifiziert anzuwenden ist. Eng mit diesen Problemfeldern verbunden ist letztlich die Frage, worauf sich der Gewinnanspruch der Gesellschafter einer Konzernmuttergesellschaft bezieht: allein auf den Jahresüberschuss der Muttergesellschaft oder auf einen „konzernweiten" Jahresüberschuss?

III. Die Gefahr der Mediatisierung der Gesellschafterrechte im Konzern

Hinter der Thesaurierungsproblematik steckt ein allgemeines Problem des Konzernrechts: Wird eine Gesellschaft – unabhängig von ihrer Rechtsform – durch die Ausgliederung eines Unternehmensteils oder durch den Erwerb einer Mehrheitsbeteiligung beherrschende Gesellschaft einer Unternehmensgruppe, so verändert sich hierdurch der Aufgabenkatalog und der Zuständigkeitsbereich der Geschäftsführung der Muttergesellschaft.[567] Diese übt nämlich die Konzernleitung und üblicherweise auch die Beteiligungsrechte der Muttergesellschaft in den Töchtergesellschaften aus, was zu einer faktischen Verkürzung, einer Mediatisierung der Gesellschafterrechte, führen kann.[568] Der Beschränkung der Verwaltungs- und möglicherweise auch Vermögensinteressen der nicht geschäftsführungsbefugten Gesellschafter steht auf der anderen Seite eine Erhöhung ihrer Risiken gegenüber, die sich in Ausgleichs-, Abfindungs- und Schadensersatzansprüchen der abhängigen Gesellschaft selbst oder auch ihrer außenstehenden

566 Deutlich bei *Schneider*, BB 1980, 1057, 1060: „Die Fälle sind keine Seltenheit, daß die Tochtergesellschaft im Konzern verfettet, die Kommanditisten der Muttergesellschaft aber verarmt sind."

567 Vgl. MüKoHGB/*Mülbert*, KonzernR Rn. 69.

568 Vgl. MüKoHGB/*Mülbert*, KonzernR Rn. 21; Staub/*Schäfer*, § 105 Anh Rn. 1.

Gesellschafter realisieren können.[569] Diese Dimension des Konzernrechts, also die Schutzbedürftigkeit der Gesellschafter der Muttergesellschaft, wurde bisher in der konzernrechtlichen Auseinandersetzung weniger thematisiert als etwa die Frage nach dem Schutz der abhängigen oder beherrschten Gesellschaft und deren außenstehender Gesellschafter und Gläubiger. Der Gesetzgeber des Aktiengesetzes 1965 hat dieses Problem nach Meinung einiger Autoren sogar übersehen[570], jedenfalls aber wurde erst später erkannt, dass mit der Konzernierung auch ein Schutzbedürfnis für Gesellschafter der Muttergesellschaft entstehen kann.[571] Die gesetzlichen Regelungen über verbundene Unternehmen im Aktienrecht konzentrieren sich hauptsächlich auf den Schutz der bereits abhängigen oder konzernierten Aktiengesellschaft, ihrer Gläubiger und außenstehender Aktionäre vor den Gefahren, die aus der Abhängigkeit oder Konzernierung entstehen.[572] Über die Rechte der Gesellschafter der herrschenden Gesellschaft und deren Schutz gibt es sowohl im aktienrechtlichen Konzernrecht als auch im personengesellschaftsrechtlichen Konzernrecht wenige Regelungen. Insbesondere auch in letzterem liegt der Schwerpunkt der Auseinandersetzung in der Literatur auf der beherrschten Personengesellschaft.[573] Jedoch besteht auch auf der Ebene der herrschenden Gesellschaft bezüglich Konzernbildungs- und Konzernleitungsmaßnahmen ein Schutzbedürfnis der Gesellschafter, ob sie nun Aktionäre, GmbH- oder Personengesellschafter sind.[574] Ein solches ist insbesondere für Minderheitsgesellschafter zu bejahen, deren ohnehin bereits schwache Position durch Konzernbildungsmaßnahmen noch weiter geschwächt werden kann.[575]

---

569 Vgl. *Jäger*, DStR 1997, 1770, 1775.

570 Vgl. *Götz*, FS Moxter, S. 573, 575.

571 Vgl. MüKoAktG/*Bayer*, § 58 Rn. 63; *Gollnick*, Gewinnverwendungs im Konzern, S. 3 m.w.N.

572 Vgl. Hüffer/*Koch*, AktG, § 15 Rn. 3.

573 Vgl. *Ulmer*, ZHR (63) 1989, S. 26, 29.

574 Vgl. Baumbach/Hopt/*Roth*, § 105 Rn. 100; Staub/*Schäfer*, § 105 Anh Rn. 1.

575 So auch BGHZ 83, 122, 139 („Holzmüller"): „Denn faktische Verschiebungen der Zuständigkeits- und Vermögensordnung mit Hilfe von Konzernbildungen, wie sie hier infrage stehen, betreffen die Minderheit weit stärker als die Mehrheit, die sich gegenüber der Verwaltung zum Beispiel durch Versagung der Entlastung oder Vertrauensentzug der Hauptversammlung, viel leichter durchsetzen kann."

B. Die Grundlagen des personengesellschaftsrechtlichen Konzernrechts

I. Rechtsgrundlagen und Grundbegriffe des Konzernrechts

„Konzernrecht“ ist der im allgemeinen juristischen Sprachgebrauch zumeist verwendete Begriff für das Recht der verbundenen Unternehmen[576]. Vorherrschend ist hier die Vorstellung des hierarchischen Konzerns mit abhängigen und herrschenden Unternehmen, daneben gibt es allerdings auch Gleichordnungskonzerne.[577] „Verbundene Unternehmen“ ist der in § 15 AktG festgelegte Oberbegriff für fünf verschiedene Unternehmensverbindungen, die wiederum in den §§ 16–18 und 291 f. AktG definiert sind: Zu unterscheiden sind mehrheitliche Beteiligungsverhältnisse (§ 16 AktG), Abhängigkeitsverhältnisses (§ 17 AktG), Konzernverhältnisse (§ 18 AktG), wechselseitige Beteiligungsverhältnisse (§ 19 AktG) und besondere Vertragsverhältnisse (§§ 291 ff. AktG). Für die vorliegende Arbeit interessiert in erster Linie das „echte“ Konzernverhältnis. Maßgebliches Kriterium für das Vorliegen eines (echten) Konzernverhältnisses ist das der einheitlichen Leitung. Einen Konzern bilden nach § 18 Abs. 1 AktG ein herrschendes Unternehmen und ein (oder mehrere) abhängige Unternehmen, wenn sie unter einheitlicher Leitung des herrschenden Unternehmens zusammengefasst sind. Voraussetzung für die Abhängigkeit (vgl. § 17 AktG) ist ein beherrschender Einfluss, der sich einerseits aus einer Mehrheitsbeteiligung (vgl. § 16 AktG) oder aus einer anderen, gesellschaftsrechtlich vermittelten Einflussmöglichkeit ergeben kann.[578] Das Merkmal der „einheitlichen Leitung“ unterscheidet den Konzern insbesondere von dem weiteren Begriff der „abhängigen Unternehmen“ gemäß § 17 AktG, bei denen es alleine auf die Möglichkeit

---

576 Siehe zur Begriffsbestimmung auch Hüffer/*Koch*, § 15 Rn. 2. Der Begriff des Konzernrechts soll auch hier als ein solcher im weiteren Sinne verstanden werden, also über die Definition des § 18 AktG hinaus. Verbunde Unternehmen sind rechtlich selbständige, auf Grundlage gesellschaftsrechtlicher Instrumentarien miteinander verbundene Unternehmen, vgl. Emmerich/*Habersack*, Aktien- und GmbH-KonzernR, Einl. Rn. 1.

577 Vgl. *Wiedemann*, GesR II, S. 506: Orientierung am Bild von Mutter- und Tochtergesellschaft. Zu den hierarchischen Verbindungen gehören der Beherrschungsvertrag, der faktische Konzern, das faktische Abhängigkeitsverhältnis und die Mehrheitsbeteiligung, zu den Gleichordnungsverbindungen der Betriebspacht- und Betriebsüberlassungsvertrag, die Gewinngemeinschaft und der Gleichordnungskonzern, vgl. MüKoHGB/*Mülbert*, KonzernR Rn. 3.

578 Vgl. Hüffer/*Koch*, § 17 Rn. 2, 8.

des beherrschenden Einflusses ankommt (sog. Control-Prinzip), während dieser im Konzern auch tatsächlich ausgeübt werden muss.

Der Begriff des „Unternehmens“ in §§ 15 bis 19 AktG ist rechtsformneutral ausgestaltet und gilt somit auch für die GmbH und die Personengesellschaft.[579] Eine Personenhandelsgesellschaft kann als verbundenes Unternehmen im Sinne von § 15 AktG den Status eines untergeordneten, gleichgeordneten oder übergeordneten Unternehmens einnehmen. Derartige Verbindungen sollen folgend entsprechend der allgemein gebräuchlichen Terminologie als Personengesellschaftskonzernrecht bezeichnet werden. Regelungsgegenstand des Personengesellschaftskonzernrechts sind demnach Unternehmensverbindungen im Sinne von § 15 AktG, wenn an ihnen mindestens eine Personengesellschaft beteiligt ist, sowie die hieran beteiligten Personengesellschaften selbst.[580] Das geltende Recht enthält weder für herrschende noch für abhängige Personengesellschaften spezielle gesetzliche Vorschriften.[581] Die soeben genannten Vorschriften des Aktiengesetzes sind teilweise direkt anwendbar, wie zum Beispiel die §§ 291 bis 318 AktG, wenn es sich bei der abhängigen oder konzernierten Gesellschaft um eine AG oder KGaA handelt. Sie gelten rechtsformneutral für alle herrschenden Unternehmen und damit auch für Personenaußengesellschaften.[582] Dasselbe gilt für die konzernrechtlichen Definitionsnormen der §§ 15 bis 18 AktG. Im Übrigen ist es Aufgabe des Konzernrechts der Personengesellschaften, für beherrschte und herrschende Personengesellschaften, ihre Gesellschafter und Gläubiger geeigneten Schutz zu bieten.[583] Das Aktienrecht kann hier jedenfalls bezüglich der beherrschten Gesellschaft keine direkte Anwendung finden, denn es bezieht sich ausdrücklich auf die AG und KGaA. Im Schrifttum wurden deshalb Analogien zu vereinzelten aktienrechtlichen Tatbeständen befürwortet.[584] Nach herrschender Meinung ist jedoch aufgrund deutlicher Strukturunterschiede ein auf allgemeine personengesellschaftsrechtliche Prinzipien zurückgreifender

---

579 Vgl. Emmerich/*Habersack*, Aktien- und GmbH-KonzernR, Einl. Rn. 2; *Jäger*, DStR 1997, 1770. Auch ein Einzelkaufmann kann Unternehmen i.S.v. §§ 15 ff. AktG sein, vgl. Hüffer/*Koch*, § 15 Rn. 8.

580 Vgl. MüKoHGB/*Mülbert*, KonzernR Rn. 1.

581 Vgl. *Wiedemann*, GesR II, S. 509. Siehe für umfassende Darstellungen des Konzernrechts der Personengesellschaften z.B. *Kleindiek*, Strukturvielfalt im Personengesellschaftskonzern; *Löffler*, Die abhängige Personengesellschaft; *Heck*, Personengesellschaften im Konzern.

582 Vgl. MüKoHGB/*Mülbert*, KonzernR Rn. 25, mit weiteren Normen.

583 Staub/*Schäfer*, § 105 Anh Rn. 3.

584 Vgl. Staub/*Schäfer*, § 105 Anh Rn. 15 m.w.N.

rechtsformspezifischer Ansatz zu bevorzugen.[585] Das klassische Personengesellschaftsrecht enthält, anders als das durch strikte Kompetenzaufteilung und beschränkte Mitspracherechte der Aktionäre geprägte Aktienrecht, mit Einstimmigkeitsprinzip, ausgeprägter Treuepflicht, actio pro socio und Mitsprache- und Informationsrechten der Gesellschafter wirksame Instrumente zum Schutz gegen konzernspezifische Risiken.[586] Soweit danach noch Lücken feststellbar sind und eine Vergleichbarkeit gegeben ist, kommt allerdings auch eine analoge Anwendung der aktienrechtlichen Vorschriften in Betracht.[587]

II. Rechtstatsachen und Erscheinungsformen

Konzerne treten meist in kapitalgesellschaftsrechtlichen Konstellationen auf. Als typische Organisationsform kleiner und mittlerer Unternehmen betreiben Personenhandelsgesellschaften ihr Geschäft meist unabhängig und treten seltener als Unternehmensgruppe auf. Gleichwohl kommen Personengesellschaften in der Konzernspitze als Holding- oder Beteiligungsgesellschaft vor.[588] Die sehr flexible Organisationsverfassung und die Mitbestimmungsfreiheit machen den Konzern mit einer Personengesellschaft an der Spitze attraktiv.[589] Hauptgrund für die Attraktivität dürfte das Konzernsteuerrecht sein: die transparente Besteuerung macht die Bildung von Organschaften im Konzern überflüssig. Daher findet sich die Rechtsform der Personengesellschaft in Unternehmensverbindungen vor allem als Obergesellschaft, weniger häufig als beherrschte Gesellschaft.[590] Über die Rechtstatsachen verbundener Personengesellschaften sind jedoch keine repräsentativen statistischen Angaben bekannt, für ihre Verbreitung gibt es nur Schätzungen.[591]

Die Erscheinungsformen der personengesellschaftsrechtlichen Unternehmensverbindungen mit einer Personengesellschaft als beherrschtem Unternehmen sind,

---

585 Vgl. MüKoHGB/*Mülbert*, KonzernR Rn. 26; Staub/*Schäfer*, § 105 Anh Rn. 16; *Wiedemann*, GesR II, S. 510.

586 Vgl. Staub/*Schäfer*, § 105 Anh Rn. 16, 17; *Wiedemann*, GesR II, S. 10.

587 Vgl. MüKoHGB/*Mülbert*, KonzernR Rn. 26.

588 Vgl. *Wiedemann*, GesR II, S. 504, 505; MüKoHGB/*Mülbert*, KonzernR Rn. 3, 4; *Frodermann*, Möglichkeit und Grenzen der Gewinnthesaurierung im Konzern, S. 172.

589 Vgl. *Haar*, Personengesellschaft im Konzern, S. 1; *Heck*, Personengesellschaften im Konzern, S. 12 ff; *H.P. Westermann*, ZIP 2007, 2289, 2290; MüKoHGB/*Mülbert*, KonzernR Rn. 6; Staub/*Schäfer*, § 105 Anh Rn. 4.

590 Vgl. MüKoHGB/*Mülbert*, KonzernR Rn. 5, 6; Staub/*Schäfer*, § 105 Anh Rn. 4.

591 Von unter 20 % der Personengesellschaften insgesamt bis weit mehr als die Hälfte, vgl. *Haar*, Personengesellschaft im Konzern, S. 62, 63 m.w.N.

wenn auch zahlenmäßig geringer, aufgrund der Gestaltungsfreiheit vielfältig und können teils erheblich voneinander abweichen, was die Erarbeitung eines von der konkreten Ausgestaltung unabhängigen Konzernrechts erschwert.[592] Im Anschluss an einen Bericht der Unternehmenskommission werden im Schrifttum üblicherweise drei bis vier Typen beherrschter Personengesellschaften unterschieden.[593] Das maßgebliche Unterscheidungsmerkmal besteht in der Art des gesellschaftsrechtlich begründeten beherrschenden Einflusses auf die abhängige Personengesellschaft. Da es vorliegend jedoch nicht um die beherrschte, sondern um die herrschende Personengesellschaft geht, soll das Thema an dieser Stelle nicht weiter vertieft werden.

III. Möglichkeiten der Einflussnahme durch die Muttergesellschaft

Die Gefahr der Mediatisierung der Rechte von Gesellschaftern einer Konzernobergesellschaft liegt in dem im Konzern erweiterten Spektrum an Entscheidungsmacht der geschäftsführenden Gesellschafter begründet. Entscheidendes Wesensmerkmal des Konzerns ist dessen einheitliche Leitung durch die Muttergesellschaft. Abhängig von dem jeweiligen Konzernverhältnis und der Rechtsform der Untergesellschaft wird diese entweder durch Weisungen an die Verwaltung bzw. Geschäftsführung der Tochtergesellschaft oder aber durch Ausübung der Beteiligungsrechte wahrgenommen.[594]

Handelt es sich um einen Vertrags- oder Eingliederungskonzern mit einer AG oder einer KGaA als Untergesellschaft, so ist hierfür der Abschluss eines Beherrschungsvertrags bzw. ein Eingliederungsbeschluss der Muttergesellschaft notwendig. Die §§ 293 ff. AktG finden in diesem Fall unmittelbare Anwendung. Für die Dauer des Beherrschungsvertrages geht die Leitungsmacht der Vorstandes der Untergesellschaft in Form einer entsprechenden Weisungsbefugnis, die die geschäftsführenden Gesellschafter der Muttergesellschaft ausüben, auf die herrschende Personenhandelsgesellschaft über.[595] Der Vorstand der Tochtergesellschaft muss den Weisungen im Rahmen von § 308 Abs. 1 S. 1 AktG (für den Eingliederungskonzern gilt § 323 Abs. 1 S. 1 AktG) folgen. Dies bedeutet

---

592 Vgl. MüKoHGB/*Mülbert*, KonzernR Rn. 8.

593 Vgl. *Wiedemann*, GesR II, S. 505; MüKoHGB/*Mülbert*, KonzernR Rn. 9 ff.; Staub/*Schäfer*, § 105 Anh Rn. 7 f.

594 Was einheitliche Leitung bedeutet und was der Gegenstandsbereich einheitlicher Leitung ist, wurde vom Gesetzgeber offen gelassen und wird in der Literatur kontrovers diskutiert, vgl. *Koppensteiner*, KK, § 18 Rn. 14 ff.

595 Vgl. *Jäger*, DStR 1997, 1770, 1771.

konkret für die Frage der Gewinnthesaurierung, dass die geschäftsführenden Gesellschafter der Muttergesellschafter per Weisung über die Thesaurierungskompetenz des Vorstands nach § 58 Abs. 2 S. 1 AktG entscheiden können und zusätzlich auch über die andere Hälfte des Jahresüberschusses gemäß § 58 Abs. 3 S. 1 AktG disponieren, wenn die Muttergesellschaft – wie häufig – mehrheitlich an der Tochter-AG beteiligt ist.

Im faktischen Konzern besteht zwar keine vertraglich anerkannte Leitungsmacht des herrschenden Unternehmens, regelmäßig liegt jedoch eine auf der Mehrheitsbeteiligung beruhende Abhängigkeit vor. Diese faktische Leitungsmacht üben die geschäftsführungsbefugten Gesellschafter der Muttergesellschaft über die Besetzung der Geschäftsführung und durch die Wahrnehmung der Beteiligungsrechte der Muttergesellschaft aus.[596]

Handelt es sich bei der Untergesellschaft um eine GmbH, so kann die herrschende Personengesellschaft, insbesondere, wenn keine außenstehenden Gesellschafter der GmbH vorhanden sind, „ungebremst“[597] durchregieren, da zum einen die Gesellschafter gemäß § 29 Abs. 2 GmbHG über die Gewinnverwendung entscheiden und des weiteren – etwa für den Fall einer vertraglich vereinbarten Thesaurierungskompetenz der Geschäftsführung – die Gesellschafter dieser gegenüber weisungsbefugt sind.[598]

Handelt es sich auch bei den Tochtergesellschaften um Personenhandelsgesellschaften, so ergibt sich die Beherrschung in der Regel aus der Mehrheitsbeteiligung oder auch einer individuellen vertraglichen Absprache. Klassische Unternehmensverträge sind hier selten anzutreffen, da sie mangels gesetzlicher Vorgaben und der Struktur der Personengesellschaften nicht notwendig sind. Meistens handelt es sich um faktische Konzerne.[599]

Es zeigt sich also, dass die geschäftsführenden Gesellschafter der Muttergesellschaft durch verschiedene – von der Realstruktur des Konzerns abhängige – Maßnahmen die Gewinnverwendung in den Tochtergesellschaften steuern können. Wie diese Maßnahmen im konkreten Fall aussehen, ist für die Frage nach ggf. vorhandenen oder notwendigen Schutzmechanismen für die außenstehenden Gesellschafter nicht erheblich. Der Einfachheit der Diktion wegen

---

596 Vgl. MüKoAktG/*Bayer*, § 58 Rn. 59.

597 *Lutter*, Handbuch der Konzernfinanzierung, Rn. 14.38

598 Vgl. *Jäger*, DStR 1997, 1770; *Lutter*, FS Goerdeler, S. 327, 332 in Fn. 13: „Gesellschafter der GmbH ist de facto der Vorstand der Obergesellschaft-AG [bzw. die geschäftsführenden Gesellschafter der Obergesellschaft].“

599 Vgl. Staub/*Schäfer*, § 105 Anh Rn. 6.

soll daher im folgenden kein Unterschied mehr zwischen diesen verschiedenen Maßnahmen gemacht werden.[600]

IV. Rechte und Schutz der Gesellschafter der Muttergesellschaft

1. Schutz der Aktionäre nach dem AktG

Ist die Muttergesellschaft eine AG, finden sich im Aktien- und im Umwandlungsgesetz für die Aktionäre der Konzernmuttergesellschaft vereinzelte Hauptversammlungszuständigkeiten.[601] Im Übrigen gilt nach § 119 Abs. 2 AktG für sämtliche Angelegenheiten der AG, wozu auch Konzernbildungs- und -leitungsmaßnahmen gehören, die alleinige Kompetenz des Vorstands, gegebenenfalls unter Mitwirkung des Aufsichtsrates. Neben den zwingenden gesetzlichen oder satzungsmäßigen Vorgaben[602] sind es vor allem die in den letzten 35 Jahren vom Schrifttum entwickelten ungeschriebenen Hauptversammlungszuständigkeiten, welche der BGH in seiner „Holzmüller"-Entscheidung[603] grundsätzlich anerkannt und mit den Urteilen „Gelatine I" und „Gelatine II" restriktiv weiterentwickelt hat[604], die die Aktionäre vor der Verkürzung ihrer Rechte durch Konzernbildungs- oder -leitungsmaßnahmen schützen sollen. Umstritten ist die rechtsdogmatische Verordnung der ungeschriebenen Hauptversammlungskompetenzen, wobei der BGH diese als Ergebnis offener Rechtsfortbildung sieht[605], während das Schrifttum sie wohl überwiegend in Analogie zu den geschriebenen Kompetenzen im Aktiengesetz entwickelt.[606] Unabhängig von dieser dogmatischen Schwierigkeit steht jedenfalls nach der Rechtsprechung des BGH fest, dass in Fällen, in denen tief in die Mitgliedschaftsrechte der Aktionäre und deren im Anteilseigentum verkörpertes Vermögensinteresse eingegriffen

600 Ebenfalls für eine Gleichbehandlung *U. H Schneider*, FS Bärmann, S. 873, 889; folgend MüKoHGB/*Mülbert*, KonzernR Rn. 89.

601 §§ 293 Abs. 2 S. 1, 319 Abs. 2 S. 1, 320 Abs. 1 S. 3 AktG, § 123 Abs. 3 UmwG i.V.m. §§ 124, 125, 43 UmwG.

602 § 179a AktG und die satzungsmäßige Festlegung des Unternehmensgegenstandes, vgl. Emmerich/*Habersack*, Aktien- und GmbH-KonzernR, Vor § 311 Rn. 31 und 32.

603 BGHZ 83, 122.

604 BGHZ 159, 30; BGH WM 2004, 1085. Der BGH machte deutlich, dass eine Mediatisierung von Aktionärsrechten auch noch bei der Verlagerung eines Unternehmens von der Tochtergesellschaft auf eine Enkelgesellschaft möglich ist, gleichzeitig aber das betroffene Unternehmen den wesentlichen Teil des Konzerns darstellen muss, um die Kompetenz der Hauptversammlung zu begründen.

605 Vgl. BGHZ 159, 30, 42, 43 („Gelatine I").

606 Vgl. Emmerich/*Habersack*, Vor § 311 Rn. 39 f.

wird (wie etwa durch die Ausgliederung eines besonders wertvollen Unternehmensteils), ungeschriebene Hauptversammlungszuständigkeiten in Form einer Zustimmungspflicht bestehen können.[607] Allgemein gesprochen haben die Aktionäre ein Mitspracherecht bei allen Grundlagenentscheidungen auf der Ebene der Tochtergesellschaft, die erhebliche Auswirkungen auf sie, die Aktionäre der Obergesellschaft, haben.[608] Sie sind daran genauso zu beteiligen, wie es bei einer entsprechenden Maßnahme auf der Ebene der Muttergesellschaft notwendig wäre.

2. *Schutz und Rechte der Gesellschafter einer Personenhandelsgesellschaft*

Anders als im Aktienrecht sind Beteiligungs- und Schutzrechte der Gesellschafter der Muttergesellschaft sowohl bei der Konzernbildung als auch bei der Konzernleitung bereits im Gesetz angelegt, wenn es sich bei der Muttergesellschaft um eine Personengesellschaft handelt.[609] Auch hier üben zwar die geschäftsführenden Gesellschafter die Konzernleitung und die Beteiligungsrechte der Muttergesellschaft in den Tochtergesellschaften aus, jedoch sieht das gesetzliche Normalstatut vor, dass die Geschäftsführung bei der OHG allen Gesellschaftern und bei der KG den Komplementären zusteht, vgl. §§ 114 Abs. 1, 161 Abs. 2, 164 S. 1 Hs. 1 HGB. Diese Kompetenz ist gem. § 116 Abs. 2 HGB begrenzt auf solche Geschäfte, die der gewöhnliche Betrieb des Handelsgewerbes der jeweiligen Gesellschaft mit sich bringt. Die vertraglich von der Geschäftsführung ausgeschlossenen Gesellschafter und die Kommanditisten der KG sind bei allen darüber hinausgehenden Geschäftsführungshandlungen, bei außergewöhnlichen Maßnahmen der Geschäftsführung und bei allen Grundlagengeschäften zur Mitentscheidung berufen.

a) Beteiligung an anderen Unternehmen und Konzernbildung

(1) Erwerb von Finanzbeteiligungen

Unstreitig eine Angelegenheit der Geschäftsführung ist der Erwerb von Beteiligungen als Kapitalanlage, anders ausgedrückt der Einsatz von Kapital in einem fremden Unternehmen.[610] Dies gilt insbesondere für Beteiligungen, die

607 Vgl. BGHZ 83, 122 („Holzmüller") und BGHZ 159, 30 („Gelatine I").

608 Vgl. Staub/*Schäfer*, § 105 Anhang Rn. 81.

609 Vgl. MüKoHGB/*Mülbert*, KonzernR Rn. 71; *Ulmer*, ZHR 1989, 26, 58, 59; *Wiedemann*, GesR II, S. 510.

610 Vgl. *Schneider*, FS Bärmann, S. 873, 879; MüKoHGB/*Mülbert*, KonzernR Rn. 77; Baumbach/Hopt/*Roth*, § 116 Rn. 2.

die Gesellschaft auch kurzfristig wieder aufgeben kann. Derartige Beteiligungen sind als Teil der Anlagenverwaltung eine Maßnahme der gewöhnlichen Geschäftsführung im Sinne von § 116 Abs. 1 HGB. Kommanditisten oder andere von der Geschäftsführung ausgeschlossene Gesellschafter haben hier vorbehaltlich abweichender gesellschaftsvertraglicher Regelungen im Grundsatz keine Mitspracherechte.[611] Ein solches Mitspracherecht ergibt sich nach herrschender Meinung in den Fällen rein kapitalistischer Beteiligung auch dann nicht, wenn der Unternehmensgegenstand der Beteiligungsgesellschaft ein anderer als der der beteiligten Gesellschaft ist.[612] Eine außergewöhnliche Maßnahme der Geschäftsführung, für die es gemäß §§ 116 Abs. 2, 164 S. 1 Hs. 2 HGB der Zustimmung aller Gesellschafter bedarf, kann abweichend davon jedoch vorliegen, wenn erhebliche Mittel langfristig als Kapitalanlage gebunden werden, da dann das Kapital nicht dem durch den Gesellschaftsvertrag vorgesehenen Zweck zugeführt wird[613], oder wenn sich eine finanzielle Beteiligung als außergewöhnliches Wagnis darstellt[614].

(2) Erwerb unternehmerischer Beteiligungen

Unter dem Erwerb einer unternehmerischen Beteiligung ist in Abgrenzung zum Kapitaleinsatz in einem fremden Unternehmen die Ausweitung der eigenen unternehmerischen Tätigkeit zu verstehen.[615] Hierunter fallen auch Konzernsachverhalte, jedoch nicht ausschließlich. Bei Beteiligungen, die über eine kurz- bis mittelfristige rein finanzielle Anlage hinausgehen, aber nicht zu einer Konzernbildung führen, ist umstritten, wie der Erwerb (oder eine entsprechende Maßnahmen) einzuordnen und zu behandeln ist. Nach einer Ansicht bewegen sich derartige Beteiligungen zwar noch im Rahmen der Geschäftsführungsangelegenheiten, sind aber als außergewöhnlich einzustufen.[616] Der Gegenansicht nach handelt es sich jedenfalls dann um eine gewöhnliche Maßnahme der Geschäftsführung, wenn die Beteiligung innerhalb des vom Unternehmensgegenstand

---

611 Vgl. MüKoHGB/*Mülbert*, KonzernR, Rn. 77; *Schneider*, FS Bärmann, S. 873, 879; *Schneider*, ZHR 1979, 485, 516.

612 Vgl. MüKoHGB/*Mülbert*, KonzernR, Rn. 77; *Schneider*, FS Bärmann, S. 873, 880; *Schneider*, ZHR 1979, 485, 516.

613 Vgl. *Schneider*, ZHR 1979, 485, 516 sowie MüKoHGB/*Mülbert*, KonzernR, Rn. 77, es sei denn, der Unternehmensgegenstand der Gesellschaft umfasse Finanzbeteiligungen, wobei auch hier der Umfang der Transaktion zu beachten sei.

614 BGH WM 1977, 1221, 1223.

615 Vgl. *Schneider*, FS Bärmann, S. 873, 881.

616 Baumbach/Hopt/*Roth*, § 114 Rn. 3.

abgesteckten Tätigkeitsbereich liegt. Nur bei Überschreiten der Grenzen des Unternehmenszwecks liege eine außergewöhnliche Geschäftsführungsmaßnahme vor.[617] Andere wiederum sehen bei Überschreiten der Grenzen des Unternehmensgegenstandes keine Geschäftsführungsmaßnahme, sondern ein Grundlagengeschäft.[618]

(3) Konzernbildung, Gewinnabführung, Unternehmensverträge

In der Literatur ist es umstritten, wie konzernbildende Maßnahmen zu qualifizieren sind. Teilweise wird vertreten, dass Strukturentscheidungen wie die Auslagerung eines Geschäftsbereichs auf eine Tochtergesellschaft oder der Erwerb einer konzernbegründenden Beteiligung, eine Aufspaltung oder Ausgründung in OHG und KG zu den außergewöhnlichen Geschäftsführungsmaßnahmen nach §§ 116 Abs. 2, 164 S. 1 Hs. 2 HGB zählen.[619] Andere wiederum sehen in konzernbildenden Maßnahmen durch die schwerwiegende Veränderung der rechtlichen Struktur der Obergesellschaft eine faktischen Vertragsänderung und daher ein Grundlagengeschäft.[620] Geht man davon aus, dass es sich um Grundlagengeschäfte handelt, so bedarf es stets der Zustimmung der Gesellschaftergesamtheit. Handelt es sich dagegen um einen Geschäftsführungsmaßnahme, so kann es – wenigstens theoretisch – auch Konzernbildungsmaßnahmen geben, über die die geschäftsführenden Gesellschafter alleine beschließen können.

Einigkeit besteht aber – jedenfalls im Ergebnis – bei der Ausgliederung wesentlicher Unternehmensteile, dem Erwerb oder der Neugründung von Tochtergesellschaften oder Gemeinschaftsunternehmen mit nicht unerheblichem Ausmaß. Hier wird einhellig ein Beschluss der Gesellschaftergesamtheit

617 So MüKoHGB/*Mülbert*, KonzernR, Rn. 78. Es liege aber unabhängig vom Unternehmensgegenstand der Beteiligungsgesellschaft ein außergewöhnliches Geschäft vor, wenn die Gesellschaft nicht in der Lage sei, den neuen Geschäftszweig kurzfristig, etwa durch Einstellung oder Veräußerung, abzugeben. Ähnlich *Schneider*, ZHR 143 (1979), 485, 516.

618 Staub/*Schilling*, § 164 Rn. 5.

619 Vgl. Staub/*Schäfer*, § 105 Anh Rn. 83; *Wiedemann*, GesR II, S. 528; nicht eindeutig Baumbach/Hopt/*Roth*, § 116 Rn. 2: Es sei jeweils genau zu prüfen, ob gewöhnliches, außergewöhnliches oder Grundlagengeschäft vorliege.

620 Vgl. *Schneider*, ZHR 1979, 485, 517; ähnlich *H.P. Westermann*, ZIP 2007, 2289, 2296 und *H.P. Westermann*, Handbuch der Personengesellschaften, Teil I Rz. 254a, der zwischen Vertragsänderungen und Grundlagengeschäfte unterscheidet und letztere definiert als „faktische Änderungen, die aus der Perspektive der Gesellschafter (vor allem: ihrer Minderheit) die Art des unternehmerischen Engagements und ihr Risiko ändern, …".

gefordert. Anders als im Aktienrecht bedarf es also zum Schutz der Rechte von Gesellschaftern einer personengesellschaftsrechtlichen Konzernobergesellschaft grundsätzlich keiner richterlichen Rechtsfortbildung.[621] Die in „Holzmüller" und „Gelatine" postulierten Grundsätze ergeben sich für die OHG und die KG bereits aus dem Gesetz.

Ob derartige Maßnahmen nun außergewöhnliche Maßnahmen der Geschäftsführung oder Grundlagengeschäfte sind, macht für eine OHG oder KG, die nicht von den dispositiven gesetzlichen Regeln abweicht, im Ergebnis keinen Unterschied – in jedem Fall sind sämtliche Gesellschafter zur Entscheidung berufen. Unterschiede ergeben sich allerdings dann, wenn z.B. der Gesellschaftsvertrag für die eine oder andere Kategorie Mehrheitsbeschlüsse oder unterschiedliche Beschlussquoren vorsieht. Wie eine konzernbildende Maßnahme im konkreten Fall zu qualifizieren ist, hängt allerdings auch sehr von der Realstruktur der jeweiligen Gesellschaft und den Bestimmungen des Gesellschaftsvertrags ab. Sieht zum Beispiel der Gesellschaftszweck explizit auch die Beteiligung an anderen Unternehmen vor, so dürften konzernbildende Maßnahmen eher eine Angelegenheit der Geschäftsführung sein, da sie der Verwirklichung des Unternehmenszwecks dienen.[622] Je nach Realstruktur eines dann gegebenenfalls auch schon bestehenden Konzerns kann eine konzernbildende Maßnahme im Einzelfall auch unter die gewöhnliche Geschäftsführungskompetenz fallen.[623] Letztlich muss also im Einzelfall entschieden werden, ob die betreffende Maßnahme im Hinblick auf den Zuschnitt des herrschenden Unternehmens so gravierend ist, dass sie eine außergewöhnliche Geschäftsführungsmaßnahme oder ein Grundlagengeschäft darstellt.[624]

b) Konzernleitung

Zuständig für die Konzernleitung sind grundsätzlich die geschäftsführenden Gesellschafter der Muttergesellschaft. Sie sind – im Falle des Vertragskonzerns – befugt, den Verwaltungen der Tochtergesellschaften Weisungen zu erteilen,

---

621 Vgl. *Ulmer*, ZHR 1989, 26, 58, 59; Baumbach/Hopt/*Roth*, § 105 Rn. 106.

622 Vgl. MüKoHGB/*Mülbert*, KonzernR Rn. 72.

623 Vgl. OLG Hamburg, Urteil v. 29.7.2005 – 11 U 286/04, ZIP 2005, 902 zum Fall des Abschlusses eines Ergebnisabführungsvertrages mit einer bereits abhängigen Tochtergesellschaft bei Bestehen einer Konzernklausel im Gesellschaftsvertrag der Muttergesellschaft.

624 Vgl. z.B. *Ulmer*, ZHR 1989, 26, 59; *Wiedemann*, GesR II, § 6 I 4, S. 528; Staub/*Schäfer*, § 105 Anh Rn. 83; MüKoHGB/*Mülbert*, KonzernR, Rn. 69 ff; Baumbach/Hopt/*Roth*, § 116 Rn. 2.

und sie üben die Beteiligungsrechte der Muttergesellschaft als deren Vertreter in den Gesellschafter- oder Hauptversammlungen der Tochtergesellschaft aus. Die Entscheidung über die Konzernpolitik und die laufenden Konzerngeschäfte fällen demnach grundsätzlich die geschäftsführenden Gesellschafter der Muttergesellschaft, welche hierzu nicht nur berechtigt, sondern auch verpflichtet sind.[625] Da aber das Personenhandelsgesellschaft auch den vertraglich von der Geschäftsführung ausgeschlossenen Gesellschaftern und den Kommanditisten in bestimmten Fällen – bei Maßnahmen, die über die Führung der laufenden Geschäfte hinausgehen sowie bei Grundlagengeschäften – Mitspracherechte einräumt, stellt sich die Frage, ob, in welchen Fällen und wie die außenstehenden Gesellschafter der Muttergesellschaft an derartigen Maßnahmen beteiligt werden müssen, wenn sie nicht auf der Ebene der Muttergesellschaft, sondern auf der einer Tochtergesellschaft stattfinden.

Eine unmittelbare Beteiligung an der Willensbildung in der Tochtergesellschaft scheidet aufgrund der rechtlichen Selbständigkeit der Konzernunternehmen aus. Die Willensbildung dort muss sich nach dem für die jeweilige Gesellschaft geltenden Recht richten. In Frage kommt daher nur, außenstehende Gesellschafter intern an der Willensbildung auf der Ebene der Muttergesellschaft zu beteiligen. Denn wenn die Leitung des Konzerns dem Grundsatz nach gewöhnliche Geschäftsführung ist, so ist für außergewöhnlichen Geschäftsführungsmaßnahmen und Grundlagengeschäfte die Zustimmung auch der außenstehenden Gesellschaftern erforderlich. Die grundsätzliche Beteiligungsnotwendigkeit auch der außenstehenden Gesellschafter an bedeutenden Maßnahmen in Tochtergesellschaften muss also, anders als im Aktienrecht[626], nicht erst durch richterliche Rechtsfortbildung geschaffen werden – sie ergibt sich auch im Konzern bereits aus §§ 116 Abs. 2, 164 HGB. Wenn auch diese Erkenntnis dem Grundsatz nach noch weitestgehend unbestritten ist, so ergeben sich doch in der praktischen Umsetzung viele Probleme. So wird zum Beispiel die Frage, was eigentlich eine außergewöhnliche Geschäftsführungsmaßnahme und was ein Grundlagengeschäft ist, schon bei unverbundenen Personenhandelsgesellschaften unterschiedlich beantwortet.[627] Findet die Maßnahme auf der Ebene der Tochtergesellschaft statt, stellt sich zusätzlich die Frage, ob für die Beurteilung auf die Sicht der Tochter- oder die der Muttergesellschaft abzustellen ist.

---

625 Vgl. *Schneider*, BB 1980, 1057, 1060; *K. Schmidt*, FS Lutter, S. 1167, 1175; *Lutter*, FS K. Schmidt, S. 1065, 1069 f.

626 Siehe oben Zweiter Teil § 4B.IV.1.

627 Vgl. z. B. die Ausführungen in Staub/*Schäfer*, § 116 Rn. 4 ff.

Anzutreffen ist zu der Konzernsituation in der Literatur eine Faustregel: Was auf der Ebene der Muttergesellschaft gelte, gelte im Zweifel auch für die Tochtergesellschaft.[628] Liege eine außergewöhnliche Maßnahme (oder ein Grundlagengeschäft) vor, komme es nicht darauf an, ob diese bei der Mutter- oder bei einer Tochtergesellschaft durchgeführt werden solle.[629] In die Richtung dieser Lehre, zumeist als „Durchgriffstheorie“ oder „Akzessorietätsprinzip“ bezeichnet, scheint auch ein Urteil des BGH aus dem Jahr 1972 zu weisen. Hier hatte der BGH entschieden, dass bei einer 100%igen Tochtergesellschaft, die das gesellschaftsvertraglich vereinbarte Handelsgeschäft der Muttergesellschaft betreibe, die Bestimmungen des Gesellschaftsvertrags der Mutter, wonach bestimmte Geschäftsführungsmaßnahmen ohne Zustimmung der Kommanditisten nicht zulässig sind, im Zweifel auch dann gälten, wenn der geschäftsführende Gesellschafter der Obergesellschaft deren Rechte in der Untergesellschaft wahrnehme.[630] Etwas anderes komme nur in Betracht, wenn sich dies aus Vereinbarungen der Gesellschafter, aus etwaigen Abmachungen zwischen Ober- und Untergesellschaft oder aus anderen Gründen ergäbe. Maßgeblich für den BGH war, dass es sich um eine 100%ige Tochtergesellschaft handelte und damit wirtschaftlich gesehen ein einheitliches Unternehmen vorlag, aus dem lediglich ein Teil organisatorisch und rechtlich ausgegliedert und verselbständigt wurde.[631]

Diese Ansicht überzeugt, könnten doch sonst die geschäftsführenden Gesellschafter die Mitwirkungsrechte der übrigen Gesellschafter willkürlich „ausschalten“, indem sie eine Maßnahme statt in der Mutter- in der Tochtergesellschaft stattfinden lassen.

Zu beurteilen ist die jeweilige Maßnahme stets aus der Perspektive der Muttergesellschaft.[632] Auch dies überzeugt, da es in diesem Zusammenhang um die Wahrung der Rechte der Gesellschafter der Muttergesellschaft geht. Nicht jede Maßnahme, die bezogen auf die betroffene Tochtergesellschaft außergewöhnlich ist, ist auch für den Gesamtkonzern und damit für die Gesellschafter der Muttergesellschaft von herausgehobener Bedeutung.[633] Auf die Qualifikation aus dem Blickwinkel der jeweiligen Tochtergesellschaft kann es daher nicht ankommen. Allerdings sind bei

---

628 Vgl. *Schneider*, FS Bärmann, S. 873, 886; *Schneider*, ZHR 1979, 485, 498 ff; *Wertenbruch*, ZIP 2007, 798, 802.

629 Wohl *Ulmer*, ZHR 1989, 26, 60; *Wertenbruch*, ZIP 2007, 798, 802.

630 BGH, Urteil v. 8.5.1972 – II ZR 108/70, WM 1973, 170 ff. = BB 1973, 212 ff.

631 Vgl. BGH WM 1973, 170, 172.

632 Vgl. *Schneider*, FS Bärmann, S. 873, 887; *Schneider*, ZHR 1979, 485, 499 ; *H.P. Westermann*, ZIP 2007, 2289, 2291 f.

633 Vgl. *H.P. Westermann*, ZIP 2007, 2289, 2291.

der Beurteilung auch die Konzernsituation und die Realstruktur des Konzerns[634] mit in Betracht zu ziehen, so dass die Außergewöhnlichkeit nicht am Maßstab einer unverbundenen Gesellschaft zu messen ist. Nur weil ein bestimmter Vorgang in einer unverbundenen Gesellschaft nicht vorkommt (und ggf. nicht vorkommen kann), ist er deshalb im Konzern nicht zwingend ungewöhnlich.[635]

c) Informationsanspruch der Gesellschafter der Muttergesellschaft im Konzern: Einsichts-, Auskunfts- und Informationsrechte

Im Grundsatz erweitern sich in der Konzernsituation auch die aus der gesellschaftsrechtlichen Treupflicht, den §§ 118, 166 Abs. 1 HGB oder gegebenenfalls aus dem konkreten Gesellschaftsvertrag folgenden Einsichts-, Auskunfts- und Informationsrechte der Gesellschafter der Muttergesellschaft. Adressat dieser Ansprüche ist und bleibt aber stets – auch bei 100%igen Tochtergesellschaften – allein die Muttergesellschaft, der der Gesellschafter angehört.[636] Bei den Auskunfts- und Einsichtsrechten handelt es sich um individuelle Mitgliedschaftsrechte, deren Kernbestand unverzichtbar ist.[637]

(1) Einsichtsrecht des persönlich haftenden Gesellschafters

Ein persönlich haftender Gesellschafter kann sich, unabhängig davon, ob er zur Geschäftsführung berechtigt ist oder nicht, nach § 118 Abs. 1 HGB von den Angelegenheiten der Gesellschaft persönlich unterrichten sowie die Handelsbücher und Papiere der Gesellschaft einsehen. § 118 Abs. 1 HGB verleiht ihm ein umfassendes Informations- und Kontrollrecht. Umfang und Reichweite dieses Rechts werden durch den Begriff der „Angelegenheiten der Gesellschaft" bestimmt, der weit zu verstehen ist. Einbezogen sind sämtliche Vorgänge in der Gesellschaft, die sich auf die Verfolgung des gemeinsamen Zwecks beziehen oder sonst die

---

634 Vgl. *Wiedemann*, GesR II, S. 529, zum Unterschied zwischen einer reinen Holding-Obergesellschaft und solchen Konzernen, bei denen auch die Obergesellschaft selbst ein operatives Geschäft betreibt und es sich eher um unbedeutende Tochterunternehmen handelt.

635 Vgl. MüKoHGB/*Mülbert*, KonzernR Rn. 89.

636 Vgl. MüKoHGB/*Mülbert*, KonzernR, Rn. 100, 102; strittig, a.A. MüKoHGB/*Grunewald*, § 166 Rn. 25 unter irriger Berufung auf BGHZ 25, 115, 118.

637 Vgl. Staub/*Schäfer*, § 118 Rn. 3, 4; MüKoHGB/*Mülbert*, KonzernR Rn. 101. Auch als mitgliedschaftliches „Grundrecht" bezeichnet, vgl. *Hepting*, FS Pleyer, S. 301. Demgegenüber handelt es sich bei der aus §§ 713, 666 BGB folgenden Pflicht der geschäftsführenden Gesellschafter auf Auskunft und Rechenschaft um ein kollektives Recht der Gesellschaftergesamtheit, um einen Sozialanspruch.

Gesellschaftssphäre tangieren.[638] Es erschließt sich unproblematisch, dass zu den „Angelegenheiten der Gesellschaft" auch ihre kapitalistischen und unternehmerischen Anlagen sowie sonstige Verbindungen zu anderen Unternehmen gehören.[639] Angelegenheiten der Muttergesellschaft sind außerdem auch die eigenen Angelegenheiten der Tochtergesellschaft, die auf die Muttergesellschaft ausstrahlen, das heißt von objektiver Relevanz für letztere sind.[640]

Nach der Rechtsprechung des BGH bezieht sich das Einsichtsrecht der persönlich haftenden Gesellschafter auch auf Bücher und Papiere im Besitz von 100%igen Tochtergesellschaften. Die rechtliche Ausgliederung dürfe nicht zu einer Verkürzung der Kontrollrechte führen und die geschäftsführenden Gesellschafter dürften sich nicht unter Berufung auf die formale Verschiedenheit zwischen der Mutter- und der Tochtergesellschaft ihrer Verpflichtung entziehen.[641]

Die Rechtsprechung des BGH wird bezüglich der Papiere und Bücher im Zusammenhang mit verbundenen Unternehmen teilweise insofern irrig interpretiert, als von einem Anspruch gegen die Tochtergesellschaften ausgegangen wird. Grundsätzlich erstreckt sich das Recht auf Einsichtnahme und damit korrespondierend das Auskunftsrecht auf sämtliche Vorgänge im Zusammenhang mit verbundenen Unternehmen und den dazugehörigen Unterlagen, die sich im Besitz der Muttergesellschaft befinden. Papiere und Bücher, die sich im Besitz von Tochtergesellschaften befinden, sind vom Anspruch nicht erfasst. Eine Ausnahme hiervon lässt der BGH dann zu, wenn es sich um eine 100%ige Tochtergesellschaft handelt oder die Muttergesellschaft jedenfalls wirtschaftlich gesehen Alleingesellschafterin ist. In diesem Fall erstreckt sich das Einsichtsrecht auch auf solche Unterlagen, die sich im Besitz der Tochtergesellschaft befinden. Anspruchsgegner ist aber nach wie vor alleine die Muttergesellschaft, nicht die Tochtergesellschaft. Die geschäftsführenden Gesellschafter der Muttergesellschaft sind in diesem Fall verpflichtet, die Unterlagen zu beschaffen, und dürfen sich nicht auf die rechtliche Selbständigkeit der Tochtergesellschaft berufen. Sind an der Tochtergesellschaft noch andere Gesellschafter nicht unwesentlich beteiligt, beschränkt sich das Einsichtsrecht in der Regel auf die im Besitz der Muttergesellschaft vorhandenen Unterlagen.[642]

---

638 Vgl. Staub/*Schäfer*, § 118 Rn. 12.

639 Vgl. MüKoHGB/*Mülbert*, KonzernR Rn. 103; Staub/*Schäfer*, § 118 Rn. 13; Baumbach/Hopt/*Hopt*, § 118 Rn. 16.

640 Vgl. MüKoHGB/*Mülbert*, KonzernR Rn. 103; Staub/*Schäfer*, § 118 Rn. 13.

641 BGHZ 25, 115, 118 = WM 1957, 1059, 1061.

642 Inwiefern hier im Einzelfall Ausnahmen zu machen sind, ist umstritten, vgl. MüKoHGB/*Mülbert*, KonzernR, Rn. 107: Überlassung dann möglich, wenn diese

(2) Einsichtsrecht der Kommanditisten

Dem Kommanditisten steht im Gegensatz zum Komplementär ein nach seinem Zweck begrenztes Einsichts- und Kontrollrecht zu. Gemäß § 166 Abs. 1 HGB ist er berechtigt, die Richtigkeit des Jahresabschlusses anhand der Bücher und Papiere der Gesellschaft zu prüfen. Dieses Recht ist so zu verstehen, dass der Kommanditist grundsätzlich sämtliche Bücher und Papiere der KG einsehen darf, soweit dies für den Zweck der Jahresabschlussüberprüfung notwendig ist. Hierbei ist es jedoch Sache der Gesellschaft, im Konfliktfall darzulegen und nachzuweisen, dass bestimmte Unterlage zu diesem Zwecke nicht erforderlich sind.[643] Nach der Rechtsprechung des BGH gilt das Einsichtsrecht auch für solche Unterlagen, die das Verhältnis der Obergesellschaft zu den verbundenen Unternehmen betreffen.[644]

Für Papiere und Bücher, die sich im Besitz von Tochtergesellschaften befinden, gilt dasselbe wie bei persönlich haftenden Gesellschaftern, jedoch wiederum mit der Einschränkung, dass das Einsichtsrecht seinem Zweck nach begrenzt ist.

C. Referenzmodell: Die Anwendung von § 58 Abs. 2 AktG in Konzernsachverhalten

I. Ausgangslage und Beispiele

Vom Wortlaut her bezieht sich § 58 Abs. 2 S. 1 AktG, wonach Vorstand und Aufsichtsrat im Rahmen der Feststellung des Jahresabschlusses maximal die Hälfte des Jahresüberschusses in andere Gewinnrücklagen einstellen können, nur auf die unverbundene Aktiengesellschaft, eine vergleichbare, konzernspezifische Gewinnverwendungsvorschrift gibt es im Aktienrecht nicht. Wie bereits beschrieben, kann im Konzern die Verwaltung der Muttergesellschaft durch ihren Einfluss auf die Tochtergesellschaften deren Gewinnverwendungspolitik maßgeblich steuern und damit auch über die Höhe des Jahresüberschusses der Muttergesellschaft entscheiden.

Beispiel: Erwirtschaftet eine unverbundene Aktiengesellschaft einen Jahresüberschuss von 120 Mio. € und stellt der Vorstand davon 50 % in andere Rücklagen ein, so beträgt der

keine Pflichtwidrigkeit des Geschäftsführers der Untergesellschaft gegenüber der Untergesellschaft darstellt. *Kort*, ZGR 1987, 46, 74, hält einen Verschaffungsanspruch bei besonders enger personaler und sachlicher Verknüpfung von herrschender und abhängiger Gesellschaft für möglich.

643 BGHZ 25, 115 ff.

644 Vgl. BGH WM 1983, 910, 911; BGH WM 1984, 807.

Bilanzgewinn, über dessen Verwendung die Hauptversammlung zu entscheiden befugt ist, 60 Mio. €.
Ist dagegen die Aktiengesellschaft eine Muttergesellschaft mit einer Tochtergesellschaft und erwirtschaften beide einen Jahresüberschuss von jeweils 60 Mio. €, so kann von der Verwaltung bereits in der Tochtergesellschaft einen Betrag von 30 Mio. € thesauriert werden. Führt die Tochtergesellschaft den Bilanzgewinn an die Muttergesellschaft ab, so kann dort erneut die Hälfte des Jahresüberschusses in andere Rücklagen eingestellt werden. Die Hauptversammlung verfügt dann statt über 60 Mio. € nur noch über 45 Mio. €.
Würde der konzernweite Jahresüberschuss von 120 Mio. € zu gleichen Teilen von insgesamt vier Tochtergesellschaften erwirtschaftet, so verbliebe bei jeweils hälftiger Thesaurierung durch die Verwaltung auf Ebene der Tochtergesellschaften sowie bei der Muttergesellschaft ein Bilanzgewinn von 30 Mio. € für die Hauptversammlung.

Häufig kann die Verwaltung der Muttergesellschaft, wenn sie deren Beteiligungsrechte in den Tochtergesellschaften ausübt, über § 58 Abs. 3 S. 1 AktG sogar mehr 50 % des Jahresüberschusses der Tochtergesellschaften thesaurieren. Im Extremfall wird überhaupt kein Bilanzgewinn an die übergeordnete Gesellschaft abgeführt.[645] In einer (durch Beteiligungsmehrheit) beherrschten Tochtergesellschaft besteht daher faktisch die gesetzlich vorgestellte Kompetenzverteilung zwischen Vorstand und Hauptversammlung nicht.[646] Fraglich und umstritten ist deshalb, ob § 58 Abs. 2 AktG in Konzernsachverhalten modifiziert angewendet werden muss, damit Sinn und Zweck der Schranken des § 58 Abs. 2 AktG nicht unterlaufen werden können.[647]

Die Diskussion um eine konzernspezifische Anwendung von § 58 Abs. 2 AktG wurde in den 1980er Jahren teilweise mit „Heftigkeit“[648] und „erstaunlicher Unversöhnlichkeit sowohl im Ergebnis als auch in der Begründung“[649] geführt, sie kam danach jedoch weitgehend zum Erliegen.[650]

---

645 Vgl. *Lutter*, FS Goerdeler, S. 327, 331, 332; *Gollnick*, S. 34, 35; MüKoAkt/*Bayer*, § 58 Rn. 58, 59.

646 Vgl. *Lutter*, FS Harry Westermann, S. 347, 350.

647 Vgl. MüKoAktG/*Bayer*, § 58 Rn. 51.

648 *Götz*, FS Moxter, S. 573, 575.

649 *Beusch*, FS Goerdeler, S.25, 27.

650 Zuletzt jedoch 2009 ausführlich behandelt von *Stollfuß*, Rücklagenbildung im Konzern mit einer Aktiengesellschaft als Konzernobergesellschaft, und rechtsformübergreifend *Priester*, ZHR 176 (2012), 268 ff.

II. Planwidrige Regelungslücke – konzerndimensionale Auslegung von § 58 Abs. 2 AktG

Nach einer Ansicht, die sich bisher nicht durchsetzen konnte, bezieht sich die Vorschrift des § 58 AktG allein auf die selbständige und unverbundene Aktiengesellschaft, für Konzernsachverhalte bestehe daher eine planwidrige Regelungslücke.[651] Bezüglich der Schließung dieser Regelungslücke herrscht keine Einigkeit, die vertretenen Auffassungen gehen jedoch allesamt davon aus, dass sich die hälftig verteilte Gewinnverwendungskompetenz nach § 58 Abs. 2, 3 AktG im Ergebnis auf den gesamten im Konzern erzielten Jahresüberschuss beziehen muss. Wie dies praktisch umgesetzt werden soll ist – ebenso wie die Folgen bei Nichtbeachtung – sehr umstritten.

In der als „Anrechnungsmethode" oder „Durchrechnungsmethode" bezeichneten Lösung wird vorgeschlagen, dass die in den Tochtergesellschaften gebildeten Rücklagen der herrschenden AG zugerechnet und im Rahmen von § 58 Abs. 2 AktG als Rücklagen dieser behandelt werden. Insgesamt dürfe die Verwaltung der Muttergesellschaft nicht mehr als die Hälfte eines „Gesamtertrages" im Konzern in andere Rücklagen einstellen. In jeder rechtlichen Einheit sei – jedenfalls im Ergebnis – die Kompetenzverteilung des § 58 AktG zu beachten, die Verwaltung solle jeweils nur einmal die Thesaurierungskompetenz haben.[652]

Die Rechtsfolgen einer konzernweit zu hohen Quote an anderen Rücklagen sind umstritten. Ein Teil der Autoren vertritt die strenge Ansicht, dass ein Jahresabschluss der Konzernmuttergesellschaft, der diesen Vorgaben nicht entspreche, analog § 256 Abs. 1 Nr. 4 AktG nichtig sei.[653] Andere befürworten ebenfalls eine Zurechnung der in den Tochtergesellschaften vorgenommenen Gewinnthesaurierung, allerdings nur in der Weise, dass der Vorstand der herrschenden AG diese im Rahmen von § 58 Abs. 2 AktG angemessen berücksichtigen müsse.

651 *Götz*, FS Moxter, S. 573, 585; *Geßler*, AG 1985, 257, 260; *Lutter*, FS Harry Westermann, S. 347 ff.; *Lutter*, FS Goerdeler, S. 327 ff.; MüKoAktG/*Bayer*, § 58 Rn. 69 ff.; wohl auch *Emmerich*/Habersack, Aktien- und GmbH-KonzernR, § 301 Rn. 4; *Gollnick*, S. 172 ff.; *Frodermann*, S. 127 ff., 150 ff., 192; *Stollfuß*, S. 74; nur für die nicht börsennotierte Aktiengesellschaft *Drygala*, KK, § 58 Rn. 71, 73.

652 Das Anrechnungsmodell vertreten – in verschiedenen Ausprägungen – MüKoAktG/*Bayer*, § 58 Rn. 66, 69; *Frodermann*, S. 127 ff; für den Vertragskonzern *Geßler*, FS Meilicke, S. 18, 26 ff.; *Götz*, AG 1984, 85, 93; *Götz*, FS Moxter, S. 573, 585, 587ff.; *Gollnick*, S. 171ff.; *Lutter*, FS Harry Westermann, S. 347, 363, 364; *Lutter*, FS Goerdeler, S. 327, 338; *Lutter*, Handbuch der Konzernfinanzierung, § 14 Rn. 14.27 ff.; *Kohl*, S. 195 ff.

653 *Götz*, FS Moxter, S. 573, 596, 597; *Gollnick*, S. 186; *Geßler*, FS Meilicke, S. 27 für den Vertragskonzern.

Verstöße führten nicht zur Nichtigkeit des Jahresabschlusses, stellten aber eine Pflichtwidrigkeit der Verwaltung dar und eröffneten die Möglichkeit einer Sonderprüfung analog § 258 AktG.[654] Diese Pflichtenbindung der Verwaltung sei flexibel und könne (und müsse) im Einzelfall überprüft werden.[655]

III. Keine konzernweite Auslegung

Die wohl herrschende Gegenansicht hält eine modifizierte, konzernweite Auslegung von § 58 Abs. 2 AktG de lege lata für nicht notwendig, teilweise auch nicht für möglich.[656] § 58 AktG gelte für jede Aktiengesellschaft im Konzern gesondert. Eine andere Anwendung von § 58 AktG würde die rechtliche Selbständigkeit der einzelnen Unternehmen aufheben und zu einem Verständnis des Konzerns als **ein** Unternehmen führen, was dem Konzernrecht des Aktienrechts widerspreche.[657] Nach Auffassung einiger Autoren liegt bereits die erste Voraussetzung einer Analogie – die planwidrige Regelungslücke – nicht vor. Vielmehr habe der Gesetzgeber das Problem der Rücklagenbildung in Tochtergesellschaften gesehen. Aus Sorge, dass in nachgeordneten Unternehmen zu wenig andere Rücklagen gebildet würden, sollte gerade dies gefördert, nicht behindert werden.[658] Zudem sei das Risiko hoch, dass Schwierigkeiten und Fehler bei der Berechnung zu einem nicht korrekten Bilanzgewinn bei der Muttergesellschaft führten, was – nach der strengen Lösung – zur Nichtigkeit des Jahresabschluss führen würde. Eine derartige Konsequenz und die daraus entstehende Rechtsunsicherheit seien untragbar.[659] Schließlich sei eine konzernmodifizierte Anwendung auch nicht geboten, da aus der Praxis keine Fälle zum Missbrauch der Konzernleitungsmacht bekannt seien.[660]

---

654 *Lutter*, FS Goerdeler, S. 327, 345 ff; MüKoAktG/*Bayer*, § 58 Rn. 69 f.; *Kohl*, S. 245 ff.

655 Vgl. MüKoAktG/*Bayer*, § 58 Rn. 69, 70.

656 *Beusch*, FS Goerdeler, S. 30 ff.; *Thomas*, ZGR 1985, 365, 377 ff.; *Werner*, FS Stimpel, S. 935, 952; *H.P. Westermann*, FS Pleyer, S. 440 ff.; *Beckmann*, DB 1989, 940 ff.; *Hüffer*, AktG, § 58 Rn. 17; Hölters/*Waclawik*, § 58 Rn. 48.

657 *Hüffer*, AktG, § 58 Rn. 17.

658 *Werner*, FS Stimpel, S. 935, 942 ff.; eine Regelungslücke ebenfalls verneinend *Beusch*, FS Goerdeler, S. 25, 32.

659 *Werner*, FS Stimpel, S. 935, 939, 940.

660 So *Werner*, FS Stimpel, S. 935, 946; *Beusch*, FS Goerdeler, S. 25, 36, 37.

D. Schutzbedarf der Gesellschafter

Wie oben erwähnt, wurde im Bezug auf die Problematik des § 58 Abs. 2 AktG teilweise geäußert, eine modifizierte Anwendung im Konzern sei nicht notwendig, da aus der Praxis keine Missbrauchsfälle bekannt geworden seien.[661] Andere widersprechen dem unter Hinweis darauf, dass nach einer Studie über die Gewinnverwendungspolitik in Konzernstrukturen eine deutlich geringere Ausschüttungsquote festzustellen sei. Einzig in börsennotierten Publikumsgesellschaften sei dies anders, da die Dividendenpolitik den Börsenkurs beeinflusse und darüber hinaus hohe Rücklagen einen Anreiz zu feindlichen Übernahmen böten.[662] Für personengesellschaftsrechtliche Konzerne gibt es, soweit ersichtlich, keine entsprechende Studie. Von Bedeutung ist aber der Unterschied zwischen den börsennotierten und den restlichen Unternehmen. Bei ersteren scheint der Markt die Ausschüttungspolitik zu regulieren, mit anderen Worten: Sind die Aktionäre mit der Ausschüttungspolitik nicht zufrieden, wenden sie sich ab. Dies verdeutlicht, dass das Risiko der Aushöhlung des Gewinnbezugsrechts für die außenstehenden Gesellschafter einer personengesellschaftsrechtlich organisierten Konzernobergesellschaft besonders groß ist. Aufgrund der mangelnden Handelbarkeit der Gesellschaftsanteile kommt die regulierende Kraft des Marktes nicht zum Tragen. Insofern gilt hier dasselbe wie schon in Bezug auf die Rücklagenbildung in unverbundenen Personengesellschaften. Die Gesellschafter sind in aller Regel nicht in der Lage, den gesteigerten Wert ihres Anteils, der ohne Zweifel auch bei Rücklagenbildung in Tochtergesellschaften vorhanden ist, zu realisieren und bedürfen deshalb weiterer Schutzinstrumente. Darüber hinaus geht es nicht nur um den Schutz vor einem „Aushungern“, sondern auch um die Wahrung des Mitspracherechts der Gesellschafter in Bezug auf die Gewinnverwendung.[663]

E. Gegenstand und Gang der Untersuchung

Im folgenden Teil der Arbeit soll untersucht werden, wie in einem Konzern mit einer Personenhandelsgesellschaft als Muttergesellschaft in den Tochtergesellschaften offene Rücklagen gebildet werden können. Hierbei steht insbesondere die Frage im Fokus, welche Rechte die außenstehenden, nicht an der Geschäftsführung beteiligten OHG-Gesellschafter, die Kommanditisten der KG und – bei Geltung des Mehrheitsprinzips – die Minderheitsgesellschafter innehaben und

661 Vgl. *Thomas*, ZGR 1985, 365, 383, 385; *Werner*, FS Stimpel, S. 935, 946.
662 Vgl. MüKoAktG/*Bayer*, § 58 Rn. 66 m.w.N. in Fn. 163.
663 Vgl. *Götz*, FS Moxter, S. 573, 584.

wie diese Rechte zu schützen sind. Wie bereits beschrieben, befasst sich das Konzernrecht hauptsächlich mit dem Schutz der abhängigen Gesellschaft und deren Gesellschaftern vor den Gefahren der Konzernbildung und -leitung. Zwar kann sich das Problem der Rücklagenbildung in Tochtergesellschaften auch auf die Gesellschafter der Untergesellschaften empfindlich auswirken, wenn die Obergesellschaft ihren Einfluss auf die Gewinnverwendungsentscheidungen ausnutzt. Hier soll es jedoch nur um die Rechte der Gesellschafter der Obergesellschaft und deren Schutz gehen. Da die Gesellschafterrechte im Personengesellschaftsrecht auch von der Realstruktur der Gesellschaft, insbesondere ihren gesellschaftsvertraglichen Regelungen abhängen, stellt sich das Problem deutlich vielschichtiger dar als die Frage nach der Anwendung von § 58 Abs. 2 AktG im Konzern mit einer Aktiengesellschaft als Muttergesellschaft.

Zunächst wird die Situation in der gesetztypischen OHG und KG untersucht und häufige vertragliche Konstellationen sowie der Meinungsstand in Literatur und Rechtsprechung dargestellt.

Sodann soll versucht werden, die Gewinnrechte der Gesellschafter einer Konzernmuttergesellschaft näher zu bestimmen, da hieraus Rückschlüsse auf die Voraussetzungen und Vorgaben für die Bildung offener Rücklagen in Tochtergesellschaften gezogen werden können.

Schließlich soll die Möglichkeit untersucht werden, explizite Gewinnverwendungsklauseln, wie sie auch im Vertrag der Otto-KG enthalten sind, konzerndimensional auszulegen.

Nicht gesondert behandelt werden Regelungen im Gesellschaftsvertrag der Konzernspitze, die sich explizit mit der Rücklagenbildung in den einzelnen Tochtergesellschaften befassen. Solche sind zwar unproblematisch möglich und ggf. auch sinnvoll, kommen aber in der Praxis selten vor.[664]

---

664 Nach *H.P. Westermann*, ZIP 2007, 2289, 2293, sind Regelungen zur Gewinnthesaurierung in Tochtergesellschaften selbst in Verträgen der Obergesellschaften großer Unternehmensgruppen selten zu finden.

§ 5 Die Bildung offener Rücklagen in einem Konzern mit einer Personengesellschaft als Muttergesellschaft

A. Einführung

I. Gesetzliche Ausgangslage

1. OHG als Muttergesellschaft

In einer am gesetzlichen Idealtypus angelehnten OHG sind gemäß § 114 Abs. 1 HGB alle Gesellschafter zur Geschäftsführung berechtigt und verpflichtet, die Einzelgeschäftsführungsbefugnis ist gemäß § 116 Abs. 1 HGB begrenzt auf gewöhnliche Geschäfte. § 119 Abs. 1 HGB legt für Gesellschafterbeschlüsse das Einstimmigkeitsprinzip fest, welches für alle Arten von Beschlüssen gilt. Des Weiteren besteht nach § 122 Abs. 1 HGB das Vollausschüttungsgebot. Hält eine solche gesetzestypische OHG sämtliche Anteile an einer untergeordneten GmbH[665], so üben sämtliche Gesellschafter als Geschäftsführer der OHG deren Beteiligungsrechte in der Tochter-GmbH aus. In der GmbH entscheidet über die Gewinnverwendung die Gesellschafterversammlung gemäß § 29 Abs. 2 GmbHG, im vorliegenden Fall also die Gesellschafter der OHG als deren Vertreter durch einen einstimmigen Beschluss. Völlig unabhängig davon, ob man eine solche Maßnahme als eine der gewöhnlichen Geschäftsführung, als Grundlagengeschäft oder als außergewöhnliches Geschäft nach § 116 Abs. 2 HGB qualifiziert, ist jeder Gesellschafter zur Entscheidung berufen. Dies gilt in einer derartigen Konstellation für jegliche Maßnahmen im Konzern, unabhängig davon, ob sie auf der Ebene der Mutter- oder der Tochtergesellschaft getroffen werden. Es kann somit festgestellt werden, dass in einer gesetzestypischen OHG, in der sämtliche Gesellschafter auch zur Geschäftsführung berufen sind, ausnahmsweise keine Verkürzung der Rechte der Gesellschafter der Obergesellschaft zur befürchten sind.

---

665 Dass die Wahrscheinlichkeit gering ist, eine solche Konstellation ohne gesellschaftsvertraglich abweichende Regelungen zur Geschäftsführung und zu Gesellschafterbeschlüssen anzutreffen, soll hier außer Betracht bleiben.

2. *KG als Muttergesellschaft*[666]

Anders sieht dies möglicherweise aus, wenn es sich bei der Konzernobergesellschaft um eine gesetzestypische Kommanditgesellschaft handelt.[667] Bei einer solchen sind gemäß § 164 S. 1 HGB die Kommanditisten von der Geschäftsführung ausgeschlossen. Die Leitung des Konzerns und die Ausübung der Beteiligungsrechte der KG an der Tochter-GmbH werden demnach grundsätzlich – da es sich hierbei um eine Maßnahme der Geschäftsführung handelt – nur von den persönlich haftenden Gesellschaftern als Geschäftsführer ausgeübt. Fraglich ist daher, ob die Kommanditisten dennoch an einer Entscheidung über die Gewinnverwendung in der Tochter-GmbH zu beteiligen sind. Bezüglich der Gewinnverwendung in der Konzernobergesellschaft ist die Sachlage eindeutig: Alle Gesellschafter entscheiden, wenn ein Beschluss darüber ergeht, gemeinsam über die Verwendung des Jahresgewinnes, auch in der gesetzestypischen KG ist dieser Beschluss gemäß § 161 Abs. 2 i.V.m. § 119 Abs. 1 HGB einstimmig zu fassen.[668] Bezüglich der Gewinnverwendung in Tochtergesellschaften besteht Uneinigkeit. Unbestritten ist, dass gemäß §§ 116 Abs. 2, 164 S. 1 Hs. 2 HGB auch die nichtgeschäftsführenden Gesellschafter mitspracheberechtigt sind, wenn es sich entweder um außergewöhnliche Geschäfte im Sinne von § 116 Abs. 2 HGB oder um sogenannte Grundlagengeschäfte handelt.[669] An der Frage, wie gewinnverwendende Maßnahmen in Tochtergesellschaften zu qualifizieren sind, scheiden sich jedoch die Geister. Nach einer Ansicht gilt das Vollausschüttungsgebot, wenn es für die Muttergesellschaft nicht wirksam gesellschaftsvertraglich abbedungen wurde, im Wesentlichen auch für den gesamten Konzern, weshalb die geschäftsführenden Gesellschafter – soweit dies nach der Rechtsform der Tochtergesellschaft möglich ist – auf eine möglichst volle und rasche Ausschüttung der Gewinne nach oben hinzuwirken haben.[670] In der Konsequenz handelt es sich

---

666 Hierunter fällt auch die vielleicht häufigste Konstellation der GmbH & Co. KG als Muttergesellschaft.

667 Hierbei kann es sich auch um eine GmbH & Co. KG handeln, bei der die Komplementär-GmbH alleine die Geschäftsführungsbefugnis innehat. Die nachstehenden Ausführungen gelten auch für eine OHG, bei der nicht alle Gesellschafter an der Geschäftsführung beteiligt sind.

668 Siehe oben Erster Teil § 1B.III.1 sowie Erster Teil § 1C.I.

669 Vgl. hierzu oben Zweiter Teil § 4B.IV.2.

670 Vgl. MüKoHGB/*Mülbert*, KonzernR Rn. 97; *Schneider*, ZHR 1979, 485, 515, 520; *Heck*, Personengesellschaften im Konzern, S. 87; OLG Hamburg ZIP 2006, 895, 898; OLG Köln, Urteil v. 17.1.1996 – 5 U 255/93, DB 1996, 1713, 1714 f. (für das statuarische Vollausschüttungsgebot einer Mutter-GmbH). Zurückhaltend aber *Henssler*,

dann bei der Bildung offener Rücklagen sowie allen sonstigen Bilanzierungsentscheidungen mit Gewinnverwendungscharakter in Tochtergesellschaften um außergewöhnliche Geschäftsführungsmaßnahmen im Sinne von §§ 116 Abs. 2, 164 S. 1 Hs. 2 HGB, die der Zustimmung sämtlicher Gesellschafter der Obergesellschaft bedürfen.[671] Ist hierfür nicht wirksam das Einstimmigkeitsprinzip abbedungen, hat der Beschluss, ebenso wie für die Obergesellschaft selbst, einstimmig zu erfolgen.[672]

Eine Gegenansicht ist der Auffassung, es müsse eine differenzierende Betrachtung stattfinden. Die Annahme, dass es für die Rücklagenbildung in Tochtergesellschaften stets eines (einstimmigen) Beschlusses in der Muttergesellschaft bedürfe, sei zweifelhaft, da keinesfalls jede Thesaurierungsmaßnahme unabhängig von den wirtschaftlichen Auswirkungen auf die Muttergesellschaft nach deren Verhältnissen als außergewöhnlich anzusehen sei.[673] Entscheidend für die Außergewöhnlichkeit der Thesaurierungsentscheidung sei alleine die finanzielle Situation der Obergesellschaft.[674] Außerdem verbiete es die Vielfalt der aufeinandertreffenden Belange, die Außergewöhnlichkeit im Sinne von § 116 Abs. 2 HGB schematisch anzunehmen oder zu verwerfen.[675]

Nach einer weiteren Ansicht können die geschäftsführenden Gesellschafter der Obergesellschaft auch ohne besondere Ermächtigung nach ihrem pflichtgemäßen

---

FS Zöllner, S. 203, 222, für den faktischen GmbH-Konzern, der aber jedenfalls bei Geltung des Vollausschüttungsprinzips in der Muttergesellschaft eine Pflicht der Geschäftsführung anerkennt, die Ertragsinteressen der Gesellschafter im besonderem Maße zu berücksichtigen und den Ausschüttungsinteressen in Zweifelsfällen den Vorrang zu geben.

671 So MüKoHGB/*Mülbert*, KonzernR Rn. 97; Staub/*Schäfer*, § 105 Anh Rn. 84; *Wertenbruch*, ZIP 2007, 798, 802; *Haar*, NZG 2007, 601, 605, *Ulmer*, ZHR 1989, 26, 60; *Schneider*, BB 1980, 1057, 1060 und FS Bärmann, S. 873, 888; *Ahrens*, Unternehmensbeteiligungen, S. 75; ebenso OLG Hamburg ZIP 2006, 895, 898, für den Fall, dass der Gesellschaftsvertrag der Muttergesellschaft ein Vollausschüttungsgebot enthält; offen gelassen von BGHZ 170, 283 ff.

672 *Wertenbruch*, ZIP 2007, 798, 802.

673 *H.P. Westermann*, ZIP 2007, 2289, 2292; ähnlich *Paefgen*, FS Schneider, S. 929, 943, 944.

674 *Paefgen*, FS Schneider, S. 929, 944; *Priester*, ZHR 176 (2012), 268, 282 f.

675 *H.P. Westermann*, ZIP 2007, 2289, 2292, 2293. Auch *Wahlers/Orlikowski-Wolf*, ZIP 2012, 1161, 1167, wollen auf den Einzelfall abstellen, nicht aber, wenn es sich um einen reinen personengesellschaftsrechtlichen Konzern handelt. In diesem Fall gelte das Vollausschüttungsgebot für alle Gesellschaften und die Thesaurierung bedürfe stets der Zustimmung aller Gesellschafter.

Ermessen in den Tochtergesellschaften offene Rücklagen bilden und zwar auch dann, wenn für die Muttergesellschaft das Vollausschüttungsgebot gelte.[676] Unabhängig von den Gewinnverwendungsregeln, die für die Muttergesellschaft gälten, bestehe für die Geschäftsführung ein Spielraum bezüglich der Gewinnverwendung in den Tochtergesellschaften, denn ein „Durchschlagen" etwaiger Gewinnverwendungsregeln sei nicht anzunehmen. Das zulässige Maß der Thesaurierung hinge sodann vom Einzelfall ab. Hierbei sei die Geschäftsführung aufgrund der Treuepflicht gegebenenfalls gehalten, in den Tochtergesellschaften für eine gewisse Rücklagenbildung zu sorgen, gleichzeitig dürfe jedoch das Gewinnbezugsrecht der Gesellschafter der Obergesellschaft nicht ausgehöhlt werden.[677]

II. Mögliche vertragliche Konstellationen

1. Gesellschaftsvertrag der Obergesellschaft enthält allgemeine Mehrheitsklausel

Die Frage, inwieweit gesellschaftsvertragliche Mehrheitsklauseln für Thesaurierungen in Tochtergesellschaften relevant sind, stellt sich nur dann, wenn man im Grundsatz davon ausgeht, dass die Rücklagenbildung in Tochtergesellschaften keine Angelegenheit der gewöhnlichen Geschäftsführung ist, sondern in die Kompetenz der Gesellschaftergesamtheit fällt. Sieht der Gesellschaftsvertrag der Muttergesellschaft eine „allgemeine" Mehrheitsklausel[678] vor, stellt sich die Frage, ob eine solche für eine wirksame Entscheidung der Gesellschaftermehrheit über die Rücklagenbildung in der Tochtergesellschaft ausreicht oder ob sie sich explizit auf die Rücklagenbildung beziehen oder sogar, ähnlich wie in einer unverbundenen Gesellschaft, eine Begrenzung nach Art und Ausmaß des zulässigen Eingriffes im Sinne der Kernbereichslehre enthalten muss.

---

676 Früher *Priester*, DStR 2007, 28, 31; DStR 2008, 1386, 1391. Wohl zustimmend *H.P. Westermann*, ZIP 2007, 2289, 2293: „Bei dieser Vielfalt der aufeinandertreffenden Belange müssen die Urteile und Einschätzungen bezüglich der Notwendigkeit von Thesaurierungen in den Tochtergesellschaften für den Regelfall schon der Geschäftsführung überlassen bleiben […]." In ZHR 176 (2012), S. 268, 282 f. scheint sich *Priester* jedoch eher *Paefgen* anschließen zu wollen und plädiert dafür, in erster Linie auf die Verhältnisse der Tochtergesellschaft abzustellen. Eine außergewöhnliche Maßnahme im Sinne von § 116 Abs. 2 HGB komme nur in Betracht, wenn die Rücklagenbildung „unten" wesentlichen Einfluss auf die Gewinnverwendung der Muttergesellschaft habe.

677 *Priester*, DStR 2007, 28, 31; *Priester*, DStR 2008, 1386, 1391.

678 Siehe oben Erster Teil § 3B.I.

Wer bereits auf der Ebene der Muttergesellschaft einen mehrheitlichen Thesaurierungsbeschluss auf Grundlage einer allgemeinen Mehrheitsklausel für wirksam erachtet, vertritt dies auch für Rücklagen in Tochtergesellschaften, da es sich bei der Thesaurierung auf dieser Ebene lediglich um eine mittelbare Gewinneinbehaltung handelt.[679] Infolgedessen müssten weder einzelne Tochterunternehmen explizit erwähnt werden noch sei es zwingend geboten, das Ausmaß der zulässigen Thesaurierung durch Festlegung von Höchstgrenzen zu präzisieren.[680]

Nach einer etwas restriktiveren Auffassung in der Literatur muss die Mehrheitsklausel wenigstens eindeutig Mehrheitsbeschlüsse über die Ausübung gewinnbezogener Beteiligungsrechte zulassen.[681] Eine besondere Mehrheitsermächtigung mit Begrenzung nach Art und Ausmaß, wie sie für Gewinnverwendungsentscheidungen auf der Ebene der Muttergesellschaft notwendig sei, sei nicht zu verlangen.[682]

Nach der Gegenansicht reicht eine allgemeine Mehrheitsklausel im Gesellschaftsvertrag der Konzernobergesellschaft aufgrund der Kernbereichsrelevanz von Gewinnthesaurierungen weder für Thesaurierungen bei der Muttergesellschaft noch bei der Tochtergesellschaft aus.[683]

2. *Abweichung vom Vollausschüttungsgebot*

Weicht der Gesellschaftsvertrag der Muttergesellschaft vom gesetzlichen Vollausschüttungsgebot ab, so hat dies nach wohl herrschender Meinung zur Folge, dass auch für die Tochtergesellschaften nicht vom Vollausschüttungsgebot auszugehen ist.[684] Eine speziell auf die Rücklagenbildung bezogene Gewinnverwendungsklausel, wie es sie auch im Fall der Otto-KG gab, führe im Zweifel dazu, dass sich die geschäftsführenden Gesellschafter bei der Gewinnverwendung in

---

679 *Priester*, ZHR 176 (2012), 268, 284; *Paefgen*, FS Schneider, S. 929, 946.

680 *Paefgen*, FS Schneider, S. 929, 946, allerdings mit der Einschränkung, dass dies jedenfalls dann gelten müsse, wenn der KG-Vertrag den Erwerb von Beteiligungen an Tochtergesellschaften durch eine Konzernklausel ausdrücklich zulasse.

681 MüKoHGB/*Mülbert*, KonzernR Rn. 97b.

682 MüKoHGB/*Mülbert*, KonzernR Rn. 97b.

683 *Wertenbruch*, ZIP 2007, 798, 802; Staub/*Schäfer*, § 105 Anh Rn. 84; Baumbach/Hopt/*Hopt*, § 105 Rn. 106; *B. Haar*, NZG 2007, 601, 605. Zu der Frage, ob diese Gewinnverwendungsklausel zum Schutz der Rechte der Gesellschafter „konzerndimensional" auszulegen ist, siehe unten Zweiter Teil § 6.

684 Vgl. *Wertenbruch*, ZIP 2007, 798, 803; Staub/*Schäfer*, § 105 Anh. Rn. 84; MüKoHGB/*Mülbert*, KonzernR Rn. 97b; OLG Hamburg, ZIP 2006, 895, 898; BGHZ 134, 364 = ZIP 1997, 732, 734 für eine GmbH als Muttergesellschaft.

Tochtergesellschaften auch nicht am Vollausschüttungsgebot orientieren müssten.[685] Auch eine nach oben hin begrenzte Thesaurierungskompetenz der Gesellschaftermehrheit könne nicht so ausgelegt werden, dass sie sich nicht auf die Rücklagenbildung in der Tochtergesellschaft beziehe und daher insoweit ein einstimmiger Beschluss der Gesellschafter notwendig wäre.[686] Insofern könnten jedenfalls keine strengeren Anforderungen gelten als bei der Obergesellschaft selbst.[687]

3. *Begrenzte Mehrheitskompetenz oder festgelegte Thesaurierungsquote*

a) Konzerndimensionale Auslegung

Diejenigen, die für die unverbundene Gesellschaft eine inhaltliche Präzisierung der Mehrheitsklausel im Sinne der Kernbereichslehre fordern, verlangen dies zumeist auch für die Ebene der Tochtergesellschaften.[688] Unproblematisch sei daher der Fall, dass die Mehrheitsklausel ausdrücklich auch auf die Rücklagenbildung in den Tochtergesellschaften gerichtet sei und insoweit eine Begrenzung enthalte.[689] Fraglich ist aber, was für die Rücklagenbildung in den Tochtergesellschaften gilt, wenn zwar die Thesaurierungskompetenz der geschäftsführenden Gesellschafter oder der Gesellschaftermehrheit auf der Ebene der Muttergesellschaft nach oben hin begrenzt ist (oder alternativ eine feste Ausschüttungsquote vorgesehen ist), die Bestimmung aber nicht ausdrücklich auch auf Tochtergesellschaften bezogen ist. Nach einer Ansicht ist eine solche Klausel keinesfalls dahingehend auszulegen, dass zusätzlich zur Rücklagenbildung in der Muttergesellschaft bis zur festgelegten Grenze in jeder Tochtergesellschaft beliebig weitere Rücklagen gebildet werden könnten. Die Rücklagenbildung in den Tochtergesellschaften entspreche vielmehr nur dann dem Willen der Gesellschafter, wenn solche Rücklagen zwecks Vermeidung einer doppelten Thesaurierung den

685 MüKoHGB/*Mülbert*, KonzernR Rn. 97a; *Wertenbruch*, ZIP 2007, 798, 803; OLG Hamburg ZIP 2006, 895, 898. Auch die Tomberger-Entscheidung des BGH (ZIP 1997, 732, 734) stützt diese Einschätzung.

686 *Wertenbruch*, ZIP 2007, 798, 803.

687 MüKoHGB/*Mülbert*, KonzernR Rn. 97b.

688 *Wertenbruch*, ZIP 2007, 798, 802; Staub/*Schäfer*, § 105 Anh Rn. 84.

689 *Wertenbruch*, ZIP 2007, 798, 802; Staub/*Schäfer*, § 105 Anh Rn. 84. Anders aber *Mülbert*, der die eindeutige Zulassung von Mehrheitsbeschlüssen über die Ausübung gewinnverwendungsbezogener Beteiligungsrechte als ausreichend erachtet, vgl. MüKoHGB/*Mülbert*, KonzernR Rn. 97b.

Rücklagen der Muttergesellschaft zugerechnet würden.[690] Sieht also der Gesellschaftsvertrag der Muttergesellschaft eine feste Thesaurierungsquote vor oder begrenzt er die Thesaurierungskompetenz der Gesellschaftermehrheit, so müsse die Rücklagenbildung in der Tochtergesellschaft in die Thesaurierungsquote mit eingerechnet werden.[691] Die ansonsten – also auf der Ebene der Obergesellschaft – genügende Begrenzung gewähre anderenfalls keinen ausreichenden Schutz, wenn gewillkürte Rücklagen in den Tochtergesellschaften völlig unberücksichtigt blieben.[692] Im Falle der konzernweiten Geltung der Thesaurierungskompetenz und bei Zurechnung der Rücklagen in den Tochtergesellschaften sei dann davon auszugehen, dass die dementsprechende Ausübung des Stimmrechts der Obergesellschaft eine gewöhnliche Geschäftsführungsmaßnahme im Sinne von § 116 Abs. 1 HGB sei. Die Obergrenze müsse zudem nicht in jeder Tochtergesellschaft eingehalten werden, vielmehr dürfe nur das in Bezug auf den Konzernüberschuss bestehende Rücklagenkontingent insgesamt nicht überschritten werden.[693]

b) Unzulässigkeit der konzerndimensionalen Auslegung

Nach der Gegenansicht ist eine konzernweite Auslegung von Thesaurierungsklauseln unzulässig, da den Gesellschaftern kein konzerndimensionaler Ausschüttungsanspruch zustehe.[694] Einem konzernweiten Geltungsanspruch könnten außerdem die aus der mitgliedschaftlichen Einbindung der Obergesellschaft in die Untergesellschaft folgenden Rechts- und Treuebindungen entgegen stehen.[695] Des Weiteren sei zu bedenken, dass eine konzerndimensionale Auslegung in der konkreten Handhabung auf erhebliche Schwierigkeiten stoßen könne. Außerdem sei es auch bei konzernweiter Geltung der Thesaurierungsquote möglich, dass die Gewinne als Cash Flow nicht bei der Obergesellschaft ankämen.[696]

---

690 *Wertenbruch*, ZIP 2007, 798, 803.

691 Staub/*Schäfer*, § 105 Anh Rn. 84; *Wertenbruch*, ZIP 2007, 798, 802, 803; etwas zurückhaltender MüKoHGB/*Mülbert*, KonzernR Rn. 97.

692 Staub/*Schäfer*, § 105 Anhang Rn. 84.

693 *Wertenbruch*, ZIP 2007, 798, 803.

694 *Paefgen*, FS Schneider, S. 929, 946 f.; nicht ganz so deutlich, aber ebenfalls zurückhaltend *H.P Westermann*, ZIP 2007, 2289, 2294, was nicht überrascht, da er auch eine modifizierte, konzerndimensionale Anwendung von § 58 Abs. 2 AktG ablehnt, vgl. FS Pleyer, S. 421, 441 ff.; *Priester*, ZHR 176 (2012), 268, 283, der ebenfalls die konzerndimensionale Auslegung von § 58 Abs. 2 AktG ablehnt.

695 *Paefgen*, FS Schneider, S. 929, 947.

696 *Paefgen*, FS Schneider, S. 929, 947, 948.

III. Höchstrichterliche Rechtsprechung

Der BGH hat sich bisher weder zur Frage der Rücklagenbildung in Tochtergesellschaften eines Konzerns mit einer Personenhandelsgesellschaft als Obergesellschaft noch zum Problem der Anwendung des § 58 Abs. 2 S. 1 AktG im Konzern mit einer Aktiengesellschaft als Obergesellschaft ausdrücklich geäußert. Auch in der Otto-Entscheidung bestand – obwohl sich die Instanz-Gerichte sehr wohl hiermit befasst hatten – nach Auffassung des BGH kein Anlass, sich mit dieser Frage auseinanderzusetzen. Konkret wurde ausdrücklich offengelassen, ob es sich bei der Rücklagenbildung in Tochtergesellschaften um ein Grundlagengeschäft handele, zu welchem die Gesellschafter der Obergesellschaft ihre Zustimmung geben müssten, da diese Frage jedenfalls keine Auswirkungen auf den von der Klägerin angegriffenen Jahresabschluss habe.[697] In den zum Aktienrecht ergangenen Entscheidungen „Holzmüller“ sowie „Gelatine I“ und „Gelatine II“ erwähnte das Gericht die Problematik des § 58 Abs. 2 AktG jedoch am Rande. Der Vorstand der Obergesellschaft unterliege „zum Beispiel auch bei der Verwendung des Jahresüberschusses praktisch keinen Beschränkungen“[698]. Fraglich ist, ob dies – so wie es die verschiedenen Vertreter der divergierenden Ansichten im Schrifttum annehmen, die jeweils die Holzmüller-Entscheidung als obiter dictum für die eigene Rechtsansicht reklamieren – ein klares Bekenntnis zu der einen oder der anderen Auffassung oder wenigstens eine Tendenz erkennen lässt.[699]

In der „Holzmüller“-Entscheidung ging es zwar nicht um die Gewinnverwendung im Konzern, der BGH beschäftigte sich aber mit der Veränderung von Aktionärsrechten (der Rechte der Aktionäre der Obergesellschaft) in einem Konzerngebilde. Verlagere eine Aktiengesellschaft wesentliche Teile ihres Betriebsvermögens auf eine Tochtergesellschaft, so schwäche dies die Rechtsstellung der Aktionäre auch dann, wenn sämtliche Anteile in den Händen der Obergesellschaft verblieben.[700] Den Aktionären würde die Mitwirkungsmöglichkeit nach § 119 Abs. 2 AktG genommen, da der Vorstand der Obergesellschaft bei 100%iger Beteiligung alle Gesellschafterrechte ausübe. Wichtige Entscheidungen würden somit auf die Ebene der Tochtergesellschaft verlagert, darüber hinaus

697 Vgl. BGHZ 170, 283, 290.

698 BGHZ 83, 122, 137.

699 Für die Befürworter einer modifizierten Anwendung von § 58 AktG im Konzern z. B. MüKoAktG/*Bayer*, § 58 Rn. 69; für die Gegenansicht *Thomas*, ZGR 1985, 365, 373, 374 .

700 BGHZ 83, 122, 136.

bestünde die Gefahr, dass der Vorstand durch Unternehmensverträge mit einem Dritten oder durch die Aufnahme fremder Gesellschafter, etwa im Wege einer Kapitalerhöhung, die Mitgliedschaftsrechte der Aktionäre vollends aushöhle. Auch bei der Verwendung des Jahresüberschusses unterliege er „praktisch keinen Beschränkungen“.[701] Gegen diese Risiken und Eingriffe biete das Aktienrecht den Aktionären des herrschenden Unternehmens nur unzureichend Schutz.[702] Dies werde „mit Recht als unbefriedigend empfunden“[703], weshalb im Schrifttum über ungeschriebene Hauptversammlungszuständigkeiten diskutiert werde. Der BGH sah sich aber aufgrund des Sachverhalts nicht dazu veranlasst, das „Modell einer konzernspezifischen Binnenordnung“ einer genaueren Untersuchung zu unterziehen.[704] Auch in den fast wortgleichen Entscheidungen „Gelatine I“ und „Gelatine II“ betonte der BGH, dass die „Holzmüller“-Entscheidung keinesfalls als Bestätigung einer Lehre von der konzernspezifischen Binnenordnung verstanden werden dürfe. Die Stärkung des Einflusses der Aktionäre auf die Konzernbildung- und -leitung durch das Zustimmungserfordernis sei nur ein Reflex der Beteiligung der Aktionäre, nicht aber das Ziel. Dennoch führte der BGH zum Thema der Gewinnverwendung im Konzern aus, dass hier eine stärkere Gefährdung bestehe, je tiefer der Konzern gestaffelt sei.[705]

Hieraus lassen sich (für die Aktiengesellschaft) folgende Schlüsse ziehen: Der BGH erkennt an, dass eine Gefahr der Aushöhlung („vollends“!) der Gesellschafterrechte in der Obergesellschaft besteht[706] und empfindet die gegensteuernden Schutzmaßnahmen des geschriebenen Aktienrechts als unzureichend. Die Ansicht, es handele es sich insoweit um ein obiter dictum dahingehend, dass der BGH die Gewinnverwendung im Konzern durch § 58 Abs. 2 AktG abschließend geregelt sehe[707], kann daher keinesfalls überzeugen.[708] Ebenso wenig ist jedoch der Hinweis auf die unbeschränkte Gewinnverwendungsmöglichkeit im Zusammenhang mit der Urteilsbegründung als obiter dictum für eine Anwendung der Grundsätze des „Holzmüller“-Urteils auf das Problem des Rücklagenbildung im Konzern zu verstehen.[709] Vielmehr deutet insbesondere die Formulierung in den

701 BGHZ 83, 122, 137.
702 BGHZ 83, 122, 137.
703 BGHZ 83, 122, 137.
704 BGHZ 83, 122, 138.
705 BGHZ 159, 30, 47.
706 So auch *Gollnick*, S. 75, 76.
707 Siehe z.B. *Thomas*, ZGR 1985, 365, 373 f.
708 Vgl. *Geßler*, AG 1985, 257, 258.
709 So z.B. *Frodermann*, S. 78.

„Gelatine“-Entscheidungen darauf hin, dass der BGH § 58 Abs. 2 AktG de lege lata nicht konzernspezifisch anwenden würde. Die Lösung des Problems der Mediatisierung der Aktionärsrechte sieht er vielmehr darin, eine ungeschriebene Zuständigkeit der Hauptversammlung für die Schaffung von Konzernebenen anzunehmen, wenn eine gewisse „Wesentlichkeitsgrenze“ erreicht ist. Dies reicht aber nicht aus, um die Aktionäre vor einer späteren Umgehung ihrer Gewinnverwendungskompetenz zu schützen.

B. Diskussion und Stellungnahme

I. Vorüberlegungen

Die Ansichten von *Priester* und von *Paefgen* sind vor dem Hintergrund zu verstehen, dass beide auch bezüglich der unverbundenen Personengesellschaft ein anderes Verständnis des Gewinnanspruchs der Gesellschafter haben.[710] Während *Priester* zunächst zwar den Gewinnanspruch als vom Kernbereich erfasst ansah, in der Thesaurierung aber wegen der Wertsteigerung des Anteils keinen Eingriff erkennen wollte, vertreten nun beide die Ansicht, dass das Gewinnbezugsrecht bereits nicht in den Schutzbereich der Kernbereichslehre falle. Versteht man das Gewinnbezugsrecht schon auf der Ebene einer unverbundenen Gesellschaft derart, so erstaunt es nicht, dass die Bildung offener Rücklagen in Tochtergesellschaften ebenfalls als unproblematisch und die Rechte der Gesellschafter nicht tangierend angesehen wird.

Dieses Verständnis der Gewinnrechte der Gesellschafter einer Personenhandelsgesellschaft wurde im ersten Teil dieser Arbeit abgelehnt und die Ansicht vertreten, dass auch das konkrete Gewinnbezugsrecht der Gesellschafter einer OHG oder KG als notwendiger Teil des Gewinnrechts – da letzteres sonst leerzulaufen droht – zum unentziehbaren Kernbereich der Mitgliedschaftsrechte gehört. Folge dieser Kernbereichsrelevanz ist, dass jeder Gesellschafter einem Eingriff in das Gewinnbezugsrecht, wie z.B. durch die Bildung offener Rücklagen, zustimmen muss.

Vor diesem Hintergrund hängt die Beantwortung der Frage, in welcher Weise die außenstehenden Gesellschafter der Muttergesellschaft an der Bildung offener Rücklagen in Tochtergesellschaften zu beteiligen sind – ob im konkreten Fall durch einen Zustimmungsbeschluss auf der Ebene der Muttergesellschaft im Sinne von §§ 116 Abs. 2, 164 S. 1 Hs. 2 HGB oder durch eine „konzerndimensionale“ Anwendung einer Thesaurierungsklausel ist zunächst zweitrangig, denn

710 Siehe oben Erster Teil § 3D.I.2.

auch letzteres wäre eine Auswirkung der Zustimmungsnotwendigkeit –, davon ab ob das Gewinnbezugsrecht der Gesellschafter der Muttergesellschaft „konzernweit“ zu verstehen ist. Geht man davon aus, dass es sich nicht nur auf den Gewinn der Muttergesellschaft, sondern auch auf den der Tochtergesellschaften bezieht, so liegt der Schluss nahe, dass die Gesellschafter der Muttergesellschaft bei der Willensbildung zur Gewinnthesaurierung entsprechend den Bestimmungen der Muttergesellschaft zu beteiligen sind. Nimmt man dagegen an, dass sich ein Gewinnrecht der Gesellschafter allein auf das Jahresergebnis der Mutter bezieht, unabhängig davon, wie dieses zustande kommt, liegt die Annahme weitgreifender Beteiligungsrechte bei der Willensbildung im Konzern fern.

Erste Kernfrage der Untersuchung wird deshalb sein, wie das Gewinnrecht von Gesellschaftern einer Personenhandelsgesellschaft als Muttergesellschaft in einem Konzern zu verstehen ist, mit anderen Worten, ob der Gewinnanspruch der Gesellschafter der Obergesellschaft sich – jedenfalls materiell – an den Erträgen des gesamten Konzerns zu orientieren hat oder nicht.

II. Der Gewinnanspruchs der Gesellschafter der Muttergesellschaft im Konzern

1. Die bilanzrechtliche Ermittlung des Gewinns der Muttergesellschaft

Wie in einer unverbundenen Personenhandelsgesellschaft der Jahresgewinn bestimmt und verteilt wird, wurde im ersten Teil der Arbeit bereits dargestellt.[711] Ist diese Gesellschaft Muttergesellschaft eines Konzerns, ändert sich hieran im Grundsatz nichts, denn der Konzern stellt weder eine Vermögens- noch Haftungs- oder Gewinn- und Verlusteinheit dar (solange keine Ergebnisabführungsverträge bestehen).[712] Auch im Konzern ist formale Berechnungsgrundlage für das Jahresergebnis und damit auch für den Gewinnanspruch der Gesellschafter der Einzelabschluss der jeweiligen Gesellschaft. Hieraus folgt das Argument, der Gewinnanspruch der Gesellschafter der Obergesellschaft könne nicht „konzernweit“ gelten und es gäbe aus diesem Grunde auch keine Verpflichtung der geschäftsführenden Gesellschafter, Rücklagen in Tochtergesellschaften zu verhindern und für eine Ausschüttung der Gewinne „nach oben zu sorgen“.[713]

Diese Argumentation wird durch das Bilanzrecht gestützt. Die Beteiligungen der Muttergesellschaft an ihren Tochtergesellschaften sind in der Bilanz der

711 Siehe oben Erster Teil § 1B.

712 Vgl. *Schneider*, ZHR 1979, 485, 511, 512.

713 Vgl. *Paefgen*, FS Schneider, S. 935, 942.

Muttergesellschaft im Anlagevermögen gesondert auszuweisen.[714] Der durch das Anschaffungswertprinzip bestimmte Ansatz der Beteiligung wird durch das Ergebnis der Untergesellschaft nicht berührt.[715] Durch einen in einer Tochtergesellschaft festgestellten Gewinn ändert sich am Ansatz der Beteiligung in der Bilanz der Muttergesellschaft also nichts. Auch Verluste haben eine Auswirkung auf deren Bilanz nur dann, wenn sie so nachhaltig sind, dass gemäß § 253 Abs. 3 S. 3 HGB eine außerplanmäßige Teilwertabschreibung der Beteiligung notwendig ist. Gewinne finden in die Bilanz der Muttergesellschaft erst dann und nur insoweit Eingang, als sie als Ansprüche aktivierbar bestehen. Das setzt voraus, dass in der Tochtergesellschaft ein Gewinn festgestellt und – wenn notwendig – die Gewinnausschüttung beschlossen wurde.[716] Der BFH hat dies für das Steuerrecht zunächst für Kapitalgesellschaften entschieden und später auf Einzelunternehmer und Personengesellschaften ausgedehnt.[717] Eine frühere Aktivierung der Gewinnansprüche könne nur ausnahmsweise angenommen werden, wenn zum Bilanzstichtag ein Gewinn bestehe, der mindestens ausschüttungsfähige Gewinn den Gesellschaftern bekannt sei und für diesen Zeitpunkt anhand objektiver Anhaltspunkte nachgewiesen sei, dass die Gesellschafter endgültig beschlossen haben, eine bestimmte Gewinnverwendung künftig zu beschließen.[718]

Auch nach zivilrechtlichen Grundsätzen dürfen im Jahresabschluss der Muttergesellschaft keine Gewinne aktiviert werden, wenn in der Tochtergesellschaft die Thesaurierung des Gewinnes beschlossen wurde.[719] Und auch wenn dies, also die Rücklagenbildung, (noch) nicht geschehen ist, wirken sich Gewinne von Tochtergesellschaften bei gleichem Bilanzstichtag von Mutter- und Tochtergesellschaft erst ein Jahr (bei Enkelgesellschaften zwei Jahre) später auf den Gewinn der Muttergesellschaft und damit auf das Entnahmerecht der Gesellschafter aus.

---

714 Vgl. *Großfeld/Luttermann*, BilanzR, S. 144 Rn. 541.

715 Vgl. *Knobbe-Keuk*, Bilanz- und Unternehmenssteuerrecht, S. 220.

716 Vgl. BFH DStR 2000, 1682, 1685; BGHZ 170, 283, 294.

717 Vgl. BFH, Beschl. GrS 2/99 vom 7.8.2000, BStBl II 2000, 632: „Eine Kapitalgesellschaft, die mehrheitlich an einer anderen Kapitalgesellschaft beteiligt ist, kann Dividendenansprüche aus einer zum Bilanzstichtag noch nicht beschlossenen Gewinnverwendung der nachgeschalteten Gesellschaft grds. nicht aktivieren." und BFH, BStBl II 2001, 185.

718 Vgl. BFH, BStBl II 2000, 632 ff. Nur unter diesen Umständen sei vorstellbar, dass eine Dividendenforderung als Wirtschaftsgut nicht erst mit dem Gewinnverwendungsbeschluss, sondern bereits am Bilanzstichtag bestehe und der spätere Gewinnverwendungsbeschluss als wertaufhellend und nicht wertbegründend anzusehen sei.

719 Vgl. *Henssler*, JZ 1996, 701, 703.

Sorgen also die geschäftsführenden Gesellschafter im Wege der einheitlichen Leitung des Konzerns – d.h. durch Ausübung eines Weisungsrechts oder der Beteiligungsrechte – nicht für die Gewinnausschüttung nach oben, so wird hierdurch der Jahresabschluss der Muttergesellschaft nicht fehlerhaft. Der BGH konnte sich demnach in der Otto-Entscheidung zu Recht darauf berufen, dass er bei einer Klage auf Feststellung der Unwirksamkeit des Jahresabschlusses der Otto-KG nicht über die Rechtmäßigkeit der Rücklagenbildung in den Tochtergesellschaften entscheiden müsse.[720]

Anders wäre dies allerdings, wenn eine phasengleiche Gewinnermittlung und -ausschüttung stattfindet, die Muttergesellschaft also die Gewinne der Tochtergesellschaften im gleichen Geschäftsjahr aktiviert. Dies ist nach der Rechtsprechung des BGH möglich, sofern

- die Obergesellschaft mehrheitlich an der Untergesellschaft beteiligt ist,
- der Jahresabschluss der Untergesellschaft noch vor Abschluss der Prüfung der Obergesellschaft festgestellt worden ist und
- zumindest ein entsprechender Gewinnverwendungsvorschlag vorliegt.[721]

Grund hierfür ist, dass ein Vermögensgegenstand bilanzrechtlich dem Vermögen eines Unternehmens zuzuordnen ist und daher eine Aktivierungspflicht besteht, wenn er nach einer wirtschaftlichen Betrachtungsweise als zu dessen Vermögen angehörig anzusehen ist. Maßgeblich ist daher nicht, ob die Forderung rechtlich bereits wirksam entstanden ist, sondern ob sie sich schon soweit konkretisieren lässt, dass sie wirtschaftlich als Vermögensgegenstand qualifiziert werden kann und damit zu einer Vermögensmehrung führt. Diese Voraussetzungen sind erfüllt, wenn die für die Entstehung einer Forderung wesentlichen wirtschaftlichen Ursachen bereits im abgelaufenen Geschäftsjahr gesetzt worden sind und der Eintritt der übrigen rechtlichen Entstehungsvoraussetzungen mit Sicherheit erwartet werden kann.[722] Nach dem BGH muss daher eine Konzerngesellschaft, die zu 100 % an einer Tochter-GmbH beteiligt ist, den bei der Tochtergesellschaft erzielten Gewinn phasengleich ausweisen, wenn der Jahresabschluss der Tochtergesellschaft noch vor Abschluss der Prüfung der Muttergesellschaft festgestellt worden ist und deren Gesellschafterversammlung über die Gewinnverwendung beschlossen hat.[723] Zudem vertritt der BGH allgemein, dass bei konzernverbundenen Unternehmen die Gewinne der Untergesellschaften „tunlichst ohne zeitliche Verschiebung im Jahresabschluss der

---

720 Vgl. BGHZ 170, 283 (3. Leitsatz).

721 BGHZ 65, 230 ff.

722 Vgl. BGHZ 137, 378, 380 f.

723 Vgl. BGHZ 65, 230, 235; 137, 378 (Leitsatz); ebenso BFHE 132, 80.

Muttergesellschaft erscheinen"[724] sollten, ebenso im Jahresabschluss einer Holdinggesellschaft, deren Geschäftsergebnis fast ausschließlich durch die Erträge der Muttergesellschaft bestimmt wird.[725] Dennoch ist eine Rechtspflicht für Konzernobergesellschaften, den phasengleichen Gewinnausweis von Mutter- und Tochtergesellschaften durch die Festlegung unterschiedlicher Bilanzstichtage möglich zu machen, nicht anerkannt.[726] Es bleibt also dabei, dass im Regelfall die mangelnde Aktivierung von Gewinnen, die in Tochtergesellschaften entstanden sind, im Jahresabschluss der Muttergesellschaft diesen nicht fehlerhaft macht.

Dementsprechend betonen die Gegner eines „konzernweiten" Gewinnanspruchs, dass Berechnungsgrundlage des Gewinnanspruchs der Gesellschafter eben alleine der Jahresabschluss der Muttergesellschaft sei, in den die Gewinne der Tochtergesellschaften nur dann einflößen, wenn dort bereits entsprechende Gewinnausschüttungsbeschlüsse getroffen worden seien.[727] Ohne einen derartigen Gewinnverwendungsbeschluss dürften nach dem Realisationsprinzip die Gewinne der Tochtergesellschaften nicht im Jahresabschluss der Muttergesellschaft aktiviert werden.

Dem kann aus bilanzrechtlicher Sicht nicht widersprochen werden. Es wird also deutlich, dass das Bilanzrecht eine zentrale Bedeutung für die Gewinnansprüche der Gesellschafter der Obergesellschaft hat. Die Konzernierung erweitert den Spielraum für die Unternehmensleitung und das allein am Gläubigerschutz ausgerichtete Bilanzrecht kann dazu eingesetzt werden, die Gewinnansprüche von Minderheitsgesellschaftern zeitlich zu verschieben oder sogar auszuhöhlen.[728] Das Übereinstimmen des „Parkens" von Gewinnen in Tochtergesellschaften mit den Bestimmungen des Bilanzrechts führt dazu, dass die daraus resultierende Beeinträchtigung des Gewinnrechts der Gesellschafter teilweise als richtig oder jedenfalls als hinzunehmen angesehen wird. Nur weil aber eine bestimmtes Vorgehen bilanzrechtlich erlaubt – oder sogar geboten – ist, muss dies nicht bedeuten, dass es auch gesellschaftsrechtlich geboten oder zulässig ist. Denn Bedenken gegen diese eher formale Betrachtungsweise des gesellschaftsrechtlichen Gewinnanspruchs entstehen zum Beispiel, wenn man in Betracht zieht, wie Konzerne – wie auch der, an dessen Spitze die Otto GmbH Co. KG steht – üblicherweise entstehen. Häufig wird das Unternehmen zunächst in der

724 BGHZ 65, 230, 235.

725 Vgl. BGHZ 65, 230, 235.

726 Vgl. *Henssler*, JZ 1996, 701, 706; *Frodermann*, S. 118 f.

727 So z.B. *Paefgen*, FS Schneider, S. 929, 941.

728 Vgl. *Henssler*, FS Zöllner, S. 203, 204 zum Parallelproblem im faktischen GmbH-Konzern.

Rechtsform einer einzigen, unverbundenen Gesellschaft geführt (die Geschichte des Otto-Konzerns begann als die eines Einzelkaufmanns), bevor nach und nach die Konzernstrukturen entstehen. Die Konzernbildung ist also als Prozess zu verstehen, in dessen Laufe das ehemals von einer Einzelgesellschaft betriebene Unternehmen durch die „rechtliche Verselbständigung von ertragsbringenden Aktiva“[729] von letztendlich mehreren Gesellschaften, aber unter einheitlicher Leitung betrieben wird. Wenn im Laufe der Entwicklung des Konzerns sowohl die operative Geschäftstätigkeit als auch die Gewinnerzielung in zunehmenden Maße von der Muttergesellschaft auf Tochtergesellschaften übergehen, erscheint es nicht interessengerecht, wenn sich der Vollausschüttungsanspruch der Gesellschafter der Obergesellschaft am Ende dieses Prozesses lediglich auf einen von den geschäftsführenden Gesellschaftern aufgrund der Besonderheiten der Konzernstrukturen und den Bestimmungen des Bilanzrechts beliebig steuerbaren „Bilanzgewinn“ bezieht.[730]

2. *„Reichweite“ des Vollausschüttungsgebots*

Vorbehaltlich abweichender gesellschaftsvertraglicher Bestimmungen gilt auch für die Personenhandelsgesellschaft, die an der Spitze eines Konzerns steht, das Vollausschüttungsgebot gemäß §§ 122 Abs. 1 Hs. 2, 169 Abs. 1 S. 2 HGB. Anspruchsgegnerin des hieraus resultierenden Gewinnentnahmeanspruchs ist natürlich nur die Muttergesellschaft selbst, einen direkten Anspruch auf Ausschüttung der Gewinne von Tochtergesellschaften haben die Gesellschafter der Muttergesellschaft selbst dann nicht, wenn zwischen diesen ein Gewinnabführungsvertrag besteht.[731] Die Gesellschafter können also ihren Anteil am „Gewinne des letzten Jahres“ verlangen, der gemäß §§ 120 Abs. 1, 161 Abs. 2 HGB aufgrund der Bilanz der Muttergesellschaft berechnet wird. Das Schrifttum, das eine konzerndimensionale Interpretation des Gewinnanspruchs ablehnt, sieht darin einen weiteren Nachweis, dass den Gesellschaftern eben nur gegenüber „ihrer“ Gesellschaft ein Ausschüttungsanspruch zustehe und dieser nicht konzerndimensional zu verstehen sei, weshalb die Gesellschafter der Muttergesellschaft auch nicht oder jedenfalls nicht immer an den Gewinnverwendungsentscheidungen in den Tochtergesellschaften zu beteiligen seien.[732]

---

729 *Gollnick*, S. 73, 74.

730 Vgl. OLG Köln DB 1996, 1713, 1714.

731 Vgl. *Thomas*, ZGR 1985, 365, 378.

732 Vgl. *Paefgen*, FS Schneider, S. 929, 942. Anders *Schneider* selbst, ZHR 143, 485, 521.

Diese Argumentation ist allerdings, ebenso wie der Hinweis auf die bilanzrechtlichen Bestimmungen, eher vordergründig[733], wenn man die Entstehung des Konzerns als Prozess versteht und in Betracht zieht, dass in Tochterunternehmen das Vermögen der Muttergesellschaft unternehmerisch angelegt ist, es sich dabei also um „ausgelagertes" Vermögen der Muttergesellschaft handelt.[734] Dies ist nicht nur dann der Fall, wenn die Tochtergesellschaft durch Ausgründung eines Betriebsteils entstanden ist, auch bei käuflichem Erwerb einer beherrschenden unternehmerischen Beteiligung wird das Vermögen der Muttergesellschaft und damit letztlich das der Gesellschafter investiert. Die von einer Tochtergesellschaft erwirtschafteten Erträge haben in beiden Fällen ihren Ursprung im Vermögen der Muttergesellschaft, das den Gesellschaftern gesamthänderisch zusteht.[735] Im Kern muss deshalb der Gewinnanspruch der Gesellschafter einer Konzernobergesellschaft derselbe sein wie der in einer unverbundenen Gesellschaft mit rechtlich unselbständigen Betriebsabteilungen. Dies muss vor allem dann gelten, wenn es sich bei der Muttergesellschaft, etwa nach der Ausgründung, um eine reine Holdinggesellschaft handelt, die selbst kein operatives Geschäft betreibt und daher direkt keine eigenen Gewinne vereinnahmt. Gerade bei zurückgehender Tätigkeit und Gewinnerzielung seitens der Muttergesellschaft entspricht es dem berechtigten Interesse der Gesellschafter der Muttergesellschaft, auf die Gewinnverwendung in den Tochtergesellschaften Einfluss zu nehmen.[736] Würde man hier allein auf die organisationsrechtliche Verschiedenheit der Konzerngesellschaften abstellen, so könnten die geschäftsführenden Gesellschafter die Höhe des Jahresgewinns der Obergesellschaft beliebig steuern, womit der materielle Gehalt des Gewinnbezugsrechts der Gesellschafter zu einer leeren Hülle verkommen würde.[737] Der Gesetzgeber hat mit dem Vollausschüttungsgebot bei Personengesellschaften die materiell-rechtliche Grundentscheidung getroffen, dass den Gesellschaftern einer Personengesellschaft ihr Anteil am gesamten Jahresüberschuss zur Verfügung stehen soll (ob sie diesen Anteil entnehmen oder nicht, bleibt ihnen selbst überlassen). Dieses Recht hat der Gesetzgeber – jedenfalls mittelbar über die Postulierung des Einstimmigkeitsprinzips – als ein unentziehbares ausgestaltet. Die rechtliche Selbständigkeit der Konzernunternehmen und die Geltung des Einzelabschlusses der Muttergesellschaft als Berechnungsgrundlage der Entnahmerechte sind lediglich das Ergebnis einer formellen oder

733 Das gibt auch *Werner*, FS Stimpel, S. 935, 941, zu.
734 Vgl. *Lutter*, FS Goerdeler, S. 327, 335, 336.
735 Vgl. *Lutter*, FS Goerdeler, S. 327, 335, 336.
736 Vgl. OLG Köln DB 1996, 1713, 1714.
737 In diesem Sinne auch OLG Hamburg ZIP 2006, 895, 899.

formal-logischen Untersuchung und Subsumtion[738], sie widersprechen jedoch dieser gesetzgeberischen Grundentscheidung und höhlen den materiellen Gehalt der gesellschafterlichen Vermögensrechte aus.[739]

Eine weitere Grundentscheidung des Gesetzgebers im Personengesellschaftsrecht ist die Stellung der Gesellschafter als „Herren" der Gesellschaft. Auch unter diesem Gesichtspunkt sind die Ansichten, die den Gewinnanspruch der Gesellschafter auf die Konzernmuttergesellschaft begrenzen wollen und den geschäftsführenden Gesellschaftern bei der Rücklagenbildung in Tochtergesellschaften freies Ermessen einräumen wollen[740], nicht haltbar. Es ist ein entscheidendes Recht der Gesellschafter, über die Verwendung des Jahresüberschusses zu entscheiden. Kann aber unter Konzernbedingungen die Geschäftsführung die Höhe des Jahresüberschusses durch Rücklagenbildung in den Tochtergesellschaften beliebig steuern, verkümmert dieses Recht. Finden die Rücklagen, die bereits in den Tochtergesellschaften gebildet wurden, bei der Gewinnverwendungspolitik der Obergesellschaft keinerlei Beachtung, so würde dies die gesellschaftsvertraglich festgelegte Kompetenzverteilung zwischen Minderheit und Mehrheit bzw. Geschäftsführung und Gesellschaftergesamtheit aus den Angeln heben.[741] Es erscheint wenigstens erstaunlich, dass eine Entscheidung wie die über die Gewinnverwendung, welche in der unverbundenen Personengesellschaft unbestritten der Gesellschaftergesamtheit obliegt, in einer Konzernsituation ohne weiteres in die Kompetenz allein der geschäftsführenden Gesellschafter oder der Gesellschaftermehrheit fällt. Die „Nichtbeachtung" von bereits in Tochtergesellschaften gebildeten freien Rücklagen bei der Gewinnverwendungsentscheidung der Mutter führt letztlich dazu, dass, je nachdem wie sehr die unternehmerische Aktivität durch nachgeordnete Gesellschaften wahrgenommen wird, die geschäftsführenden Gesellschafter – oder in einer GmbH & Co. KG sogar die möglicherweise gesellschaftsfremden GmbH-Geschäftsführer – den Jahresüberschuss der Mutter in den allgemeinen Grenzen der Treuepflicht beliebig steuern und damit den Gewinnanspruch der übrigen Gesellschafter entsprechend nachteilig beeinflussen können.[742] Es geht also nicht nur darum, ein „Aushungern" der Gesellschafter zu verhindern, sondern auch darum, die Mitspracherechte der

---

738 *Götz*, FS Moxter, S. 573, 578.

739 Vgl. auch *Lutter*, FS Harry Westermann, S. 347, 352 für den Konzern mit einer Aktiengesellschaft als Obergesellschaft.

740 Vgl. *H.P. Westermann*, ZIP 2008, 2289, 2293; *Priester*, DStR 2008, 1368, 1391; davon abweichend *Priester*, ZHR 176 (2012), 268, 282 f.

741 Vgl. *Gollnick*, S. 2.

742 Vgl. *Götz*, FS Moxter, S. 573, 576.

Gesellschafter als „Herren der Gesellschaft“ in Bezug auf Vermögensentscheidungen zu wahren.

Thesaurierungen in Tochtergesellschaften führen außerdem – letztlich genau wie in der Muttergesellschaft – dazu, dass sich die Investition eines jeden Gesellschafters in das Unternehmen erhöht. Damit erhöht sich das Risiko, Verluste zu machen und – wenn es sich bei der Muttergesellschaft um eine OHG handelt – auch das Risiko der persönlichen Haftung. Hierüber sollte aber jeder Gesellschafter autonom entscheiden können, zumal für Personengesellschafter zumeist nicht die Möglichkeit besteht, den durch die Thesaurierung erhöhten Anteilswert durch Veräußerung ihrer Beteiligung zu realisieren.[743] Schlussendlich macht es für die außenstehenden Gesellschafter keinen Unterschied, ob der Ertrag seiner Beteiligung geringer ausfällt, weil der eigentlich vorhandene Gewinn auf der Ebene der Muttergesellschaft thesauriert wird oder ob der Gewinn durch Rücklagenbildung in der Tochtergesellschaft bereits gar nicht entsteht. Beides schlägt in gleicher Weise auf die Gewinnbezugsrechte der Gesellschafter durch, ihr Ausschüttungsinteresse ist in beiden Fällen unmittelbar betroffen.[744]

---

743 Siehe hierzu bereits im Ersten Teil § 3D.I.3.b) .

744 So auch das LG Hamburg, Urt. v. 18.08.2004 – 411 O 153/03 (nicht veröffentlicht); *Wertenbruch*, ZIP 2007, 798, 802. Götz, AG 1984, 85, 92 ff. *Götz* ist aus diesem Grunde der Ansicht, der BGH habe sich in der „Holzmüller“-Entscheidung mit einem Scheinproblem befasst. Konzernverwaltung und Konzernkontrolle seien für einen Aktionär weder ein rechtliches noch ein faktisches Problem. Wichtig und allein entscheidend seien für ihn der Ertrag der Anteile und dessen Ausschüttung. Das Problem der Verkürzung der Rechte im Konzern könne durch eine entsprechende Anwendung von § 58 Abs. 2 AktG gelöst werden und nicht über den Umweg einer Konzernbildungs- und -leitungskontrolle. Es ist zwar zweifelhaft, ob alleine die konzernweite Bemessung der Entnahmerechte ausreicht, um die Rechte der Gesellschafter der Obergesellschaft zu schützen (so dürfte zum Beispiel das zweite Problem im „Holzmüller“-Fall, die Frage, ob die Hauptversammlung auch einer Kapitalerhöhung in der Tochtergesellschaft zustimmen müsste, um die Bezugsrechte der Aktionäre der Obergesellschaft abzusichern, nicht durch eine Anrechnung der Rücklagen der Tochtergesellschaften auf die Thesaurierungskompetenz der Verwaltung der Obergesellschaft gelöst sein), aber im Kern ist der Ansatz nicht von der Hand zu weisen. Die Minderheitsgesellschafter in den Entscheidungen „Holzmüller“ und „Gelatine“ dürften nicht gegen die Umstrukturierungen geklagt haben, weil es für sie rechtlich oder tatsächlich von Bedeutung war, ob – zum Beispiel im Fall „Gelatine“ – der betroffene Unternehmensteil von einer Tochter- oder von einer Enkelgesellschaft gehalten wird. Das rechtliche Konstrukt dürfte für sie von geringer Bedeutung gewesen sein. Sie wehrten sich, weil sie – zu Recht – befürchteten, dass

Der Gewinn einer Konzernmuttergesellschaft setzt sich zusammen aus ihrem selbst erwirtschafteten Ertrag sowie den Erträgen der Tochtergesellschaften. Dürften hier die Geschäftsführer alleine und nach freiem Ermessen über die Rücklagenbildung entscheiden und käme es zu einer weitgehenden Thesaurierung von Beteiligungserträgen, so entstünde eine ähnliche Situation wie bei der Bildung sogenannter stiller Willkürreserven durch die bewusste Unterbewertung von Aktiva. In beiden Fällen ist die eigentliche Wertsteigerung in der Bilanz der Muttergesellschaft nicht erkennbar und die Gesellschafter können am erhöhten Wert nicht teilnehmen.[745] Vor einer solchen Situation sind die Gesellschafter zu schützen.[746]

3. *Zwingende Bedenken gegen „konzernweites" Gewinnrecht?*

a) Besondere Finanzierungserfordernisse im Konzern

Gegen einen weitgehenden Gewinnanspruch der Gesellschafter der Obergesellschaft sowie deren Mitspracherecht bei Thesaurierungsentscheidungen spricht nach Meinung einiger Autoren, dass auch die besondere wirtschaftliche Lage des Konzerns berücksichtigt werden müsse.[747] Hierbei müsse die Geschäftsführung der Obergesellschaft nicht nur die finanzielle Lage der Obergesellschaft, sondern auch die Leistungsfähigkeit des gesamten Konzerns beachten, was nur dann sinnvoll geschehen könne, wenn ihr bei der Rücklagenbildung im gesamten Konzern ein Konzernermessensspielraum zur Verfügung stünde.[748]

Tatsächlich erscheint es sinnvoll, die Risikovorsorge in einem Konzern entsprechend der Verteilung der unternehmerischen Aktivitäten zu streuen und zum Beispiel nicht allein in der Muttergesellschaft die Eigenkapitalbasis zu stärken. Vergleicht man aber den Konzern – wirtschaftlich gesehen – mit einer unverbundenen Gesellschaft, die ihr Unternehmen in rechtlich unselbständigen Betriebsabteilungen betreibt, so erschließt sich nicht, warum im Konzern insgesamt ein Mehr an Bestandserhaltung und Risikovorsorge notwendig sein soll. Der Bedarf an Eigenkapital ist in diesem Falle nicht größer. Eine ausreichende

---

ihre Anteile verwässert und sie durch die Umstrukturierung finanziell von dem besonders wertvollen Unternehmensteil ausgeschlossen werden könnten.

745 So auch *Priester*, ZHR 176 (2012), 268, 269. Siehe zu den stillen Reserven i.e.S. oben Erster Teil § 1A.III.3.b).

746 Vgl. z.B. § 258 Abs. 1 Nr. 1 AktG.

747 Vgl. *Beusch*, FS Goerdeler, S. 25, 28; *Thomas*, ZGR 1985, 365, 379; in eine ähnliche Richtung auch *H. P. Westermann*, ZIP 2007, 2289, 2292 f.

748 *Goerdeler*, WPg 1986, 229, 232.

Vorsorge in den Tochtergesellschaften führt im Gegenteil vielmehr dazu, dass der Bedarf an offenen Rücklagen in der Obergesellschaft, insbesondere dann, wenn sie selbst kein operatives Geschäft betreibt, geringer ausfällt. Durch die Konzernstruktur ergibt sich kein „Mehr" an Unternehmung und daher auch kein „Mehr" an Selbstfinanzierungsbedarf.[749] Dies gilt nicht nur für die Ausgliederung, sondern auch für den Erwerb einer Tochtergesellschaft. Auch hier entsteht, verglichen mit dem Fall, dass nicht die Anteile, sondern die Aktiva direkt im Wege eines „asset deals" von der Gesellschaft erworben werden, kein „Mehr an Unternehmung".[750]

b) Unterschiede zum Aktienrecht

In der aktienrechtlichen Diskussion um die konzerndimensionale Auslegung von § 58 Abs. 2 AktG ist zu erkennen, dass gerade bei den Befürwortern einer wortgetreuen Anwendung der Vorschrift auch im Konzern die Gewinnverwendungskompetenz der Hauptversammlung mit der Ausschüttung des Bilanzgewinns gleichgesetzt wird. Im Aktienrecht hat sich die Erkenntnis durchgesetzt, dass die Hauptversammlung aufgrund ihrer inhomogenen, ggf. ständig wechselnden Zusammensetzung und ihrer Ferne zu den jeweiligen Geschäftsführungsmaßnahmen ihrer Struktur nach ungeeignet für die Mitwirkung an der Leitung der AG, auch in Finanzierungsfragen, ungeeignet ist.[751] Es liegt daher nahe, davon auszugehen, dass die Hauptversammlung häufig ihren Ausschüttungsinteressen Vorrang vor den Finanzierungsinteressen des Konzerns gewähren wird. Die hälftige Kompetenzverteilung des § 58 AktG dient insofern dem Interessenausgleich.

Dies gilt für die dem gesetzlichen Leitbild entsprechende Personengesellschaft nicht, im Gegenteil ist dort nach der Vorstellung des Gesetzgebers jeder persönlich haftende Gesellschafter auch zur Geschäftsführung und Vertretung und damit auch zu den Entscheidungen in Finanzierungsfragen berufen. Aber auch wenn es sich um eine größere Gesellschaft, z.B. mit verschiedenen Familienzweigen, handelt, treffen die oben genannten Charakteristika der Hauptversammlung der Aktiengesellschaft – inhomogene Struktur, dem Zufall überlassene Zusammensetzung – wohl höchst selten auf die Gesellschafterversammlung einer

749 Vgl. *Gollnick*, S. 74; *Götz*, FS Moxter, S. 573, 580, 581.

750 *Gollnick*, S. 74. Ein Unterschied kann aber bestehen, wenn im Rahmen eines „share deals" nicht sämtliche Anteile erworben werden und ein Konzern entsteht, bei dem außenstehende Gesellschafter an der Tochtergesellschaft zu beteiligen sind.

751 Vgl. BGHZ 159, 30, 43 f.

großen Personengesellschaft zu. Es ist daher zu vermuten, dass die Gesellschafter einer OHG oder KG stärker mit den Belangen der Gesellschaft befasst sind als die Aktionäre einer AG, auch wenn die einzelnen Gesellschafter nicht (alle) zur Geschäftsführung befugt sind. Deshalb kann den außenstehenden Gesellschaftern im Grundsatz auch zugetraut werden, eine kaufmännisch vernünftige Gewinnverwendungsentscheidung zu treffen – zu unterstellen, jeder nicht an der Geschäftsführung beteiligte Minderheitsgesellschafter sei ohne Rücksicht auf das Fortkommen des Unternehmens nur an der persönlichen Profitmaximierung interessiert, geht an der Realität vorbei.

c) Berechtigte Interessen Dritter?

Als weiteres Argument gegen die konzernweite Geltung des Gewinnrechts und einer im Grundsatz bestehenden Verpflichtung der geschäftsführenden Gesellschafter, für eine Ausschüttung der Gewinne der Tochtergesellschaften an die Muttergesellschaft zu sorgen oder die außenstehenden Gesellschafter an den Gewinnverwendungsentscheidungen zu beteiligen, wird angeführt, dass hierbei auch andere Interessen zu berücksichtigen seien. In Betracht kommen neben den Interessen eventuell vorhandener außenstehender Gesellschafter der abhängigen Gesellschaft insbesondere die Interessen ihrer Gläubiger sowie Arbeitnehmer. Berechtigterweise hätten die Arbeitnehmer ein Interesse an der finanziellen Stärkung ihres Arbeitgebers sowie die Gläubiger an einer ausreichenden Haftungsmasse.[752] Deshalb würde „jede Rechtsregel, welche die Verwaltung der Obergesellschaft auch nur tendenziell veranlassen würde, den Töchtern den Gewinn vollständig zu entziehen, der [...] Interessenbewertung des Gesetzes zuwiderlaufen“[753] Hierbei wird jedoch offensichtlich außer Acht gelassen, dass die Gläubiger einer abhängigen Gesellschaft (zu denen letztlich auch die Arbeitnehmer gehören) durch die bilanzrechtlichen Regelungen zur Bewertung von Aktiva und Passiva geschützt werden sowie – je nach Rechtsform der Tochtergesellschaft – durch die Bestimmungen zur Kapitalerhaltung, die gesetzliche Rücklage oder die Grenze des „offenbaren Schadens“ im Falle einer OHG oder KG.[754] Die Betonung der Interessen von Gläubigern erstaunt auch aus einem anderen Grund: Es ist wohl davon auszugehen, dass jeder Gläubiger ein Interesse an einem solventen Schuldner hat und jeder Arbeitnehmer an einem solventen

752 *H.P. Westermann*, ZIP 2007, 2289, 2293.

753 *Henssler*, FS Zöllner, S. 203, 222 zu der parallelen Frage für einen Konzernmit einer GmbH als Muttergesellschaft.

754 Vgl. *Lutter*, FS Harry Westermann, S. 347, 363; *Stollfuß*, S. 106.

Arbeitgeber. Den Gläubigern und Arbeitnehmern einer unverbundenen Gesellschaft wird es nicht anders gehen, dies löst jedoch in der Literatur den Ruf nach zusätzlichen Möglichkeiten für die Geschäftsführung, nach freiem Ermessen für Rücklagen zu sorgen, nicht im selben Maße aus.[755] Für die unverbundene Personenhandelsgesellschaft gilt nach dem Gesetz das Vollausschüttungsgebot bis zur Grenze des „offenbaren Schadens“ nach § 122 Abs. 1 Hs. 2 HGB. Auch eine solche Gesellschaft kann Arbeitnehmer haben, sie hat, wenn sie ein Handelsgeschäft bertreibt, zwingend Gläubiger, die ggf. ebenso eine Thesaurierung für sinnvoller als Gewinnausschüttung halten würden. Gläubiger und Arbeitnehmer abhängiger Gesellschaften werden aber als schutzbedürftiger angesehen. Für eine derartige Besserstellung des Konzerns gegenüber einem unverbundenen Unternehmen gibt es jedoch keinen überzeugenden Grund.[756]

Ähnliches gilt auch für die außenstehenden Gesellschafter einer abhängigen Gesellschaft. Vor den besonderen Gefahren, die die Stellung einer abhängigen Tochtergesellschaft mit sich bringt, schützen die kodifizierten konzernrechtlichen Vorschriften und Grundsätze.[757] Insbesondere aber werden sich im Zweifel die üblichen Interessen außenstehender Minderheitsgesellschafter von Tochtergesellschaften – soweit man darüber überhaupt generalisierend sprechen kann – nicht erheblich von den Interessen außenstehender Gesellschafter einer unverbundenen Gesellschaft unterscheiden. Diese dürften neben einer Stärkung der Eigenkapitalbasis durch Gewinnthesaurierung ebenfalls die Teilhabe am Erfolg durch Gewinnausschüttungen im Blick haben und nicht daran interessiert sein, durch übermäßige Gewinnthesaurierung ausgehungert zu werden.[758] Ein von der Konzernleitung ausgehender Ausschüttungsbeschluss schadet den außenstehenden Gesellschaftern einer abhängigen Gesellschaft daher nicht.

Es zeigt sich also, dass es keine berechtigten vorrangigen Interessen Dritter gibt, die eine stärkere Innenfinanzierung des Konzerns im Vergleich zur unverbundenen Gesellschaft notwendig machen. Hiermit kann ein zulässiger Eingriff in die Gewinnrechte der Gesellschafter der Obergesellschaft durch einen Ermessensspielraum der Geschäftsführung in Bezug auf die Rücklagenbildung in abhängigen Gesellschaften nicht gerechtfertigt werden. Zuletzt sei noch

---

755 Denselben Vorwurf müssen sich diejenigen machen lassen, die damit argumentieren, dass üblicherweise die Eigenkapitalbasis in Konzernen zu gering sei, z.B. *Thomas*, ZGR 1985, 365, 377. Auch hier bleiben sie eine Erklärung schuldig, warum dies risikoträchtiger sein soll als in einer unverbundenen Gesellschaft.

756 Vgl. *Götz*, FS Moxter, S. 573, 582.

757 Vgl. *Stollfuß*, S. 107; *Gollnick*, S. 74, Fn. 226.

758 Vgl. *Stollfuß*, S. 107.

hinzugefügt, dass in diesem Zusammenhang ein berechtigtes Interesse der Tochtergesellschaften selbst, d.h. der Unternehmen als solche, nicht besteht.[759]

4. *Organisationsrechtliche Selbständigkeit der Konzernunternehmen als zwingende Grenze des Gewinnbezugsrechts?*

Der Hinweis auf die rechtliche Verschiedenheit von Muttergesellschaft und Tochtergesellschaft ist ein Argument, das nicht geleugnet werden kann. Mutter- und Tochtergesellschaft sind rechtlich verschieden und selbständig, die Gesellschafter der Obergesellschaft sind nur mit der Muttergesellschaft (gesellschafts-) vertraglich verbunden. Die Verschiedenheit ist jedoch lediglich rechtlicher Natur. Gerade ein Konzern i.e.S. setzt ja voraus, dass die beteiligten Unternehmen unter einheitlicher Leitung stehen. Insofern liegt keine Vielheit oder Verschiedenheit, sondern eine Einheit vor. In den Wirtschaftswissenschaften herrscht die Betrachtung des Konzerns als einheitliches Unternehmen vor, in dem die unternehmerische Planung ohne Rücksicht auf die rechtliche Selbstständigkeit der Konzernglieder einheitlich für den gesamten Konzern und nicht gesondert für die einzelnen Konzerngesellschaften vorgenommen wird.[760] Die Betriebswirtschaftslehre spricht vom Konzern als wirtschaftliche Planungs- und Entscheidungseinheit, er ist einzelwirtschaftliche Einheit und als mehr als die die Addition der einzelnen Konzernunternehmen, nämlich als „Konzernunternehmung" zu verstehen.[761] Diesem Grundsatz folgt auch die Konzernrechnungslegung. Auch wenn z.B. der Konzernjahresabschluss nach wie vor reine Informationsfunktion hat, so besteht doch Einigkeit darüber, dass nur der Konzernabschluss einen „wahrhaftigen" Aufschluss über die wirtschaftliche Lage des Konzerns geben kann und dass hierzu die Gesamtheit der Einzelabschlüsse gerade nicht geeignet ist.[762]

Auch in Bezug auf ein anderes bedeutendes, ebenfalls in den Kernbereich fallendes Gesellschafterrecht wird die rechtliche Verschiedenheit der Konzernunternehmen aufgehoben. Beim Informationsrecht außenstehender Gesellschafter ist – wie oben ausgeführt – anerkannt, dass es sich zum einen nicht nur auf sämtliche Unterlagen der Muttergesellschaft, die im Zusammenhang mit Beteiligungen stehen, bezieht, sondern davon auch – jedenfalls bei 100%igen Tochtergesellschaften – Bücher und Papiere betroffen sind, die nicht im Besitz der

759 Vgl. *Lutter*, FS Harry Westermann, S. 347, 363.
760 Vgl. *Emmerich/Habersack*, KonzernR, S. 58 Rn 7.
761 Vgl. *Lutter/Scheffler/Schneider*, Hdb. der Konzernfinanzierung, Rz. 1.2.
762 Vgl. *Frodermann*, S. 130; *Großfeld/Luttermann*, S. 332 Rn. 1254 ff.

Mutter-, sondern der Tochtergesellschaft sind. Die geschäftsführenden Gesellschafter sind in diesem Fall verpflichtet, dem Gesellschafter die Unterlagen zu verschaffen. Der BGH führte in diesem Zusammenhang aus, dass die geschäftsführenden Gesellschafter sich nicht hinter der rechtlichen Verselbständigung der Tochtergesellschaft verstecken dürften.[763] Dasselbe soll auch dann gelten, wenn die Muttergesellschaft zwar nicht alleinige Anteilseignerin bei der Tochtergesellschaft ist, aber aus einer wirtschaftlichen Betrachtungsweise heraus als Alleingesellschafterin anzusehen ist.[764] Dies dürfte immer dann der Fall sein, wenn die Anteilsmehrheit so groß ist, dass die Muttergesellschaft sämtliche Entscheidungen in der Tochtergesellschaft bestimmen kann, ohne auf die Stimmen außenstehender Minderheitsgesellschafter angewiesen zu sein.

Auch an anderen Stellen wird der Konzern wenn nicht bereits als Einheit, dann wenigstens nicht als „Vielheit" behandelt, d.h. die Rechtsordnung erkennt an, dass die einzelnen Konzerngesellschaften nicht mit unverbundenen Unternehmen vergleichbar sind und dass die Einbindung in einen Konzern zu tatsächlichen sowie rechtlichen Veränderungen führt.[765]

Um die wirtschaftliche Mitbestimmung der Arbeitnehmer in Konzernzusammenhängen nicht leer laufen zu lassen, versucht der Gesetzgeber z.B., die Mitbestimmung auf der Ebene anzusiedeln, auf der die Entscheidungen getroffen werden, also der Konzernspitze.[766] Seit dem Betriebsverfassungsgesetz (BetrVerfG) von 1952[767] sind sowohl in Vertrags- als auch in faktischen Konzernen an der Wahl der Arbeitnehmervertreter für den Aufsichtsrat des herrschenden Unternehmens die Arbeitnehmer der Konzernunternehmen zu beteiligen.[768] Im Mitbestimmungsgesetz von 1976[769] wird der Konzern als Einheit betrachtet, weshalb die Mitbestimmung in der Konzernspitze stattfindet, soweit es sich hierbei um eine inländische unter § 1 Abs. 1 Nr. 1 MitBestG fallende Kapitalgesellschaft und um die Spitze eines Unterordnungskonzerns gemäß § 18 Abs. 1 AktG handelt. Nicht erfasst werden Personengesellschaften sowie ausländische

763 Vgl. BGHZ 25, 115, 118.

764 Vgl. MüKoHGB/*Mülbert*, KonzernR Rn. 107.

765 Vgl. *Lutter/Scheffler/Schneider*, Hdb. der Konzernfinanzierung, Rz. 1.31.

766 *Emmerich/Habersack*, KonzernR, S. 71 Rn. 44.

767 BGBl. I S. 681.

768 Zunächst galt dies nach dem Mitbestimmungsergänzungsgesetz von 1956 zum Montanmitbestimmungsgesetz von 1951 nur für die „Schlüsselindustrien" Kohle und Stahl und nur dann, wenn zwischen Mutter- und Tochtergesellschaft ein Organschaftsverhältnis bestand.

769 BGBl. I S. 1153.

Gesellschaften. Dennoch sind die Regelungen zur Mitbestimmung ein Beispiel dafür, dass auch der Gesetzgeber aus der wirtschaftlichen Einheit des Konzerns bisweilen eine rechtliche Einheit macht, um bedeutende Rechte der von der Konzernsituation Betroffenen zu sichern.

Auch im Arbeitsrecht besteht eine wachsende Tendenz, zum Schutze der Arbeitnehmer aus der wirtschaftlichen Einheit des Konzerns rechtliche Konsequenzen zu ziehen und zu einer „konzerndimensionalen Betrachtung" des Arbeitsverhältnisses zu gelangen.[770]

Anerkannt ist des weiteren, dass sich im aktienrechtlichen Konzern mit der Ausdehnung der Geschäftsführung auch die Überwachungsaufgabe des Aufsichtsrats erweitert. In § 90 Abs. 1 und Abs. 3 AktG ist die konzerndimensionale Aufgabe des Aufsichtsrats sogar gesetzlich festgelegt.[771] Daneben sind auch konzernbezogene Zustimmungsvorbehalte nach § 111 Abs. 4 S. 2 AktG möglich, die traditionell mit der Zugehörigkeit der Tochteranteile zum Vermögen der Obergesellschaft begründet werden.[772]

Es zeigt sich also, dass die Anpassung der rechtlichen Regelungen an die Besonderheiten des Konzerns keine Besonderheit (mehr) ist, so dass auch die organisationsrechtliche Selbständigkeit der einzelnen Konzerngesellschaften kein zwingendes Hindernis eines „konzernweit" verstandenen Gewinnrechts darstellt.

5. *Fazit*

a) Umfang des Gewinnanspruchs

Die vorstehende Untersuchung zeigt, dass der materielle Gewinnanspruch der Gesellschafter der Konzernmuttergesellschaft nicht an den Grenzen der rechtlichen Selbständigkeit der einzelnen Konzerngesellschaften endet, sondern im Zweifel vielmehr eine konzernweite Dimension und Geltung hat, dies insbesondere dann, wenn der Konzern in Folge eines Prozesses aus einer einzelnen Gesellschaft nach und nach entstanden ist. Eine andere Beurteilung widerspräche der deutlichen rechtlichen Verankerung des Vollausschüttungsgebots im Personengesellschaftsrecht. Das in den Tochtergesellschaften angelegte Vermögen ist ausgelagertes Vermögen der Muttergesellschaft, weshalb es sich bei den Gewinnen der Tochtergesellschaften um ausgelagerte Erträge handelt, die den

---

770 Vgl. *Emmerich/Habersack*, KonzernR (8. Aufl., 2005), S. 50 m.w.N. in Fn. 12.

771 Vgl. *Lutter*, FS Stimpel, S. 825, 831; *Lutter*, FS K. Schmidt, S. 1065, 1070 f.

772 So *K. Schmidt*, FS Lutter, S. 1167, 1176 m.w.N. Vgl. auch *Priester*, ZHR 176 (2012), 268, 272.

Gesellschaftern der Muttergesellschaft nicht willkürlich vorenthalten werden dürfen. Der materielle Gewinnanspruch richtet sich daher nach dem Betrag, der im Konzern insgesamt erwirtschaftet wurde, und ist auch in diesem Umfang von der Kernbereichslehre geschützt.

b) Folgen für die Voraussetzungen von Gewinnverwendungsentscheidungen in Tochtergesellschaften

Der Umfang des Gewinnanspruchs der Gesellschafter der Muttergesellschaft legt die Voraussetzungen, unter denen in Tochtergesellschaften offene Rücklagen gebildet werden können, eindeutig fest.

Jede Bildung offener Rücklagen in den Tochtergesellschaften ist eine außergewöhnliche Geschäftsführungsmaßnahme, die mangels abweichender Vereinbarung der Zustimmung der Gesellschaftergesamtheit bedarf. Trifft also der Gesellschaftsvertrag der Muttergesellschaft keine vom Gesetz abweichende Regelung, so sind hieran auch die nicht geschäftsführenden Gesellschafter einer OHG und die Kommanditisten der KG zu beteiligen. Eine alleinige Kompetenz nur der geschäftsführenden Gesellschafter besteht bei einer den Vorstellungen des Gesetzgebers entsprechenden OHG oder KG nicht. Wird der Rücklagenbildung in den Tochtergesellschaften nicht zugestimmt, so sind die geschäftsführenden Gesellschafter verpflichtet, für eine weitgehende und schnelle Ausschüttung der Gewinne an die Muttergesellschaft zu sorgen.

Eine Mehrheitsklausel bzgl. der Gewinnverwendung in den Tochtergesellschaften ohne Begrenzung nach Art und Ausmaß des Eingriffs reicht, ebenso wie auf der Ebene der Muttergesellschaft, nicht aus, um eine antizipierte Zustimmung der Gesellschafter zu begründen. Auch in Bezug auf die Rücklagenbildung in Tochtergesellschaften muss eine Mehrheitsklausel den Eingriff nach Art und Umfang eingrenzen. Nach der hier vertretenen Lösung besteht auch bezüglich der Tochtergesellschaften die Möglichkeit, eine Thesaurierung bis zu 100 % explizit in der Mehrheitsklausel festzuschreiben.[773]

Sieht der Gesellschaftsvertrag der Muttergesellschaft eine Thesaurierungsklausel vor, die nach dem hier vertretenen Verständnis den Anforderungen an eine antizipierte Zustimmung genügt – sei es, dass sie die Mehrheitsentscheidung nach Art und Umfang begrenzt, sei es, dass sie eine feste Thesaurierungsquote oder eine Ausschüttungsquote festlegt –, so ist durch Auslegung zu ermitteln, ob eine konzerndimensionale Anwendung angezeigt ist. Dies wird im Zweifel jedenfalls dann der Fall sein, wenn sich der Konzern erst im Laufe der Zeit aus

773 Siehe dazu oben Erster Teil § 3E.

einer Einheitsgesellschaft heraus entwickelt hat. Gleiches gilt, wenn der Gesellschaftsvertrag der Muttergesellschaft eine begrenzte Thesaurierungskompetenz der geschäftsführenden Gesellschafter oder eine feste Thesaurierungsquote vorsieht. Auch dann müssen die bereits in den Tochtergesellschaften gebildeten Rücklagen bei der Rücklagenbildung in der Muttergesellschaft berücksichtigt werden, damit es nicht zu einer Aushöhlung des Gewinnanspruchs der Gesellschafter kommt. Wie eine solche konzernweite Anwendung erfolgen könnte, wird im nachfolgenden Kapitel untersucht.

6. *Zwingende Grenzen*

Die grundsätzlich konzernweite Geltung des Gewinnanspruchs der Gesellschafter der Muttergesellschaft stößt allerdings an einigen Stellen an seine Grenzen.[774]

a) Rechtsform der Tochtergesellschaft

Zwingend zu beachten sind von den geschäftsführenden Gesellschaftern der Muttergesellschaft die für die jeweilige Tochtergesellschaft geltenden rechtsformspezifischen Gewinnverwendungsregeln, falls solche bestehen.[775] Dies betrifft insbesondere die gesetzliche Pflichtrücklage in der Aktiengesellschaft und der KGaA, die Grenze des „offenbaren Schadens" für die OHG und die KG sowie etwaige ausländische Gewinnverwendungsvorgaben, wenn es sich um eine Tochtergesellschaft ausländischen Rechts handelt.[776] Insoweit steht der jeweilige Jahresüberschuss der Geschäftsführung bereits nicht frei zur Verfügung, so dass sich auch für die außenstehenden Gesellschafter keine Rechte ergeben können.

b) Verpflichtungen gegenüber außenstehenden Gesellschaftern

Bei der GmbH und den Personenhandelsgesellschaften gibt es keine gesetzliche Pflicht zur Rücklagenbildung. Vergleichbares könnte aber durch entsprechende gesellschaftsvertragliche Bestimmungen im Verhältnis zu außenstehenden Gesellschaftern ergeben, jedenfalls dann, wenn die Obergesellschaft in der Untergesellschaft keine satzungsändernde Mehrheit innehat. Auch in einem solchen Fall ist die Verwendbarkeit des Jahresgewinns durch die Muttergesellschaft

774 Inwieweit sich diese Grenzen im Detail z.B. auf eine etwaige gesellschaftsvertragliche Thesaurierungskompetenz der Geschäftsführung auswirken, siehe unten Zweiter Teil § 6B.II.2.b).

775 Vgl. *Paefgen*, FS Schneider, S. 929, 944.

776 Z.B. Restriktionen der Transfermöglichkeiten von Gewinnen ausländischer Tochtergesellschaften zur deutschen Muttergesellschaft.

beschränkt. Des Weiteren kann sich unter Umständen, z.B. in Krisenzeiten, bei Personenhandelsgesellschaften aus der Schranke des offenbaren Schadens nach § 122 Abs. 1 Hs. 2 HGB oder aus der Treuepflicht gegenüber außenstehenden Gesellschaftern auch ohne vertragliche Bestimmung eine Thesaurierungspflicht ergeben.

7. Zustimmung im Rahmen der Konzernbildung

Die Untersuchung hat bisher ergeben, dass die Gesellschafter der Obergesellschaft einem Eingriff in ihr Gewinnbezugsrecht durch die Bildung offener Rücklagen sowohl auf der Ebene der Muttergesellschaft als auch in Tochtergesellschaften grundsätzlich zustimmen müssen. Möglicherweise könnte man diese Zustimmung aber als bereits gegeben ansehen, wenn die Gesellschafter im Vorhinein der jeweiligen konzernbildenden Maßnahme zugestimmt haben. Dann müsste darin inzident auch die Zustimmung zu Eingriffen in das Gewinnbezugsrecht enthalten sein.

Anders als bei einer Aktiengesellschaft schließen sich im Personengesellschaftskonzernrecht Konzernbildungs- und Konzernleitungskontrolle keinesfalls aus. Ob und in welcher Form die Gesellschafter also an der Konzernleitung teilhaben können, ist unabhängig von der Frage nach der Mitwirkung bei der Konzernbildung zu beantworten. Dies schließt aber wiederum nicht von vorneherein aus, dass – jedenfalls theoretisch – beides miteinander verbunden werden kann, die Gesellschafter also schon im Rahmen der Konzernbildung bestimmten späteren Maßnahmen der Konzernleitung antizipiert und inzident zustimmen. Jedoch müsste auch dann dasjenige gelten, was für die antizipierte Zustimmung im Rahmen dieser Arbeit gefordert wurde, nämlich eine klare Begrenzung von Art, Inhalt und Umfang des zulässigen Eingriffes. Wie unter diesen Voraussetzungen der Zustimmungsbeschluss zu der konzernbildenden Maßnahme gefasst sein müsste, bedürfte einer näheren Untersuchung anhand des Einzelfalls. Jedenfalls aber verbietet es sich, einen Beschluss, der auf das Gewinnbezugsrecht gar nicht eingeht, als Einwilligung der Gesellschafter darin auszulegen, dass in Zukunft die Geschäftsführung oder die Gesellschaftermehrheit ohne Begrenzung über die Gewinnverwendung in den Tochtergesellschaften entscheiden darf.

Nach den im ersten Teil[777] erarbeiteten Ergebnissen müsste der „Ausgründungsbeschluss" dafür vielmehr deutlich machen, dass mit ihm ebenfalls eine Rechtsverkürzung bezüglich der Gewinnrechte einhergeht. Der „alleinige" Beschluss, einen Betriebsteil in Zukunft von einer Tochtergesellschaft führen zu

777 Siehe oben Erster Teil § 3D.III.

lassen, würde dafür nicht ausreichen. Ebenso wenig dürfte eine Konzernklausel oder Konzern-Mehrheitsklausel als ausreichend anzusehen sein. Bei beiden fehlt es an der von der Kernbereichslehre geforderten Eingrenzung nach Art und Umfang des Eingriffs, dem zugestimmt werden soll.

§ 6 Konzerndimensionale Anwendung gesellschaftsvertraglicher Thesaurierungsklauseln

A. Einführung

I. Vorüberlegungen

Die obige Untersuchung hat ergeben, dass sich der Gewinnanspruch der Gesellschafter der Muttergesellschaft materiell auf den Ertrag des gesamten Konzerns bezieht und nicht auf den von den geschäftsführenden Gesellschaftern im Konzern beliebig steuerbaren Einzelabschluss der Muttergesellschaft beschränkt ist. Welche Folgen dies auf die Gewinnverwendungsentscheidungen in Mutter- und Tochtergesellschaften hat, hängt auch von den jeweiligen gesellschaftsvertraglichen Regelungen der Muttergesellschaft ab. Wenn dort eine vom Vollausschüttungsgebot abweichende Bestimmung zur Gewinnverwendung getroffen wurde – z.B. durch eine feste Ausschüttungs- oder Thesaurierungsquote oder eine prozentual begrenzte Thesaurierungskompetenz der Mehrheit –, so kann auch für die Tochtergesellschaften – dies entspricht der h.M.[778] – nicht von einem Vollausschüttungsgebot ausgegangen werden.[779] Gleichzeitig dürfte es aber ebenso wenig dem mutmaßlichen Willen der Gesellschafter entsprechen, dass trotz einer expliziten Kompetenzverteilung in der Muttergesellschaft die geschäftsführenden Gesellschafter „frei" über die Gewinne der Tochtergesellschaften verfügen und die Höhe des Jahresabschlusses der Muttergesellschaft durch Rücklagenbildung in Tochtergesellschaft beliebig steuern können.[780] In diesem Fall würden die im Gesellschaftsvertrag der Muttergesellschaft festgelegten Grenzen völlig aus den Angeln gehoben und könnten insbesondere die außenstehenden Gesellschafter oder die Minderheitsgesellschafter nicht mehr schützen. Anders wäre dies, wenn man Gewinnverwendungsklauseln der Muttergesellschaft „konzernweit" auslegen würde, ähnlich wie es in der

---

778 Siehe oben Zweiter Teil § 5A.II.2.

779 Vgl. BGH ZIP 1997, 732, 734 (für die GmbH); OLG Hamburg ZIP 2007, 895, 898; MüKoHGB/*Mülbert*, KonzernR Rn. 97a.

780 Vgl. *Wertenbruch*, ZIP 2007, 798, 802 f.

aktienrechtlichen Diskussion um § 58 Abs. 2 AktG von Teilen des Schrifttums gefordert wird.[781]

Eine solche „konzerndimensionale" Auslegung der Gewinnverwendungsklausel würde dazu führen, dass sich z. B. eine Quotenregelung nicht nur auf den Einzelabschluss der Muttergesellschaft, sondern auf den insgesamt im Konzern erwirtschafteten Gewinn – untechnisch gesprochen auf den „Konzernüberschuss" – bezieht mit der Folge, dass die in den Tochtergesellschaften bereits gebildeten Rücklagen zwecks Vermeidung einer doppelten Thesaurierung der Muttergesellschaft zugerechnet werden.[782]

Dies würde auch für die in dieser Arbeit vorgeschlagene Thesaurierungsklausel gelten, die die Einbehaltung von bis zu 100 % des Gewinnes erlaubt,[783], da hierbei als Regelfall angenommen wird, dass die Rücklagenquote unter 100 % zurückbleibt. Die geschäftsführenden Gesellschafter müssten dann eine nach ihrem Ermessen sinnvolle Quote vorschlagen, die sich aber auf den „Gesamtertrag" des Konzerns bezieht. Dies würde auch im Konzern gegenüber solchen Klauseln, die die Thesaurierungsmöglichkeit nach oben hin begrenzen, den Vorzug der Flexibilität bieten.

Eine derartige konzernweite Auslegung und Anwendung von Gewinnverwendungskompetenzen – ähnlich wie bei § 58 AktG – wurde auch in der personengesellschaftsrechtlichen Literatur bereits vorgeschlagen oder angedacht[784], jedoch bisher, soweit ersichtlich, ohne näher auf konkrete praktische Anwendungsmöglichkeiten einzugehen. Diese sollen im Folgenden, angelehnt an die Vorschläge aus der aktienrechtlichen Diskussion, untersucht werden. Allein für den Fall, dass eine konzerndimensionale Auslegung grundsätzlich oder im Einzelfall nicht möglich ist, wären dann die allgemeinen Überlegungen zu den Mitspracherechten der Gesellschafter im Konzern relevant. Darüber hinaus gilt es auch klarzustellen, ob einer ausdrücklich im Gesellschaftsvertrag der

781 Es besteht natürlich auch die Möglichkeit, eine solche konzernweite Gewinnverwendungsregel explizit in den Gesellschaftsvertrag der Muttergesellschaft aufzunehmen, siehe unter Zweiter Teil § 6D.

782 Vgl. *Wertenbruch*, ZIP 2007, 798, 803.

783 Siehe dazu oben Erster Teil § 3E.

784 Vgl. *Wertenbruch*, ZIP 2007, 798, 802 f.; MüKoHGB/*Mülbert*, KonzernR Rn. 97a; Staub/*Schäfer*, § 105 Anh Rn. 84; kritisch *Paefgen*, FS Schneider, S. 929 ff. und *H.P. Westermann*, ZIP 2007, 2289 ff.

Obergesellschaft enthaltenen konzernweiten Gewinnverwendungsregel zwingende Hindernisse entgegenstehen.[785]

II. Ausgangsbeispiel für die folgende Untersuchung

Ausgangsbeispiel für die folgende Untersuchung soll eine Konzernmuttergesellschaft in der Rechtsform der KG, die M-KG, mit zwei 100%igen Tochtergesellschaften, der T1-GmbH und der T2-GmbH, sein. Der Gesellschaftsvertrag der Muttergesellschaft sieht bezüglich der Gewinnverwendung vor, dass von den geschäftsführenden Gesellschaftern bis zu 40 % des Jahresüberschusses in offene Rücklagen eingestellt werden können. (diese Thesaurierungskompetenz könnte alternativ auch der Gesellschaftermehrheit zukommen). Für Rücklagen, die die Quote von 40 % überschreiten, bedarf es der Zustimmung aller Gesellschafter. Zur Rücklagenbildung in den Tochtergesellschaften enthalten weder der Gesellschaftsvertrag der Muttergesellschaft noch die Gesellschaftsverträge der Tochtergesellschaften Regelungen. Der Gesellschaftsvertrag der Muttergesellschaft stammt aus der Zeit, in der diese das operative Geschäft allein betrieb. Später wurden zwei Geschäftsbereiche auf die dafür gegründeten Tochtergesellschaften ausgelagert.

B. Untersuchung der Möglichkeit einer konzernweiten Anwendung der gesellschaftsvertraglichen Thesaurierungskompetenz

I. Modelle angelehnt an die Problematik des § 58 Abs. 2 AktG

1. Direkte Durch- oder Anrechnung

Nach einem ursprünglich von *Götz* in der aktienrechtlichen Diskussion vertretenen Lösungsvorschlag ist den Gesellschaftern der Muttergesellschaft mindestens der vertraglich für sie vorgesehene Anteil[786] am „Gesamtgewinn“ der Muttergesellschaft und aller ihrer im Allein- oder Mehrheitsbesitz stehenden Tochtergesellschaften abzüglich der bei letzteren auf Fremdgesellschafter entfallenden Gewinnanteile zur Verfügung (oder zur Beschlussfassung über die Gewinnverwendung) zu stellen.[787] Bei der Ermittlung des „Gesamtgewinns“ seien

---

785 Derartige schuldrechtliche Vereinbarungen, die vom Konzernabschluss ausgehen, sind keineswegs ungewöhnlich, vgl. *Schneider*, BB 1986, 1193, 1997.

786 Nach dem obigen Beispiel also 60 %.

787 Vgl. *Götz*, AG 1984, 85, 93; ähnlich das Anrechnungsmodell von *Geßler*, AG 1985, 257, 261 f., der allerdings nur solche Konzerngesellschaften einbeziehen will, die durch

neben dem Jahresüberschuss der Muttergesellschaft auch die Gewinne der Tochtergesellschaften zu berücksichtigen, die zum Stichtag des Jahresabschlusses der Muttergesellschaft den Rücklagen zugeführt oder als Gewinn vorgetragen worden seien.[788] Eine Verrechnung von Verlusten einzelner Konzerngesellschaften mit den Gewinnen anderer komme nicht in Betracht.[789] Die Geschäftsführung sei in der Entscheidung, ob, wo und in welchem Maße bei den Tochtergesellschaften Gewinne thesauriert würden, grundsätzlich nicht beschränkt, jedoch seien die in den Tochtergesellschaften bereits gebildeten freien Rücklagen unmittelbar auf den Thesaurierungsspielraum der geschäftsführenden Gesellschafter oder der Gesellschaftermehrheit der Muttergesellschaft anzurechnen.

Konkret bedeutet dies, dass auf Grundlage des Jahresabschlusses der Muttergesellschaft berechnet wird, wie groß der Thesaurierungsspielraum für die Geschäftsführung oder die Gesellschaftermehrheit ist[790], und auf diesen Betrag in einem zweiten Schritt die in den Tochtergesellschaften bereits gebildeten Rücklagen anteilig – in der Höhe des den Gesellschaftern zustehenden Betrages – angerechnet werden.[791] Eine Thesaurierung des Gewinns der Muttergesellschaft wäre dann nur noch in der Höhe des danach verbleibenden (Rest-)Betrages zulässig.[792] Eine höhere Rücklagenbildung in der Muttergesellschaft soll nach den Vertretern dieser Ansicht zur Unwirksamkeit des Jahresabschlusses führen.[793]

---

einen Beherrschungs- und Gewinnabführungsvertrag miteinander verbunden sind.

788 Vgl. *Götz*, AG 1984, 85, 93; später stellte allerdings auch *Götz* auf die Konzern-Gewinn- und Verlustrechnung als Basis für die Berechnung der Gewinnverwendungskompetenzen ab, vgl. *Götz*, FS Moxter, S. 573, 589.

789 Vgl. *Götz*, AG 1984, 85, 93; später anders wiederum *Götz*, FS Moxter, S. 573, 589, 593. Nach wie vor gegen eine Berücksichtigung sowohl von Verlusten als auch von Zwischengewinnen spricht sich *Gollnick*, S. 138 ff. und S. 151 ff., aus.

790 Im Beispiel bis zu 40 % des Jahresgewinnes der Muttergesellschaft.

791 Sieht also der Gesellschaftsvertrag der Muttergesellschaft wie im Beispiel vor, dass den Gesellschaftern 60 % des erwirtschafteten Gewinnes zusteht und die Geschäftsführung 40 % des erwirtschafteten Gewinnes thesaurieren kann, so ist zunächst anhand des Einzelabschlusses der Muttergesellschaft der Betrag zu errechnen, den die Geschäftsführung in der Muttergesellschaft thesaurieren könnte. Sind aber in den Tochtergesellschaften bereits Rücklagen gebildet worden, sind diese sodann im vorliegenden Beispiel zu 60 % von dem der Geschäftsführung zustehenden Thesaurierungsspielraum abzuziehen.

792 Andere gehen nicht vom Jahresüberschuss der Muttergesellschaft, sondern vom Konzernjahresüberschuss aus und rechnen die in den Tochtergesellschaften bereits gebildeten Rücklagen voll an, vgl. *Geßler*, FS Meilicke, S. 18, 27; *Kohl*, S. 197. Die Methoden unterscheiden sich nur rechnerisch, nicht aber vom Ergebnis her.

793 Im Aktienrecht zur Nichtigkeit nach § 256 Abs. 1 Nr. 4 AktG.

2. *Mittelbare Anrechnung oder Pflichtenlösung*

Nach einem Vorschlag von *Lutter*, ebenfalls aus der aktienrechtlichen Diskussion entnommen, soll die Anrechnung nicht mit unmittelbarem Einfluss auf die Wirksamkeit des Jahresabschlusses der Muttergesellschaft erfolgen, sondern sei mittelbar zu verstehen und münde in einer entsprechenden Rechtspflicht der Geschäftsführung der Muttergesellschaft, deren Jahresabschluss unter Beachtung der Konzernverhältnisse aufzustellen und insgesamt im Konzern nicht mehr an Gewinnrücklagen zu bilden, als sie im Fall von unausgegliederten Teilen statt Konzerngesellschaften hätten bilden können.[794] Erfolge dies nicht, sei der Jahresabschluss zwar wirksam, die geschäftsführenden Gesellschafter hätten aber ihre Pflichten verletzt. Hier ist demnach nur das „rechtliche Dürfen", nicht aber das „rechtliche Können" beschränkt.[795] Auch bei der mittelbaren Anrechnung sei zunächst der Thesaurierungsspielraum der Geschäftsführung oder Gesellschaftermehrheit anhand des Jahresabschlusses der Muttergesellschaft zu errechnen. In einem zweiten Schritt müsse dieser Betrag mit dem der Thesaurierungsquote entsprechenden Anteil eines Konzerngesamtüberschusses abzüglich der bereits in Tochtergesellschaften gebildeten Rücklagen verglichen werden. Falle letzterer geringer aus als der Betrag, der auf Grundlage des Einzelabschlusses errechnet worden sei, so dürfe die Geschäftsführung in der Muttergesellschaft nur noch den geringeren Betrag in offene Rücklagen stellen.[796] Auf diese Weise werde sichergestellt, dass der Gesellschaftergesamtheit der ihrer Quote entsprechende Anteil am Gesamtertrag des Konzerns zur Verfügung gestellt werde. Bezüglich der Berechnung des „Gesamtertrags" im Konzern sei grundsätzlich auf die Summe der Jahresabschlüsse aller Konzerngesellschaften zurückzugreifen, wobei von der Anrechnung Gewinne ausländischer Tochtergesellschaften, bezüglich derer Transferhindernisse bestehen, sowie Rücklagen, zu denen die Gesellschafter der Muttergesellschaft ihre Zustimmung gegeben haben, auszunehmen seien. Verluste einzelner Konzerngesellschaften seien bei der Gesamtrechnung so zu berücksichtigen als handle es sich um einen Verlustvortrag der Muttergesellschaft.[797] Da die Gesamtrechnung grundsätzlich von den Einzelabschlüssen der Konzerngesellschaften ausgehe, werde die Gefahr konzerninterner Zwischengewinne[798]

---

794 Vgl. *Lutter*, FS Goerdeler, S. 327, 338; ebenfalls für die „Pflichtenlösung", *Frodermann*, S. 127 ff.

795 Vgl. *Lutter*, KK (2. Auflage, 1988), § 58 Rn. 41.

796 Vgl. *Lutter*, KK (2. Auflage, 1988), § 58 Rn. 43.

797 Vgl. *Lutter*, KK (2. Auflage, 1988), § 58 Rn. 50.

798 Siehe hierzu ausführlich unten Zweiter Teil § 6B.II.4.

nicht berücksichtigt. Um dies zu vermeiden, schlägt *Lutter* zwei Wege vor.[799] Die Geschäftsführung der Muttergesellschaft könne sich am konsolidierten Konzernjahresabschluss nach dem HGB orientieren und die Summe, welche sie im Konzern maximal in offene Rücklagen einstellen darf, anhand des Konzernüberschusses berechnen und hiervon die bereits gebildeten Rücklagen abziehen.[800] Alternativ könnten in einer Nebenrechnung die Zwischengewinne aus allen Einzelabschlüssen herausgerechnet werden und die Kompetenzen auf Grundlage dieser bereinigten Jahresüberschüsse berechnet werden. Einbezogen werden sollen jedoch nur solche Gesellschaften, die unter einheitlicher Leitung der Muttergesellschaft stehen.[801]

In leichter Abweichung zu dem Modell *Lutters* wird im Rahmen der Pflichtenlösung auch vertreten, Berechnungsgrundlage der Gewinnverwendungskompetenzen sei stets der Konzernüberschuss.[802]

3. *Problemfelder der konzerndimensionalen Anwendung von Thesaurierungsklauseln und Gang der Untersuchung*

Die soeben dargestellten Varianten der direkten und mittelbaren Anrechnung werden im aktienrechtlichen Schrifttum mit vielfältigen Unterschieden und Uneinigkeiten im Detail vertreten.[803] Einigkeit besteht nur hinsichtlich der grundsätzlichen Notwendigkeit der Anrechnung von in Tochtergesellschaften thesaurierten Beträgen, um das Gewinnverwendungsrecht der Gesellschafter der Muttergesellschaft nicht auszuhöhlen oder leerlaufen zu lassen. Gestritten wird bei der Frage der konzerndimensionalen Anwendung der Thesaurierungskompetenz des Vorstands der Aktiengesellschaft nach § 58 Abs. 2 AktG insbesondere um die folgenden Problemfelder, die auch im personengesellschaftsrechtlichen Kontext zu diskutieren sind:

Zunächst ist fraglich, wie ein konzernweiter „Gesamtertrag" zu errechnen ist und welche Gesellschaften des Unternehmensverbundes bei der Berechnung

---

799 Vgl. *Lutter*, KK, § 58 (2. Auflage 1988), Rn. 54 ff.

800 Vgl. *Lutter*, KK (2. Auflage 1988), § 58 Rn. 55. An anderer Stelle will *Lutter* dagegen die Gewinnverwendungskompetenz der Gesellschafters anhand des um Zwischengewinne bereinigten Konzernüberschusses berechnen, vgl. *Lutter*, FS Goerdeler, S. 327, 342.

801 Vgl. *Lutter*, FS Goerdeler, S. 327, 339 f.

802 Vgl. *Frodermann*, S. 129 ff. Auch *Stollfuß*, S. 12, geht vom Konzernüberschuss aus, hält eine konzerndimensional modifizierte Anwendung von Gewinnverwendungsregeln (konkret von § 58 Abs. 2 AktG) jedoch im Ergebnis für nicht möglich.

803 Überblick bei *Stollfuß*, S. 18 ff.

dieses Betrags mit einzubeziehen sind. Damit verbunden sind auch die Fragen, inwieweit gesetzliche Vorgaben zur Rücklagenbildung, gesellschaftsvertragliche Festlegungen oder feste Absprachen mit außenstehenden Gesellschaftern bei der Berechnung zu beachten sind. Schließlich stellt sich die Frage, wie mit Verlusten einzelner Konzerngesellschaften und mit konzerninternen Zwischengewinnen umzugehen ist.

II. Kritische Würdigung der Lösungsvorschläge und Diskussion

1. „Gesamtertrag" des Konzerns

a) Addition der Ergebnisse aus den Einzelabschlüssen

Will man die Gewinnverwendungskompetenzen in der Muttergesellschaft auf Grundlage des im gesamten Konzern erwirtschafteten Ertrages verteilen, so gilt es, diesen Betrag so zu errechnen, dass er –soweit dies möglich ist – mit dem Ertrag einer vergleichbaren Einheitsgesellschaft übereinstimmt. Da jede Konzerngesellschaft einen Einzelabschluss nach dem HGB zu erstellen hat, ist die Addition der Jahresergebnisse eine Möglichkeit der Berechnung.[804] Problematisch an der bloßen Addition ist allerdings, dass die Einzelabschlüsse wegen der Besonderheiten der Konzernsituation an Aussagekraft verlieren und ihre Gesamtschau weder ein zuverlässiges Bild der Vermögens-, Finanz- und Ertragslage des Konzerns noch der einzelnen Konzerngesellschaften bietet.[805] So kann z.B. die Summe aller Einzelabschlüsse aus verschiedenen Gründen höher ausfallen als der Ertrag einer vergleichbaren Einheitsgesellschaft. Dies liegt zum einen daran, dass bei einer bloßen Addition der Ergebnisse aus den Einzelabschlüssen Ausschüttungsbeträge von Tochtergesellschaften zweifach berücksichtigt werden, da die Gewinnausschüttung den Jahresüberschuss der Tochtergesellschaft im Ausschüttungsjahr nicht verringert und gleichzeitig solche Beträge als „Erträge aus Beteiligungen" gemäß § 275 Abs. 2 Nr. 9, Abs. 3 Nr. 8 HGB Eingang in den Jahresabschluss der Muttergesellschaft finden.[806] Des Weiteren wird bei

---

804 So z.B. *Geßler*, S. FS Meilicke, S. 18, 27; *Kohl*, S. 197, der aber später auf den Konzernjahresabschluss abstellen will, S. 236 f.; auch *Lutter*, FS Goerdeler, S. 327, 341 f., der aber auch zusätzlich ein anderes Modell auf Grundlage des konsolidierten Konzernjahresüberschusses erwägt.

805 Vgl. *Frodermann*, S. 100, 101.

806 Vgl. *Stollfuß*, S. 119; *Kohl*, S. 237. Anders ist dies beim Gewinnabführungsvertrag, bei welchem weder ein Jahresüberschuss noch ein Verlust der Tochtergesellschaft entsteht.

der Addition der Einzelabschlüsse aufgrund von konzerninternen Zwischengewinnen und der mangelnden Berücksichtigung von Verlusten der „tatsächliche“ Gesamtertrag des Konzerns verfälscht.[807]

Um also einen Betrag zu errechnen, der realistisch dasjenige abbildet, was der Konzern als Einzelgesellschaft erwirtschaftet hätte, wäre die in der Literatur vorgeschlagene „Nebenrechnung“[808] zu der Addition erforderlich, in der die doppelten oder mehrfachen Beteiligungserträge sowie konzerninterne Zwischenergebnisse eliminiert und Verluste saldiert werden.

Die von *Götz* vorgeschlagene Addition des Jahresüberschusses der Muttergesellschaft mit sämtlichen Gewinnen von Tochtergesellschaften, die dort den Rücklagen zugeführt oder als Gewinn vorgetragen wurden, bietet gegenüber der Addition aller Jahresabschlüsse den Vorteil, dass die mehrfache Berücksichtigung von Beteiligungserträgen unterbleibt. Allerdings bleiben hier Verluste und Zwischengewinne unberücksichtigt.

b) Konzernüberschuss aus der konsolidierten Rechnungslegung

Nach den §§ 290 ff. HGB muss eine Kapitalgesellschaft, die als Mutterunternehmen beherrschenden Einfluss auf ein oder mehrere Tochtergesellschaften ausüben kann, einen Konzernabschluss erstellen, der aus Konzernbilanz, Konzern-Gewinn- und Verlustrechnung, Konzernanhang, Kapitalflussrechnung und Eigenkapitalspiegel besteht (vgl. § 297 Abs. 1 HGB). Im Konzernabschluss ist gemäß § 297 Abs. 3 S. 1 HGB die Finanz-, Vermögens- und Ertragslage aller einbezogenen Unternehmen so darzustellen, als sei der Konzern ein einziges Unternehmen.[809] Im Sinne der Einheitstheorie wird also aus der wirtschaftlichen Einheit Konzern eine rechtliche Einheit fingiert, die wie eine eigenständige Gesellschaft mit unselbständigen Betrieben, Betriebsabteilungen oder Betriebsstätten behandelt wird.[810] Dazu werden die Bilanzen und die Gewinn- und Verlustrechnungen aller Gesellschaften zusammengefasst und die konzerninternen Beziehungen eliminiert. Aus Konzernsicht dürfen lediglich solche Geschäftsvorfälle abgebildet werden, die aus Transaktionen mit konzernfremden Dritten

---

807 Siehe zu diesen Problemkreisen unten Zweiter Teil § 6B.II.3 und Zweiter Teil § 6B II.4.

808 *Lutter*, FS Goerdeler, S. 327, 243.

809 Vgl. MüKoBilanzR/*Senger*, § 297 Rn. 3.

810 Vgl. MüKoBilanzR/*Senger*, § 297 Rn. 3. Ob der Konzernabschluss als Fiktion der wirtschaftlichen oder rechtlichen Einheit zu verstehen ist, ist in der Literatur allerdings umstritten.

resultieren.[811] Es werden deshalb Zwischengewinne eliminiert, Gewinne und Verluste einzelner Gesellschaften verrechnet sowie der mehrfache Ausweis von Gewinnen verhindert.[812] Die Konzernrechnungslegung ermöglicht so einen umfassenden und realistischen Einblick in die Vermögens-, Finanz- und Ertragslage des Konzerns, den der Einzelabschluss der Muttergesellschaft oder die Gesamtheit der Einzelabschlüsse aller Konzerngesellschaften nicht bieten können. Er dient nach dem Gesetz allerdings hauptsächlich Informationszwecken und ist daher in erster Linie an Anleger gerichtet.[813] Grundlage für die Berechnung der Gewinnanteile oder Gewinnausschüttungsgrenzen im Konzern ist er nicht.[814] Für eine interessengerechte Verteilung der Gewinnverwendungskompetenz könnte er sich allerdings gut eignen, da die Konzernrechnungslegung gerade darauf angelegt ist, den Konzern als Einheit darzustellen und sie damit das fiktive Bild einer Einheitsgesellschaft gut wiedergibt.

c) Konsolidierter Konzernabschluss im personengesellschaftsrechtlichen Konzern

Gegen eine konzerndimensionale Auslegung von Thesaurierungskompetenzen in einem Konzern mit einer Personenhandelsgesellschaft als Obergesellschaft wird unter anderem – nicht völlig zu Unrecht – angeführt, dass für eine „normale" OHG oder KG eine konsolidierte Rechnungslegung nach den §§ 290 ff. HGB nicht vorgeschrieben sei.[815] Aus diesem Grunde komme eine konzerndimensionale Berechnung des Gewinnanspruchs der Gesellschafter der Muttergesellschaft auf Grundlage des Konzernabschlusses von vorneherein nicht in Betracht.[816]

811 Vgl. MüKoBilanzR/*Senger*, § 297 Rn. 115; *Thiel/Lüdtke-Handjery*, Bilanzrecht, S. 334.

812 Siehe §§ 297 Abs. 3, 304, 305 HGB.

813 Vgl. *Thiel/Lüdtke-Handjery*, Bilanzrecht, S. 334, 335.

814 So aber für die Aktiengesellschaft von *Busse von Colbe*, FS Goerdeler, S. 61, 69 f., de lege ferenda gefordert. Auch *Henssler*, FS Zöllner, S. 203 ff., plädiert für eine Aufwertung des Konzernabschlusses.

815 Vgl. *Paefgen*, FS Schneider, S. 929, 941.

816 Vgl. *Paefgen*, FS Schneider, S. 929, 941 f. *Paefgen* lehnt eine Bezugnahme auf den Konzernjahresüberschuss auch bei den haftungsbeschränkten Kapitalgesellschaften & Co. ab und begründet dies damit, dass schließlich für die normale KG mit unbeschränkter Haftung eine konsolidierte Rechnungslegung nicht vorgeschrieben sei, was nicht ganz einleuchtend ist. Letztlich ist die Ansicht *Paefgens* vor dem Hintergrund zu verstehen, dass er bereits auf der Ebene der Einzelgesellschaft Thesaurierungen nicht als kernbereichsrelevant ansieht.

Hierbei wird jedoch übergangen, dass zum einen die sogenannten haftungsbeschränkten Kapitalgesellschaften & Co. sehr wohl nach § 264a Abs. 1 HGB i.V.m. § 290 HGB zur Aufstellung eines konsolidierten Konzernabschlusses verpflichtet sind und zum anderen auch die §§ 11 bis 15 PublG Konzernrechnungslegungsvorschriften für bestimmte Großunternehmen vorsehen, die in der Rechtsform der Personenhandelsgesellschaft oder des Einzelkaufmanns organisiert sind. § 13 Abs. 2 PublG verweist dabei weitgehend auf die §§ 290 ff. HGB. Die Muttergesellschaft der Otto-Gruppe ist eine haftungsbeschränkte GmbH & Co. KG, die konzernrechnungslegungspflichtig ist. Betrachtet man andere, große personengesellschaftsrechtliche Konzerne in Deutschland, so finden sich auch dort zahlreiche Kapitalgesellschaften & Co. Unter der Liste der 100 umsatzstärksten Unternehmen in Deutschland[817] befinden sich zahlreiche Konzerne mit einer Personenhandelsgesellschaft an der Spitze, die unproblematisch die Umsatzschwellen des PublG übersteigen.[818] Auch kleinere Konzernobergesellschaften werden in vielen Fällen als Kapitalgesellschaften & Co. organisiert sein, schon allein des Privilegs der Haftungsbeschränkung wegen.

Dennoch trifft es ohne Frage zu, und das ist unstreitig, dass nach dem Gesetz eine „normale" OHG oder KG als Muttergesellschaft in einem Konzern nicht konzernrechnungslegungspflichtig ist, es sei denn, sie überschreitet die im PublG festgelegten Umsatzgrenzen. Vorliegend geht es aber nicht um die gesetzlichen Vorschriften, sondern vielmehr um die Frage, ob eine im Vertrag einer Muttergesellschaft festgeschriebene Gewinnverwendungsklausel konzerndimensional ausgelegt werden muss und – wenn dies zu bejahen ist – wie diese Auslegung erfolgen und zur Anwendung kommen kann. Hierbei ist der konsolidierte Konzernüberschuss lediglich ein Hilfsmittel bei der Anwendung einer konzerndimensional verstandenen Gewinnverwendungsklausel. Sinn und Zweck der konzerndimensionalen Auslegung und Anwendung ist es, die Gewinnverwendungskompetenzen im Konzern möglichst an die Situation anzunähern, die bestehen würde, wären die Konzerngesellschaften nur unselbständige

817 „Top 100 in Deutschland", Süddeutsche Zeitung, Ausgabe Nr. 186 vom 13./14./15. August 2011. Auch in der „Top 500" Liste der größten Familienunternehmen des Wirtschaftsblattes finden sich viele Personenhandelsgesellschaften, die als Konzernspitze jedenfalls nach dem PublG konzernrechnungslegungspflichtig sind (http://www.wirtschaftsblatt.de/data/pdf/Top500-2013.pdf, abgerufen am 11.07.2014).

818 Z.B. die Dr. August Oetker KG, die dm drogerie markt GmbH & Co. KG, die Globus SB Warenhaus Holding, die Tönnies GmbH & Co. KG, die aldi GmbH & OHG, die Tengelmann Warenhandelsgesellschaft KG, bis 2011 die Schaeffler Holding GmbH & Co. KG.

Betriebsabteilungen einer einzigen Gesellschaft. Diesem Sinn und Zweck entspricht der Konzernabschluss, da er auf der Einheitstheorie beruht. Insofern kann es nicht ausgeschlossen sein, dass eine ergänzende Vertragsauslegung auch bei einer „normalen" Personenhandelsgesellschaft zu dem Ergebnis gelangt, die Gewinnverwendungskompetenz müsse anhand des „Gesamtertrags" im Konzern bestimmt werden. Hierzu ist der Rückgriff auf die Konzernrechnungslegung eine Möglichkeit, die jedoch andere nicht ausschließt. Insbesondere bei kleineren Konzernen mit wenigen Konzerngesellschaften, die weder nach § 264a HGB noch nach §§ 13 ff. PublG rechnungslegungspflichtig sind, bietet die Addition der Einzelergebnisse verbunden mit einer Nebenrechnung, die die Konzernverflechtungen eliminiert, eine ohne größeren Aufwand durchführbare Alternative. Zulässig wäre außerdem, gesellschaftsvertraglich festzulegen, dass sich die Thesaurierung am konsolidierten Konzernüberschuss zu orientieren hat und dass hierzu eine Konsolidierung der Ergebnisrechnungen nach den Vorschriften der §§ 290 ff. HGB zu erfolgen hat.[819] Letztlich kommt es aber nur darauf an, dass ein „Gesamtertrag" errechnet wird. Hierfür bietet sich der Konzernüberschuss als Ausgangsbezugsgröße sicherlich besonders an, zwingend ist er aber nicht.

In beiden Fällen sind jedoch noch einige Besonderheiten zu beachten, die Modifikationen des Konzernüberschusses bzw. weitere Punkte in der „Nebenrechnung" zur Addition der Einzelabschlüsse notwendig machen.

d) Modifikationen

(1) Mehrheitsbeteiligungen/Fremdanteile

Sind an den Tochterunternehmen neben der Konzernobergesellschaft noch andere Gesellschafter beteiligt, so steht der Muttergesellschaft der erwirtschaftete Gewinn der Tochtergesellschaft selbstverständlich nur anteilig in der Höhe ihrer Beteiligung zu. Abzuziehen sind daher bei Mehrheitsbeteiligung diejenigen Anteile am Gewinn, die auf die außenstehenden Gesellschafter entfallen.[820] Im Rahmen der Vollkonsolidierung sind jedoch die Vermögensgegenstände und Schulden der Tochtergesellschaften unabhängig von der Höhe der Beteiligung insgesamt in die Konzernbilanz einbezogen. Um die Fremdanteile muss der Konzernüberschuss daher bereinigt werden. Bei Zugrundelegung der

---

819 Bsp.: „Der konsolidierte Jahresüberschuss ergibt sich aus einer nach handelsrechtlichen Grundsätzen vorzunehmenden Konsolidierung der Ergebnisrechnungen der Gesellschaft und der mit ihr verbundenen Unternehmen." Vgl. zu den Gestaltungsmöglichkeiten außerdem *Schneider*, BB 1986, 1993 ff.

820 Vgl. *Lutter*, KK (2. Auflage 1988), § 58 Rn. 53.

Konzern-Gewinn- und Verlustrechnung stellt dies letztlich aber kein Problem dar, da sie zwar die Gewinnanteile anderer Gesellschafter enthält, diese aber gemäß § 307 Abs. 2 HGB gesondert ausweisen muss.[821] Die Herausrechnung der Fremdanteile ist daher ohne größere Schwierigkeiten möglich.

(2) Gesetzlich vorgeschriebene Rücklagen, nichtdisponible Gewinne

Nicht mit in die Berechnung des konzernweiten Gesamtgewinns mit einzubeziehen sind solche Rücklagen, die in Tochterunternehmen zwingend, d.h. aufgrund gesetzlicher Vorgaben, gebildet werden müssen. Dies ist z.B. der Fall bei einer Aktiengesellschaft als Tochtergesellschaft, da in der AG gemäß § 150 Abs. 1, 2 AktG 5 % des Jahresüberschusses in eine gesetzliche Rücklage einzustellen ist. Ist die Tochtergesellschaft als GmbH oder als Personengesellschaft organisiert, gibt es keine gesetzliche Pflicht zur Rücklagenbildung. Auch hier sind allerdings die anteiligen Beträge herauszurechnen, die auf gesellschaftsvertraglichen Regelungen beruhen, wenn die Obergesellschaft in der Untergesellschaft keine satzungsändernde Mehrheit innehat.[822] Da diese Beträge der Geschäftsführung bzw. der Gesellschaftermehrheit der Obergesellschaft nicht zur freien Verfügung stehen, dürfen sie bei der Berechnung des konzernweiten Gesamtertrags nicht mit einbezogen werden.

(3) Gewinne ausländischer Tochtergesellschaften

Auch die Gewinne ausländischer Tochtergesellschaften sind nach dem gemäß §§ 290 Abs. 1, 294 Abs. 1 HGB geltenden Weltabschlussprinzip Bestandteil eines konsolidierten Konzernjahresüberschusses.[823] Bestehen bei ausländischen Tochtergesellschaften aufgrund von staatlichen Regelungen Transferhindernisse (z.B. durch devisenrechtliche Bestimmungen), die die Dividendenhöhe begrenzen, den Devisentransfer verbieten oder von einer staatlichen Genehmigung abhängig machen, so mindert auch dies das ausschüttbare Konzernergebnis. Diese Beträge sind – vergleichbar mit gesetzlich vorgeschriebenen Rücklagen – weder für die Konzerngeschäftsführung noch für die Gesellschaftermehrheit bzw. -gesamtheit disponibel, so dass auch sie von Gesamtergebnis abzuziehen sind.[824] Neben

---

821 Vgl. MüKoBilanzR/*Senger*, § 307 Rn. 24 ff.

822 Vgl. *Götz*, FS Moxter, S. 573, 591; *Busse von Colbe*, FS Goerdeler, S. 61, 72.

823 Vgl. MüKoBilanzR/*Senger/Hoehne*, § 294 Rn. 5.

824 Vgl. *Lutter*, FS Goerdeler, S. 327, 343; *Götz*, FS Moxter, S. 573, 590 f.; *Frodermann*, S. 114 ff.; *Stollfuß*, S. 124 f.; de lege ferenda *Busse von Colbe*, FS Goerdeler, S. 61, 72.

solchen Transferhindernissen kann selbstverständlich auch das ausländische Recht gesetzliche Gewinnrücklagen vorschreiben, die ebenso zu behandeln sind.

2. Kreis der einzubeziehenden Unternehmen

a) Konsolidierungskreis nach § 290 Abs. 1 HGB

Des Weiteren stellt sich die Frage, welche Gesellschaften der Unternehmensgruppe in die Berechnung des konzernweiten Gewinns einzubeziehen sind. Hierbei bietet sich für solche Unternehmensgruppen, die einen Konzernabschluss nach den §§ 290 ff. HGB aufzustellen haben, an, auf den gesetzlichen Konsolidierungskreis zurückzugreifen. Nach dem Handelsrecht gilt hier das Weltabschlussprinzip, d.h. in den Konzernabschluss sind das Mutterunternehmen und grundsätzlich alle in- und ausländischen Tochter- und Enkelunternehmen einzubeziehen.[825] Wann ein Tochterunternehmen vorliegt, entscheidet sich nach § 290 Abs. 1, Abs. 2 HGB. Danach reicht es seit den Änderungen durch das BilMoG aus, wenn ein Mutterunternehmen unmittelbar oder mittelbar die Möglichkeit hat, beherrschenden Einfluss auf ein Tochterunternehmen auszuüben.[826] Dies entspricht dem englischen Control-Konzept und den Vorgaben der internationalen Rechnungslegung, nach denen es nicht auf die tatsächliche Ausübung der Beherrschung, sondern auf deren Möglichkeit ankommt.[827] Demzufolge wird das aktienrechtliche Konzernkriterium der einheitlichen Leitung nicht gefordert, vielmehr reicht es aus, wenn die Voraussetzungen von § 16 AktG erfüllt sind, die Untergesellschaft also im Mehrheitsbesitz der Obergesellschaft steht. Dies führt dazu, dass im Konzernabschluss auch Ergebnisse von Tochtergesellschaften enthalten sein können, die nicht unter einheitlicher Leitung der Muttergesellschaft stehen. Einige Autoren, die in der aktienrechtlichen Diskussion für einen modifizierte Anwendung von § 58 Abs. 2 AktG plädieren, wollen auch solche im Mehrheitsbesitz stehenden Gesellschaften miteinbeziehen.[828] Nach anderer Ansicht kommt es dagegen allein auf das Vorliegen eines echten Konzernverhältnisses im Sinne von § 18 AktG an.[829] Nur im Falle der einheitlichen Leitung drohe die

825 Vgl. *Großfeld/Luttermann*, Bilanzrecht, S. 349.

826 Vorher beruhte die Abgrenzung von Mutter-Tochter-Verhältnissen in Deutschland auf zwei Ansätzen, dem Konzept der einheitlichen Leitung und dem Control-Konzept, vgl. MüKoBilanzR/*Senger/Hoehne*, § 290 Rn. 4.

827 Vgl. MüKoBilanzR/*Senger/Hoehne*, § 290 Rn. 4.

828 *Gollnick*, S. 116 f.; *Kohl*, S. 220; *Stollfuß*, S. 114 f.

829 *Lutter*, FS Goerdeler, S 327, 339 f.; *Götz*, AG 1984, 85, 93; *Frodermann*, S. 143; *Geßler* betrachtet sogar nur den Vertragskonzern, vgl. AG 1985, 257, 259.

Umgehung der Kompetenzen der außenstehenden Gesellschafter bei der Rücklagenbildung. Tatsächlich ist aber auch ein keine einheitliche Leitung ausübendes herrschendes Unternehmen, das mehrheitlich am Tochterunternehmen beteiligt ist, in der Lage, dort Gewinnthesaurierungen durchzusetzen.[830] Dies ist insbesondere dann der Fall, wenn es sich bei letzterem um eine GmbH handelt.[831] Aber auch, wenn die Tochtergesellschaft in der Rechtsform der AG organisiert ist, kann die Geschäftsführung durch die Mehrheitsbeteiligung wenigstens über die Verwendung des Bilanzgewinns entscheiden und hiermit auch die Höhe der Ausschüttung an die Muttergesellschaft steuern. Handelt es sich um eine Personengesellschaft, so hängen die Einflussnahmemöglichkeiten der Geschäftsführung stark von den Bestimmungen des jeweiligen Gesellschaftsvertrages ab, aber auch hier führt eine Mehrheitsbeteiligung häufig zu großem Einfluss. Es ist somit nicht ersichtlich, warum Mehrheitsbeteiligungen bei der konzernweiten Berechnung von Thesaurierungskompetenzen außer Betracht bleiben sollten, denn die Gefahr der Aushöhlung der Gesellschafterrechte und des Aushungerns ist auch in diesem Fall gegeben. Entscheidend für die Zurechnung der anteiligen Rücklagen ist in erster Linie, dass die Muttergesellschaft tatsächlich beherrschenden Einfluss auf die Gewinnverwendung in der Tochtergesellschaft ausüben kann, ohne dass es auf eine nicht erzwingbare Mitwirkung Dritter ankommt.[832]

Einzubeziehen sind daher alle Gesellschaften, die jeweils die Voraussetzungen der §§ 16 bis 18 AktG erfüllen, also verbundene Unternehmen darstellen.[833] Das sind neben der Muttergesellschaft selbst alle in ihrem Mehrheitsbesitz stehenden Gesellschaften, solche, die trotz fehlender Mehrheitsbeteiligung abhängig sind, und solche, die unter einheitlicher Leitung stehen. Die Rechtsform der Gesellschaften spielt dabei keine Rolle.[834]

b) Modifikationen

Erforderlich ist allerdings eine Beteiligung der Muttergesellschaft an der Tochtergesellschaft, da es sich bei dieser sonst nicht um ausgelagertes Vermögen der Muttergesellschaft handelt. Gewinne von Gesellschaften, die nach § 290 Abs. 2 Nr. 3 oder Nr. 4 HGB zum Konsolidierungskreis gehören, müssen daher aus dem Konzernjahresüberschuss herausgerechnet werden.[835]

830 Vgl. *Werner*, FS Stimpel, S. 935, 941; *Gollnick*, S. 116; *Stollfuß*, S. 114 f.; *Kohl* S. 220.
831 Vgl. dazu *Gollnick*, S. 117 Fn. 83.
832 Vgl. *Götz*, FS Moxter, S. 573, 588.
833 Vgl. *Götz*, FS Moxter, S. 573, 588.
834 Vgl. *Stollfuß*, S. 113.
835 Vgl. *Lutter*, FS Goerdeler, S. 327, 339 f.; *Kohl*, S. 221; *Stollfuß*, S. 123.

Nicht zu berücksichtigen sind nach dem Sinn und Zweck einer konzerndimensionalen Anwendung von Thesaurierungsbestimmungen auch Tochterunternehmen, mit denen die Muttergesellschaft einen Entherrschungsvertrag geschlossen hat, die Muttergesellschaft also bei der Ausübung ihrer Beteiligungsrechte einer Stimmrechtsbindung unterliegt. In diesem Fall ist zwar die Möglichkeit der Beherrschung gemäß § 290 Abs. 2 Nr. 1 HGB unwiderleglich gegeben – auf die konkrete Ausübung der Stimmrechte kommt es bei dieser Beurteilung nicht an – und die Tochtergesellschaft gehört damit zum Konsolidierungskreis, eine tatsächliche Beherrschungsmöglichkeit ist jedoch nicht vorhanden, so dass die Muttergesellschaft die Gewinnverwendung in der Tochtergesellschaft gerade nicht bestimmen kann.[836]

Sogenannte Gemeinschaftsunternehmen, die unter der Leitung zweier oder mehrerer Unternehmen stehen, von denen mindestens eines nicht in den Konzernabschluss einbezogen, also konzernfremd ist, sind von § 290 HGB nicht erfasst, da für das Mutterunternehmen dort keine Möglichkeit besteht, beherrschenden Einfluss auszuüben.[837] Ein Gemeinschaftsunternehmen darf – es handelt sich also um ein Wahlrecht – gemäß § 310 Abs. 1 HGB entsprechend der Kapitalanteilsquote der Muttergesellschaft in den Konzernabschluss einbezogen werden. Entscheidet man sich gegen diese sogenannte Quotenkonsolidierung, ist das Gemeinschaftsunternehmen nach der in § 312 HGB geregelten Equitiy-Methode wie ein assoziiertes Unternehmen in den Konzernabschluss einzubeziehen.[838]

Fraglich ist, ob Gewinne von Gemeinschaftsunternehmen auch bei einer konzerndimensionalen Anwendung von Thesaurierungsbestimmungen beachtlich sind oder ob der Konzernabschluss diesbezüglich modifiziert werden müsste. Gegen die Einbeziehung spricht, dass die Muttergesellschaft, da sie die Leitung gemeinsam mit einer konzernfremden Gesellschaft ausübt, zur Gewinnthesaurierung auf eine nicht erzwingbare Mitwirkungshandlung Dritter angewiesen ist. Im Ergebnis spricht aber für eine Berücksichtigung auch von Gemeinschaftsunternehmen, dass Rücklagen aufgrund der gemeinsamen Leitungsbefugnis umgekehrt auch nicht ohne die Muttergesellschaft gebildet werden können, sie es also letztlich doch in der Hand hat, für Gewinnausschüttungen zu sorgen. Für die außenstehenden Gesellschafter der Obergesellschaft macht es keinen Unterschied,

836 Vgl. *Götz*, FS Moxter, S. 573, 588; *Stollfuß*, S. 124.
837 Vgl. MüKoBilanzR/*Senger*, § 310 Rn. 2, 7.
838 Vgl. MüKoBilanzR/*Senger*, § 310 Rn. 3.

ob die Geschäftsführung bei der Gewinnverwendung völlig frei ist oder aber jedenfalls ein Vetorecht hätte und damit für eine Ausschüttung sorgen könnte.

Nicht einzubeziehen sind allerdings die Gewinne der sogenannten assoziierten Unternehmen, die gemäß §§ 311, 312 HGB nach der Equity-Methode bewertet in den Konzernabschluss eingehen.[839] Ein solches liegt nach § 311 Abs. 1 S. 1 HGB vor, wenn ein Konzernunternehmen maßgeblichen Einfluss auf die Geschäfts- und Finanzpolitik eines dritten, konzernfremden Unternehmens hat, an welchem es beteiligt ist. Dieser maßgebliche Einfluss wird nach § 311 Abs. 1 S. 2 HGB vermutet, wenn die Beteiligung in Höhe von wenigstens 20 % besteht. Bei einer Beteiligung zwischen 20 % und 50 % kann aber die Muttergesellschaft die Gewinnverwendung in dem assoziierten Unternehmen nicht bestimmen, so dass die dort entstandenen Gewinne als nicht disponibel anzusehen sind. Die Herausrechnung dieser Beträge stellt jedoch kein Problem dar, da das auf die Beteiligung entfallende Ergebnis in der Konzern-Gewinn- und Verlustrechnung ausgewiesen wird.[840]

3. *Verluste in einzelnen Konzerngesellschaften*

Ausgangspunkt der bisherigen Überlegungen ist die Annahme, dass die Jahresabschlüsse der Konzerngesellschaften positiv seien, also in jedem Konzernunternehmen Gewinne erzielt würden. Möglicherweise bzw. mit hoher Wahrscheinlichkeit erzielen jedoch nicht in jedem Geschäftsjahr sämtliche Konzerngesellschaften einen Gewinn, sondern es entstehen auch Verluste. Problematisch und höchst umstritten ist die Frage, wie bei einer konzernweit anzuwendenden Gewinnverwendungsregelung mit den Verlusten einzelner Gesellschaften des Konzerns zu verfahren ist.

Sinn und Zweck einer konzernweiten Berechnung von Gewinnverwendungskompetenzen ist, die außenstehenden Gesellschafter der Muttergesellschaft davor zu schützen, dass die geschäftsführenden Gesellschafter in den Tochtergesellschaften Gewinnrücklagen bilden und damit den Gewinnausweis bei der Obergesellschaft und die Entnahmerechte bzw. den Umfang der Gewinnverwendungskompetenz der außenstehenden Gesellschafter schmälern. Sie sollen nicht schlechter gestellt werden als sie stünden, wenn das Unternehmen nicht in Konzernstrukturen, sondern als eine Gesellschaft mit rechtlich unselbständigen Betriebsabteilungen organisiert wäre. Bei einer Einheitsgesellschaft mit verschiedenen Betriebsabteilungen würde der Verlust einer Betriebsabteilung

---

839 Vgl. *Götz*, FS Moxter, S: 573, 593; *Frodermann*, S. 141; *Stollfuß*, S. 129.
840 Vgl. *Stollfuß*, S. 129.

automatisch den Jahresabschluss der Gesellschaft mindern. Ist die Gewinnverwendungskompetenz vertraglich zwischen Geschäftsführung und Gesellschaftern aufgeteilt, so stünde beiden Seiten ein entsprechend verminderter Betrag zur Verfügung. Deshalb erscheint es – jedenfalls auf den ersten Blick – geboten, auch im Konzern Verluste einzelner Gesellschaften mit den Gewinnen anderer zu verrechnen. Die Ansicht, Verluste seien bei der Berechnung eines konzernweiten Ertrags zu berücksichtigen, ist daher im Schrifttum weit verbreitet.[841] Eine solche Saldierung von Gewinnen und Verlusten ist auch für den konsolidierten Konzernjahresabschluss gemäß § 297 Abs. 3 S. 1 HGB vorgeschrieben. Allerdings haben – im Gegensatz zur Einheitsgesellschaft – Verluste einzelner Tochtergesellschaften im Konzern niemals Auswirkungen auf das Ergebnis anderer Tochtergesellschaften. Auf die Bilanz der Muttergesellschaft wirkt sich der Verlust einer Tochtergesellschaft nur dann mindernd aus, wenn entweder ein Gewinnabführungs- oder Beherrschungsvertrag besteht[842] oder der Verlust so nachhaltig ist, dass eine voraussichtlich dauerhafte Wertminderung eine Teilwertabschreibung nach § 253 Abs. 3 S. 3 HGB auf die Beteiligung notwendig macht.[843] In allen anderen Fällen vermindert der Verlust erst das in der Tochtergesellschaft zu verwendende Jahresergebnis des Folgejahres. Sind also in einzelnen Gesellschaften Verluste entstanden, so fällt der konsolidierte Konzernjahresabschluss geringer aus als die Summe der Einzelabschlüsse im gesamten Konzern.

Grundlage für die Gewinnverwendungsentscheidungen in den einzelnen Gesellschaften ist jedoch nicht der Konzern- sondern der jeweilige Einzelabschluss, so dass die jeweilige Gewinnverwendungsentscheidung nicht mit Rücksicht auf eventuelle Verluste anderer Gesellschaften getroffen wird. Mit anderen Worten: Wenn Tochtergesellschaft A einen Gewinn und Tochtergesellschaft B einen Verlust erzielt, so wird in Gesellschaft A dennoch zwingend über die Verwendung des gesamten erzielten Gewinns entschieden.

Aus diesem Grund plädiert ein Teil des Schrifttums dafür, die Verluste einzelner Konzerngesellschaften für die Berechnung eines konzernweiten Gesamtertrags

841 Vgl. *Lutter*, KK (2. Auflage 1988), § 58 Rn. 50; (später) *Götz*, FS Moxter, 573, 594; *Frodermann*, S. 109; *Kohl*, S. 234 f.

842 Im Vertragskonzern muss die Muttergesellschaft gem. § 302 Abs. 1 AktG jeden „sonst entstehenden Jahresfehlbetrag" ausgleichen. Die Tochtergesellschaft hat also in jedem Fall ein ausgeglichenes Jahresergebnis, bei der Muttergesellschaft führt der Verlust zu einem „Aufwand aus Verlustübernahme" und wirkt sich daher unmittelbar ergebnismindernd aus, während bei der Tochtergesellschaft ein „Ertrag aus Verlustübernahme" verbucht wird, § 277 HGB.

843 Vgl. *Kozikowski/Roscher/Schramm*, Beckscher Bilanzkommentar, § 253 Rn. 315.

nicht mindernd zu berücksichtigen.[844] Der Geschäftsführung und der Gesellschaftergesamtheit stünde dann jeweils der ihrer Gewinnverwendungskompetenzquote entsprechende „Verlustgegenwert“[845] zu. Erst im Folgejahr wäre dann – dem Verlustvortrag entsprechend – der jeweils zu verwendende Betrag geringer. Auf diese Weise könnten im Zeitablauf die Gewinnverwendungskompetenzen betragsmäßig der einer Einheitsgesellschaft angepasst werden.[846]

Beispiel: *Die M-KG weist im Jahr 01 einen Jahresüberschuss von 10 Mio. € aus, die T1 einen solchen von 5 Mio. und die T2 einen Verlust von 5 Mio. €. Der „Gesamtertrag“ des Konzerns ohne Verlustsaldierung beträgt somit 15 Mio. €. Hiervon sind – die Aufteilung von 40/60 unterstellt – von den geschäftsführenden Gesellschafter der M 6 Mio. €, von der Gesellschaftergesamtheit 9 Mio. € zu verwenden. Von diesen Beträgen sind einmal 2 Mio. €, einmal 3 Mio. € der „Verlustgegenwert“. Erzielt die T2 nun im Jahr 02 einen Gewinn von 5 Mio. € und die M und die T1 jeweils dasselbe Ergebnis wie im Vorjahr, so wird der Gewinn der T2 und damit auch der insgesamt zu verwendende Gewinn des Konzerns um den Verlustvortrag von 5 Mio. € gemindert, so dass in 02 ebenfalls ein Betrag von 15 Mio. € (statt 20 Mio. €) zur Verfügung steht.*

Diese Vorgehensweise wird insbesondere von den Gegnern konzerndimensional berechneter Gewinnverwendungskompetenzen, aber auch von eigentlichen „Mitstreitern“ kritisiert.[847] Es sei willkürlich, bezüglich eines konzernweiten „Gesamtgewinnes“ die Gewinne, nicht aber die Verluste der Konzerngesellschaften zu berücksichtigen.[848] Schließlich dürfe die Geschäftsführung nicht schlechter gestellt werden als in einem Einheitsunternehmen, in welchem Verluste automatisch das Jahresergebnis mindern.[849] Ob diese Schlussfolgerung und Kritik in allen Fällen zutreffend ist, ist jedoch zweifelhaft und soll anhand des Beispiels untersucht werden:

Beispiel: *Verrechnet man im oben genannten Beispiel den Verlust der T2 mit dem Gewinn der T1 oder der M, so beträgt der insofern konsolidierte Gesamtertrag des Konzerns im Jahr 01 10 Mio. €, die zwischen Geschäftsführung und Gesellschaftergesamtheit im Verhältnis 40/60 aufzuteilen wären. Führte die M-KG ihr Unternehmen statt mit 2 Tochtergesellschaften mit 3 Betriebsabteilungen und erzielt die eine davon einen Jahresüberschuss von 10 Mio. €, die zweite von 5 Mio. € und die dritte einen Verlust in Höhe von 5 Mio. €, so*

844 *Gollnick*, S. 138 ff.; (zunächst) *Götz*, AG 1984, 85, 93; *Geßler*, AG 1985, 257, 263 (für den Vertragskonzern).

845 *Gollnick*, S. 142.

846 *Gollnick*, S. 142.

847 Vgl. *Thomas*, ZGR 1985, 365, 382 ; *Werner*, FS Stimpel, S. 935, 940; *Westermann*, FS Pleyer, S. 421, 442; *Frodermann*, S. 107 f.; *Beusch*, FS Goerdeler, S. 25, 29, 30.

848 *Thomas*, ZGR 1985, 365, 382.

849 *H.P. Westermann*, FS Pleyer, S. 421, 442; *Werner*, FS Stimpel, S. 935, 940.

wiese der Jahresabschluss der M-KG einen Überschuss von 10 Mio. € aus. Auch dann könnten die geschäftsführenden Gesellschafter 4 Mio. € in offene Rücklagen stellen und müssen die restlichen 6 Mio. € der Gesellschaftergesamtheit zur Verfügung stellen.

Der Einwand der Schlechterstellung gegenüber der Einheitsgesellschaft geht also jedenfalls insoweit fehl, als dass in der Einheitsgesellschaft und bei Verlustverrechnung im Konzern – jedenfalls rechnerisch – der insgesamt zu verwendende Gewinn und damit auch die Gewinnverwendungskompetenz der Geschäftsführung geringer ausfällt als ohne Berücksichtigung der Verluste. Tatsächlich stehen aber in der Konzernsituation auch bei Saldierung mangels rechtstechnischer Übernahme der Verluste der T2 in der M 10 Mio. € und in der T1 5 Mio. € zur Gewinnverwendung zur Verfügung. Der „Verlustgegenwert" bleibt als „real" zu verwendender Gewinn bestehen.[850] Was also demzufolge von einem Teil des Schrifttums gefordert wird, ist nicht die Gleichbehandlung mit einem Einheitsunternehmen, sondern eine Besserstellung, da der „Verlustgegenwert" bei Berechnung der Gewinnverwendungskompetenz der Gesellschafter anhand eines saldierten Gesamtertrags in die alleinige Kompetenz der geschäftsführenden Gesellschafter fällt.

Wie die Darstellung des Problems zeigt, stößt die Vergleichbarkeit von Konzern und Einheitsgesellschaft jedenfalls bezüglich der Möglichkeit, beide in Bezug auf die Gewinnverwendung gleich zu behandeln, an gewisse Grenzen. Dass in den Konzerngesellschaften die Gewinnverwendungsentscheidung auf Basis des Einzelabschlusses getroffen wird, ist unvermeidlich. Der konsolidierte Konzernüberschuss ist nur eine rechnerische Größe, tatsächlich verbleibt im Konzern (bei Verlusten einzelner Gesellschaften) ein „realer" Rest. Es stellt sich daher die Frage, wer über die Verwendung dieses „realen" Rests (dem irgendwo im Konzern Verluste in gleicher Höhe gegenüberstehen) entscheiden soll.

Nimmt man den Konzernabschluss als Grundlage, so kommt es darauf an, wessen Gewinnverwendungskompetenzquote man anhand dessen berechnet. Ist es die Thesaurierungsquote der geschäftsführenden Gesellschafter, würden die Gesellschafter über den kompletten Verlustgegenwert verfügen, ist es die Ausschüttungsquote, so verbleibt der Verlustgegenwert bei der Geschäftsführung. In beiden Fällen ist jeweils eine Seite im Vergleich zur Einheitsgesellschaft im Vorteil, während die andere so steht als handele es sich um eine Einheitsgesellschaft (und damit nicht schlechter!).

Als „gerechtester Weg" erscheint es vor diesem Hintergrund, wie in der Literatur vorgeschlagen, die Verluste unberücksichtigt zu lassen und den

850 Vgl. *Gollnick*, S. 142 f.

Verlustgegenwert anteilig zwischen Geschäftsführung und Gesellschaftern aufzuteilen. Problematisch wäre daran aber, dass auf diese Weise Gewinne verwendet werden, die aus Sicht des Konzerns als wirtschaftliche Einheit gar nicht bestehen bzw. bereits durch Verluste aufgezehrt worden sind. Deren Ausschüttung, d.h. die Ausschüttung „aus der Substanz", erscheint dabei besonders riskant, jedoch kann auch die Einstellung in offene Rücklagen trügerisch sein, sind diese doch aus Konzernsicht gar nicht „werthaltig". Insofern könnte man argumentieren, dass die Frage der Verluste eine Frage der Gewinnermittlung und nicht der Gewinnverwendung ist. Zudem ist die Schlussfolgerung, dass die Gewinnverwendungsentscheidung von Gesellschaftern stets zur Ausschüttung führt, sicher nicht zwingend.[851] Dennoch ist die Wahrscheinlichkeit, dass sich eher die Geschäftsführung für eine Rücklagenbildung entscheidet, höher, allein, weil diese einen besseren Einblick in die Finanzlage des Konzerns hat.[852] Unter dem Gesichtspunkt des Bestandsinteresses des Konzerns ist es daher als sinnvoller anzusehen, die Verluste einzelner Konzerngesellschaften nicht unberücksichtigt zu lassen, sondern sie mit den Gewinnen anderer zu verrechnen. Hinzu kommt, dass die anteilige Aufteilung des „Verlustgegenwerts" auch nur dann im Zeitablauf funktioniert und zu einem mit der Einheitsgesellschaft vergleichbaren Ergebnis führt, wenn in den Folgejahren in den verlustigen Gesellschaften auch tatsächlich Gewinne erzielt werden.[853]

Dies hat den praktischen Vorteil, dass man den konsolidierten Konzernjahresabschluss als Berechnungsgrundlage für die Ausschüttungsquote nutzen kann. Zudem ist bei dieser Vorgehensweise auch ein weiterer Aspekt der vom Schrifttum kritisierten „Schlechterstellung" gegenüber der Einheitsgesellschaft entkräftet. Sollten nämlich die Gewinne des Konzerns von den Verlusten komplett aufgezehrt werden, führt dies bei Nichtberücksichtigung der Verluste dazu, dass Gewinne ausgeschüttet werden müssten, obwohl der Konzern insgesamt nicht ertragreich war.[854] Die konzerndimensionale Berechnung der Gewinnverwendungskompetenzen unter Berücksichtigung der Verluste verhindert dies nicht nur, sondern in diesem Fall sogar zu einem Vorteil für die geschäftsführenden Gesellschafter führen, der ausgeschlossen wäre, würde man die konzerndimensionale Betrachtungsweise ablehnen und den Gewinnverwendungsanspruch der außenstehenden Gesellschafter der Muttergesellschaft allein nach deren

851 Vgl. *Stollfuß*, S. 134.

852 So auch *Götz*, FS Moxter, S. 573, 583.

853 Vgl. *Frodermann*, S. 108.

854 Vgl. *H.P. Westermann*, FS Pleyer, S. 421, 442.

Einzelabschluss berechnen. Ein Vorteil würde entstehen, wenn in der Muttergesellschaft ein Gewinn, in den Tochtergesellschaften aber Verluste erzielt wurden.

Beispiel: *Dem Jahresgewinn der M-KG in Höhe von 6 Mio. € stehen in den beiden Tochtergesellschaften T1 und T2 Verluste in Höhe von jeweils 3 Mio. € gegenüber.*

Berechnet man in diesem Fall die Gewinnverwendungskompetenzen nicht anhand eines konzernweiten Gesamtertrags, sondern stellt man allein auf den Einzelabschluss der Muttergesellschaft ab, so wäre eine Ausschüttung von 60 % des Gewinnes der Muttergesellschaft an die Gesellschafter zwingend, soweit sich die Gesellschafter nicht für eine Thesaurierung aussprechen. Bei konzerndimensionaler Betrachtung dagegen dürfte die Geschäftsführung aufgrund der Verluste in den Tochtergesellschaften den gesamten Ertrag der Mutter in offene Rücklagen einstellen, da dann bereits kein zu verwendender Konzerngewinn entstünde.

Auch *Lutter* hält im Rahmen seiner „Pflichtenlösung" die Berücksichtigung von Verlusten für richtig.[855] Allerdings berücksichtigt er die in einzelnen Konzerngesellschaften entstandenen Verluste bei der Berechnung seiner „zweiten Schranke", nämlich bei der Berechnung des Thesaurierungsspielraums der Geschäftsführung, auf Basis des Konzernüberschusses.[856] Auf diese Weise wirken sich die Verluste zulasten der Kompetenz der Geschäftsführung aus, der „Verlustgegenwert" fällt insgesamt in die Kompetenz der Gesellschaftergesamtheit. Dies ist wegen des Risikos der Ausschüttung aus der Substanz des Konzerns abzulehnen.

Insgesamt spricht demzufolge viel dafür, nicht für die Berechnung der Thesaurierungsquote, aber für die der Gewinnverwendungsquote der Gesellschaftergesamtheit Verluste und Gewinne der Konzerngesellschaften zu saldieren und damit den Gesellschaftern genau den Betrag zur Verfügung zu stellen, über den sie auch in einer Einheitsgesellschaft verfügen könnten. Nur diese Vorgehensweise entspricht einer konsequenten Betrachtung des Konzerns als wirtschaftliche Einheit. Wenn man, wie hier vertreten, die Erträge von Tochtergesellschaften als grundsätzlich vom Gewinnanspruch der Gesellschafter der Muttergesellschaft erfasst sieht, weil diese aus dem „ausgegliederten" Vermögen der Muttergesellschaften stammen, so muss man umgekehrt auch deren Verluste als „ausgegliederten Verluste"[857] anerkennen. Der Verlustgegenwert sollte demgegenüber den geschäftsführenden Gesellschaftern zur Verfügung stehen, denn

855 Vgl. *Lutter*, KK (2. Auflage 1988), § 58 Rn. 50 und sodann das Beispiel unter Rn. 52.

856 Siehe das Beispiel bei *Lutter*, KK (2. Auflage 1988), § 58 Rn. 52.

857 *Frodermann*, S. 108.

es gibt keinen Grund, die Gesellschafter der Muttergesellschaft besser zu stellen als in einer Einheitsgesellschaft.

Für die konkrete Thesaurierungsquote in den Einzelgesellschaften bedeutet dies außerdem, dass sie sich nicht zwingend an der der Obergesellschaft auszurichten hat, sondern je nach Notwendigkeit auch höher sein kann.[858] Anderenfalls würde es wiederum zu einer Nichtberücksichtigung der Verluste in anderen Tochtergesellschaften kommen.

4. *Behandlung konzerninterner Zwischengewinne*

In einem Konzern kann bei Lieferungen und Leistungen zwischen zwei Konzerngesellschaften aufgrund geringerer Herstellungskosten bei der veräußernden Gesellschaft auf der einen Seite und höherer Anschaffungskosten bei der erwerbenden Gesellschaft auf der anderen Seite bei ersterer ein konzerninterner Zwischengewinn entstehen, der als Ertrag in der Gewinn- und Verlustrechnung ausgewiesen ist.[859] Betrachtet man aber den Konzern als wirtschaftliche Einheit, sind derartige Gewinne noch nicht am Markt realisiert. Im Schrifttum wird daher kritisiert, dass bei der direkten Durchrechnungsmethode der „Gesamtgewinn" im Konzern Zwischengewinne enthalten kann, zu deren Ausschüttung ist sodann kommen könnte.[860]

Dem Ziel, die außenstehenden Gesellschafter bezüglich der Gewinnverwendung im Konzern möglichst so zu behandeln als werde das gesamte Geschäft von einer Einheitsgesellschaft betrieben, entspräche es am ehesten, konzerninterne Zwischengewinne zu eliminieren, da auch Gewinne zwischen Betriebsabteilungen eines Unternehmens bilanziell nicht zum Ansatz kommen.[861] Diesem der Einheitstheorie folgenden Ansatz entspricht auch die Konzernrechnungslegung. Im konsolidierten Konzernjahresabschluss werden Zwischengewinne gemäß § 297 Abs. 3 HGB eliminiert. Auch die meisten Befürworter einer konzerndimensionalen Auslegung von Thesaurierungsbestimmungen sprechen sich dafür aus, Zwischengewinne aus der Berechnung eines konzernweiten „Gesamtertrags" herauszurechnen, insbesondere auch, um die Ausschüttung tatsächlich noch

858 Die Thesaurierungsquote im Vertrag der Otto-KG lag bei 20 %. Eine Auslegung dahingehend, dass in jeder Tochtergesellschaft nur bis zu 20 % des Jahresergebnisses thesauriert werden könnten, ginge aber zu weit und ist auch für den Minderheitenschutz nicht notwendig.

859 Vgl. *Großfeld/Luttermann*, Bilanzrecht, Rn. 1445, 1526.

860 *Werner*, FS Stimpel, S. 935, 939 (Fn. 12); *Thomas*, ZGR 85, 265, 380 f.; *Priester* ZHR 176 (2012), 268, 276.

861 Vgl. Baumbach/Hopt/*Merkt*, § 304 Rn. 1.

nicht realisierter Gewinne zu verhindern.[862] Allerdings sind konzerninterne Zwischengewinne, wenn auch nicht aus Sicht des Konzerns, so doch aus Sicht der jeweiligen Konzerngesellschaft realisiert, denn schließlich handelt es sich um Umsatz zwischen zwei selbständigen Rechtssubjekten.[863] Auch der Gesetzgeber sieht derartige Gewinne als realisiert an, rechtlich ist weder die Ausschüttung noch die Rücklagenbildung ausgeschlossen[864] und die Gewinnverwendung in den einzelnen Konzerngesellschaften richtet sich darüber hinaus alleine nach dem Einzelabschluss. Die Eliminierung der Gewinne im Konzernabschluss verhindert also in den einzelnen Gesellschaften weder den Gewinnausweis noch die Rücklagenbildung.[865] Vielmehr muss in der betroffenen Gesellschaft auch bezüglich der konzerninternen Zwischengewinne eine Gewinnverwendungsentscheidung getroffen werden.[866] Kommt es also zu konzerninternen Gewinnen, so fällt der konsolidierte Konzernjahresüberschuss möglicherweise geringer aus als die Summe der Einzelabschlüsse. Bemisst man nun die Gewinnverwendungskompetenzen von Geschäftsführung und Gesellschaftergesamtheit anhand des Konzernüberschusses, so verbleibt ein höherer „realer" Gewinn.[867] Dieser „Überschussbetrag" kann bei Eliminierung der Zwischengewinne nur der einen oder der anderen Seite zugesprochen werden. Um dies zu verhindern, spricht sich ein Teil des Schrifttums dafür aus, bei der Berechnung der Gewinnverwendungskompetenzen von einer Eliminierung der Zwischengewinne abzusehen und sowohl die geschäftsführenden als auch die außenstehenden Gesellschafter entsprechend ihrer jeweiligen Quote an den Zwischengewinnen zu beteiligen.[868] Hierfür spreche, neben dem ansonsten entstehenden Problem des höheren „realen" Gewinns, auch die Gleichberechtigung mit eventuell vorhandenen außenstehenden Gesellschaftern der Tochtergesellschaft. Diese profitierten nämlich, da sich ihre Gewinnausschüttung keinesfalls am Konzernjahresüberschuss orientiere, ohne Frage von den Zwischengewinnen, soweit es zu einer Ausschüttung komme. Zudem liege es in der Hand der Geschäftsführung, die Entstehung konzerninterner Zwischengewinne durch eine entsprechende Preispolitik zu

---

862 *Frodermann*, S. 112; *Kohl*, S. 236; *Lutter*, FS Goerdeler, S. 327, 342 f.; *Götz*, FS Moxter, S. 573, 593; *Stollfuß*, S. 139.

863 Vgl. *Gollnick*, S. 155.

864 Vgl. *Lutter*, FS Goerdeler, S. 327, 342, der darauf hinweist, dass z. B. die Geschäftsführung diese Gewinne an die Muttergesellschaft ausschütten könne und dürfe.

865 Vgl. *Lutter*, FS Goerdeler, S. 327, 341.

866 Vgl. *Stollfuß*, S. 138.

867 Vgl. *Gollnick*, S. 158.

868 *Gollnick*, S. 159.

verhindern.[869] Insgesamt sei – ähnlich wie der Frage der Behandlung von Verlusten – eine der unverbundenen Gesellschaft entsprechende Gewinnverwendung nur im Zeitablauf möglich.[870]

Die Kritik, dass es bei Nichtberücksichtigung von Zwischengewinnen zu einer Ausschüttung „aus der Substanz“ kommen kann, ist nicht von der Hand zu weisen. Dieses Risiko besteht zwar vor allem unter der Prämisse, dass sich die Gesellschaftergesamtheit der Muttergesellschaft in jedem Fall für eine Gewinnausschüttung entscheidet, was keinesfalls zwingend der Fall ist.[871] Dennoch gibt es letztlich keinen Grund, den Gesellschaftern bei der Gewinnverwendung einen höheren Betrag zur Verfügung zu stellen als ihnen in einer Einheitsgesellschaft zur Verfügung stehen würde. Eine Verhinderung von Zwischengewinnen im Konzern ist dagegen nicht zielführend, da dies zu unerwünschten Vermögensverlagerungen führen könnte. So würden in diesem Fall nur die Konzerngesellschaften, die Handel mit konzernfremden Dritten betreiben, Gewinne erzielen, während die anderen ohne Gewinne arbeiten müssen.[872]

Es ist daher richtig, zur Verhinderung von Ausschüttungen aus der Substanz die Zwischengewinne zu eliminieren. Problematisch an der Lösung von *Lutter* ist allerdings, dass er einmal den Gesellschaftern[873] und einmal der Geschäftsführung[874] den „real“ verbleibenden Rest zur Verfügung stellen will. Da man davon ausgehen kann, dass sich die geschäftsführenden Gesellschafter bei der Gewinnverwendungsentscheidung eher von dem Vorhandensein konzerninterner Zwischengewinne leiten lassen als die außenstehenden Gesellschafter, spricht mehr dafür, den den Konzernüberschuss übersteigenden, auf konzerninternen Zwischengewinnen beruhenden „realen“ Anteil am Gesamtgewinn kompetenztechnisch allein den geschäftsführenden Gesellschaftern zu überlassen, d.h. stets nur den in die Kompetenz der Gesellschaftergesamtheit fallenden Betrag anhand des Konzernüberschusses zu berechnen.

III. Eigener Lösungsansatz

Die vorstehende Diskussion hat gezeigt, dass die im Schrifttum vertretenen Anrechnungsmethoden zwar von der Zielrichtung her zu begrüßen sind, teilweise

869 *Gollnick*, S. 153.
870 *Gollnick*, S. 159.
871 Vgl. *Stollfuß*, S. 138.
872 So im Ergebnis auch *Gollnick*, S. 153.
873 Vgl. *Lutter*, KK (2. Auflage 1988), § 58 Rn. 55.
874 Vgl. *Lutter*, FS Goerdeler, S. 335, 342.

aber zu unbefriedigenden Ergebnissen führen oder über das Ziel „hinausschießen". Im Folgenden soll daher ein davon in Teilen abweichender Lösungsweg vorgeschlagen werden, der das in der Diskussion bereits Angesprochene aufgreift und zusammenfasst. Anschließend soll noch auf die Frage nach den Rechtsfolgen einer Nichtbeachtung der Konzernverhältnisses und das faktische Problem eines zu geringen Gewinnausweises in der Muttergesellschaft eingegangen werden.

1. Anteiliger Konzernüberschuss als Berechnungsgrundlage

Der Konzernüberschuss, der die Vermögens-, Finanz- und Ertragslage des Konzerns als wirtschaftliche Einheit darstellt, passt zu dem Ziel, die Rechte der Gesellschafter einer Konzernmuttergesellschaft denen der Gesellschafter einer Einheitsgesellschaft anzunähern. Insofern ist es nur konsequent, auf den anteiligen Konzernüberschuss mit den oben dargestellten Modifikationen abzustellen, soweit ein solcher von der Muttergesellschaft zu erstellen ist. Auch wenn der Konzernjahresüberschuss nach dem Gesetz keine Ausschüttungsbemessungsfunktion hat, spricht nichts dagegen, von einer – ggf. im Wege ergänzender Vertragsauslegung ermittelten – gesellschaftsvertraglichen Pflicht auszugehen, die Gewinnverwendung am Konzernüberschuss zu bemessen.

Ist die Konzernmuttergesellschaft gesetzlich nicht zur Konzernrechnungslegung verpflichtet, kann die Auslegung des Gesellschaftsvertrages trotzdem ergeben, dass die Gewinnrechte der Gesellschafter anhand eines konzernweiten „Gesamtertrages" und nicht anhand des Einzelabschlusses der Muttergesellschaft zu berechnen sind. In diesem Fall wäre dieser nach dem Sinn und Zweck der konzerndimensionalen Betrachtungsweise über eine Addition der Jahresüberschüsse mit einer den Vorgaben der Konzernrechnungslegung entsprechenden Nebenrechnung zu erstellen.

Der Konzernüberschuss oder der Gesamtertrag sind sodann um die Fremdanteile außenstehender Gesellschafter zu bereinigen, wenn die Muttergesellschaft nicht zu 100 % an einer Tochtergesellschaft beteiligt ist. Abzuziehen sind außerdem gesetzliche Rücklagen sowie andere für die Muttergesellschaft nicht disponible Gewinne von Tochtergesellschaften. Hierzu gehören auch die Gewinne ausländischer Tochtergesellschaften soweit diesbezüglich nach dem nationalen Recht Transferhindernisse bestehen. Abzuziehen sind ferner die anteiligen Gewinnrücklagen von solchen Tochtergesellschaften, mit denen die Muttergesellschaft einen Entherrschungsvertrag geschlossen hat, sowie von solchen, bei denen keine Beteiligung besteht, und von assoziierten Unternehmen.

2. *Abstellen auf die Gewinnverwendungskompetenz der Gesellschaftergesamtheit*

Berechnet man nunmehr nicht die Thesaurierungskompetenz der geschäftsführenden Gesellschafter, sondern das Gewinnentnahme- oder Gewinnverwendungsrecht der Gesellschaftergesamtheit anhand des nach den obigen Regeln modifizierten Konzernüberschusses, so kann man viele Argumente, die gegen die konzerndimensionale Anwendung von Gewinnverwendungsregeln hervorgebracht werden, entkräften.

Verluste werden mindernd und zu Lasten der Kompetenz der Gesellschafter berücksichtigt. Ist der Konzern insgesamt nicht ertragreich, erfolgt keine Gewinnausschüttung, auch nicht für den Fall, dass die Verluste allein in den Tochtergesellschaften entstehen, die Muttergesellschaft aber einen Gewinn erzielt.

Zwischengewinne und andere Konzernverflechtungen werden eliminiert. Der „Gegenwert" sowohl der Verluste also auch der Zwischengewinne fällt in die alleinige Kompetenz der geschäftsführenden Gesellschafter. Sie werden also keinesfalls schlechter gestellt als in einer Einheitsgesellschaft und können Ausschüttungen „aus der Substanz" verhindern.

Die geschäftsführenden Gesellschafter sind verpflichtet, durch entsprechende Bilanzpolitik dafür zu sorgen, dass in der Bilanz der Muttergesellschaft wenigstens ein der Gewinnverwendungskompetenz der Gesellschafter – bemessen am modifizierten Konzernüberschuss – entsprechender Betrag als Gewinn ausgewiesen und den Gesellschaftern zur Verfügung gestellt wird. Im Übrigen sind sie bei der Rücklagenbildung in den Tochtergesellschaften frei und insbesondere nicht an die im Gesellschaftsvertrag der Muttergesellschaft vorgegebene Thesaurierungsquote gebunden, da dies letztlich wieder zur Nichtberücksichtigung von Verlusten führen würde. Geht der Jahresgewinn der Muttergesellschaft über den den Gesellschaftern zustehenden Betrag hinaus, dürfen die geschäftsführenden Gesellschafter den „Restbetrag" in offene Rücklagen einstellen, auch dann, wenn dies zu einem höheren Thesaurierungsspielraum führt als derjenige, der sich aufgrund des Einzelabschlusses der Muttergesellschaft ergeben hätte. Zu dieser Konstellation kann es z.B. kommen, wenn dem Gewinn der Muttergesellschaft zu großen Teilen Verluste in Tochtergesellschaften gegenüberstehen. Würde man in diesem Fall den Betrag, der sich nach dem Jahresabschluss der Muttergesellschaft ergibt, als Obergrenze ansehen, käme es zu einer Ausschüttung aus der Substanz des Konzerns.[875]

---

875 Beispiel: Die M-KG erzielt (aus eigenem operativen Geschäft) einen Gewinn von 10 Mio. €. In den T1 und T1 entstehen jedoch jeweils Verluste von 2 Mio. €. Der Konzernüberschuss beträgt demnach 6 Mio. €. Steht den Gesellschaftern nach dem Vertrag

3. *Rechtsfolgen bei Nichtbeachtung der konzerndimensionalen Anwendung*

a) Das Problem

Überschreitet die Geschäftsführung oder die Gesellschaftermehrheit in einer unverbundenen Gesellschaft ihre gesellschaftsvertraglich festgelegten Kompetenzen bei der Gewinnverwendung durch eine zu hohe Rücklagenbildung, so kann sich ein davon betroffener, aber überstimmter Gesellschafter mittels einer Feststellungsklage gegen den Gewinnverwendungsbeschluss oder, wenn die Abstimmung über die Gewinnverwendung bereits im Jahresabschluss vorweggenommen worden ist, gegen den Jahresabschlussfeststellungsbeschluss der Gesellschaft wehren.[876] Fraglich ist, wie ein Überschreiten der Gewinnverwendungskompetenzen im Konzern mit einer Personenhandelsgesellschaft als Obergesellschaft durch den betroffenen außenstehenden (Minderheits-)Gesellschafter gerichtlich geltend gemacht werden kann. Anknüpfungspunkte wären an sich die Gewinnverwendungsentscheidungen in den Tochtergesellschaften, hiergegen können sich jedoch die Gesellschafter der Muttergesellschaft mangels Beteiligung an den Tochtergesellschaften nicht wehren. Eine Klage kommt daher grundsätzlich nur auf der Ebene der Muttergesellschaft in Frage.

b) Unwirksamkeit des Jahresabschlusses

Nach der direkten Durchrechnungsmethode ist ein Jahresabschluss der Mutter-AG, der das Konzernverhältnis nicht berücksichtigt, nach § 256 Abs. 1 Nr. 4 AktG (analog) nichtig.[877] Auch im Personengesellschaftsrecht kann die Bilanz wegen formeller oder materiell-rechtlicher Fehler unwirksam sein, was mit einer Feststellungsklage, die gegen die übrigen Gesellschafter zu richten ist, geltend gemacht werden kann.[878] Diesen Ansatz verfolgte im Otto-Fall auch die Klägerin und verlangte gerichtlich die Feststellung der Unwirksamkeit des Feststellungsbeschlusses der Muttergesellschaft. In erster Instanz folgte das LG Hamburg ihrem Vortrag und führte aus, der Jahresabschluss sei (wohl in entsprechender Anwendung von § 256 Abs. 1 Nr. 4 AktG) unwirksam, da in den Tochtergesellschaft in höherem Maße Rücklagen gebildet worden seien als es die vertragliche

---

hiervon 60 % zu, so sind ihnen 3,6 Mio. € zur Verfügung zu stellen. Die Geschäftsführung dürfte die restlichen 6,4 Mio. € einbehalten, obwohl dies über die ihr zustehenden 40 % des Jahresgewinnes der M hinausgeht.

876 Vgl. BGH NJW 1991, 1890. Siehe dazu auch oben Erster Teil § 3E.III.

877 *Götz*, FS Moxter, S. 596 ff.

878 BGH ZIP 1991, 442.

Gewinnverwendungsklausel – konzerndimensional ausgelegt – zugelassen hätte. Der Gewinnausweis im Jahresabschluss der Muttergesellschaft sei zu gering.[879] Damit folgte das Gericht letztlich der direkten Durchrechnungsmethode.

Nach der Otto-Entscheidung des BGH kommt allerdings ein Vorgehen gegen den Jahresabschluss der Muttergesellschaft auch bei vertragswidrig gebildeten Rücklagen in den Tochtergesellschaften nicht in Betracht: Veranlassen die geschäftsführenden Gesellschafter – wenn auch gegebenenfalls entgegen vertraglicher Vereinbarungen – eine übermäßige Rücklagenbildung in den Tochtergesellschaften, so führt dies nicht dazu, dass der Jahresabschluss der Muttergesellschaft fehlerhaft wird.[880] Da Gewinnansprüche der Muttergesellschaft gegen die Tochtergesellschaften in diesem Fall nicht aktivierbar bestehen, gibt es für die geschäftsführenden Gesellschafter bei der Aufstellung des Jahresabschlusses der Muttergesellschaft keinen Entscheidungsspielraum, vielmehr hätte eine Aktivierung trotz Thesaurierung zur Fehlerhaftigkeit der Bilanz geführt. Daher kann nach dem BGH keinesfalls im Rahmen einer Klage gegen den Jahresabschluss der Obergesellschaft über die Rechtmäßigkeit der Gewinnverwendung in den abhängigen Gesellschaften entschieden werden.[881]

Die Methode der direkten Durchrechnung mit der Rechtsfolge der Unwirksamkeit des Jahresabschlusses der Muttergesellschaft ist somit nicht zielführend. Hinzu kommt, dass die Folge der Unwirksamkeit des Jahresabschlusses ein sehr „scharfes Schwert" darstellt, welches – betrachtet man die Streitigkeiten und Unsicherheiten, die sich bisher ergeben haben – als nicht angemessen erscheint.[882]

Auch gegen die Jahresabschlussfeststellungs- und Gewinnverwendungsbeschlüsse in den Tochtergesellschaften kann sich eine Klage des Gesellschafters der Muttergesellschaft nicht richten, da er mangels Beteiligung nicht aktivlegitimiert ist.

c) Anknüpfung an die Pflichten der Geschäftsführung

Anknüpfungspunkt für eine Klage kann also nicht der Jahresabschlussfeststellungsbeschluss sein, sondern muss, wenn der Gesellschaftsvertrag wie im obigen Ausgangsbeispiel eine Thesaurierungskompetenz der geschäftsführenden Gesellschafter vorsieht, das Verhalten der geschäftsführenden Gesellschafter im Sinne der „Pflichtenlösung" nach *Lutter* sein. Diese trifft die gesellschaftsvertragliche

879 Vgl. LG Hamburg, Urt.. 18.08.2004 – 411 O 153/03 (nicht veröffentlicht).

880 Siehe hierzu oben Zweiter Teil § 5B.II.1.

881 So BHGZ 170, 283, 296.

882 Vgl. *Lutter*, KK (2. Auflage 1988), § 58 Rn. 46.

Pflicht, den Konzernsachverhalt bei Aufstellung des Jahresabschlusses und bei der Rücklagenbildung in den Tochtergesellschaften zu beachten und die Gewinnverwendungskompetenz der außenstehenden Gesellschafter zu wahren.

Da eine übermäßige Thesaurierung in Tochtergesellschaften, die dazu führt, dass den Gesellschaftern der Muttergesellschaft weniger als der ihnen vertraglich zustehenden Anteil am Konzernüberschuss zur Verfügung steht, materiell einen Eingriff in kernbereichsgeschützte Mitgliedschaftsrechte bedeutet, können die Gesellschafter jederzeit auf Unterlassung klagen sowie die Wiederherstellung des „richtigen" Zustandes durch Auflösung der Rücklagen im nachfolgenden Jahresabschluss verlangen.[883] Alternativ kann jeder Gesellschafter auch eine vorbeugende Feststellungsklage erheben.[884] Besteht Streit darüber, ob die Gewinnverwendungsklausel der Muttergesellschaft konzernweit auszulegen und anzuwenden ist, so kann auch insoweit Feststellungsklage erhoben werden.[885]

Schadensersatzansprüche der Gesellschaft, die von den Gesellschaftern mittels der actio pro socio im eigenen Namen geltend gemacht werden könnten, liegen nicht vor. Zwar könnte den geschäftsführenden Gesellschaftern grundsätzlich der Vorwurf der Kompetenzüberschreitung gemacht werden, da für eine übermäßige Gewinnverwendung in den Tochtergesellschaften die Zustimmung der übrigen Gesellschafter nach §§ 116 Abs. 2, 164 S. 1 Hs. 2 HGB notwendig wäre. Ein Schaden der Gesellschaft dürfte allerdings wegen der Wertsteigerung im Beteiligungsbesitz entfallen.[886]

d) Übermäßige Thesaurierung durch die Gesellschaftermehrheit

Sieht der Gesellschaftsvertrag für die Rücklagenbildung eine Mehrheitsklausel mit Begrenzung nach Art und Ausmaß des zulässigen Eingriffes vor (wie in dieser Arbeit gefordert) und beschließt die Gesellschaftermehrheit, den Gewinn der Muttergesellschaft in einem Maße in offene Rücklagen zu stellen, die dazu führt, dass nicht der vertraglich vorgesehene Anteil am Konzernüberschuss zur Entnahme zur Verfügung steht (etwa weil die geschäftsführenden Gesellschafter mit Billigung der Mehrheit bereits in den Tochtergesellschaften für Rücklagen gesorgt haben, diese aber von der Mehrheit nicht berücksichtigt werden), kann der Minderheitsgesellschafter zusätzlich zu einem Vorgehen gegen das Verhalten der geschäftsführenden Gesellschafter in diesem Fall auch mit einer

883 Vgl. *Lutter*, KK (2. Auflage 1988), § 58 Rn. 48.
884 Vgl. *Lutter*, KK(2. Auflage 1988) , § 58 Rn. 48.
885 Vgl. BGHZ 170, 283, 297; ebenso in der Vorinstanz OLG Hamburg ZIP 2006, 896.
886 Vgl. *Stollfuß*, S. 201.

Feststellungsklage gegen den mehrheitlichen Gewinnverwendungsbeschluss vorgehen. Legt man nämlich die Mehrheitsklausel konzerndimensional aus und sind insgesamt im Konzern mehr Rücklagen gebildet worden als danach erlaubt, so hält sich die Rücklagenbildung nicht mehr in den Grenzen der von allen Gesellschaftern im Rahmen der Mehrheitsklausel abgegebenen antizipierten Zustimmung. Daneben kann der Beschluss – auch wenn die Grenzen der Mehrheitsklausel eingehalten wurden – wegen einer Treuepflichtverletzung seitens der Gesellschaftermehrheit unwirksam sein.[887]

4. *Das faktische Problem eines zu geringen Gewinnausweises im Jahresabschluss der Muttergesellschaft*

Der der Gesellschaftergesamtheit nach der hier vertretenen Ansicht zustehende, nach den Bestimmungen des Gesellschaftsvertrags der Muttergesellschaft konkretisierte Anteil am Konzernjahresüberschuss kann nur dann tatsächlich zur Verfügung gestellt werden, wenn der Einzelabschluss der Muttergesellschaft auch einen Gewinn in mindestens dieser Höhe aufweist. Die geschäftsführenden Gesellschafter der Konzernobergesellschaft sind aber auch bei konzernweiter Auslegung einer Thesaurierungskompetenz in der Lage, Fakten zu schaffen, indem sie weitergehende Thesaurierungsbeschlüsse in den Tochtergesellschaften veranlassen und es so nicht zu einem Ausweis des den Minderheitsgesellschaftern zustehenden Gewinns in der Bilanz der Obergesellschaft kommt. Der BGH hat in der Otto-Entscheidung betont, dass dies die Bilanz der Muttergesellschaft nicht fehlerhaft mache, im Gegenteil keinesfalls Gewinne aktiviert werden dürften, denen keine entsprechenden Ausschüttungsbeschlüsse zugrunde lägen.[888]

Das Problem, dass der Jahresüberschuss der Muttergesellschaft geringer ausfällt als der Teil des Konzernüberschusses, der den Gesellschaftern zur Entnahmen oder zur Entscheidung zur Verfügung zu stehen hat, muss jedoch nicht zwangsläufig durch bewusste Veranlassung der Geschäftsführer bzw. der Gesellschaftermehrheit entstehen. Eine derartige Situation kann auch aus dem Phasenverschiebungseffekt zwischen der Bilanz der Muttergesellschaft, der Bilanzen der Tochtergesellschaften und der Konzernbilanz herrühren.[889] Die Gewinne der Tochtergesellschaften tauchen in diesem Fall in deren Bilanzen und in der Konzernbilanz auf, sind aber mangels Ausschüttung noch nicht in der Bilanz der Muttergesellschaft erfasst. In diesem Falle sind die Gewinne den Gesellschaftern

887 Siehe hierzu auch die Ausführungen oben Erster Teil § 3E.II.5.
888 Vgl. BGHZ 170, 283, 294.
889 Siehe hierzu oben Zweiter Teil § 5B.II.1.

nicht dauerhaft entzogen, denn sie wirken sich (je nach Tiefe des Konzerns) in den Folgejahren auf den Jahresabschluss der Muttergesellschaft aus.

In diesen beiden Situationen läuft die die Minderheitsgesellschafter schützende konzernweite Auslegung – im Falle des Phasenverschiebungseffekts allerdings nur vorerst – leer. Daher müssen die geschäftsführenden Gesellschafter verpflichtet werden, im Rahmen der rechtlichen Möglichkeiten für einen entsprechenden Überschuss in der Muttergesellschaft zu sorgen. Die Bereitstellung dieses Betrags durch die Auflösung von Rücklagen der Obergesellschaft, wie sie für das Aktienrecht vorgeschlagen wird[890], kommt hier allerdings nur eingeschränkt in Betracht, da darüber nicht die geschäftsführenden Gesellschafter, sondern die Gesellschaftergesamtheit (nach den Regeln des Gesellschaftsvertrags oder einstimmig) zu entscheiden haben. Das Problem der Phasenverschiebung kann aber durch die zeitkongruente Erfassung der Beteiligungserträge gelöst werden, wenn die Voraussetzungen hierfür vorliegen.[891] Die geschäftsführenden Gesellschafter sind auch in der Lage, im Konzern für das Vorliegen dieser Voraussetzungen zu sorgen. Auch hier sollte es aber in konsequenter Anwendung der „Pflichtenlösung" dabei bleiben, dass die geschäftsführenden Gesellschafter grundsätzlich in ihrem rechtlichen Können frei sind, sie aber gegenüber den restlichen Gesellschaftern verpflichtet sind, jede bilanzpolitische Maßnahme zu unterlassen, die zu einer zeitlichen Verzögerung der Gewinnaktivierung in der Muttergesellschaft und damit zu einer Aushöhlung des Gewinnverwendungsrechts der Gesellschafter führt.[892]

Hier zeigt sich, dass auch im Konzern eine flexible Thesaurierungskompetenz (ggf. bis 100 % des Konzernüberschusses) vorteilhaft ist. In diesem Fall könnten die Geschäftsführer einen Vorschlag für die Rücklagenbildung präsentieren, in welchem dargelegt wird, in welchen Gesellschaften in welchem Maße Gewinne thesauriert wurden und welche Quote dies in Bezug auf den Konzernüberschuss ergibt. Stimmt die Gesellschaftermehrheit dem zu, spricht alles dafür, von einer daraus resultierenden Pflicht der Geschäftsführung, die nicht thesaurierten Beträge zur Gewinnausschüttung an die Obergesellschaft weiterzuleiten, auszugehen. Insbesondere kommt es in diesem Fall nicht zu unnötigen Vermögensverschiebungen.

---

890 De lege ferenda *Busse von Colbe*, FS Goerdeler, S. 61, 71.

891 Siehe oben Zweiter Teil § 5B.II.1.

892 Vgl. *Frodermann*, S. 148.

C. Fazit

Eine konzerndimensionale Auslegung und Anwendung gesellschaftsvertraglicher Gewinnverwendungsklauseln dürfte Praxis und Gerichte vor nicht unerhebliche Probleme und Unsicherheiten stellen, die aber nicht unüberwindlich sind. Die hier vorgetragene Lösung kann dennoch nur ein Vorschlag sein und bietet ohne Zweifel viele Angriffspunkte. Eines der größten Probleme dürfte darin liegen, dass nicht jede Personen-Konzernmuttergesellschaft konzernrechnungslegungspflichtig ist. Trotzdem bietet die konzernweite Anwendung von Gewinnverwendungsklauseln auf Basis des Konzernüberschusses oder eines „Gesamtertrages" Vorteile. Lehnt man sie ab, führt dies dazu, dass die Gesellschafter der Muttergesellschaft der Rücklagenbildung in den Tochtergesellschaften zustimmen müssen, soweit es sich um eine außergewöhnliche Geschäftsführungsmaßnahme handelt. Nach der hier vertretenen Lösung ist dies stets der Fall, aber auch diejenigen, die den geschäftsführenden Gesellschaftern bei der Rücklagenbildung in Tochtergesellschaften größere Freiheit gewähren wollen, geben zu, dass dies jedenfalls der Fall sein kann. Dies würde zu dem paradoxen Ergebnis führen, dass die Gesellschafter der Muttergesellschaft, die auf dieser Ebene eine Kompetenzverteilung vorgenommen haben und z.B. den geschäftsführenden Gesellschaftern das Recht eingeräumt haben, in gewissen Grenzen ohne gesonderten Gesellschafterbeschluss Rücklagen zu bilden, an den Thesaurierungsentscheidungen in den Tochtergesellschaften konkret beteiligt werden müssten. Dies kann, wenn der Gesellschafterkreis nicht ganz klein ist, ebenfalls zu erheblichen praktischen Problemen führen.

Einzige Alternative zum Zustimmungsbedürfnis bei Thesaurierungen auf der Ebene der Tochtergesellschaften wäre es, alle Gewinne bei der Muttergesellschaft zu konzentrieren und nur dort offene Gewinnrücklagen zu bilden. Dies dürfte aber betriebswirtschaftlich in den seltensten Fällen eine sinnvolle Lösung sein und daneben die Tochtergesellschaften und deren Gläubiger benachteiligen.[893]

Wenngleich die konzerndimensionale Berechnung von Gewinnverwendungskompetenzen komplex ist und in der Anwendung das Risiko von Unsicherheiten birgt, so bietet sie dennoch eine valide Alternative zu der Notwendigkeit, jede Thesaurierungsmaßnahme in einer Tochtergesellschaft von der Zustimmung der Gesellschafter der Muttergesellschaft abhängig zu machen, und schafft den geschäftsführenden Gesellschaftern einen Spielraum, ohne dass sie in die personengesellschaftsrechtliche Kompetenzordnung oder in den Kernbereich der Mitgliedschaftsrechte eingreifen. Insofern bietet es sich insbesondere zur

893 Vgl. OLG Hamburg ZIP 2006, 895, 899.

Vermeidung zukünftiger Streitigkeiten an, die konzerndimensionale Handhabung der Gewinnverwendung explizit in den Gesellschaftsvertrag der Muttergesellschaft aufzunehmen.

D. Vorschlag für Vertragsklauseln

Eine gesellschaftsvertragliche Regelung, die die Gewinnverwendung in der Konzernmuttergesellschaft an den Gesamtertrag des Konzerns knüpft, könnte wie folgt lauten:

§ #: Verteilung und Verwendung von Gewinn und Verlust

(1) Für die Ergebnisverwendung ist der festgestellte Jahresabschluss der Gesellschaft maßgeblich. An Gewinn oder Verlust sind die Gesellschafter im Verhältnis ihrer Einlagen beteiligt.

(2) Über die Verwendung des Jahresgewinns beschließen die Gesellschafter aufgrund eines Vorschlags der Geschäftsführung. Die Geschäftsführer sind verpflichtet, im Rahmen des rechtlich möglichen dafür zu sorgen, dass den Gesellschaftern ein Anteil von mindestens 40 % des anteiligen konsolidierten Jahresüberschusses der Gesellschaft und der mit ihr verbundenen Gesellschaften zur Entnahme zur Verfügung steht.

(3) Der konsolidierte Jahresüberschuss ergibt sich aus einer nach Grundsätzen der handelsrechtlichen Konzernrechnungslegung vorzunehmenden Konsolidierung der Jahresabschlüsse der Gesellschaft und der mit ihr verbundenen Gesellschaften. Abzuziehen sind hiervon

a) solche Gewinne, die in verbundenen Gesellschaften in gesetzliche Rücklagen einzustellen sind,
b) sonstige nicht disponible Gewinne,
c) die Gewinnanteile außenstehender Gesellschafter der verbundenen Gesellschaften,
d) Gewinne assoziierter Gesellschaften im Sinne von § 311 Abs. 1 S. 1 HGB,
e) Gewinne von verbundenen Gesellschaften, mit denen ein Entherrschungsvertrag geschlossen wurde oder bei denen die Gesellschaft aufgrund sonstiger schuldrechtlicher Vereinbarung in der Stimmrechtsausübung gebunden ist,
f) Gewinne von verbundenen Unternehmen, die zwar unter einheitlicher Leitung der Gesellschaft stehen, an denen die Gesellschaft aber keine Beteiligung hält.

(4) Der Gewinnverwendungsbeschluss wird mit einfacher Mehrheit der abgegebenen Stimmen gefasst. Je 50 € des Kapitalanteils gewähren eine Stimme.

Zusammenfassung und Fazit

Im ersten Teil dieser Arbeit wurden zunächst ausgehend von der Otto-Entscheidung des BGH die Rechte der Gesellschafter einer Personenhandelsgesellschaft bezüglich der Feststellung des Jahresabschlusses untersucht. Da mit der Feststellung des Jahresabschlusses die Ansatz- und Bewertungswahlrechte und die Höhe des Gewinns abschließend festgelegt werden, sind sämtliche Gesellschafter am Feststellungsbeschluss zu beteiligen. Dieser hat mangels abweichender Vereinbarung einstimmig gemäß § 119 Abs. 1 HGB zu erfolgen. Entgegen der früher vorherrschenden Auffassung ist jedoch der Feststellungsbeschluss nicht als Grundlagengeschäft zu bewerten. Es handelt sich hierbei vielmehr um eine stetig wiederkehrende Maßnahme der laufenden Verwaltung, die jedoch wegen ihrer Bedeutung nicht allein von den geschäftsführenden Gesellschaftern getroffen werden kann. Der Feststellungsbeschluss ist von einer allgemeinen gesellschaftsvertraglichen Mehrheitsklausel erfasst, wenn nicht die Auslegung des Vertrages im Einzelfall etwas anderes ergibt. Hierbei ist nicht auf die restriktiven Auslegungsgrundsätze des Bestimmtheitsgrundsatzes, wie sie früher für vertragliche Mehrheitsklauseln angewandt wurden, zurückzugreifen. Der Bestimmtheitsgrundsatz, soweit man ihn noch anwenden will, ist auf die allgemein gültigen Auslegungsgrundsätze zurückgeführt worden. Um auch begrifflich Klarheit zu schaffen, sollte in Zukunft bei der Frage, für welche Angelegenheiten ein Gesellschaftsvertrag die Mehrheit formell zur Entscheidung legitimiert, nicht mehr vom Bestimmtheitsgrundsatz gesprochen werden. Weitere Bestimmtheitserfordernisse an eine Mehrheitsklausel ergeben sich für den Jahresabschlussfeststellungsbeschluss auch aus der Kernbereichslehre nicht. Der Jahresabschluss berührt, soweit hiermit nicht bereits Entscheidungen der Gewinnverwendung wie z.B. die Bildung offener Rücklagen einhergehen, den Kernbereich der Gesellschafterrechte nicht.

Kern der Untersuchung im ersten Teil waren die Voraussetzungen für die Bildung offener Rücklagen in Personenhandelsgesellschaften. Maßgeblich hierfür war die Frage, ob das – durch die Thesaurierung verkürzte – Gewinnentnahmerecht der Gesellschafter nach den Grundsätzen der Kernbereichslehre geschützt ist und welche Konsequenzen dies für die kautelarjuristische Praxis bezüglich gesellschaftsvertraglicher Mehrheitsklauseln hat. Nach der Kernbereichslehre sind besonders bedeutende Elemente der Mitgliedschaft – „mitgliedschaftliche Grundrechte“ – insofern geschützt, als Eingriffe in diese gar nicht oder nur mit Zustimmung des betroffenen Gesellschafters zulässig sind.

Nach der hier vertretenen Ansicht gehört aufgrund des gesetzlich vorgesehenen Vollausschüttungsanspruchs der Gesellschafter das Gewinnentnahme- oder -ausschüttungsrecht ebenso wie das abstrakte Gewinnrecht zum Kernbereich der Mitgliedschaft. Der Schutz des abstrakten Gewinnrechts ist ohne einen korrelierenden Schutz des Entnahmerechts weitgehend bedeutungslos, insbesondere wenn die Gesellschafter – wie es bei Personenhandelsgesellschaften häufig der Fall sein wird – den durch Gewinnthesaurierungen gesteigerten Wert ihres Anteils nicht realisieren können. Hieraus folgt, dass jeder Gesellschafter der Bildung offener Rücklagen zustimmen muss. Dies kann auch antizipiert im Rahmen einer gesellschaftsvertraglichen Mehrheitsklausel geschehen, die Mehrheitsklausel muss aber in diesem Fall nach Art und Ausmaß des zulässigen Eingriffs begrenzt sein. Diese Voraussetzungen sind auch erfüllt, wenn die Klausel – wie in dieser Arbeit vorgeschlagen – ausdrücklich die Thesaurierung des gesamten Jahresgewinns zulässt, da auch in diesem Fall die Gesellschafter dem Eingriff wirksam zugestimmt haben und es kein unverzichtbares gesellschaftsrechtliches Recht auf eine Mindestausschüttung gibt. Die Kernbereichslehre schützt nur die Selbstbestimmung der Gesellschafter in Bezug auf Eingriffe in ihre Rechtsstellung als solche, sie hat aber keinen darüber hinausgehenden materiellen Gehalt. Der konkrete Gewinnverwendungsbeschluss unterliegt jedoch stets auch der Kontrolle im Einzelfall anhand der beweglichen Wirksamkeitsschranken wie insbesondere der gesellschaftlichen Treuepflicht. Einen Verstoß gegen diese durch die Stimmrechtsausübung der Mehrheit muss zwar der unterlegene Minderheitsgesellschafter beweisen, der Mehrheit sollte aber in diesem Fall die sekundäre Darlegungslast dafür obliegen, dass sie sich bei der Gewinnverwendungsentscheidung nicht von sachfremden Erwägungen hat leiten lassen.

Die Untersuchung im zweiten Teil hat ergeben, dass der Gewinnentnahmeanpruch der Gesellschafter konzernweiten Schutz genießt, wenn die Personenhandelsgesellschaft Muttergesellschaft eines Konzerns ist. Dem Grundsatz nach werden Gesellschafterbeschlüsse einer abhängigen Gesellschaft, also auch solche über die Gewinnverwendung, von der Geschäftsführung der übergeordneten Gesellschaft als deren Vertreterin gefasst. Dürften aber die geschäftsführenden Gesellschafter in den Tochtergesellschaften frei über die Gewinnrücklagenbildung entscheiden, so könnten sie hiermit die Höhe des Jahresergebnisses der Muttergesellschaft und damit auch die Entnahmeansprüche der übrigen Gesellschafter maßgeblich beeinflussen. Dies würde nicht nur einen Eingriff in den Vollausschüttungsanspruch, sondern auch in das Mitspracherecht der Gesellschafter in Bezug auf die Gewinnverwendung bedeuten. Deshalb ist die Ausübung der Beteiligungsrechte in Tochtergesellschaften in Bezug auf die dortige

Gewinnverwendung als außergewöhnliche Maßnahme der Geschäftsführung im Sinne von §§ 116 Abs. 2, 164 S. 1 Hs. 2 HGB, über die die Gesellschaftergesamtheit entscheiden muss, zu qualifizieren. Dasselbe gilt für entsprechende andere Maßnahmen der Konzernleitung wie z.B. eine Weisung, die auf die Bildung offener Rücklagen in Tochtergesellschaften gerichtet ist.

Dies hat auch Auswirkungen auf die Voraussetzungen eines wirksamen mehrheitlichen Beschlusses über die Gewinnverwendung in Tochtergesellschaften. Wie in der unverbundenen Gesellschaft ist im Konzern zu fordern, dass die Gesellschafter der Rücklagenbildung zustimmen, eine Mehrheitsklausel muss demnach eine Begrenzung nach Art und Umfang enthalten, um als antizipierte Zustimmung der Gesellschafter gelten zu können. Wird im Rahmen einer Gewinnverwendungsklausel nicht ausdrücklich Bezug auf die Gewinnverwendung in den Tochtergesellschaften genommen, so ist durch Auslegung zu ermitteln, ob eine konzerndimensionale Anwendung der Bestimmung (ähnlich wie sie für die Anwendung von § 58 Abs. 2 S. 1 AktG in einem Konzern mit einer Aktiengesellschaft an der Spitze vorgeschlagen wird) angezeigt ist. Dies dürfte insbesondere dann in Betracht kommen, wenn im Laufe des Prozesses der Konzernbildung die operative Tätigkeit und damit auch die Gewinnerzielung mehr und mehr von der Mutter- auf die Tochtergesellschaften verlagert wurde. In diesem Fall ist davon auszugehen, dass sich der Gewinnanspruch der Gesellschafter der Muttergesellschaft materiell auf den gesamten im Konzern erwirtschafteten Ertrag bezieht. Als Bezugsgröße für einen solchen konzernweiten Gewinn bietet sich der Konzernjahresüberschuss aus dem konsolidierten Konzernjahresabschluss nach dem HGB an. Muss die betroffene Muttergesellschaft einen solchen nicht erstellen, so kann der Konzerngewinn anhand einer Addition der Jahresergebnisse aller Konzerngesellschaften, abzüglich in einzelnen Gesellschaften angefallener Verluste und bereinigt um konzerninterne Zwischengewinne sowie um die ggf. doppelt ausgewiesenen Beteiligungserträge, errechnet werden. Jedoch sollte stets nur der den Gesellschaftern zur Verfügung zu stellende Anteil am Konzerngewinn anhand des Konzernjahresüberschusses berechnet werden. Der tatsächlich im Konzern zu verwendende Gewinn kann aufgrund der Verluste einzelner Gesellschaften und aufgrund konzerninterner Zwischengewinne größer sein. Die Entscheidung hierüber sollte aber den geschäftsführenden Gesellschaftern vorbehalten sein, um das Risiko einer Ausschüttung aus der Substanz des Konzerns zu verringern.

Um Auseinandersetzungen zu vermeiden, kann und sollte die konzerndimensionale Berechnung der Gewinnverwendungskompetenzen ausdrücklich in den Gesellschaftsvertrag der Muttergesellschaft aufgenommen werden.

Insgesamt hat sich gezeigt, dass die Vermögensrechte der Gesellschafter einer Personenhandelsgesellschaft sowohl in der unverbundenen Gesellschaft als auch im personengesellschaftsrechtlichen Konzern aufgrund des gesetzlich statuierten Vollausschüttungsgebots einen sehr weitreichenden Schutz genießen. Die daraus folgenden Mitwirkungsrechte bei Gewinnverwendungsentscheidungen und deren Schutz sind darüber hinaus auch in der gesetzgeberischen Konzeption der Personenhandelsgesellschaft als Zusammenschluss, dessen Mitglieder nicht willkürlich zusammengesetzt sind und in dem wichtige Entscheidungen deshalb von allen Mitgliedern gemeinsam zu treffen sind, begründet. Diese Grundentscheidungen des Gesetzgebers haben, auch wenn das Innenrecht von OHG und KG weitgehend dispositiv ausgestaltet ist, nach wie vor normative Leitbildfunktion und bestimmen daher letztlich den materiellen Gehalt der Gesellschafterrechte mit.

Literatur

Ahrens, Nils: Unternehmensbeteiligungen und ihre Auswirkungen auf die Buchwertabfindung, Diss. Bonn 2013.

Armbrüster, Christian: Nachschusspflicht im Personengesellschaftsrecht, ZGR 2009, S. 1 ff.

Armbrüster, Christian: Grenzen der Gestaltungsfreiheit im Personengesellschaftsrecht, ZGR 2014, 333 ff.

Baumbach, Adolf (Begr.): Kommentar zum Handelsgesetzbuch, 36. Auflage, München 2014.

Barz, Carl Hans: Die vertragliche Entnahmeregelung bei OHG und KG, Festschrift für Alexander Knur (Hrsg.: Flume, Werner/Hamm, Richard), München 1972, S. 25 ff.

Beckmann, Ralph: Zur Rücklagenbildung im Konzern, DB 1989, S. 940 ff.

Beusch, Karl: Rücklagenbildung im Konzern, Bilanz- und Konzernrecht: Festschrift zum 65. Geburtstag von Reinhard Goerdeler (Hrsg.: Havermann, Hans), Düsseldorf 1987, S. 25 ff.

Binz, Marc/Mayer, Gerd: Bilanzierungsentscheidungen und Jahresabschlussfeststellung bei Personenhandelsgesellschaften, DB 2007, S. 1739 ff.

Binz, Marc/Sorg, Marin H.: Bilanzierungskompetenzen bei der Personengesellschaft, DB 1996, S. 969 ff.

Birk, Dieter/Desens, Marc/Tappe, Henning : Steuerrecht, 18. Auflage, Heidelberg 2015.

Bohlken, Lars/Sprenger, Regine: Minderheitenschutz bei Personengesellschaften – Ein Beitrag zum Verhältnis von Bestimmtheitsgrundsatz, Kernbereichslehre und Treuepflicht im Lichte der BGH-Urteile vom 15.1.2007 („Otto"), vom 24.11.2008 („Schutzgemeinschaftsvertrag II") und vom 19.10.2009 („Sanieren oder Ausscheiden"), DB 2010, S. 263 ff.

Bormann, Michael/Hellberg, Claus: Ausgewählte Probleme der Gewinnverteilung in der Personengesellschaft, DB 1997, S. 2415 ff.

Brändel, Oliver C.: Änderungen des Gesellschaftsvertrags durch Mehrheitsentscheidung – Der „Bestimmtheitsgrundsatz" im Wandel der Rechtsprechung, Festschrift für Walter Stimpel zum 68. Geburtstag (Hrsg.: Lutter, Marcus), Berlin 1985, S. 95 ff.

Buchwald: Die Bilanzen der Personengesellschaften als Vereinbarungen zwischen den Gesellschaftern, JR 1948, S. 65 ff.

Busse von Colbe, Walther: Der Konzernabschluss als Bemessungsgrundlage für die Gewinnverwendung, Bilanz- und Konzernrecht: Festschrift zum 65. Geburtstag von Reinhard Goerdeler (Hrsg.: Havermann, Hans), Düsseldorf 1987, S. 61 ff.

Canaris, Claus-Wilhelm/Schilling, Wolfgang/Ulmer, Peter (Hrsg.): Staub, Großkommentar Handelsgesetzbuch, Zweiter Band (§§ 105–237), 4. Auflage, Berlin 2004.

Canaris, Claus-Wilhelm/Habersack, Mathias/Schäfer, Carsten (Hrsg.): Staub, Großkommentar Handelsgesetzbuch, Dritter Band (§§ 105–160), 5. Auflage, Berlin 2009.

Canaris, Claus-Wilhelm/Habersack, Mathias/Schäfer, Carsten (Hrsg.): Staub, Großkommentar Handelsgesetzbuch, Fünfter Band (§§ 238–289a), 5. Auflage, Berlin 2014.

Crezelius, Georg: Gewinnermittlung vs. Gewinnverwendung, Festschrift 100 Jahre GmbH-Gesetz (Hrsg.: Lutter, Marcus/Ulmer, Peter/Zöllner, Wolfgang), Köln 1992, S. 315 ff.

Dötsch, Franz/Herlinghaus, Andreas/Hüttemann, Rainer/Lüdicke, Jürgen/Schön, Wolfgang (Hrsg.): Die Personengesellschaft im Steuerrecht, Gedächtnissymposium für Brigitte Knobbe-Keuk, Köln 2011.

Ebenroth, Carsten Thomas/Boujong, Karlheinz/Joost, Detlev/Strohn, Lutz (Hrsg. Joost, Detlev/Strohn, Lutz): Kommentar zum Handelsgesetzbuch, Band 1 §§ 1–342e, 1. Auflage, München 2001.

Ebenroth, Carsten Thomas/Boujong, Karlheinz/Joost, Detlev/Strohn, Lutz (Hrsg. Joost, Detlev/Strohn, Lutz): Kommentar zum Handelsgesetzbuch, Band 1 §§ 1–342e, 3. Auflage, München 2014.

Emmerich, Volker/Habersack, Mathias: Konzernrecht, 10. Auflage, München 2013.

Emmerich, Volker/Habersack, Mathias: Aktien- und GmbH-Konzernrecht, Kommentar, 7. Auflage, München 2013.

Ernst, Eberhard: Das Entnahmerecht der Gesellschafter von Personenhandelsgesellschaften und das Steuerrecht, BB 1961, S. 377 ff.

Fischer, Robert: Gedanken über einen Minderheitenschutz bei Personengesellschaften, Festschrift für Carl Hans Barz zum 65. Geburtstag (Hrsg.: Fischer, Robert/Moehring, Philipp), Berlin 1974, S. 22 ff.

Flume, Werner: Die Gewinnverteilung in Personengesellschaften nach Gesellschaftsrecht und Steuerrecht, DB 1973, S. 786 ff.

Flume, Werner: Allgemeiner Teil des Bürgerlichen Rechts, Erster Band, Erster Teil, Die Personengesellschaft, Berlin u.a. 1977.

Frodermann, Jürgen: Möglichkeiten und Grenzen der Gewinnthesaurierung im Konzern, Berlin 1994 (zugl. Diss. Münster 1993).

Ganßmüller, Helmut: Das Steuerentnahmerecht der Gesellschafter von Personengesellschaften, Köln 1962.

Ganßmüller, Helmut: Außerordentliche Entnahmerechte bei Handelspersonengesellschaften, DB 1968, S. 1299 ff.

Geßler, Ernst: Rücklagenbildung bei Gewinnabführungsverträgen, Beiträge zum Zivil-, Steuer- und Unternehmensrecht: Festschrift für Heinz Meilicke (Hrsg.: Fachinstitut der Steuerberater), Berlin 1985.

Geßler, Ernst: Rücklagenbildung im Konzern, Die AG 1985, S. 257 ff.

Giedinghagen, Jan/Fahl, Holger: Alles (noch) bestimmt genug?, DStR 2007, S. 1965 ff.

Göbel, Reinhard: Mehrheitsentscheidungen in Personengesellschaften, Baden-Baden 1992 (zugl. Diss. Berlin 1992).

Goerdeler, Reinhard: Rücklagenbildung nach § 58 Abs. 2 AktG 1965 im Konzern, WPg 1986, S. 229 ff.

Goette, Wulf: Minderheitenschutz bei gesellschaftsvertraglicher Abweichung vom Einstimmigkeitsprinzip, Familiengesellschaften: Festschrift für Walter Sigle zum 70. Geburtstag (Hrsg.: Hommelhoff, Peter), Köln 2000, S. 154 ff.

Goette, Wulf/Habersack, Mathias (Hrsg.): Münchener Kommentar zum Aktiengesetz, Band 1 §§ 1–75, 4. Aufl. München 2016.

Götz, Heinrich: Die Sicherung der Rechte der Aktionäre der Konzernobergesellschaft bei Konzernbildung und Konzernleitung, Die AG 1984, S. 85 ff.

Götz, Heinrich: Rücklagenbildung in der Unternehmensgruppe, Bilanzrecht und Kapitalmarkt: Festschrift zum 65. Geburtstag von Alfred Moxter (Hrsg.: Ballwieser, Wolfgang/Böcking, Hans-Joachim/Drukarczyk, Jochen/Schmidt, Reinhard H.), Düsseldorf 1994, S. 573 ff.

Gollnick, Axel: Gewinnverwendung im Konzern, Köln 1991 (zugl. Diss. Göttingen 1989).

Großfeld, Bernhard/Luttermann, Claus: Bilanzrecht, 4. Auflage, Heidelberg 2005.

Grunewald, Barbara: Die Finanzierungsverantwortung des Kommanditisten, Festschrift für Bernhard Großfeld (Hrsg.: Hübner, Ulrich), Heidelberg 1999, S. 281 ff.

Gummert, Hans (Hrsg.): Münchener Anwaltshandbuch Personengesellschaftsrecht, 2. Auflage, München 2015.

Gummert, Hans/Weipert, Lutz (Hrsg.): Münchener Handbuch des Gesellschaftsrechts, Band 1, 4. Auflage, München 2014.

Haar, Brigitte: Die Personengesellschaft im Konzern, Tübingen 2006.

Haar, Brigitte: Unternehmensfinanzierung in der Personengesellschaft zwischen Kernbereich und Mehrheitsmacht – Grundlagengeschäfte im Lichte der „Otto"-Entscheidung des BGH vom 15.1.2007, NZG 2007, S. 601 ff.

Hahn, Carl/Mugdan, Benno: Die gesamten Materialien zu den Reichs-Justizgesetzen, Band 6, Materialien zum Handelsgesetzbuch, Aalen 1983 (Neudruck der Ausgabe Berlin 1897).

Heck, Jan Peter: Personengesellschaften im Konzern, Diss. Osnabrück 1986.

Heinrich, Nils: Mehrheitsbeschlüsse bei Personengesellschaften, Berlin 2006 (zugl. Diss. Münster 2006).

Heintzschel, Christoph: Die Bilanzfeststellungskompetenz in der Personengesellschaft, Hamburg 2000 (zugl. Diss. Greifswald 1999).

Hennrichs, Joachim/Kleindiek, Joachim/Watrin, Christoph: Münchener Kommentar zum Bilanzrecht, Band 2: Bilanzrecht §§ 238–342e HGB, München 2013.

Henssler, Martin: Minderheitenschutz im faktischen GmbH-Konzern – Zugleich ein Plädoyer für die Aufwertung des Konzernabschlusses, Festschrift für Wolfgang Zöllner zum 70. Geburtstag (Hrsg.: Lieb, Manfred), Köln 1998, S. 203 ff.

Henssler, Martin: Die phasengleiche Aktivierung von Gewinnansprüchen im GmbH-Konzern, JZ 1998, S. 701 ff.

Hepting, Reinhard: Die Personengesellschaft als Konzernobergesellschaft: Informationsrechte des außenstehenden Gesellschafters, Festschrift für Klemens Pleyer zum 65. Geburtstag (Hrsg.: Hofmann, Paul/Meyer-Cording, Ulrich/Wiedemann, Herbert), Köln 1986, S. 301 ff.

Hermanns, Marc: Bestimmtheitsgrundsatz und Kernbereichslehre – Mehrheit und Minderheit in der Personengesellschaft, ZGR 1996, S. 103 ff.

Hesselmann, Malte/Tillmann, Bert/Mueller-Thuns, Thomas (Hrsg.): Handbuch GmbH & Co. KG, 20. Auflage, Köln 2009.

Hoch, Gero: Die gewinnverwendende Bilanzierungsentscheidung – Probleme der Trennung von Gewinnentstehung und Gewinnverwendung, DStR 1998, S. 134 ff.

Hölters, Wolfgang (Hrsg.): Kommentar zum Aktiengesetz, 2. Auflage, München 2014.

Holler, Lorenz: Grenzen der Mehrheitsmacht in Personengesellschaften, DB 2008, S. 2067 ff.

Holler, Lorenz: Sanierung aus wichtigem Grund in (Publikums-) Personengesellschaften, ZIP 2010, S. 1678 ff.

Hommelhoff, Peter: Satzungsklauseln zur Ergebnisverwendung in der GmbH, DNotZ 1986, S. 323 ff.

Hommelhoff, Peter: Die Ergebnisverwendung in der GmbH nach dem Bilanzrichtliniengesetz, ZGR 1986, S. 418 ff.

Hommelhoff, Peter: Die Finanzierung des Familienunternehmens, in Tröger/Wilhelmi (Hrsg.): Rechtsfragen der Familiengesellschaften, Symposium aus Anlass der Emeritierung von Professor Dr. Harm Peter Westermann, Heidelberg 2009.

Hopt, Klaus: Bilanz, Reservenbildung und Gewinnausschüttung bei der OHG und KG, Festschrift für Walter Odersky (Hrsg.: Böttcher, Reinhard/Hueck, Götz/Jähnke, Burkhard), Berlin 1996, S. 799 ff.

Hopt, Klaus (Hrsg.): Vertrags- und Formularbuch zum Handels-, Gesellschafts- und Bankrecht, 4. Auflage, München 2013.

Huber, Ulrich: Vermögensanteil, Kapitalanteil und Gesellschaftsanteil an Personalgesellschaften des Handelsrechts, Heidelberg 1970.

Huber, Ulrich: Gesellschafterkonten in der Personengesellschaft, ZGR 1988, S. 1 ff.

Huber, Ulrich: Freie Rücklagen in Kommanditgesellschaften, Gedächtnisschrift für Brigitte Knobbe-Keuk (Hrsg.: Schön, Wolfgang), Köln 1997, S. 203 ff.

Hueck, Alfred: Der Treuegedanke im Recht der offenen Handelsgesellschaft, Festschrift für Rudolf Hübner zum siebzigsten Geburtstag, Jena 1935, S. 72 ff.

Hueck, Alfred: Das Recht der offenen Handelsgesellschaft, 4. Auflage, Berlin, New York 1971.

Hüffer, Uwe: 100 Bände BGHZ: Personengesellschaftsrecht, ZHR 151 (1987), S. 396 ff.

Hüffer, Uwe: Zur gesellschaftsrechtlichen Treuepflicht als richterrechtliche Generalklausel, Festschrift für Ernst Steindorff zum 70. Geburtstag (Hrsg.: Baur, Jürgen F./Hopt, Klaus J./Mailänder, K. P.), Berlin, New York 1990, S. 59 ff.

Hüffer, Uwe (Hrsg.): Kommentar zum Aktiengesetz, 11. Auflage, München 2014.

Hüttemann, Rainer: Leistungsstörungen bei Personengesellschaften, Köln 1998.

Immenga, Ulrich: Die Minderheitsrechte des Kommanditisten, ZGR 1974, 385 ff.

Jäger, Axel: Personengesellschaften als herrschende Unternehmen – Ein Überblick über Besonderheiten, Hauptprobleme und Lösungsansätze, DStR 1997, 1770 ff.

Joost, Detlev: Beständigkeit und Wandel im Recht der Gewinnverwendung, Festschrift 100 Jahre GmbH-Gesetz (Hrsg.: Lutter, Marcus/Ulmer, Peter/Zöllner, Wolfgang), Köln 1992, S. 289 ff.

Kleindiek, Detlef: Strukturvielfalt im Personengesellschaftskonzern, Köln 1991 (zugl. Diss. Bielefeld 1990).

Knief, Joachim/Nienaber, Mark: Gewinnthesaurierung bei Personengesellschaften im Rahmen der Unternehmensteuerreform 2008 – ein Belastungsvergleich mit Fokus auf den Mittelstand, BB 2007, 1309 ff.

Knobbe-Keuk, Brigitte: Bilanz- und Unternehmenssteuerrecht, 9. Auflage, Köln 1993.

Kohl, Reinhard: Die Kompetenz zur Bildung von Gewinnrücklagen im Aktienkonzern, Berlin 1991 (zugl. Diss. Hagen 1990).

Koller, Ingo/Kindler, Peter/Roth, Wulf-Henning/Morck, Winfried: Kommentar zum Handelsgesetzbuch, 8. Auflage, München 2015.

Kort, Michael: Das Informationsrecht des Gesellschafters der Konzernobergesellschaft, ZGR 1987, S. 46 ff.

Kraffel, Jörg/ König, Wolfgang: Der Bestimmtheitsgrundsatz bei Mehrheitsklauseln in Personengesellschaftsverträgen – eine Neuorientierung der Rechtsprechung?, DStR 1996, S. 1129 ff.

Leenen, Detlef: „Bestimmtheitsgrundsatz" und Vertragsänderungen durch Mehrheitsbeschluss im Recht der Personengesellschaften, Festschrift für Karl Larenz zum 80. Geburtstag (Hrsg.: Canaris, Claus-Wilhelm/Diederichsen, Uwe), München 1983, S. 371 ff.

Ley, Ursula: Gesellschafterkonten im Lichte der grundlegenden BFH-Entscheidung vom 16.10.2008, IV R 98/06, DStR 2009, S. 613 ff.

Löffler, Joachim: Der Kernbereich der Mitgliedschaft als Schranke für Mehrheitsbeschlüsse bei Personengesellschaften, NJW 1989, S. 2656 ff.

Lutter, Marcus: Zur Binnenstruktur des Konzerns, Festschrift für Harry Westermann zum 65. Geburtstag (Hrsg.: Hefermehl, Wolfgang/Gmür, Rudolf/Brox, Hans), Karlsruhe 1974, S. 347 ff.

Lutter, Marcus: Organzuständigkeiten im Konzern, Festschrift für Walter Stimpel zum 68. Geburtstag (Hrsg.: Lutter, Marcus/Mertens, Hans-Joachim/Ulmer, Peter), Berlin, New York 1985, S. 825 ff.

Lutter, Marcus: Rücklagenbildung im Konzern, Festschrift zum 65. Geburtstag von Reinhard Goerdeler (Hrsg.: Havermann, Hans), Düsseldorf 1987, S. 327 ff.

Lutter, Marcus: Das unvollendete Konzernrecht, Festschrift für Karsten Schmidt zum 70. Geburtstag (Hrsg.: Bitter, Georg/Lutter, Marcus/Priester, Hans-Joa chim/Schön, Wolfgang/Ulmer, Peter), Köln 2009, S. 1065 ff.

Lutter, Marcus/Scheffler, Eberhard/Schneider, Uwe H. (Hrsg.): Handbuch der Konzernfinanzierung, Köln 1998.

Lutz, Reinhard: Der Gesellschafterstreit in der GbR, OHG, KG, GmbH & Co. KG und GmbH, 4. Auflage, München 2015.

Marburger, Peter: Abschied vom Bestimmtheitsgrundsatz im Recht der Personengesellschaften?, NJW 1984, S. 2252 ff.

Martens, Klaus-Peter: Bestimmtheitsgrundsatz und Mehrheitskompetenzen im Recht der Personengesellschaften, DB 1973, S. 413 ff.

Mecke, Thomas: Vertragsändernde Mehrheitsbeschlüsse in der OHG und KG, BB 1988, S. 2258 ff.

Meyer, André: Steuerliches Leistungsfähigkeitsprinzip und zivilrechtliches Ausgleichssystem, Köln 2013.

Moxter, Adolf: Ansatzwahlrechte und Bewertungswahlrechte im Rahmen der Erstellung einer Jahresbilanz , JZ 1996, S. 856 ff.

Mueller-Thuns, Thomas: Gewinnbezugsrecht und bilanzpolitische Gestaltungsmöglichkeiten in der GmbH, Köln 1989 (zugl. Diss. Bonn 1988).

Oetker, Hartmut (Hrsg.): Kommentar zum Handelsgesetzbuch (HGB), 4. Auflage München 2015.

Oppenländer, Frank: Zivilrechtliche Aspekte der Gesellschafterkonten der OHG und KG, DStR 1999, S. 939 ff.

Paefgen, Walter G.: Die Gewinnverwendung in der Gmbh & Co. KG und ihrer Unternehmensgruppe nach „Otto", Festschrift für Uwe H. Schneider zum 70. Geburtstag (Hrsg.: Burgard, Ulrich/Hadding, Walther/Mülbert, Peter O./ Nietsch, Reinhard/Welter, Michael), Köln 2011, S. 929 ff.

Priester, Hans-Joachim: Gesellschafterschutz in Personengesellschaften, in: Personengesellschaften und Bilanzierung (Hrsg.: Institut der Wirtschaftsprüfer), S. 63 ff., Düsseldorf 1990.

Priester, Hans-Joachim: Stille Reserven und offene Rücklagen bei Personengesellschaften, Festschrift für Karlheinz Quack (Hrsg: Westermann, Harm Peter/ Rosener, Wolfgang), Berlin 1991, S. 373 ff.

Priester, Hans-Joachim: Feststellung des Jahresabschlusses in Personenhandelsgesellschaften – Gesellschaftervereinbarung oder Organbeschluss?, Festschrift für Walther Hadding zum 70. Geburtstag (Hrsg: v. Häuser, Franz/Hammen, Horst/Hennrichs, Joachim/Steinbeck, Anja/Siebel, Ulf R./Welter, Reinhard), Berlin 2004, S. 607 ff.

Priester, Hans-Joachim: Jahresabschlussfeststellung bei Personengesellschaften – Grundlagengeschäft? – Mehrheitsregeln – Thesaurierung im Konzern, DStR 2007, S. 28 ff.

Priester, Hans-Joachim: Grundsatzfragen des Rechts der Personengesellschaften im Spiegel der Otto-Entscheidung des BGH, DStR 2008, S. 1386 ff.

Priester, Hans-Joachim: Gewinnverwendung durch Mehrheitsentscheid bei Personengesellschaften, Festschrift für Uwe H. Schneider zum 70. Geburtstag (Hrsg.: Burgard, Ulrich/Hadding, Walther/Mülbert, Peter O./Nietsch, Reinhard/Welter, Michael), Köln 2011, S. 985 ff.

Priester, Hans-Joachim: Gewinnthesaurierung im Konzern, ZHR 176 (2012), S. 268 ff.

Priester, Hans-Joachim/ Schmidt, Karsten: Jahresabschlussfeststellung bei Personengesellschaften, JbFfSt 2007/2008, S. 282 ff.

Rödder, Thomas: Unternehmensteuerreformgesetz 2008, Beihefter zu DStR 2007, Heft 40, S. 1 ff.

Röttger, Robert: Die Kernbereichslehre im Recht der Personenhandelsgesellschaften, Diss. Hamburg 1989.

Rückle, Dieter: Jahresabschlussaufstellung und Jahresabschlussfeststellung bei Personengesellschaften, Handelsbilanzen und Steuerbilanzen: Festschrift zum 70. Geburtstag von Heinrich Beisse (Hrsg.: Budde, Wolfgang D./Moxter, Adolf/Offerhaus, Klaus), Düsseldorf 1997, S. 433 ff.

Säcker, Franz Jürgen/Rixecker, Roland (Hrsg.): Münchener Kommentar zum Bürgerlichen Gesetzbuch, Band 5, Schuldrecht, Besonderer Teil III §§ 705–853, 6. Auflage, München 2013.

Schäfer, Carsten: Der stimmrechtslose GmbH-Geschäftsanteil, Köln 1997 (zugl. Diss Heidelberg 1997).

Schäfer, Carsten: Mehrheitserfordernisse bei Stimmrechtskonsortien, ZGR 2009, S. 768 ff.

Schäfer, Carsten: Anmerkung zum Urteil des BGH vom 15.11.2011, Az. II ZR 266/09 – Zur Liquidation einer Immobilienfonds-GbR, EWiR 2012, 237 ff.

Schäfer, Carsten: Vom Einstimmigkeitsprinzip zum treupflichtgetragenen Mehrheitsentscheid im Personengesellschaftsrecht, ZGR 2013, 237 ff.

Schäfer, Carsten: Der Bestimmtheitsgrundsatz ist (wirklich) Rechtsgeschichte, NZG 2014, 1401 ff.

Schanz, Sebastian/ Kollruss, Thomas/ Zipfel, Lars: Zur Vorteilhaftigkeit der Thesaurierungsbegünstigung für Personenunternehmen: Stand der Diskussion und Beispiele, DStR 2008, S. 1702 ff.

Schiessl, Maximilian: Zur Zukunft der Bestimmtheitsgrundsatzes im Recht der Personengesellschaft, DB 1986, S. 735 ff.

Schlegelberger: Kommentar zum Handelsgesetzbuch, Band III/1. Halbband §§ 105–160 HGB, 5. Auflage, München 1992.

Schmidt, Karsten: Mehrheitsregelungen in GmbH & Co.-Verträgen – Verständnis oder Missverständnis des „Bestimmtheitsgrundsatzes“, ZHR 158 (1994), S. 205 ff.

Schmidt, Karsten: Konzernunternehmen, Unternehmensgruppe und Konzern-Rechtsverhältnis, Festschrift für Marcus Lutter zum 70. Geburtstag (Hrsg.: Schneider, Uwe H./Hommelhoff, Peter/Schmidt, Karsten/Timm, Wolfram/ Grunewald, Barbara/Drygala, Tim), Köln 2000, S. 1167 ff.

Schmidt, Karsten: Gesellschaftsrecht, 4. Auflage, Köln 2002.

Schmidt, Karsten: Zur Binnenverfassung der GmbH & Co. KG – Wer ist der Herr im Haus: die GmbH oder die Kommanditisten?, Festschrift für Volker Röhricht zum 65. Geburtstag (Hrsg.: Crezelius, Georg/Hirte, Heribert/Vieweg, Klaus), Köln 2005, S. 511 ff.

Schmidt, Karsten: Mehrheitsbeschlüsse bei Personengesellschaften – Stand und Fortbildung des Innenrechts der Personengesellschaft nach dem „Otto"-Urteil des Bundesgerichtshofes, ZGR 2008, S. 1 ff.

Schmidt, Karsten: „Schutzgemeinschaftsvertrag II"- ein gesellschaftsrechtliches Lehrstück über Stimmrechtskonsortien. Rechtssystematisches und Rechtspraktisches zum Urteil des BGH v 24-11-2008 – II ZR 116/08, ZIP 2009, S. 737 ff.

Schmidt, Karsten (Hrsg.): Münchener Kommentar zum Handelsgesetzbuch, Band 2, Zweites Buch, Handelsgesellschaften und stille Gesellschaft, Offene Handelsgesellschaft §§ 104–160, 3. Auflage München 2011.

Schmidt, Karsten (Hrsg.): Münchener Kommentar zum Handelsgesetzbuch, Band 3, Zweites Buch, Handelsgesellschaften und stille Gesellschaft, Zweiter Abschnitt, Kommanditgesellschaft, Dritter Abschnitt, Stille Gesellschaft, §§ 161–237, Konzernrecht der Personengesellschaften, 3. Auflage, München 2012.

Schneider, Uwe H.: Die Änderung des Gesellschaftsvertrages einer Personengesellschaft durch Mehrheitsbeschluss, ZGR 1972, 357 ff.

Schneider, Uwe H.: Zur Wahrnehmung von Mitgliedschaftsrechten an Tochtergesellschaften einer Personengesellschaft, Recht und Wirtschaft in Geschichte und Gegenwart: Festschrift für Johannes Bärmann zum 70. Geburtstag (Hrsg.: Lutter, Marcus/Kollhosser, Helmut/Trusen, Winfried), München 1975, S. 873 ff.

Schneider, Uwe H.: Die Personengesellschaft als herrschendes Unternehmen im Konzern, ZHR 143 (1979), S. 485 ff.

Schneider, Uwe H.: Die Personengesellschaft als Konzernunternehmen, BB 1980, S. 1057 ff.

Schneider, Uwe H.: Die vertragliche Ausgestaltung der Konzernverfassung – Zur Anpassung von Gesellschaftsverträgen, Geschäftsordnungen, Stimmbindungsverträgen und Konsortialverträgen an die Konzernlage, BB 1986, S. 1993 ff.

Schön, Wolfgang: Bilanzkompetenzen und Ausschüttungsrechte in der Personengesellschaft, Handelsbilanzen und Steuerbilanzen: Festschrift zum 70. Geburtstag von Heinrich Beisse (Hrsg.: Budde, Wolfgang D./Moxter, Adolf/Offerhaus, Klaus) , Düsseldorf 1997, S. 471 ff.

Schön, Wolfgang: Gewinnermittlung, Gewinnverteilung und Gewinnausschüttung im Recht der Personengesellschaften und der GmbH, in Hommelhoff, Peter/Rowedder, Heinz/Ulmer, Peter (Hrsg.): Fünfte Gedächtnisvorlesung für Max Hachenburg 2002, Heidelberg 2003.

Schön, Wolfgang: Zur „Existenzvernichtung" der juristischen Person, ZHR 164 (2004), S. 268 ff.

Schulze-Osterloh, Joachim: Aufstellung und Feststellung des handelsrechtlichen Jahresabschlusses bei der KG, BB 1995, S. 2519 ff.

Schulze-Osterloh, Joachim: Bilanzierungsentscheidungen bei der Personenhandelsgesellschaft und ihre Auswirkungen auf die Haftung des Kommanditisten und das Abfindungsguthaben auf Grund einer Buchwertklausel, BB 1997, S.1783.

Schulze-Osterloh, Joachim: Gewinn oder Verlust der Personenhandelsgesellschaft, Festschrift für Karsten Schmidt zum 70. Geburtstag (Hrsg.: Bitter, Georg/Lutter, Marcus/Priester, Hans-Joachim/Schön, Wolfgang/Ulmer, Peter), Köln 2009, S. 1447 ff.

Schwab, Martin: Das Prozeßrecht gesellschaftsinterner Streitigkeiten, Tübingen 2005.

Selle, Bettina: Gewinnverteilung bei der OHG – Eine ökonomisch gerechte Regelung?, DB 1993, S. 2040 ff.

Sigle, Walter: Anmerkungen zum Bestimmtheitsgrundsatz und zur Kernbereichslehre im Recht der Personengesellschaften auf der Grundlage der Otto-Entscheidung des BGH, Festschrift für Uwe Hüffer zum 70. Geburtstag (Hrsg.: Kindler, Peter/Koch, Jens/Ulmer, Peter/Winter, Martin), München 2010, S. 973 ff.

Stollfuß, Michaela: Rücklagenbildung im Konzern mit einer Aktiengesellschaft als Konzernobergesellschaft, Diss. Bonn 2009.

Struckmeier, Dirk: Mehrheitliche Kapitalerhöhungen und ihre Bindungswirkung bei Personengesellschaften, Baden-Baden 2002 (zugl. Diss. Konstanz 2002).

Thomas, Jürgen: Rücklagenbildung im Konzern, ZGR 1985, S. 365 ff.

Ulmer, Peter: Die Mitwirkung des Kommanditisten an der Bilanzierung der KG, Strukturen und Entwicklungen im Handels-, Gesellschafts- und Wirtschaftsrecht: Festschrift für Wolfgang Hefermehl zum 70. Geburtstag (Hrsg.: Fischer, Robert/Gessler, Ernst/ Schilling, Wolfgang/Serick, Rolf/Ulmer, Peter), München 1976, S. 207 ff.

Ulmer, Peter: Grundstrukturen eines Personengesellschaftskonzernrechts, ZHR 63 (1989), S. 26 ff.

Ulmer, Peter: Gewinnanspruch und Thesaurierung in OHG und KG, Festschrift für Marcus Lutter zum 70. Geburtstag (Hrsg.: Schneider, Uwe H./Hommelhoff,

Peter/Schmidt, Karsten/Timm, Wolfram/Grunewald, Barbara/Drygala, Tim), Köln 2000, S. 935 ff.

Wahlers, Henning W./Orlikowski-Wolf, Sandra Maria: Feststellung des Jahresabschlusses und Gewinnverwendungsentscheidungen im Personengesellschaftsrecht, ZIP 2012, S. 1161 ff.

Weber-Grellet, Heinrich (Hrsg.): Schmidt, Kommentar zum Einkommensteuergesetz, 35. Auflage, München 2016.

Weise, Stefan/Krauß, Hans-Frieder (Hrsg.): Beck'sche Online-Formulare Vertrag, 35. Edition, München 2015.

Werner, Winfried: Gewinnverwendung im Konzern, Festschrift für Walter Stimpel zum 68. Geburtstag (Hrsg.: Lutter, Marcus/Mertens, Hans- Joachim/ Ulmer, Peter), Berlin, New York 1985, S. 935 ff.

Wertenbruch, Johannes: Gewinnausschüttung und Entnahmepraxis in der Personengesellschaft, NZG 2005, S. 665 ff.

Wertenbruch, Johannes: Begründung von Nachschusspflichten in der Personengesellschaft, DStR 2007, 1680 ff.

Wertenbruch, Johannes: Beschlussfassung in Personengesellschaft und KG-Konzern, ZIP 2007, S.7987 ff.

Wertenbruch, Johannes: Beschlussfassung und Pflichtverletzungen im Stimmrechtskonsortium, NZG 2009, S. 645 ff.

Wertenbruch, Johannes: Quorumsabänderung und zweistufige Beschlusskontrolle ohne Bestimmtheitsgrundsatz, NZG 2013, 641ff.

Westermann, Harm Peter: Vertragsfreiheit und Typengesetzlichkeit im Recht der Personengesellschaften, 1970.

Westermann, Harm Peter: Grundfragen der Rechtsfortbildung im Aktienkonzernrecht, Festschrift für Klemens zum 65. Geburtstag (Hrsg.: Hofmann, Paul/Meyer-Cording, Ulrich/Wiedemann, Herbert), S. 421 ff., Köln u.a. 1986.

Westermann, Harm Peter: Geschäftsführung im Personengesellschafts-Konzern, ZIP 2007, 2289 ff.

Westermann, Harm Peter: Die Sanierung geschlossener Immobilienfonds, NZG 2010, S. 321 ff.

Westermann, Harm Peter/Wertenbruch, Johannes (Hrsg.): Handbuch der Personengesellschaften Band I, Loseblatt, Stand Februar 2015 (61. Lieferung) Köln.

Westermann, Harry: Zur Problematik der Rücklagen der Personenhandelsgesellschaft, Festschrift für Ernst von Caemmerer zum 70. Geburtstag (Hrsg.: Ficker, Claudius/König, Detlef/Kreuzer, Karl F./Leser, Hans G./ Frhr. Marschall von Bieberstein, Wolfgang/Schlechtriem, Peter), Tübingen 1978, S. 657 ff.

Wiedemann, Herbert: Rechte und Pflichten des Personengesellschafters, WM 1992, Sonderbeilage Nr. 7, S. 1 ff.

Wiedemann, Herbert: Gedanken zur Vermögensordnung der Personengesellschaft, Festschrift für Walter Odersky (Hrsg.: Böttcher, Reinhard/Hueck, Götz/Jähnke, Burkhard) Berlin 1996, S. 925 ff.

Wiedemann, Herbert: Gesellschaftsrecht, Band II, Recht der Personengesellschaften, München 2004.

Winter, Martin: Mitgliedschaftliche Treuebindungen im GmbH-Recht, München 1988 (zugl. Diss. Heidelberg)

Zöller, Richard (Begr.): Kommentar zur Zivilprozessordnung, 31. Auflage, Köln 2016.

Zöllner, Wolfgang: Die Schranken mitgliedschaftlicher Stimmrechtsmacht bei privatrechtlichen Personenverbänden, München 1963.

Zöllner, Wolfgang (Hrsg.): Kölner Kommentar zum Aktienrecht, Band 1, §§ 1–75 AktG, 2. Auflage, Köln u. a. 1988.

Zöllner, Wolfgang/Noack, Ulrich (Hrsg.): Kölner Kommentar zum Aktienrecht Band 1, §§ 1–75 AktG, 3. Auflage, Köln 2012.

Zöllner, Wolfgang: Inhaltsfreiheit bei Gesellschaftsverträgen, Festschrift 100 Jahre GmbH-Gesetz (Hrsg.: Lutter, Marcus/Ulmer, Peter/Zöllner, Wolfgang), Köln 1992, S. 85 ff.